| ENERGY DATA MANAGEMENT |

에너지 데이터 경영론

송민정 저

박영사

머리말

경제사회적으로 삶의 질이 향상되면서 에너지 수요가 증가하고 높은 에너지 품질이 요구되고 있다. 환경적으로는 전 세계적인 온실가스 저감 노력에 따라 재생에너지와 분산자원의 도입 요구가 증가하고 있으며, 홈 및 도시 차원에서 에너지 효율화 요구가 증대하고 있다. 또한, 기술적으로는 중앙집중형 발전에서 분산형 발전 시스템으로의 전환에 따라 수급 예측의 어려움이 생기며, 다양한 에너지 자원의 통합과 운영 최적화가 필요한 상황이다. 태양광, 에너지저장장치(ESS), 전기자동차(EV) 등 분산 에너지 자원들이 소비자에게 접근 가능해져 에너지 프로슈머(Prosumer)로서의 역할이 기대되기 때문에 기술적 지원은 점점 더 요구된다. 선진 각국에서는 에너지정책과 환경정책, 산업정책 간의 경계가 희미해지고 있으며, RE100(100% 재생에너지 조달) 캠페인이 새로운 무역장벽으로 작용할 가능성도 있다는 분석이다.

본 교재는 이러한 에너지 환경에서 새로운 부가가치 창출과 산업 경쟁력의 원동력이 되는 데이터에 주목하여, 에너지 관련 데이터에 대한 이론적 개념과 이의 실제 적용에 관련된 최신의 내용을 담기 위해 노력하였다. 본 교재는 '에너지데이터'라는 용어를 사용한다. 이 정의에 대해 선뜻 답하기는 쉽지 않으나, 데이터는 단순히 데이터 양만 많은 차원이 아닌 가치 있는 데이터를 말하며, 에너지데이터는 '에너지와 관련된 사용 목적'으로 방대하게 수집된 가치 있는 데이터이다.

본 교재의 구성은 다음과 같다. 제1부는 '에너지데이터의 개관'으로서 에너지데이터의 등장배경, 이해, 기반 성과, 그리고 에너지데이터의 가치로 구성되어 있다. 제2부는 '에너지데이터의 영향'으로서 에너지데이터와 산업, 에너지데이터와 환경, 그리고 에너지데이터와 정책으로 구성되어 있다. 제3부는 '에너지데이터 비즈니스'로서 에너지데이터 분석의 진화, 에너지데이터 기반의 비즈니스, 그리고 에너지데이터와

IT 인프라로 구성되어 있다. 마지막으로 제4부는 '에너지데이터 관리'로서 에너지데이터와 인력양성, 에너지데이터와 투자, 그리고 에너지데이터와 규제혁신으로 구성되어 있다.

본 교재는 에너지 산업에 에너지데이터가 잘 활용되기를 바라며 에너지와 데이터의 연관성을 찾아 체계적으로 기술하고자 노력하였다. 우선은 에너지시장 개방 및 공정한 산업경쟁 여건 조성 정책 마련에 데이터가 활용되기를 희망한다. 전력 판매시장 개방을 위한 전제조건이 전력 수요 예측이기 때문이다. 둘째는 에너지 수급 운영시스템 개혁을 위해 데이터가 활용되기를 희망한다. 하루 전 시장뿐만 아니라 당일시장, 더 나아가 실시간 시장 및 보조서비스 시장의 운영 강화를 통해 특히 재난 등의 비상상황에 대한 대처가 필요하다. 셋째는 에너지 요금체계 합리화 및 새로운 비즈니스모델 창출을 위해 데이터가 사용되기를 희망한다. 기존의 과도한 요금규제에서 시장개방에 따른 점진적 요금 자유화로 가려면 객관적 근거 자료가 반드시 필요하고, 데이터 분석을 통해 시간대별 비용 반영을 통한 차별화된 요금제와 다양한 요금메뉴 제공이 가능해진다.

데이터 관련 분야가 너무도 빠르게 발전하고 에너지 관련 정책 또한 급변하고 있어 출판 시점에 본 교재에서 누락되었거나 설명이 미흡한 부분도 있을 것으로 사료된다. 이러한 점들에 대해서는 독자 여러분들의 너그러운 이해를 부탁드린다. 본 교재를 출판할 수 있도록 아낌없는 지원과 배려를 해주신 박영사 안종만 사장님과 김한유, 박송이, 배규호 님 등 임직원 여러분께 심심한 감사의 인사를 드린다. 또한, 무엇보다도 귀한 시간을 할애하여 감수를 허락해 주신 한국외국어대학교 정일영 교수님과 카이스트의 김장겸 박사과정생에게 깊은 감사의 뜻을 전한다. 마지막으로, 본 교재가 한국을 고도의 에너지 선진국으로 견인케 하는 데 일조하기를 소망하며, 이 책을 에너지데이터 관련 전문가들에게 바치고자 한다.

송민정

목 차

PART 01 _ 에너지데이터의 개관

PART 03 _ 에너지데이터 비즈니스

PART 04 _ 에너지데이터 관리

에너지데이터의 개관

에너지데이터의
등장배경

제1장

학습목표

보통 기업들은 외부 환경을 정치, 경제, 사회, 기술 관점에서 분석하는데, 이를 거시환경분석인 PEST 분석(Political, Economic, Social and Technological analysis)이라 칭한다. 위키백과의 정의에 의하면, PEST는 전략 관리 구성 요소 중 환경 파악에 사용되는 거시적 환경 요소를 묘사하며, 시장 조사나 전략 분석 경우에 거시경제 요소에서 기업이 의사결정을 내려야 할 때 사용하는 기법이다. 외부환경 요소가 더욱 높아지기 때문에 PEST의 사용 범위도 넓어지고 있다. 각각을 설명하면, 정책 환경은 정부의 방침, 각종 정책, 법 개정, 규제 강화 및 완화 등을 말하며, 경제 환경에서는 경기 동향이나 성장률을 비롯한 각종 경기 지표가 관찰된다. 사회 환경에는 인구, 문화, 생활 등 사회 정세에 관한 폭넓은 내용이 들어가고, 기술 환경은 기술 개발이나 그를 위한 투자 동향을 본다. 본 장에서는 PEST 환경 관점에서 에너지데이터의 등장배경을 각각 정리하고자 한다.

제1장

에너지데이터의 등장배경

제1절 **에너지데이터의 정책적 등장배경**

　정책적 요소는 정부가 경제에 간섭하는 것으로, 환경 규제와 보호, 세금 정책, 고용법, 경기 부양, 경쟁 및 안전 규제, 소비자 보호법 등이 대표적이다. 에너지 정책은 환경 보호나 안전 규제 등과 관련되는데, 에너지데이터 등장배경에는 정부의 경기부양책이 깔려 있음을 보게 된다. 즉, 2009년 오바마 정부는 경기부양법에 따라 스마트그리드 지원 확대 근거를 만들어 에너지부인 DoE(Department of Energy)는 SGIS(Smart Grid Investment Grant)라는 스마트그리드 투자지원 프로그램을 통해 스마트그리드 투자를 촉진하여 2018년 총 79억 달러를 스마트그리드에 투자하고, 이 중 약 66%가 원격검침인프라(Advanced metering infrastructure; 이하 AMI) 및 고객 관리 부분에 투자한다. 이에 따라 2015년 미국 전체 저압 수용가의 약 65%인 6,500만 수용가에 대한 AMI 보급이 완료되었고, 2020년까지 전체의 90% 수용가인 약 9,000만 수용가에 대해 보급이 완료될 계획이다. 미국 정부는 AMI 생성 데이터 활용을 고려하게 되고, 이를 위해 나온 미국의 에너지데이터 활용 정책이 2011년 그린버튼(Green Button) 이니셔티브이며, 이후에 그린버튼 얼라이언스가 조성되었다. 그린버튼 대상은 미국 내 전력회사이며, 내용은 표준화된 전력량 데이터 제공이다. 그린버튼은 에너지 사용 진단, 수요관리 사업자를 도와주는데, [그림 1-1]에서 보듯이 최초 서비스 가입 시에는 정보사용 동의를 통해 데이터 수집과 서비스를 제공하게 해준다.

그림 1-1 그린버튼 서비스 절차

자료: 한국전력, 2019. 4.4

  그린버튼은 에너지데이터 공유 플랫폼으로 자리잡는다. 소비자가 전력 소비 정보 확인과 제3자에 대한 자신의 전력 정보를 쉽고 안전하게 전달할 수 있도록 해주기 위해 미국 정부가 제공하는 정보 제공 플랫폼으로 2012년 시행한 후 2018년 현재 150개 이상 유틸리티 및 서비스 제공 업체가 참여해 약 6,000만 가구 및 기업의 에너지 사용 데이터를 제공한다. 2013년 말에 미국 정부는 2020년까지 그린버튼을 활용해 에너지 사용 현황을 관리 감시하는 정책을 시행하겠다고 발표했고, 소비자들은 그린버튼에 가입한 전력회사 웹사이트나 앱을 통해 자신의 표준화된 전력 사용량 데이터를 확인하고, 에너지 서비스 사업자, 연구 기관 같은 제3자는 이를 통해 수집된 개별 전력 데이터를 소비자 동의하에 제공받아 이를 분석하고 에너지 절약 정보로 활용하며, 전문화된 에너지 컨설팅 업체들도 등장한 배경이 된다. 그린버튼은 에너지 소비 행태에도 기여하여, 소비자와 에너지 정보 서비스 제공자가 효과적으로 연결될 수 있도록 되었으며, 신규 비즈니스 모델도 등장하게 된다.

  유럽은 미국을 벤치마킹해 AMI 보급 계획을 수립한 유럽연합(EU) 국가 중 덴마크, 스페인, 폴란드 및 영국 등 4개 국가가 미국 그린버튼 같은 미터데이터 관리 허브를 통해 제3자에게 고객의 전력 데이터 제공이 이루어질 수 있게 해 에너지 기업, 배전운영 관리자(distribution system operator; 이후 DSO) 및 제3자에게 사생활 보호하에서 고객의 전력 데이터를 전달하도록 하고 있다. 그 이유는 전기 소매시장 경쟁을 통해 소비자의 선택권을 보장하기 위함이다. 2016년 EU 스마트그리드 태스크포스 전문가그룹(Task Force Expert Group)에서 '마이 에너지데이터(My Energy Data)'가 검토되고, 벨기에, 덴마크, 에스토니아, 핀란드, 프랑스, 독일, 영국, 이탈리아, 스페인, 네덜란드와 미국 그린버튼이 참여한다. 이 그룹은 에너지데이터 접근 방법 및 데이터 관리에 대한 관점에서 프로젝트를 진행한다. '마이 에너지데이터'는 에너지, 에너지 효율화 및 데이터 보안규제(GDPR: General Data Protection Regulation) 관점에서 검토된다.

한국에서도 마이 데이터 이니셔티브가 시작된다. AMI 보급은 크게 한국전력(한전)에서 직접 검침하는 저압 수용가에 대한 AMI 보급 사업과 한전에서 직접 검침을 하지 않는 저압 수용가(공동주택)의 AMI 보급으로 이원화되어서 이미 진행 중이다. 2013년부터 한전은 '중장기 지능형 전력계량 인프라 구축사업' 시행계획을 추진해 2018년 기준 약 450만 저압 수용가에 대해 저압 AMI 시스템을 운영 중이다. 한전은 전체 AMI 보급 목표의 약 24%의 AMI 보급을 완료했고, 민간 공동주택 경우 AMI 기능을 지원하는 수용가는 0.5만 호로 전체의 0.16% 수준이다. 공동주택에서의 5종 AMI 보급률은 20% 내외로 추정되어 한전 보급 AMI와 유사한 보급률을 보이나, 공동주택 계량시스템은 스마트그리드에서 지향하고 있는 기술적 요구사항을 수용하지 못하는 실정이다. 에너지 연구기관에서는 미국의 그린버튼 등 주요국 사례 조사를 통해 지속적으로 한국형 그린버튼 제도 도입 필요성을 정책 이슈화한다.

제2절 에너지데이터의 경제적 등장배경

경제 요소는 경제 주체인 기업이 의사결정을 내리는 데 막대한 영향을 끼치는 것으로, 예로 환율이나 수출입 및 수입 가격에 영향을 끼친다. 경제 측면에서 보는 에너지데이터는 기업들의 데이터 기반 신규 사업에 대한 의사결정과 관련되며, 특히 최근의 화두인 4차 산업혁명과 관련된다. 2016년 세계경제포럼에서 4차 산업혁명 시대가 예견되었다. 여기서 4차 산업혁명은 '3차 산업혁명의 결과인 디지털화에 기반하여, 물리적, 디지털적 및 생물학적 공간의 경계가 희석되는 기술 융합의 시대'로 정의되었고, 4차 산업혁명 시대에는 새로운 에너지원이 등장하는 것이 아닌, 기존 에너지 관련 기술이 정보통신, 전자, 화학, 바이오 등 연관 분야의 신기술과 융합돼 새로운 산업혁명의 기폭제가 될 것으로 예견되었고, 산업생태계도 네트워크 효과를 통한 수요 측면에서의 '규모의 경제' 달성 여부가 기업 운영의 핵심 의사결정으로 주목받는다.

따라서 4차 산업혁명 시대 도래로 인해 에너지데이터 등장의 경제적 배경은 산업생태계와 디지털변환(Digital transformation)이다. 산업생태계와 디지털변환에 대해서는 5장에서 자세히 다룰 것이다. 디지털변환은 '디지털화로 인한 변환'으로서 디지털적인 모든 것(All things Digital)으로 인해 발생하는 다양한 변화에 디지털 기반으로 기업의 전략, 조직, 프로세스, 비즈니스 모델, 문화, 커뮤니케이션, 시스템을 근본적으로 변화시키는 경영 의사결정이다.

산업생태계와 디지털변환 관점에서 본 첫 번째 에너지데이터의 경제적 등장 배경은 디지털화로 인해 기존의 선형적인 비즈니스 프로세스 및 자원통제적 가치사슬 중심의 파이프라인(Pipeline) 비즈니스에서 실시간 데이터 분석 역량을 필요로 하는 다양한 이해관계자들이 새로운 가치 획득이 가능한 산업생태계 중심의 플랫폼(Platform) 비즈니스로 전환하고 있다는 점이다. 전통적인 파이프라인 비즈니스는 선형적인 비즈니스 모델을, 플랫폼 비즈니스는 둘 혹은 그 이상 그룹 간(예로 판매자와 구매자) 가치교환이 발생하게 하는 비즈니스 모델을 추구한다. 앞서 정책적 배경에서 정부 및 정책 주도의 에너지데이터 공유 플랫폼을 언급했는데, 이 또한 이러한 산업 패러다임 변화에 따른 경제적인 환경 변화와 무관하지 않다.

이제 기업들은 더 이상 가치사슬 관점이 아닌 산업생태계 관점에서 자신들의 사업을 바라보고 준비하는 것이 중요하다. 기존에는 가치사슬에서 기업이 속한 위치에 따라 가치사슬 후방의 공급자와 전방의 고객사(B2B), 내지 최종 고객(B2C) 위주로 사업을 바라보고 대응하는 것이 중요했지만, 디지털변환 이후에는 전체 산업생태계 관점에서 전후방 기업뿐만 아니라 장비 기업, 데이터 수집/처리 기업, 외부 연구소, 경쟁 기업, 정부 등 다양한 이해관계자들이 참여하는 산업생태계 관점에서 가치를 창출할 수 있도록 하는 것이 매우 중요하다. 즉, 이제는 기업의 역할을 일종의 플랫폼 형태로 이해할 필요가 있게 되었으며, 데이터의 집적화가 함께 요구된다.

인터넷이 등장한 초기에는 인터넷 비즈니스 중심으로 이해관계자들이 모여 가치를 창출해 가는 플랫폼 형태의 기업들이 등장했으나, 이제는 에너지 등 전통 산업 분야에서 이러한 기업들이 점점 더 많아질 것으로 예상된다. 경제적 관점에서는 기존의 파이프라인과 비교되는 플랫폼 비즈니스 출현이 에너지데이터 등장의 주요한 배경이 된다. 2016년 플랫폼의 새로운 전략에 대한 논문을 쓴 반알스틴 외(2016)에 따르면, 플랫폼 비즈니스는 지난 수십년간 산업계를 지배한 파이프라인 비즈니스와 다르다. 즉, 후자는 선형의 가치사슬 모델을 가지고 있어서, 가치사슬 한쪽 끝에서 인풋(Input, 예로 재료공급 업체로부터)이 일어나고, 일련의 단계를 거쳐 더 가치 있는 아웃풋(output, 예로 스마트폰 완제품)이 되어 나오는 비즈니스 구조를 갖는다. 예컨대 애플의

핸드셋 사업은 본질적으로 파이프라인 비즈니스이다. 하지만 애플은 파이프라인 비즈니스에 머물지 않았고 마켓플레이스인 앱스토어를 만들어 냈다. 앱 개발자를 연결하는 마켓플레이스로 애플은 아이폰의 플랫폼 기술 소유자인 동시에 플랫폼 인터페이스를 제공하는 비즈니스 구조를 보유하게 된다.

두 번째 에너지데이터의 경제적 등장배경은 첫 번째와 연장선상에서 있는데, 가치사슬 중심 폐쇄형 시장구조에서 생태계 중심 개방형 시장구조로 변화한 점이다. 즉, 플랫폼 형태의 기업 역할이 요구되고 있다면 이왕이면 보유 역량을 개방하는 것이 아울러 필요할 수 있다는 뜻이다. 특정 산업 정보 데이터베이스를 만들기 위해선 관련 데이터를 공유하는 것이 우선적으로 실행되어야 한다. 지금까지 각 기업들이 보유 기술 역량이라고 인식되어 온 것들도 때로는 개방하여 더욱 개선된 제품을 개발하는 데 활용되어야 하고, 공급 기업, 고객 기업들의 기술과 지식을 이해하고 활용할 수 있도록 공동 연구 개발할 수 있는 기회도 마련되는 것이 중요하다.

세 번째 에너지데이터의 경제적 등장배경은 가치사슬의 역류이다. 이 또한 앞의 두 가지 경제적 등장배경과 무관하지 않다. 디지털화를 통한 패러다임 변화의 흐름은 새로운 산업, 새로운 서비스, 새로운 가치를 창출해 가고 있는데, 가치사슬이 역류하면서 가치사슬의 출발점이 제품이 아닌 고객으로부터 시작한다는 점을 주목해야 한다. 즉, 기존의 가치사슬이 제품에서 출발하여 유통망을 거치고 고객에게 그 제품이 전달되면서 마무리되었다면, 디지털변환 시대의 가치사슬은 고객의 요구에서 시작하여 다시 고객의 만족으로 향하는 선순환 고리를 형성하며, 가치전달이 다방향으로 전환되고, 소비자 요구로부터 가치창출이 시작되는 정도가 강해지고 있다. 소비 부문 에너지데이터의 등장배경이 이러한 경제적 환경에서 이해되어야 한다.

제3절 에너지데이터의 사회적 등장배경

사회적 요소는 기업이 제공하는 상품 및 서비스와 경영방식에 영향을 미치며, 문화적 요소와 보건 인지도, 인구성장률, 연령대 분포, 직업 태도, 안전 관련 요소 등이 있다. 에너지데이터 경우에는 환경보호 및 에너지 절감 같은 안전 관련 요소와 관련된다. 그동안 한국 전력수급 계획 중심에는 항상 전력수급 안정과 경제성만이 자리하고 있었다. 하지만 2017년 말에 제시된 '제8차 전력수급기본계획'에서는 환경성과 안전성이 추가된다. 이는 전력 공급을 위한 발전소 건설보다는 수요관리를 최우선적으로 고려한다는 것을 의미한다. 발전원에 대한 중요도도 달라졌다. 원전과 석탄 중심 발전원에서 벗어나 재생에너지와 LNG가 확대됐고, 대규모 중앙공급에서 소규모 분산형 전원으로 확산되고 있는데, 이를 뒷받침하는 것이 바로 환경 요소가 주가 되는 '재생에너지 3020 이행계획'이다. 한국 정부는 이에 따라 신재생에너지의 비중을 총 발전량의 20%까지 확대할 계획이며, 노후 석탄화력 발전소 10기는 조기 폐지될 계획이다. 이에 따라 신재생에너지 발전의 설비용량은 7차 계획에서 제시된 33GW보다 두 배 증가한 64GW 규모로 대폭 증가된다. 전력 수요도 에너지 효율 향상과 에너지관리시스템 등을 통해 98TWh 절감될 것이며, 에너지 전환을 통해 온실가스를 2030년까지 2억 3,700만 톤 감축하고 미세먼지도 2030년까지 62% 감축할 계획이다.

이 수급계획에 따라 에너지데이터의 중요성은 더욱 부각된다. 원별 발전량 등 에너지 믹스에 대한 에너지데이터 제공이 필요하고, 온실가스 대응수단 및 효과 등 국가에너지정책의 핵심적 지표에 대한 데이터도 필요하다. 예측을 위한 소비전력 데이터도 필요하다. 수급계획 간 비교 및 수요 전망치 변동에 대한 데이터 분석이 필수이며, 에너지 수요관리 목표 산정량 데이터가 필요하다. 에너지 수요관리 정책은 설비효율(1단계) 중심에서 시스템(2단계)으로 업그레이드되는데, 에너지 설비 효율화를 위해서는 고효율 프리미엄 전동기 등 에너지 효율 기술 개발이 필요하며, 에너지 사용 시스템화를 위해서는 에너지데이터를 모은 플랫폼을 구축하고 가전기기 및 조명에 사물인터넷(Internet of Things; 이후 IoT)을 장착해 관련 데이터를 관리해야 한다. 에너지 수요관리는 배출권이나 부하관리 요금제 등 다른 환경 요소와 연관해 생각해야 하며, 이를 위해서 에너지데이터 구축은 필수이다. 즉, 환경과 안전을 중시하는 신재생에너지 중심 정책이 성공하려면 데이터가 필수이다.

제4절 에너지데이터의 기술적 등장배경

　기술적 요소는 진입장벽, 아웃소싱, 기술 투자와 품질, 비용 및 혁신에 영향을 끼친다. IT 업계는 이미 데이터 시대를 맞아 데이터 운영 기반 및 대용량 처리 시스템, 솔루션, 스토리지 등을 판매하며 빠르게 성장하고 있으며 기업 간 인수합병도 매우 활발하게 진행되었고 아직도 현재 진행형이다. 기업들의 데이터 활용 니즈는 관련 IT 기업들

표 1-1 가트너 제공 10대 IT 전략기술 변천사

	2011년	2012년	2013년	2014년	2015년
1	클라우드 컴퓨팅	미디어 태블릿 그 이후	모바일 대전	다양한 모바일 기기 관리	(언제 어디서나 컴퓨팅 사용이 가능한) 컴퓨팅 에브리웨어
2	모바일 앱과 미디어 캐블릿	모바일 중심 애플리케이션과 인터페이스	모바일 앱 &HTML5	모바일 앱과 애플리케이션	사물인터넷
3	소셜 커뮤니케이션 및 협업	상황인식과 소셜이 결합된 사용자 경험	퍼스널 클라우드	만물인터넷	3D 프린팅
4	비디오	사물인터넷	사물인터넷	하이브리드 클라우드와 서비스 브로커로서의 IT	보편화된 첨단 분석
5	차세대 분석	앱스토어와 마켓플레이스	하이브리드 IT&클라우드 컴퓨팅	클라우드/클라이언트 아키텍처	(다양한 정황 정보를 제공하는) 콘텍스트 리치 시스템
6	소셜 분석	차세대 분석	전략적 빅데이터	퍼스널 클라우드의 시대	스마트 머신
7	상황인식 컴퓨팅	빅데이터	실용분석	소프트웨어 정의	클라우드/클라이언트 컴퓨팅
8	스토리지급 메모리	인메모리 컴퓨팅	인메모리 컴퓨팅	웹스케일 IT	소프트웨어 정의 애플리케이션과 인프라
9	유비쿼터스 컴퓨팅	저전력 서버	통합 생태계	스마트 머신	웹-스케일 IT
10	패브릭 기반 컴퓨팅 및 인프라 스트럭처	클라우트 컴퓨팅	엔터프라이즈 앱스토어	3D 프린팅	위험 기반 보안과 자가 방어

의 데이터 분석 기술 자산화의 주된 배경으로 작용하고 있다. 가트너(Gartner)는 매년
10대 전략적 IT 기술을 발표하는데, 빅데이터 원년인 2012년 빅데이터를 7위에 위치
시켰고, 2013년 전략적 빅데이터로 개명하더니, 2014년에는 빅데이터를 10대 기술에
서 제외했다. 이유는 데이터가 IoT에 흡수되었다고 판단했기 때문이다. 이 시점부터
가트너는 데이터를 디지털 변환을 가속시키고 새로운 기회를 창출하게 하는 인프라
로 보기 시작한 것이다. 2015년에는 보편화된 첨단 분석, 스마트머신과 함께 데이터
가 녹아 있는 인프라 기술들이 언급되기 시작한다. [표 1-1]은 가트너가 제공한 10대
IT 전략기술의 2011~2015년 기가 동안의 변천사이다.

　2016년 가트너의 10대 전략 IT는 3대 영역으로 구분되면서 알고리즘이 부상한다.
첫 번째 영역은 플랫폼 기능을 하는 스마트머신(Smart machines)으로 기기에 담긴
데이터(Information of everything), 심화기계학습(Advanced machine learning), 그리
고 자율에이전트와 사물(Autonomous agents and things)이다. 두 번째 영역은 데이
터 인프라인 새로운 현실 IT(New IT reality)로 적응 보안 아키텍처(Adaptive security
architecture), 심화시스템 아키텍처(Advanced system architecture), 메시앱 및 서비스
아키텍처(Mesh app and service architecture), IoT 아키텍처 및 플랫폼(IoT architecture
and platform)이다. 마지막 셋째 영역은 디지털메시(Digital mesh)로 디바이스 메시
(Device mesh), 이용자 경험 환경(Ambient user experience), 3D 프린팅 재료(3D printing
materials) 등이다.

　한편, 2017년 세계경제포럼에서 전력망을 변화시키는 3대 기술 배경으로 디지털화
(Digitalization), 분산화(Decentralization), 전기화(Electrification)가 언급되었다. 디지
털화는 전력 변환 및 에너지 통합 관리 가능성을, 분산화는 발전의 변동성 증대와 정
보보안 가능성을, 전기화는 에너지 통합 관리와 발전의 변동성 증대 가능성을 열어 준
다. 2019년 모바일콩그레스에서 3대 IT 키워드는 5G(초고속 네트워크, 저지연), IoT(초
연결), AI(초지능)이며, 이들이 적용되는 산업 분야에 '스마트'라는 접두어가 붙는다.
예로 스마트홈, 스마트카, 스마트시티, 스마트팩토리, 스마트팜, 스마트물류, 스마트
헬스, 스마트그리드 등이다.

　가트너의 10대 전략기술 변천사와 세계경제포럼의 전력망을 변화시키는 3대 기술,
그리고 모바일콩그레스 2019의 3대 IT를 볼 때 에너지데이터의 기술적 등장배경은
디지털화, 분산화, 전기화로 구분해서 관찰된다. 디지털화는 통신기술, 분산화는 저

장기술, 전기화는 운송 부문 전기화로 전기차가 이에 해당된다. 첫 번째인 디지털화는 스마트그리드 시스템(Smart grid system)을 말한다. 이는 에너지 절감과 대 고객 서비스 수준 향상, 전력설비의 효율적 운영을 위한 필수 인프라로 대두되었고, 스마트미터와 지능형 통신시스템(Intelligent Communication System)으로 구분된다. 스마트미터는 스마트그리드 시스템 내 전력망 지능화를 위해 데이터 수집이 필요해지면서 데이터 측정 및 수집 능력이 향상된 지능형 전력계량 시스템 기술로서, 기존의 중앙집중적 전력공급망의 한계를 극복하고 전력 효율 향상을 도모할 수 있게 하며 스마트그리드 기술과 연계해 발전하는 전력 IT의 단위 요소이다. 앞서 정책적 등장배경에서 언급한 AMI 및 스마트미터 기술은 광대역 고속통신망을 이용해 지능화된 스마트미터로부터 수집된 다양한 데이터와 부하 측의 각종설비를 제어하기 위한 제어신호를 신뢰성 있게 전송하게 한다. 스마트미터는 AMI 구축에 있어 이종의 네트워크시스템과 인터페이스를 지원하는 통신시스템과 함께 AMI를 구성하는 핵심 설비이다. 미터(Meter)란 계량 즉, 미터링을 위한 계량 설비를 말하며, 스마트그리드시스템의 미터는 전력량계(Electricity Meter or Watt Hour Meter)를 말한다.

스마트그리드는 전력망에 IT를 융합해 전기사용량과 공급량, 전력선 상태까지 알 수 있게 해 에너지 효율성을 극대화시킨다. 소비자는 전기요금이 쌀 때 전기를 쓰고, 전자제품은 자동으로 전기요금이 싼 시간대에 작동하며, 전력 생산자는 전력 사용 현황을 실시간 파악하므로 전력 공급량을 탄력적으로 조절할 수 있다. 전력 사용이 적은 시간대에는 최대 전력량을 유지하지 않거나, 남는 전력을 양수발전에 사용하여 버리는 전기를 줄이고, 전기를 저장했다가 전력 사용이 많은 시간대에 공급하는 탄력적 운영도 가능하다. 과부하로 인한 전력망의 고장도 예방할 수 있다. 스마트그리드는 가정용 TV, 냉장고 등 전자제품 외에 공장의 산업용 장비들까지 전기가 흐르는 모든 것을 묶어 효율적으로 관리하는 시스템으로, 전력 수요를 분산시켜 발전 설비 효율을 증가시키고, 통신 기기에 직접 전력을 공급하는 전력 변환 장치나 축전지의 일부 또는 전체를 수전설비, 예비 전원 설비와 분리해 통신 기기 근처에 분산하여 설치하는 방식을 통해 송배전 효율을 높일 수 있게 하며, 이를 위해 에너지데이터 분석이 반드시 필요하다.

미국, EU 등 주요국은 IT 기술이 융합된 스마트그리드 시스템 구축을 위해 이미 투자를 확대해 왔으며, 미국은 노후화된 전력 생산, 송배전 시스템을 개선하고 전력망을 업그레이드하기 위해 스마트그리드 사업을 2000년대 초반부터 가장 먼저 추진한 국가이다. EU도 국가 간 전력거래 활성화 및 재생에너지 보급 확대를 위해 역내 전력망 통합을 목표로 스마트그리드 시스템 구축 및 관련 사업을 진행 중이다. 한국도 2010년 스마트그리드 국가 로드맵을 확정하고 2030년까지 세계 최초로 국가 단위 스마트그리드 시스템 구축을 추진 중이다.

두 번째는 분산화로 에너지 저장시스템(Energy Storage System, ESS)을 말한다. ESS는 물탱크 개념으로, 생산된 전기를 저장장치(배터리 등)에 저장했다가 전력이 필요할 때 공급하여 전력 사용 효율을 향상시킨다. 이는 전기에너지를 적게 사용할 때 저장하고 필요할 때 공급함으로써 에너지 이용 효율을 향상시키며, 신재생 에너지 활용도를 제고하고 전력공급시스템 안정화에 기여한다. 이는 전력저장원(배터리·압축공기 등), 전력변환장치(PCS), 전력관리시스템 등 운영시스템으로 구성되며, 주파수 조정, 신재생에너지 연계, 수요반응, 비상발전 등에 활용하면 전력 피크를 억제하고, 전력품질 향상 및 전력수급 위기 대응이 가능하다.

세 번째는 전기화로 인한 전기자동차의 부활이다. 전기자동차는 내연기관 붕괴와 함께 하위 부품 및 석유 시장 등 연관 산업 붕괴를 야기하는 동시에 배터리, 광물, 전력 및 신에너지 산업에 새로운 성장을 가져온다. 기존 내연기관자동차는 엔진, 클러치, 변속기 등 복잡한 기계장비와 연료탱크를 필요로 하지만 전기자동차는 배터리와 인버터, 모터만 있으면 움직인다. 전기자동차는 내연기관자동차보다 먼저 개발되었으나 개발 당시에 배터리 기술 한계로 내연기관자동차에 비해 짧은 주행거리, 하염없이 기다려야 하는 충전시간 등 고질적 문제로 제약이 많았고, 높은 가격으로 인해 상류층의 전유물이었지만, 배터리가 비약적으로 발전하면서 다시 부상한다. 1860년대 상용화된 납축전지는 무겁고 에너지 저장 밀도는 높지 않아 고질적인 전기자동차의 주행거리 문제를 해결하기에 한계가 있었으나 1980년 리튬 원소의 전기화학적 성질이 밝혀지고 1991년 소니에 의해 최초의 상업적 리튬이온전지가 출시된다. 리튬이온전지는 어떤 전지보다도 빨리 충전되고 무게는 더 가벼우며 출력 밀도는 더 높아 긴 배터리 사용 시간을 가능하게 하며, 성능은 지속적으로 개량되었다. 배터리 제조사들이 중대형 리튬이온전지의 가능성을 확인하면서 대규모 생산공장건설 등에 나서기 시작하고, 이는 차량용 리튬이온전지의 제조원가를 지속적으로 낮추는 선순환 결과를 가져오게 한다.

전기차 부활은 이러한 기술적 측면 외에 환경 규제 강화와 그린산업 육성정책과도 연관된다. 2008년부터 자동차 최대 생산국 중심으로 본격적으로 진행된 이 정책들은 전기자동차 확산에 촉매 역할을 했다. 독일은 2020년까지 탄소배출을 20% 줄이기 위해 순수전기자동차 100만 대를 보급하겠다는 계획을 2008년 발표하고 R&D 자금 지원을 시작했다. 미국도 2009년 '그린 뉴딜정책' 일환으로 전기차에 24억 달러의 보조금을 지급하는 계획을 발표하면서 전기차는 다시 한번 동력을 얻게 된다. 중국도 대도시 대기오염 문제를 해결하기 위해 2009년부터 화석연료 자동차에 대한 강력한 환경규제와 신에너지차(New Energy Vehicle, NEV) 정책을 발표한다. 중국 정부는 공공서비스를 중심으로 한 전기자동차 시범 운영을 시작으로 전기자동차에 대한 보조금 지급과 세제혜택을 확대해 왔으며, 보조금 축소 대신 2019년부터 신차 판매의 일정비율을 전기자동차로 판매해야 하는 의무판매제를 발표했다. 하이브리드 시장에서 경쟁우위에 있던 일본도 전기차 시장 주도권을 강화하기 위해 2020년까지 전기자동차 보급률을 15~20%로 높이는 '차세대 자동차 전략 2010'을 발표한다.

2015년 파리기후협약으로 각국의 탄소감축 목표량이 제시되고 같은 해 발발한 폭스바겐 디젤게이트 사건이 터지면서 일부 국가들은 장기적으로 내연기관자동차를 아예 퇴출시키는 정책들을 발표하면서, 자동차 업계에서 전기차 출시는 기존 시장지위를 유지하기 위한 필수적 생존 요소로 자리잡기 시작한다. IT 기기와 가전제품 중심으로 성장한 배터리 산업도 새롭게 재부상하는 전방산업인 전기차 확산으로 이전과는 비교할 수 없는 폭발적 성장을 보여주기 시작한다. 전기차로 시작된 중대형 이차전지는 앞서 언급한 ESS으로까지 그 확장성을 보여주며, 에너지데이터가 에너지 산업에서 사용 가능하도록 기술 인프라 구축을 유도한다.

참고문헌

가천대학교 산학협력단(2018.3), 한국형 그린버튼 제도 도입 방안 연구.

고려대학교 산학협력단(2017.5), 4차 산업혁명과 신기후체제 대응.

김대완/송민정(2019), 빅데이터경영론, 박영사.

더사이언스타임즈(2018.10.29), 기후변화에 따른 전력산업 대응방안은? "4차산업혁명 기술 활용 시스템화 필요".

삼정KPMG 경제연구원(2018), 미래 자동차 권력의 이동, Samjong INSIGHT, Vol. 56.

에너지경제연구원(2018), 4차 산업혁명과 전력산업의 변화 전망.

에너지경제연구원(2014), 에너지 부문 정보통신 융합의 전개구도와 영향 정책 이슈페이퍼 14-19.

에너지타임즈(2019.8.5). 에너지서비스 중개…한전 에너지비즈니스플랫폼 EN:TER 오픈.

전자신문(2019.8.6), 정부, 마이데이터 활성화 나선다…중장기 로드맵 마련 착수

키움증권(2019.3.20), 통신서비스, 가까워지는 미래.

한국전력공사(2019.4.4), 전력 빅데이터 기반 신 비즈니스 활성화 전략, 전력/IT 융복합 기술 워크숍 세미나 발표문, 한국통신학회 세미나.

현대경제연구원(2018.1.2), 국내외 에너지 신산업 트렌드 및 활성화 과제, VIP리포트, 통권 716호.

한국전력공사(2014), 스마트미터링 기술 및 시장동향, Smart grid technology, special feature.

Marshall Van Alstyne, Geoffrey Parker, and Sangeet Paul Choudary(2016.4), Pipelines, Platforms, and the New Rules of Strategy, HBR(Harvard Business Review) https://hbr.org/2016/04/pipelines-platforms-and-the-new-rules-of-strategy

에너지데이터의
이해

학습목표

빅데이터 개념 정의를 토대로 에너지데이터 등장배경에 연결하여 에너지데이터를 개념화한 후,
빅데이터 유형을 토대로 에너지데이터를 유형화한다. 또한, 빅데이터의 기술요건을 수집-저장/
처리-분석-활용 단계별로 구분하여 살펴보고 에너지데이터에 접목시킨다. 마지막으로 에너지
데이터의 발전동인을 하드웨어와 네트워크 관점에서 탐색한다.

제2장

에너지데이터의 이해

에너지데이터의 개념

　에너지데이터 개념을 정의하기에 앞서 빅데이터 개념에 대한 이해가 필요하다. 빅데이터 개념은 아직도 기관에 따라 다양하게 정의되고 있다. 글로벌 컨설팅기업인 맥킨지 글로벌 인스티튜트(McKinsey Global Institute)는 2011년 보고서인 'Big Data: The Next Frontier for Innovation, Competition, and Productivity'에서 "빅데이터 정의는 기존 데이터베이스 관리 도구의 데이터 수집, 저장, 관리, 분석하는 역량을 넘어서는 데이터 셋(Data set) 규모로, 그 정의가 주관적이며 앞으로도 계속 변화될 것이며, 데이터량 기준에 대해 산업분야에 따라 상대적인데, 현 기준에서는 몇 십 테라바이트(Tera byte)에서 수 페타바이트(Peta byte)까지가 그 범위이다"라고 설명한 바 있다. 이에 따르면, 빅데이터는 '데이터 형식이 매우 다양하고 그 유통 속도가 매우 빨라 기존 방식으로 관리·분석하기 어려운 데이터'이다. 위키피디아 정의에서도 빅데이터는 데이터 크기가 엄청나고 복잡해 현존하는 데이터 관리 툴로 다룰 수 없는 것으로, 정형, 반(半)정형, 비(非)정형 데이터 모두를 말한다. 또한, 이러한 빅데이터를 생산하는 매개물은 모바일 기기, 센서, 소프트웨어 로그, 카메라, 마이크로폰, 무선센서 네트워크, 주파수 인식 기기들이다.

　가트너(Gartner, 2012)는 빅데이터의 개념 및 특성을 3V(Volume, Velocity, Variety)로 나누어 정의하였다. 먼저, 규모(Volume)의 경우에는 해마다 디지털 정보량이 기하급수적으로 폭증하여 제타바이트(ZB) 시대로 진입했음을 의미하고, 다양성(Variety)의 경우에는 로그기록, 소셜, 위치, 소비, 현실 데이터 등 데이터의 유형이 증가하고 있고, 텍스트 이외의 멀티미디어 등 비정형 데이터 유형이 다양화되고 있음을 말한다. 마지막으로, 속도(Velocity)의 경우에는 센터 등의 사물 정보, 스트리밍 정보 등 실시간성 정보가 증가하고 실시간성으로 인한 데이터의 생성, 이동 속도가 증가하며 대규모 데이터 처리 및 가치 있는 실시간 활용을 위해 데이터 처리 및 분석 속도도 빨라지고 있음을 의미한다. 한편, 빅데이터 기술 기업인 SAS(2012)는 3V에 가치(Value)를 더하여 빅데이터를 정의하였다.

이처럼 빅데이터는 단순한 데이터 양만이 아니라, 데이터의 형식, 입출력 속도 등을 함께 아우르는 특성을 갖는다. 데이터 폭증, 즉 기존 데이터에 비해 양이나 종류가 너무 커서, 기존 방법으로는 도저히 수집, 저장, 검색, 분석 등이 어려운 데이터를 총칭해 일컫는 용어이다. 인터넷과 컴퓨팅의 발전과 모바일 기기와 센서들의 진화, 페이스북이나 트위터와 같은 소셜 네트워크의 출현 등이 기업 내 데이터 양 폭증을 이끌었는데, 여기서 발생되는 데이터나 텍스트 및 문서, 통화 기록, 대규모의 전자상거래 목록 등이다. 예컨대 웹 로그, RFID, 센서 네트워크, 소셜 네트워크, 인터넷 텍스트 및 문서, 인터넷 검색 인덱싱, 음성 통화 상세 기록, 천문학/대기과학/유전학/생화학/생물학 등 학문적 연구 기록, 군사 경계 기록, 의료 기록, 사진 목록, 동영상 목록, 전자상거래의 행적 등이 바로 그것이다. 정리하면, 데이터란 기존 기업이 다루던 데이터의 규모를 넘어서 이전 방법이나 도구로 수집, 저장, 검색, 분석, 시각화 등이 어려운 정형 또는 비정형 데이터 셋을 말하며, 그러한 데이터를 처리하는 기술, 운영체계, 아키텍쳐, 프로세스를 포괄하기도 한다.

IBM은 3V, 즉 다양성(Variety), 규모(Volume), 속도(Velocity)라 설명하는 빅데이터 특성 가운데 두 가지를 충족시킬 수 있으면 빅데이터 관련 기술이 된다고 언급했다. 대용량(Volume)이라 함은 과거보다 데이터의 규모가 더욱 증가했다. 이는 여러 개별 요소들의 방대한 생 데이터(Raw Data: Source Data 또는 Atomic Data라고도 함)의 집합이다. 다양성(Variety)이란 기존의 관계형 데이터베이스뿐만 아니라 SNS, 위치정보, 각종 로그 기록을 비롯해 멀티미디어 등의 비정형 데이터를 포함한 다양한 유형의 구조화되지 않은 데이터를 다룬다는 의미이다. 마지막으로, 실시간성(Velocity)이란 데이터를 생성하거나 수집 및 통합하고 분석하고 활용하는 모든 단계에 있어서 속도가 중요하다. 궁극적으로 빅데이터에서는 분석 결과를 실시간으로 활용하는 것을 추구하며, 이것이야말로 과거의 유사한 기술 트렌드와 빅데이터를 구별하는 가장 큰 특징이라 할 수 있다. 이러한 3대 특성 외에도 가트너는 네 번째 특성으로 복잡성(Complexity; 외부 데이터 활용, 중복성 등)을, IBM은 가치(Value)를 추가하기도 했다.

빅데이터는 기존 데이터웨어하우스(Data Warehouse; 이하 DW) 및 비즈니스 인텔리전스(Business Intelligence; 이하 BI) 기술로는 처리하기 어려운 데이터가 다양한 형태로 혼재된 복잡성 높은 대용량 데이터를 신속하게 처리 가능하며, 이를 기반으로 심층분석(Advanced Analytics)과 예측 등을 통한 새로운 차원의 비즈니스 및 서비스 창출이 가능하다. 이에 따라 빅데이터를 규정 짓는 기본 특성도 방대한 규모(Volume), 빠른 처리 속도(Velocity), 다양한 형태(Variety) 등으로 개념화하되, IBM은 여기에 가치를, 가트너는 여기에 복잡성을 추가했다. 이는 3V만으로 데이터의 진실을 설명하기가 부족함을 시사한다. 가트너가 말하는 데이터의 진실(Truth)은 다양한 데이터 셋(Multiple sets of data) 간 상관관계를 이해하는 데 있다. 새로운 것이 아닌 이전부터 존재했던 데이터를 모으는 것 자체가 의미가 있는 것이 아니라, 의미가 없는 다크 데이터(Dark data)와 가치가 있는 데이터를 구분할 수 있어야 도움이 된다는 뜻이다.

에너지데이터의 개념도 빅데이터 개념과 특성에서 출발한다. 에너지데이터의 기술적 등장배경에서 언급했듯이, 주요국의 스마트그리드 기술 개발 정책이 본격화되면서 2010년 초부터 보급되기 시작된 스마트미터로부터 수집된 전력 사용량 데이터가 빅데이터 규모의 시발점이 된다. 이를 다루기 위한 목적으로 데이터 분석기술의 필요성이 제기되고, 에너지데이터 개념도 초기 이러한 대량 데이터에서 점차 다른 특성들이 더해지는 형태로 진화하게 된다. 특히, 앞서 에너지데이터의 정책적 등장배경에서 언급했듯이, 공공데이터의 민간 접근을 유도하는 국가의 데이터 정책에 따라 에너지데이터도 개방되기 시작한다. 앞서 미국 그린버튼에 대해 설명하였는데, 국가의 에너지데이터 전략에 대해서는 12장에서 다루기로 한다.

에너지데이터의 유형

데이터는 기본적으로 데이터 정형화(Structured) 정도에 따라 그 유형을 나누는 것이 일반적이다. 데이터가 정형화되지 않고 비(非)정형으로 유지되는 이유는 데이터 저장은 중요하지 않고 단순 경향 파악이 필요하기 때문이다. 이 경우에는 일정시간 경과 후 소멸된다고 보는 것이 일반적이다. 수많은 데이터를 저장기술을 통해 저장할 필요가 없거나 그 생성속도가 너무 빨라 저장기술이 그 생성속도를 따라갈 수 없을 경우에도 비정형 데이터로 유지될 수밖에 없다. 하지만 저장기술이 생성속도를 능가하는 시점이 도래하여도 데이터 저장 여부가 이슈가 되는데, 개인정보 보호와 관련된다.

그림 2-1 정형화 정도에 따른 데이터의 기본 유형

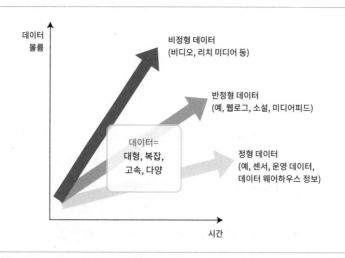

출처: IDC(2012)

정형(Structured) 데이터는 고정된 필드에 저장된 데이터를 이야기하며 구조화되어 있는 데이터로 관계형 데이터베이스(RDB) 및 스프레드 시트 등으로서 기업에서 관리하는 대부분의 데이터 포맷이다. 한편, 비정형(Unstructured) 데이터는 고정된 필드에 저장되어 있지 않은 데이터로 형태가 없고 연산도 불가능한 데이터로서 소셜데이터 및 이미지/동영상/음성 데이터 등이다. 그 사이에는 반정형(Semi-Structured) 데이터가 있다. 이는 고정된 필드에 저장되어 있지는 않지만 형태는 있으되 연산이 불가능한 데이터로서 XML이나 HTML, 로그데이터 등을 말한다. 이처럼 정형화 여부에 따른 분류 외에도 가트너(2013)는 [그림 2-2]와 같이 내부 데이터와 외부 데이터로 구분한다.

그림 2-2 데이터의 출처에 따른 데이터의 유형

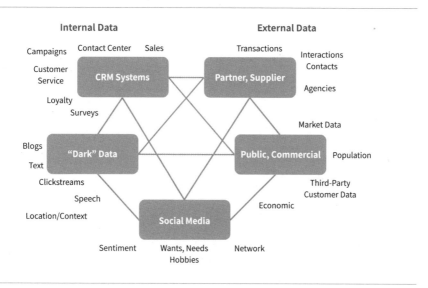

자료: Gartner(2012)

에너지데이터 유형도 정형, 비정형으로 구분되거나 내부, 외부로 구분된다. 한국전력이 보유하고 있는 전력데이터는 내부 데이터로 간주한다. 2014년, 한전(한국전력)은 전력데이터 사업추진을 위한 기본계획을 수립하고 빅데이터 시범사업 과제를 선정하여 서비스 개발을 추진하기 시작했다. 당시 시범사업 과제는 스마트미터 데이터를 활용한 에너지 컨설팅 서비스와 SNS 분석을 통한 리스크(Risk) 실시간 예보 서비스였다. SNS 데이터는 한전 입장에서는 외부 데이터이다. [그림 2-3]에서 보면, 한전이 활용하는 데이터는 자사가 보유한 스마트미터 데이터와 영업정보, 그리고 외부 데이터인 기상정보로 구분된다. 이 데이터를 활용한 에너지컨설팅 서비스는 AMI 구축을 위해 보급된 스마트미터로부터 생성된 대량의 데이터를 수집하여 소비자의 전기 소비 패턴을 분석하고 실시간으로 전기요금을 예측하며 유사 업종 및 규모와 비교 정보를 제공하여 소비자가 자발적으로 전기 소비량을 줄이도록 유도하는 것이다.

그림 2-3 2014년 한전 제공 에너지컨설팅 서비스 개요 및 활용 데이터

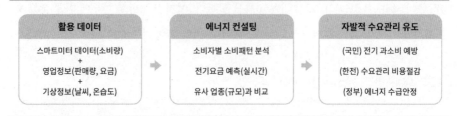

자료: 에너지경제연구원, 2014. 11

또한, 소셜미디어, SNS 분석을 통한 실시간 예보 서비스는 대내외 환경변화에 따라 전력공급을 둘러싼 리스크(정전, 재난, 설비고장 등)가 실시간으로 변동하는 추세에서 인터넷 및 스마트폰 보급 확대로 급증하는 SNS 데이터와 한전에서 보유하고 있는 민원 데이터를 종합적으로 분석해 리스크를 체계적으로 관리하고 신속하게 대처할 수 있도록 해준다. [그림 2−4]에서 보듯이, 이에 활용된 데이터는 정형 데이터인 고객 민원 정보 외에, 비정형 데이터인 SNS 및 언론보도 데이터 등이 있다.

그림 2-4 한전에서 제공된 실시간 예보 서비스 개요 및 활용 데이터

자료: 에너지경제연구원, 2014. 11

제3절 에너지데이터의 기술 요건

단순 운영을 위한 데이터 관리로 머물지 않고 데이터에서 찾을 수 있는 가치 있는 정보를 추출해 내고 분석해야 한다면 기술 요건이 필요하다. 데이터는 더욱 핵심 자산

이 되고 있으며, 기계학습(Machine learning), 텍스트마이닝(Text mining), 자연어 처리(Natural language processing; 이후 NLP), 세만틱스(Semantics) 등 다양한 분석 기술들이 등장하였고 아직도 현재 진행형이다. [표 2－1]에서 보듯이, 빅데이터 기술 요건은 요소기술별로 수집, 공유, 저장, 처리, 분석, 시각화로 구분되어 설명될 수 있으며, 각 요소기술별로 기술들이 존재한다.

표 2-1 빅데이터 기술 요건

요소기술	설명	해당기술
빅데이터 수집	조직내부와 외부의 분산된 여러 데이터 소스로부터 필요로 하는 데이터를 검색하여 수동 또는 자동으로 수집하는 과정과 관련된 기술로 단순 데이터 확보가 아닌 검색/수집/변환을 통해 정제된 데이터를 확보하는 기술	• ETL • 크롤링 엔진 • 로그 수집기 • 센싱 • RSS, Open API 등
빅데이터 공유	서로 다른 시스템 간의 데이터 공유	• 멀티 테넌트 데이터 공유 • 협업 필터링 등
빅데이터 저장	작은 데이터라도 모두 저장하여 실시간으로 저렴하게 데이터를 처리하고, 처리된 데이터를 더 빠르고 쉽게 분석하도록 하여, 이를 비즈니스 의사결정에 바로 이용하는 기술	• 병렬 DBMS • 하둡(Hadoop) • NoSQL 등
빅데이터 처리	엄청난 양의 데이터를 저장·수집·관리·유통·분석을 처리하는 일련의 기술	• 실시간 처리 • 분산 병렬 처리 • 인－메모리 처리 • 인－데이터베이스 처리
빅데이터 분석	데이터를 효율적으로 정확하게 분석하여 비즈니스 등의 영역에 적용하기 위한 기술로 이미 여러 영역에서 활용해 온 기술임	• 통계분석 • 데이터 마이닝 • 텍스트 마이닝 • 예측 분석 • 최적화 • 평판 분석 • 소셜 네트워크 분석 등
빅데이터 시각화	자료를 시간적으로 묘사하는 학문으로 빅데이터는 기존의 단순 선형적 구조의 방식으로 표현하기 힘들기 때문에 빅데이터 시각화 기술이 필수적임	• 편집 기술 • 정보 시각화 기술 • 시각화 도구

자료: 한국정보진흥원·빅데이터전략센터(2013), 빅데이터 기술분류 및 현황, p.7.

데이터 수집 기술은 조직 내외부의 분산된 데이터 소스로부터 필요로 하는 데이터를 검색하여 수동 또는 자동으로 수집하는 과정과 관련된 기술이다. 이는 검색, 수집, 변환을 통해 정제된 데이터를 확보하는 기술을 모두 의미한다. 또한, 더욱 가치 있는 데이터를 산출하기 위해서는 변환, 저장, 분석 과정을 반복하게 되는데, 조직 내부에 존재하는 정형 데이터는 로그수집기를 통해 수집하고, 조직 외부의 비정형 데이터는 크롤링, RSS Reader, 또는 소셜 네트워크 서비스에서 제공하는 Open API를 이용한 프로그래밍을 통해 수집한다. 내부 데이터는 ETL(Extract, Transformation, Load) 등의 솔루션을 통해 확보하거나 물리적 이동없이 분석에 적용할 수 있는 EII(Enterprise Information Integration)를 활용한다. 외부 데이터 경우엔 크롤링 엔진(Crawling Engine)을 활용해 키워드 검색을 수행하거나 스캐닝을 통하여 데이터를 확보한다.

에너지데이터 중에서 전력데이터는 발전(Generation), 송변전(Transmission), 영배전(배전 및 소비; Distribution & Consumption) 영역에서 발생하는데, 스마트그리드 기술 개발 정책 본격화로 보급되기 시작된 스마트미터로부터 수집된 대량의 전력 사용량 데이터가 수집되기 시작하면서 데이터 활용 기술의 필요성이 함께 제기된다. 따라서, 에너지데이터 활용 초기에는 주로 영배전 내지 소비 영역의 대량 데이터를 효율적으로 수집, 처리, 관리하기 위한 기술에 집중된다. [표 2-2]에서 보면, 2018년 현재 한전이 보유한 데이터는 송변전과 영배전 데이터이며, 시스템명이 기술요건에 해당된다. 용량 기준으로 127테라바이트이며 건수 기준으로 4,207억 건이다.

표 2-2 2018년 12월 한전의 데이터 수집 현황

구분	시스템	DB 레코드 수	DB 크기(MB)
송변전 TRANSMISSION	SCADA	4,855,689	396
	SOMAS	27,675,275,830	1,996,706
	TOMS	152,433,686	57,231
	통합설비관리	664,023,347	246,124
	소계	28,496,588,552	2,300,457
영배전 DISTRIBUTION & CONSUMPTION	DAS/NDIS	24,231,646,610	2,761,367
	MDMS	263,119,675,688	92,518,067
	NCDIS/NCIS	79,274,847,546	13,343,671
	소계	336,626,169,626	108,623,105
경영	ERP	25,574,559,626	14,876,500
	소계	25,574,559,626	14,876,500
IoT	송변전IoT	7,676,954	1,441,943
	소계	7,676,954	1,441,943
	합계	420,704,994,976	127,242,005

자료: 한국전력, 2019. 4.4

송변전 영역에서 가장 많이 이용되는 시스템인 SCADA(Supervisory Control And Data Acquisition) 시스템은 집중 원격감시제어 시스템 또는 원방감시제어 데이터수집시스템이라고 불리는데, 통신 경로상의 아날로그 또는 디지털 신호를 사용하여 원격장치의 상태정보 데이터를 원격소장치(Remote Terminal Unit)를 통해 수집, 수신, 기록, 표시하여 중앙제어시스템이 원격장치를 감시 제어하는 시스템이다. 이는 플랜트 상태를 원격으로 모니터링하고 제어하기 위해 일반 산업체에서 사용하는 자료수집시스템으로 소프트웨어 패키지이다.

다양한 데이터 수집과 지능화된 관리를 위한 SCADA 시스템은 전력 분야에서 스마트그리드 환경을 구축하기 위한 핵심 기술 요건이다. 한국에서는 한전이 SCADA 중심으로 전력 시스템을 통합, 운영한다. 즉, 전력망 감시, 제어, 운영시스템으로 통합 운영하며 차세대 전력망 인프라로 진화한다는 계획이다. [표 2-3]에서 보면 1979년 한전 중앙급전소에 미국 L&N사에서 도입한 자동급전시스템을 설치한 이후 자동화되면서 SCADA를 통한 스마트그리드 환경으로 발전한다.

표 2-3 한전의 자동급전시스템의 진화

구분	60-70년대	80년대	90년대	2000년대
시스템	주파수계 전력계통반 급전 전화	자동급전 시스템(ALD)	급전종합 자동화시스템 (EMS)	차세대 EMS (New EMS)
시기		1979	1988	2002
제작사		L&N (미국)	TOSHIBA (일본)	ATEVA (미국)
주요기능	급전용 직통전화	SCADA AGC	SCADA AGC/ID NA DTS	SCADA AGC/ID NA DTS

자료: https://m.blog.naver.com/PostView.nhn?blogId=cutysio&logNo=40145057300&proxyReferer=https%3A%2F%2Fwww.google.com%2F

2014년 ARC 보고서인 '전력산업용 SCADA 장치의 세계 기술동향'에 의하면, 세계 전력용 SCADA 시스템 시장은 2009년부터 2014년까지 연평균 성장률 9.3%로 성장하였다. [그림 2-5]는 SCADA 시스템의 계층구조이다. 전력이 흐르는 역순으로 데이터가 흐르고 있다.

그림 2-5 SCADA 시스템의 계층구조

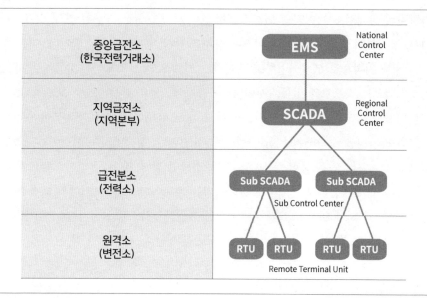

출처: https://m.blog.naver.com/PostView.nhn?blogId=cutysio&logNo=40145057300&proxyReferer=https%3A%2F%2Fwww.google.com%2F

　　전력데이터와 더불어 CO2 감축 및 그린 에너지에 대한 관심이 동시에 증가하면서 확대되고 있는 풍력·태양광 등 신재생에너지를 효과적으로 설치, 운영하기 위한 목적으로 데이터 기술이 활용되기 시작한다. 이에 데이터 활용성에 주목받기 시작한 다음 영역은 설비에 대한 고장예방 및 유지보수 분야로, 이를 위해서는 발전 부문의 데이터 수집 필요성도 증대된다. 한전은 2016년 신재생 에너지와 에너지저장장치(ESS) 등 신기술 전력설비와의 연계가 어렵다는 기존의 문제점을 개선한 '차세대 SCADA 시스템'으로 업그레이드한다.

　　영배전 영역의 데이터수집 기술에는 MDMS가 있다. 지능형계량인프라(AMI)를 통해 얻어진 데이터를 활용하기 위해서는 여러 시스템이 필요한데, 대표적으로 원격으로 검침할 수 있는 전력선 통신, 근거리 무선 통신 등 AMI 기반 통신 기술부터 350만 개 전력 계량 데이터를 동시에 관리하는 서버가 [그림 2-6]의 MDMS이다. 2017년, 한전은 전국 2,250만 대 스마트미터를 통해 전송되는 실시간 검침 데이터의 효율적 관리를 위한 '계량데이터통합관리시스템(MDMS)'을 개발했다. MDMS(Meter Data Management System)는 계량 데이터를 종합적으로 수집, 검증, 통계, 분석하고 타 시스템으로의 필요 정보 제공, 단전·복전, 주문형 검침과 같은 AMI 제어명령을 실행하는 시스템이다. 이 시스템은 하루 26억 건에 이르는 계량 데이터의 실시간 수집은 물론, 데이터의 유효성 검증 및 누락값 추정, 요금 계산용 사용량 측정 등이 가능하다. 이를 위해 단일 서버를 통해 처리했던 기존 데이터베이스 관리시스템과는 달리, 실시간 분산·병렬 처리 기법을 적용해 데이터 처리 속도를 3배 이상 향상시켰고, 정전관리, 수요반응 등 주요 기능 모듈을 국제표준(IEC-61968) 기반의 표준 인터페이스로 구축하여 시스템간 상호 운용성을 확보하였다. 2020년까지 전국 2,250만 고객 대상으로 AMI을 보급할 예정이라 대용량의 계량검침 데이터를 효율적으로 수집 및 관리할 수 있는 시스템 개발이 필요했던 것이다. MDMS는 계량데이터를 이용한 수요 분석을 통해 실시간 요금제 수립을 위한 기초 데이터로 활용 가능하며, 이를 통해 전력예비율이 떨어지는 동계 및 하계 피크 기간의 안정적인 전력공급에 기여하게 된다.

SCADA, MDMS 등의 시스템 도입은 기존의 발전기 제어 및 계통 안정화에만 중점을 두었던 한전의 역할이 배전단에서의 수요전력 제어로 역량을 확대시키게 해준다.

그림 2-6 MDMS 대시보드

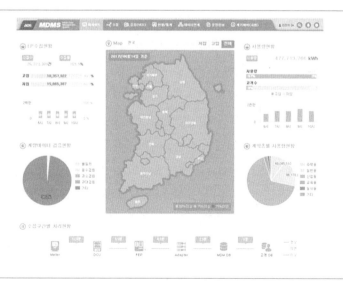

출처: 한국전력 전력연구원(2017.8.2). 계량데이터 통합관리시스템 개발, 보도자료. https://www.kepri.re.kr:20808/board/news_data/729

다음은 데이터 저장 및 처리 기술로 저장 후 처리된 데이터를 빠르고 쉽게 분석하게 한다. 데이터 저장기술은 구글이나 애플, 야후 등에 의해 요소기술로서 상당한 완성도에 도달했고, 오픈 소스인 하둡(Hadoop)의 하둡 분산형 파일 시스템(Hadoop Distributed File System; 이후 HDFS)/H베이스(Hbase), 카산드라(Cassandra) 등이 있다. 업그레이드된 NoSQL은 대량 데이터 저장을 위해 수평 확장 접근 방식을 사용하는 기술로, 하둡은 저렴한 비용으로 데이터 분석을 할 수 있어서 대표적 저장 기술로 자리잡았다. 하둡이나 NoSQL DB에 저장한 상태로 필요한 정보를 추출할 수 있다. 즉, 외부 데이터만으로 인사이트를 얻기 어렵기 때문에, 정형화된 DB 형태로 저장된 내부 데이터와 함께 믹스되어 활용된다.

데이터 활용의 시급성 정도에 따라서 저장위치가 결정될 수 있다. 실시간 활용되는 데이터는 하둡 적용 영역에 보관하고, 좀 더 시간적 여유가 있는 데이터나 대용량 분산 데이터 저장은 NoSQL 영역에 저장한다. 예컨대 통신서비스의 콜데이터기록(Call Data Record; 이후 CDR) 데이터를 분석할 경우, 생명주기(분석의 유효성)가 50일 정도면 하둡 영역에, 50일에서 6개월 이내는 BDW 영역에, 나머지는 아카이브 영역에 저장한다. 따라서, 저장 영역에서는 데이터생명주기관리(Life–Cycle Management)가 중요한 기술 요건이며, 내외부 데이터를 믹스해 분석하기 위해서는 내부 데이터와 연계할 수 있는 키를 도출해 외부데이터에 반영하는 작업도 중요한 기술 요건 중의 하나이다. 예로 미국의 에너지기업인 오파워는 날씨, 전력소비 패턴 등을 모두 고려해 최적의 에너지 사용 정보를 고객에게 제공하는 비즈니스 모델을 개발하기 위해, 데이터 저장 및 처리 기술로 하둡(Hadoop) 기반 플랫폼을 구축하였다. 수집 시스템으로 SCADA를 도입한 한전은 2011년 전국 11개 SCADA 시스템을 한 개의 오라클 DBMS로 통합해 웹 SCADA 시스템을 구축하였으나, 터미널에서 중앙 통제센터로 수집되는 데이터를 실시간으로 전송할 수 없고, 각 지역에서 필요한 전력량 정보를 실시간으로 제공받지 못해 전력이 부족한 곳에 필요한 전력을 제때 제공하기 어려워지면서, 2013년 알티베이스(Altibase)를 도입해 데이터의 이상 유무를 실시간으로 감지할 수 있게 된다. 이를 통해 이상기온, 천재지변, 사람에 의한 사고 및 전력장애 등의 데이터를 실시간 수집 및 분석이 가능해졌고, 기존 DBMS 대비 TCO(Total Cost of Ownership) 33.3%만큼 절감하고, 데이터 처리 속도는 오라클 데이터베이스보다 10배 빠르게 가능하게 된다. 알티베이스 제공 데이터 처리 시스템은 [그림 2-7]과 같다.

그림 2-7 알티베이스 제공 데이터 처리 시스템

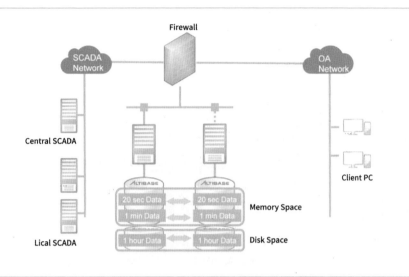

출처: 알티베이스, http://kr.altibase.com/case-studies/integrated-web-scada-system-kepco/

　빅데이터의 기술요건에서 가장 핵심이 되는 부문은 분석이다. 분석기술로는 데이터 통계분석, 데이터 마이닝, 평판 분석, 소셜네트워크 분석 등이 있다. 통계 분석은 통계적 컴퓨팅에 사용되는 R, SAS 등을 통해 가능하며, 다양한 통계 기법을 통하여 목적에 맞는 가장 정확하고 효율적인 통계 분석을 수행할 수 있다. 데이터 마이닝은 통계 기술 외에 패턴인식 기술을 통해 저장소에 저장된 대용량 데이터를 조사해 의미 있는 상관관계, 패턴, 추세 등을 발견하는 기술로 발전한다. 기계학습, 패턴 인식, 통계학, 신경망 컴퓨팅 등과 관련한 기본적인 분석 기술인 데이터마이닝 기법으로는 OLAP(Online Analytical Processing), 군집 분석(Cluster Analytics), 연결 분석(Link Analytics), 사례기반 추론(Case – Based Reasoning), 연관성 규칙 발견(Association Rule Discovery), 인공 신경망(Artificial Neural Network), 의사 결정 나무(Decision Tree), 유전자 알고리즘(Genetic Algorithm) 등이 있다.

　에너지데이터 예측분석이 활용되는 주요 분야는 고장 예방이다. 일본 NEC는 발전소에서 고장 징후를 분석해 고장 전 설비의 불건전 상황을 파악할 수 있는 고장전조 감시시스템을 개발했다. 안전성 향상이나 안정된 가동률 확보가 요구되는 발전소에서는 예방 보전이 중요하다. NEC가 데이터 분석 기술을 활용해 개발한 고장전조 감지

시스템에는 데이터를 분석하여 고장 징후를 예측할 수 있는 변형 분석 기술이 적용된다. 플랜트 설비에 설치되어 있는 각종 센서로부터 정보를 수집하고, 이 대량 센서 데이터 중 패턴이나 규칙성 등 보편적 특징을 자동 추출한다. 이러한 데이터를 건전한 상태로 정의한 후 그 모델과 상시 수집되는 센서 데이터를 비교 분석하면서 고장 발생 전의 불건전 상태를 고장 징후로 신속하게 검출한다. NEC는 이 시스템의 유효성 검증을 위해 시마네 원자력발전소에서 실증 실험을 실시하였다. 2011년 8월부터 2012년 11월까지 설비상태 감시용 센서 정보를 해석해 과거 고장 사례 등을 검출하였고, 2012년 10월부터 시마네 원자력발전소의 기술 훈련용 시설에 이 시스템을 도입하여 다양한 유사 설비 고장을 발생시켜 고장 전조 검출을 실시한 결과 양호한 결과를 얻을 수 있었다.

또 다른 사례는 덴마크 동에너지(Dong Energy)의 배전선로 유지보수이다. 유지보수 비용을 절감하기 위해 선로 부하를 정확하게 예측해 불필요한 교체비용을 줄이는 데 노력하였다. 전기품질을 고려하고 정전을 최소화하면서 유지보수 비용도 최소화하는 방법으로 동에너지는 대량의 운영 데이터와 통계적 부하 패턴을 분석해 정확한 부하를 예측하고, 이에 기반한 계통 운영 최적화와 비용 효과 극대화를 위한 유지보수 계획을 수립하였다. 이를 위해 먼저 이력 데이터를 분석하여 수용가의 최대 부하를 계산하고, 그에 따른 배전선로의 부하를 계산한 다음, 배전선로에 일정 간격으로 센서를 설치해 전기품질 및 부하를 측정하고, 이를 예측 기준점으로 하여 예측 정확도를 높였으며, 이력 통계 데이터를 이용하여 시간대별 부하를 계산해 부하예측의 정확도를 높일 수 있었다.

분석 속도에 초점을 두는 분석 기술도 있다. 분석에 필요한 모든 가용 데이터를 활용해 사용자 요청에 대한 분석을 수행하고 빠르고 적시에 분석 결과를 제공해 줄 수 있는 분석기법과 실시간 분석 등을 위해 인메모리 데이터베이스 분석 기술이 활용된다. 에너지데이터의 경우, 영국 센트리카(Centrica)는 스마트미터를 이용해 하루 48회(30분에 1회) 에너지소비 데이터를 수집하며, 소비자는 댁내 디스플레이 기기에서 실시간으로 전기 및 가스 소비량과 요금 확인이 가능하다. 이때 에너지 소비 패턴 분석을 위해 30분마다 수집된 스마트미터 데이터가 인메모리 데이터베이스에 저장 처리하고, 메모리에서 처리한 데이터를 기반으로 패턴 분석 프로그램을 고속 실행하여 에너지 소비 패턴이 요약되며, 이를 통해 한 소비자 그룹화, 요금 메뉴 개발, 수집 데이터의 타당성 확인, 미래 소비 동향 예측 등 분석이 가능하며, 소비자는 시간, 날짜, 월별 전기 및 가스 소비량을 확인하거나 전년도 동월 소비량과 비교할 수 있다.

분석 기술에서 중요한 것은 외부의 유용한 데이터와 내부 데이터를 같이 활용하기 위해 연계 분석영역(Federation Mart)을 두어 활용할 데이터를 지속적으로 확장하는 형태로 유지하는 것이다. 이를 위해서는 지속적으로 알고리즘을 개발해 새로운 비즈니스 룰을 생성하고 적용할 수 있도록 일정영역을 유지하는 것이 관건이다.

마지막으로, 데이터의 실제 활용을 위한 기술 요건은 시각화이다. 현업 종사자들이 분석 결과를 효과적으로 활용하기 위해 시각적 요소가 중요하다. 도표나 그래프를 활용한 분석 결과 표현과 버튼을 활용한 변수 값 조정 등 기능을 포함하나 중요한 것은 분석 시나리오에 따라 관련 분석정보들을 순차적 또는 동시에 분석하는 분석경로를 설계하여 구축에 반영하는 것이다.

시각화 기술에는 시간 시각화, 분포 시각화, 관계 시각화, 비교 시각화, 공간 시각화, 인포그래픽 등의 기법이 있다. 시간 시각화 기술은 분절형과 연속형으로 구분된다. 분절형의 경우, 데이터는 특정 시점 또는 특정 시간의 구간 값(예: 어떤 시험의 평균 통과율)을 막대그래프, 누적 막대그래프, 점그래프 등으로 표현한다. 연속형은 기온 변화같이 지속적으로 변화하는 값, 시계열 그래프, 계단식 그래프, LOESS(Local weighted polynomial regression, 국부 가중 다항식회귀) 곡선 추정 등으로 표현하는 방식이다.

분포 시각화 기술은 전체 분포와 시간에 따른 분포로 나누어진다. 최대, 최소, 전체 분포를 나타내는 그래프로 전체 관점에서 각 부분 간 관계를 보여주는 전체 분포는 파이 차트, 도넛 차트, 누적 막대그래프, 인터랙티브 누적 막대그래프 등으로 표현된다. 시간에 따른 분포는 예컨대 1900년부터 2000년까지의 연령별 한국 인구 분포처럼 시간에 따라 어떤 변화가 있었는지 나타내는 기술로 누적 연속 그래프, 누적 영역 그래프, 인터랙티브 누적 영역 그래프, 선 그래프 등으로 표현할 수 있다.

관계 시각화 기술은 각기 다른 변수 사이에서 관계를 찾는 기술로 상관관계, 분포, 비교로 구분된다. 상관관계는 스캐터플롯, 스캐터플롯 행렬, 버블차트 등으로 표현될 수 있다.

비교 시각화 기술은 여러 변수의 비교하는 히트맵, 체르노프 페이스, 스타 차트, 평행좌표 그래프, 다차원척도법(Multi-Dimensional Scaling), 아웃라이어(Outlier) 찾기 등으로 표현된다.

공간 시각화 기술은 위치를 점이 찍힌 지도, 선을 그린 지도, 버블을 그린 지도 등으로 특정하고 색상으로 영역을 구분한다. 시간과 공간에 따라 작은 지도를 하나로 그려 패턴의 변화를 보여주는(예: 실업률 변화 등) 스몰 멀티플이나 애니메이션 확산 지도를 활용한다.

마지막으로, 인포그래픽(infographic)은 인포메이션(information)과 그래픽(Graphic)의 합성어로 다량의 정보를 차트, 지도, 다이어그램, 로고, 일러스트레이션 등을 활용하여 한눈에 파악할 수 있게 한다. 한국 에너지경제연구원은 [그림 2-8]과 같이 인포그래픽 섹션을 통해 다양한 그래프를 제공 중이다.

그림 2-8 에너지경제연구원의 인포그래픽 제공 화면 사례: 2019년 에너지 수요 전망

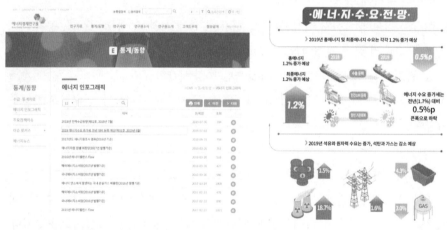

자료: 에너지경제연구원 웹사이트(2019.8.12일 현재 화면)

제4절 **에너지데이터의 발전 동인**

데이터가 급증하고 있으며 이를 뒷받침해 줄 동인은 저장공간과 네트워크이다. 먼저, 저장공간을 보자. 1980년대 기가바이트당 가격이 10억 원, 2010년 100원 수준으로 급락한 저장소 덕분에 데이터 수집 및 처리가 보다 용이해지고 있다. 2008년까지

정형데이터 처리가 대부분이라 용량이 큰 스토리지 투자에 관심이 쏠리다가 분산 저장이 가능해지면서 보급형 스토리지 투자가 증가하더니, 이제 대세는 클라우드 컴퓨팅(Cloud Computing)이며, 이를 통해 저장공간의 한계를 극복할 수 있다.

 클라우드 컴퓨팅이란 애플리케이션부터 데이터까지 모든 컴퓨팅 자원을 인터넷으로 사용하는 서비스(Computing as a Service)를 총칭한다. 데이터를 빠르게 저장, 분석하려면 클라우드가 필수이다. 클라우드 기술 기업 대부분은 IoT를 지원하는 클라우드 서비스를 선보인다. 클라우드가 IoT 환경의 기본 인프라가 되고 있다는 의미이다. 가장 적극적인 시스코(Cisco)는 클라우드 간 자유로운 연동을 가능케 하는 개방형 플랫폼인 '인터 클라우드(Intercloud)'를 공개했고, 네트워크 끝단에서 컴퓨팅 기능을 강화하고 클라우드 컴퓨팅보다 더 가볍고 빠른 '포그 컴퓨팅(Fog Computing)' 아키텍처도 발표한 바 있다. 인터클라우드는 시스코가 독자적으로 가상컴퓨팅과 스토리지, 네트워킹 등을 IaaS(인프라)나 PaaS(플랫폼) 형태로 제공하는 클라우드 서비스로, AWS, IBM 소프트레이어, MS 애저, 구글 등 타사 클라우드 서비스의 중개자 역할도 가능하다. 세일즈포스닷컴(Salesforce.com)도 IoT를 겨냥한 차세대 클라우드 CRM 개발 플랫폼을 2013년 선보였고, 오라클(Oracle)도 디바이스부터 클라우드 컴퓨팅을 아우르는 광범위한 플랫폼을 발표했다.

 에너지데이터의 경우 에너지 클라우드(Energy Cloud)는 에너지데이터의 발전 동인이 클라우드임을 입증하는 용어이다. 클라우드는 이미 동태적 시장 내에서 시장점유율 확보를 위해 진보된 기술 및 솔루션들의 통합 및 경쟁이 이루어지는 기술 플랫폼으로 자리잡았다. 한편, [그림 2-9]에서 보듯이, 전력분야는 화력, 수력, 에너지 등 발전소 중심의 중앙집중형 공급구조에서 분산형 전력 사용으로 변화하고 있다. 에너지가 수직적이 아닌 양방향 흐름 제어를 갖기 위해 전력망의 디지털화가 필수이며, 양방향 전력 흐름으로 인해 송배전망 가치사슬의 변화가 진행 중이다. 에너지 클라우드는 기존의 중앙집중형 발전의 장점인 '규모의 경제'와 분산된 에너지 자원의 장점인 유연성을 겸비하게 하는 기술 플랫폼이 된다. 이에 대한 IT 인프라에 대해서는 10장에서 자세히 다룰 것이다. 분산전원은 탄소배출 규제와 에너지 거래 활성화에 따라 더욱 확대되고 있다. 에너지정책 및 규제는 7장에서, 에너지 프로슈머(Prosumer) 등의 거래에 대해서는 9장에서 다룰 것이다.

그림 2-9 중앙집중형 발전에서 에너지 클라우드로의 발전 과정

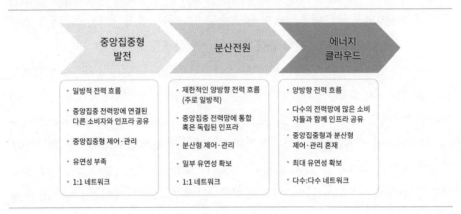

자료: Navigant Research(2015)

ESS 같이 분산전원 설치 가격이 지속적으로 하락하고 있어서 분산 발전시설 구축 가능성은 증가하고 있다. 또한, 전력망의 디지털화로 에너지데이터 용량이 증가하고 있다. 이러한 변화는 클라우드 컴퓨팅 같은 기술과 융합하여 분산전원 그 이상으로 발전하게 한다. 이에 따라, 에너지 저장, 에너지 효율 향상, 수요 반응 및 응용 소프트웨어 기술이 각기 다른 전력망을 상호 운용하고 제어할 수 있게 하는 에너지 클라우드로 발전하게 된다. 분산형 재생에너지 설비, ESS, 가상발전소(VPP) 등 에너지클라우드에 힘입어 다양한 비즈니스모델이 등장하게 된다. 이에 대해서는 9장과 10장에서 다룰 것이다.

에너지데이터의 또 다른 발전 동인은 통합 네트워크의 구축이다. 에너지데이터에 관심이 쏠린 배경은 에너지 소비의 효율화이며, 전력 피크 발생 시 전력수요관리에 필요한 실효적 대응기술 개발 차원에서 에너지데이터가 활용되기 시작한다. 이에, 수요관리 기조에 부합하는 분산형 에너지 네트워크가 요구되고, 기존의 집중형과 분산형 네트워크 간 통합이 따른다. 다양한 에너지원을 융합해 보다 높은 에너지 절약 및 보안 향상을 도모하는 하이브리드 시스템인 셈이다.

[그림 2-10]은 에너지 네트워크의 방향성을 보여준다. 단독 가스에너지 시스템이 에너지 이용의 출발점이라 하면, 환경성, 경제성 및 보안성 관점에서 에너지를 현명하게 사용하는 에너지네트워크의 방향은 두 축으로 표현될 수 있다. 먼저, 수평축은 시스템 단독 고효율화를 시작으로 재생에너지와의 융합, 그리고 전기 시스템과 최고

조건으로 결합하는 하이브리드 시스템으로 고도화를 진행시킨다. 수직축은 단독에서 복수 건물 간 네트워킹, 그리고 IT를 활용한 광역에 있어서의 에너지 수급 제어로 고도화해, 개별 최적으로부터 전체 최적으로 진화된다. 이러한 이차원적 방향에 의해 에너지의 공급·소비에 있어서의 에너지 효율 향상에 의한 에너지 절약을 도모하고 에너지원의 다양화로 보안 향상을 도모하는 것이 에너지 네트워크가 목표로 할 방향이다.

그림 2-10 에너지 네트워크의 방향성

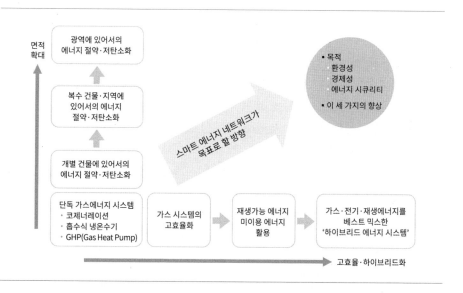

참고문헌

시스코(2014), TOMORROW starts here, Cisco Connect Korea 2014 컨퍼런스.

에너지경제연구원(2014), 에너지부문 빅데이터 활용사례 조사 연구

에너지경제연구원(2014.11), 전력산업에서의 빅데이터 활용 현황 및 전망, Journal of the Electric World, Monthly Magazine, Special Issue.

인더스트리뉴스(2012.4.18). 현명한 에너지 사용법 '스마트 에너지 네트워크'

조영임(2013), 빅데이터의 이해와 주요 이슈들, 한구지역정보화학회지, 제16권 제3호, pp. 43~65.

최정란 외(2013), "고성능 컴퓨팅 클라우드의 산업 동향 및 이슈," Electronics and Telecommunications Trends, 빅데이터 처리 및 분석기술 특집, 한국전자통신연구원.

한국방송통신전파진흥원(2013), 빅데이터 활용단계에 따른 요소기술별 추진 동향과 시사점, 방송통신 이슈 & 전망.

한국전력(2019.4.4), 전력 빅데이터 기반 신 비즈니스 활성화 전략, 전력/IT 융복합 기술워크숍 세미나 발표문, 한국통신학회.

히시누마 외(2011.5), 스마트 에너지 네트워크란, 일본 가스 터빈 학회 잡지 Vol.39 No.3, 도시 환경 에너지(2010), '스마트 에너지 네트워크' 실현을 위한 대처, 97, 가을호.

Arthur, L.(2013), Big Data Marketing: Engage Your Customer More Effectively and Drive Value, Wiley.

Chen, H., Chiang, R. and Storey, V.C.(2012), "Business Intelligence and Analytics: From Big Data to Big Impact," MIS Quarterly, Vol. 36 No.4, pp.1165~1188.

Gartner(2012), The Importance of Big Data: A Definition, www.gartner.com

Marz, N. and Warren, J.(2014), Big Data: Principles and Best Practices of Scalable Realtime Data Systems, Manning Publications.

Minelli, M., Chambers, M. and Dhiraj, A.(2013), Big Data, Big Analytics: Emerging Business Intelligence and Analytic Trends for Today's Businesses, Wiley.

Navigant Research(2015), The Energy Cloud: Emerging Opportunities on the Decentralized Grid

에너지데이터 기반 성과

제3장

학습목표

에너지데이터의 수집과 공유, 분석이 가능해지면서 AMI가 보급되고 실시간 모니터링을 통해 전력 소비자에게 알람 형식으로 알리는 서비스가 등장한다. 이는 모니터링 서비스이다. 데이터 수집이 더욱 활성화되고 공유될 수 있다면 다음 단계로의 역량 확대가 가능하다. 이에, 본서는 성과를 기술 역량으로 보고, 하바드비즈니스리뷰 논문에서 제시된 '스마트 커넥티드 프로덕트(Smart, Connected Products; 이하 SCP)'의 4대 기술역량인 모니터링, 제어, 최적화, 자율을 근간으로 살펴보고자 한다. 각 역량 단계별로 에너지데이터 기반 모니터링 사례, 에너지데이터 기반 제어 사례, 에너지데이터 기반 최적화 사례, 에너지데이터 기반 자율 사례들을 제시할 것이다.

제3장

에너지데이터 기반 성과

데이터 기반 성과 범위

　본서는 에너지데이터 기반의 기업들의 기술역량 기반 성과를 분석하는 틀을 먼저 구성하였다. 하바드비즈니스리뷰의 한 논문에서 제시된 '스마트 커넥티드 프로덕트 (Smart, Connected Products; 이하 SCP)'의 4대 역량을 근간으로 에너지기술기업들의 성과를 검토해 볼 수 있다. 포터와 헤펠만(Porter/Heppelmann, 2014)은 경쟁 환경 변화 축인 SCP의 4대 역량(Capability) 단계를 이론화하였다. 즉, 이들은 사물인터넷 (Internet of Things; 이하 IoT) 기반의 제품을 SCP로 정의했으며 4단계로 나누어 SCP 역량을 설명하였다.

　[그림 3-1]을 보면, 모니터링(Monitoring) 단계에서는 IoT제품 조건과 외부 환경, IoT제품 운영 및 이용 상황을 파악하는 역량이 제공된다. 모니터링 역량은 알람 기능과 변화를 인지하는 기능 등이다. 제어(Control) 단계에서는 IoT제품이 탑재된 클라우드에서 소프트웨어가 IoT제품 기능을 제어한다. 제어 역량은 이용자 경험을 개인화하는 기능이다. 최적화(Optimization) 단계에서는 모니터링과 제어 역량이 IoT제품 운영과 이용을 최적화하는 알고리즘 개발을 가능하게 하는 인프라가 되고, 최적화 역량은 IoT제품 성능을 향상시키고 예측 처방이나 서비스, 수리 보수를 가능하게 한다. 자율(Autonomy) 단계에서는 모니터링, 제어, 최적화 역량들이 모여 IoT제품의 자율 운영을 허용하고 다른 IoT제품 및 시스템과의 상호 운영을 자율 조정하고, 자율적 IoT

제품 향상과 개인화, 자율 처방 서비스를 제공한다.

그림 3-1 SCP 역량 4단계: 모니터링-제어-최적화-자율

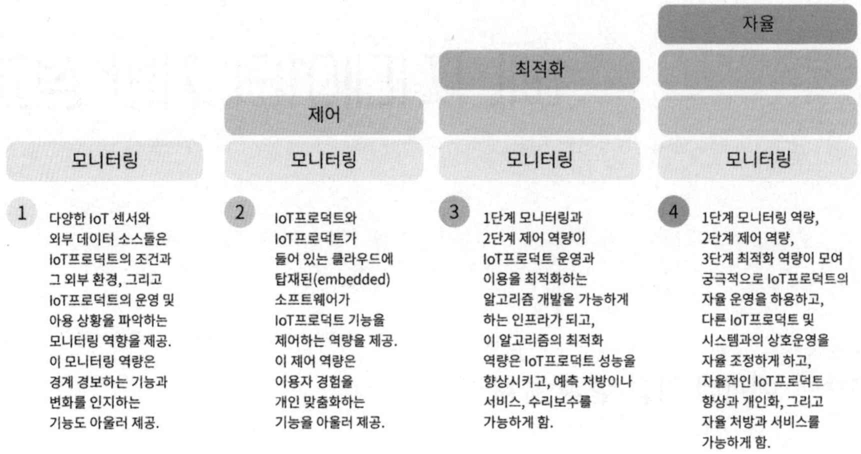

	자율
	최적화
제어	
모니터링	모니터링	모니터링	모니터링

① 다양한 IoT 센서와 외부 데이터 소스들은 IoT프로덕트의 조건과 그 외부 환경, 그리고 IoT프로덕트의 운영 및 이용 상황을 파악하는 모니터링 역할을 제공. 이 모니터링 역량은 경계 경보하는 기능과 변화를 인지하는 기능도 아울러 제공.

② IoT프로덕트와 IoT프로덕트가 들어 있는 클라우드에 탑재된(embedded) 소프트웨어가 IoT프로덕트 기능을 제어하는 역량을 제공. 이 제어 역량은 이용자 경험을 개인 맞춤화하는 기능을 아울러 제공.

③ 1단계 모니터링과 2단계 제어 역량이 IoT프로덕트 운영과 이용을 최적화하는 알고리즘 개발을 가능하게 하는 인프라가 되고, 이 알고리즘의 최적화 역량은 IoT프로덕트 성능을 향상시키고, 예측 처방이나 서비스, 수리보수를 가능하게 함.

④ 1단계 모니터링 역량, 2단계 제어 역량, 3단계 최적화 역량이 모여 궁극적으로 IoT프로덕트의 자율 운영을 하용하고, 다른 IoT프로덕트 및 시스템과의 상호운영을 자율 조정하게 하고, 자율적인 IoT프로덕트 향상과 개인화, 그리고 자율 처방과 서비스를 가능하게 함.

출처: Porter & Hippelmann(2014); 송민정(2017.7) 재인용

　다시 설명하면, 모니터링 역량은 센서를 통해 IoT제품 기능 동작과 외부환경 변화를 파악하고 관찰해, 센서 데이터 분석 기반 비즈니스 모델 개발이 가능하다. 제어 역량은 IoT제품에 내재된 솔루션과 인터넷 접속을 활용해 원격으로 IoT제품을 제어하는 것으로 근거리에서 접근하기 어렵거나 위험한 환경에서 솔루션을 통해 IoT제품을 작동시키게 하는 역량으로, 실시간으로 IoT제품에 있는 센서 데이터 분석 기반 비즈니스 모델 개발이 가능하다. 최적화 역량은 모니터링과 제어 역량을 조합해 알고리즘을 최적화하는 단계로, 여기서는 좀더 향상된 알고리즘 기반으로 IoT제품 성능을 크게 향상시키는 비즈니스 모델이 가능하다. 자율 역량은 최적화된 IoT제품이 스스로 알아서 자율적으로 관리하게 하는 것이다. 즉, 사용자 환경 설정을 통해 IoT제품이 스스로 학습하고 적응하게 하는 것을 말한다.

제2절 # 에너지데이터 기반 모니터링

앞서 1장에서 미국의 2012년 그린버튼 이니셔티브를 정책적 배경으로 설명했다. 이는 세계 최초의 에너지데이터를 활용하게 한 제도로 자리매김되었고, 1년 후 미국 정부는 2020년까지 그린버튼을 활용해 에너지사용 현황을 관리 감시하는 정책을 시행하겠다고 발표했다. 소비자들은 그린버튼에 가입한 전력회사인 유틸리티 제공 앱을 통해 자신의 표준화된 전력 사용량 데이터를 확인하고, 에너지 서비스 사업자나 연구 기관 같은 제3자는 그린버튼을 통해 수집한 개별 전력 데이터를 소비자의 동의 하에 제공받아 분석하고 에너지 절약 데이터로 활용할 수 있게 되었다.

이러한 기반에서 기업들이 본 초기 모니터링 역량은 원격검침인프라(Advanced Metering Infrastructure; AMI)에서 시작된다. AMI는 스마트미터에서 측정한 데이터를 원격의 검침기를 통해 측정하여 전력 사용 분석을 자동 진행하게 한다. 스마트미터가 댁내 전력 사용량을 검침하고 그 데이터를 통신망을 통해 전달하는 기기 인프라이며, AMI 데이터를 바탕으로 전력회사들은 소비자의 전력 사용량에 맞춰 전기요금을 부과할 수 있다. 전력 소비 효율화를 모니터링 역량 범위 내에서 도와주는 서비스를 제공하는 오파워(Opower)는 에너지 사용패턴 분석 알고리즘을 개발한 기술 스타트업이며, 모니터링 서비스 개념도는 [그림 3−2]와 같다.

그림 3-2 오파워의 모니터링 서비스 개념도

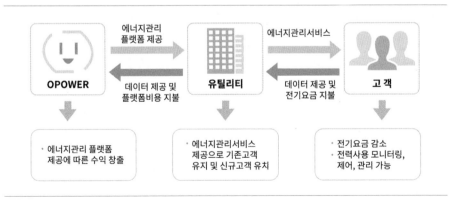

출처: 산업통상자원부(2018.3.14).

모니터링 서비스 범위 내에서 오파워는 패턴 분석 알고리즘을 유틸리티 업체에 판매하고, 유틸리티는 고객의 에너지 사용패턴을 분석해 불필요한 전력 사용 절감을 유도한다. 따라서 오파워는 유틸리티 사업자에게 기술을 제공하는 B2B 기업으로서 고객 전력 사용량 데이터를 활용해 별도 요금제나 부하 제어기기 같은 직접적 비즈니스 방법이 아닌 간접 개입을 통해 고객이 자발적으로 부하를 삭감하도록 유도하는 모니터링 서비스를 제공하고 있는 것이다. 참여 고객은 페이스북 계정을 이용하여 무료로 에너지 절감 앱을 다운로드받아 이용하고, 유틸리티 기업은 고객의 절전 유도를 위해 정보 제공 및 절전 과제를 직접 운영하며 고객 요구 시 고객 전력사용 정보를 오파워가 운영하는 소셜 앱에 제공한다.

한국도 2013년부터 AMI 보급을 장려하기 시작해, AMI 보급은 두 가지로 나뉜다. 하나는 한전에서 직접 검침하는 저압 수용가에 대한 AMI 보급이며, 다른 하나는 한전에서 직접 검침하지 않는 저압 수용가(공동주택)의 AMI 보급이다. 정부는 그동안 한전만 소유·관리해 온 수용가 전력 데이터를 일반 기업에 개방해 전력서비스 민간 시장을 키우기 시작했다. 이에 대해서는 12장의 국가 에너지데이터 전략에서 자세히 다룰 것이다. 이러한 환경이 되면서 통신기업인 KT와 SK텔레콤은 정부가 추진하는 AMI 사업에 참여한다. 전력·중전기기업계가 주도한 이 시장에 통신업계 참여가 본격화되기 시작한 것이다. KT와 SK텔레콤은 2016년 한국전력 AMI 구축사업에 참여해 전력선통신(PLC)칩 업체와 기술 협력 등을 맺고 AMI용 데이터집합처리장치(DCU) 제공에 진입한다. DCU는 모뎀과 함께 AMI 사업을 구성하는 양대 분야로 최대 200가구 전력사용량 데이터를 수집해 데이터센터로 보내는 장치를 말한다.

2015년 말, KT는 에너지의 생산−소비−거래를 통합 관제할 수 있는 KT에너지관리센터(KT−MEG센터)를 개소한다. 이 센터는 유무선 네트워크 관제 역량과 결합해 센서−네트워크−서비스로 이어지는 종단간 관제를 수행한다. 생산 영역에서는 장애·과열·먼지 등 발전 효율을 감소시키는 원인을 실시간으로 분석하여 발전량을 극대화한다. 소비 영역에서는 에너지 시설의 최적 운영을 통한 에너지 비용 절감 및 안정적 운영을 목표로 데이터 분석 기술을 활용한 열·전력 소비 수요를 예측하고, 설비 최적운영 가이드와 에너지 절감 극대화 서비스를 제공한다. 또한, 거래분야 중 전기자동차 충전은 이동형 충전 도입을 수요자원 운영에서는 급전지시 발령 예보 서비스 제공을 위한 사업을 진행 중이다.

2017년 9월, KT는 통신 데이터를 활용해 AMI를 제공하기 시작한다. 에너지운영관리플랫폼인 KT-MEG은 인공지능 분석엔진 'e브레인'을 통해 고객에게 맞춤형 에너지관리 서비스를 제공하기 시작하는데, 첫 단계는 무료의 모니터링 서비스이다. 시간대별 변동 요금제를 사용하는 교육용, 산업용 빌딩은 계절, 시간대에 따라 전기요금 차이가 크다. 이에, KT-MEG은 인공지능으로 분석해 시간대에 따라 다르게 실내온도를 조절해 에너지 소비를 줄여 줄 수 있게 한다. KT-MEG 기반에서 2016년 10월 출시된 무료 모니터링 서비스인 '기가에너지매니저(GiGA energy manager)'는 공장이나 대형 건물, 아파트 같이 에너지를 많이 쓰는 빌딩의 고객 데이터를 분석해 에너지 낭비 요인을 알아내고 비용을 절감해 준다.

KT는 무료 모니터링 서비스 시행 후 1년이 지난 2017년 7월 '라이트(Lite)' 유료모델 서비스를 제공한다. 이는 고객의 빌딩에 스마트계량기를 설치하고, 실시간 전력 피크 모니터링을 통해 고객의 전기요금을 줄일 수 있게 해준다. 대구의 한 아파트는 이 서비스를 적용한 이후 공용 전기요금을 연간 1,000만 원(약 76%) 절감했다. '라이트' 모델에 에너지 설비에 대한 원격 제어 기능이 결합된 '프리미엄(Premium)' 서비스도 출시되어, 이 서비스를 적용한 광주의 한 레포츠는 노후설비 교체 및 최적 운전제어를 통해 연간 2억1,000만 원 에너지 비용(약 75%)을 절감했다.

제3절 에너지데이터 기반 제어

모니터링 단계에서 다음 기술 역량인 제어 단계로 넘어간다. 이 단계에서는 IoT제품이 탑재된 클라우드에서 소프트웨어가 IoT제품 기능을 제어한다. 이 역량은 이용자경험을 토대로 개인 맞춤화 하는 기능을 제공하므로 초기 수준이더라도 AI를 필요로 한다. 초기 수준이지만 AI 기반 제어 역량을 제공하는 사례들을 소개한다. 일본의 에넷(ENNET)은 호주의 씨오지로(COzero)와 협력해 AI 기반 제어 서비스를 시도한다. 에넷은 2012년 7월 설립되었고, LNG 발전 및 태양광·바이오매스 등 신재생에너지를 조달해 2017년 기준 전국 약 3만 6,000명의 고객에게 연간 약 127억 kWh 전력을 공급하는 전력기업이 되었다. 법적으로 에넷은 전원 조달에서 전력 공급까지 담당하는 전력조달공급사업자(Power Producer and Supplier)로 자사 발전소를 통한 전기, 자연에너지 공급도 하는 기업이다.

에넷도 초기에는 모니터링 역량 수준의 AMI 제공에서 시작한다. 고객이 확인 가능하도록 홈페이지를 통해 전기 사용량·전기요금 정보를 제공하며, 고객이 직접 확인해 절전 목표 수립이 가능하도록 하고 전기 사용량·전기요금 등을 그래프로 표현해 고객이 이해하게 하며, 정보를 다운로드 가능하도록 마련하였으며, 다수 시설을 이용 중인 고객에게는 종합하여 간편 내역도 제공하며, 고객이 설정한 사용량·금액을 초과한 경우 메일이나 팩스를 통해 알림 설정이 가능하게 하고, 매달 전기 사용량 검침 후 메일, 팩스를 통해 전기요금 고지서를 수령할 수 있게 하고, 과거 다른 서비스를 이용한 경우라도 전기 사용량 비교 후 분석 결과 및 전기 절약 팁을 제공해 준다. 고객은 모바일 앱을 통해 언제 어디서나 전기 사용량 등 현황 파악이 가능하다.

이처럼 AMI 기반 단순 모니터링 서비스에서 시작한 에넷은 호주 벤처기업인 씨오지로(COzero)와 협력해 2017년 말부터 AI 기반으로 건물 에너지 절약 서비스를 제공한다. 이는 AMI 기반 스마트미터를 통해 얻은 건물 전력 데이터와 기상 데이터를 AI로 분석해 관리자에게 에너지 절약 대책을 알려주는 서비스이다. 이 서비스가 가능하게 된 정책적 배경은 2013년 11월 전기사업법 개정으로 일본 전력시장 자유화가 가능했기 때문이다. [그림 3-3]에서 보면, 개혁 1단계로 2015년 중 광역운영 추진기관 설립, 2단계로 2016년 전력소매 전면 자유화 및 도매규제 철폐, 3단계로 2018~2020년 기존 전력회사 송배전 부문의 별도 회사화(법적 분리)를 통한 중립성 확보를 추진 중이다. 이를 계기로 가스 및 전력 등 기존 에너지기업 외에 통신기업, 자동차기업, 철강기업 등 이종 업종의 진출이 확대되기 시작한다.

전력 시장 자유화로 일본에는 대량의 스마트미터가 도입되어 방대한 에너지데이터가 축적되기 시작하였고, 2015년 에넷은 인터넷커머스 기업인 라쿠텐과 제휴하고, 라쿠텐이 전력 수요가 피크일 때 스마트폰 앱으로 외출을 촉구하고 내점 시 라쿠텐 포인트를 부여하는 모니터링 서비스를 직접 진행하였다. 이후 2017년 말 제공된 에넷의 새로운 제어 솔루션은 씨오지로가 개발한 에너지관리 플랫폼인 에너지링크(EnergyLink)를 기반으로 가능해진다. 즉, 스마트미터에서의 전력 데이터뿐만 아니라 기상 데이터, 건물 관련 데이터 전반에 걸쳐 다양하게 데이터를 수집하기 시작한다.

그림 3-3 일본의 전기사업법 개정을 통한 전력시장 자유화 단계

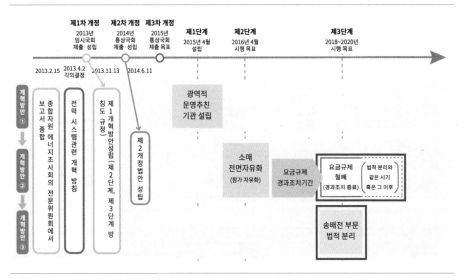

출처: 코트라해외시장뉴스(2015.2.10.).

[그림 3-4]에서 보듯이, 에넷에서 에너지링크 기반으로 수집한 데이터의 고속, 대용량 처리 및 분석이 가능해진다. AI가 24시간 내내 빌딩의 에너지 운용 과제와 에너지 절약 대책을 스스로 보고하며, 관련 데이터를 관리자에게 통보한다. 또한, 2017년 말에 개발된 에넷아이(Ennet Eye)는 모든 빌딩을 원격으로 분석하고 제어하며, 이상 징후가 나타나면 AI가 언제든지 고객에게 통보한다. 다시 말해, AI 엔진을 이용해 현황을 모니터링하는 수준에 머물지 않고, 전기요금 절감 대책을 알려 주는 것이 이 제어 솔루션의 역량이다. 에넷은 이를 통해 최대 5~10%의 에너지 절약이 가능한 것으로 추산하고 있는데, 데이터 분석이 30분 간격 반복되어 야간, 휴일 등 어려운 시간대에도 문제점을 발견하고 조치할 수 있다.

건물 에너지 절감기술과 공조제어기술 결합 사례로 일본의 다이킨공업과 NEC가 협력한다. 다이킨공업의 공조제어 기술과 NEC의 AI, IoT 기반으로 지능화된 사무실 공간 실현이 가능해진다. 1934년 설립된 다이킨공업은 빌딩 등 업무용 공조기기 사업에서 오랜 경험을 축적해 왔고, 공조 분야에서 일본 시장 1위, 세계 시장 2위로 기존의 전자기업을 추월하면서 1995년 3월 결산에서 2008년 3월 결산기까지 14년 연속으로 최고이익을 갱신한다. 다이킨공업이 보유한 에어컨 제어 기술 및 공기, 공간이 사람

에 미치는 영향에 관한 지식과 NEC이 보유한 AI, IoT를 조합해 새로운 제어 서비스가 탄생한다.

그림 3-4 에넷의 AI 기반 에너지 제어 서비스 구성도

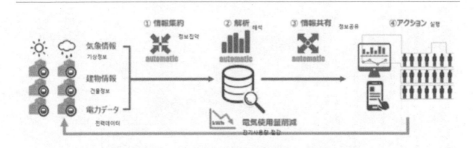

1. 정보집약: 스마트 미터에서 얻은 전력 데이터, 기상정보를 30분마다 자동 수집, 정리(건물정보는 수시로)
2. 해석: 수집한 데이터를 해석, 모델링, 건물운용의 과제를 검출하여 중요도가 높은 것부터 추출
3. 정보공유: 등록된 담당자의 스마트폰, 담당자가 추출한 과제에 대한 대책, 절감 포텐셜에 연락
4. 실행: 대응상황에 대해서도 모델링을 진행하여 해결한 과제가 재발하는 경우에는 다시 연락. 에너지 절감 운용 정착을 서포트

출처: 에넷 2018; 에너지설비관리(2018.5.9) 재인용

[그림 3-5]에서 보듯이, 공간 사용량 모니터링 데이터에 따라 NEC의 AI 기반으로 실내 온도와 습도를 예측하며, 그 결과를 근거로 공조 시스템이나 조명 및 기타 사무실 설비를 자동 제어하게 한다. 또한, 혈압, 심박수 등 각 사람의 생체 데이터도 수집하여 습도, 조도와의 상관관계를 밝히고, 각 사람의 업무 내용과 심신 상태에 적합한 환경을 구성하고 지능화된 공기 및 공간을 조성하게 한다. 다이킨공업과 NEC는 실증작업을 통해 상용화를 목표로 한다. 또한, 다이킨공업은 구글과도 협력해 구글의 AI 기반 온도조절기인 네스트(Nest)를 라인업에 편입시켰고, 인텔과도 협력해 태블릿 기반의 모바일 관리 서비스를 제공 중이다.

2015년부터 호주의 빌딩IQ(BuildingIQ)는 매스웍스와의 협력으로 제어 역량을 가져간다. 즉, 빌딩IQ는 매스웍스가 제공하는 매트랩이라는 데이터 분석 시스템을 활용해 HVAC(Heating, Ventilation, Air Conditioning) 에너지 예측 알고리즘을 배포했고, 빌딩IQ 엔지니어는 '시그널 프로세싱 툴박스(Signal Processing Toolbox)'를 사용해 데이터를 필터링하고, '통계 및 기계학습 툴박스(Statistics and Machine Learning Toolbox)'를

그림 3-5 다이킨공업과 NEC 솔루션 구성도

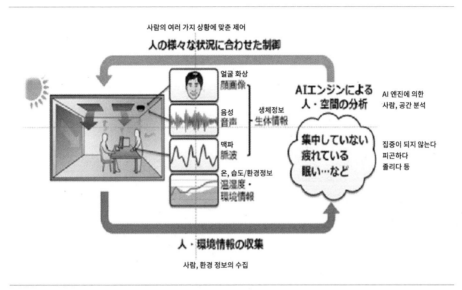

출처: NEC, 2018; 에너지설비관리(2018.5.9) 재인용

사용해 냉난방 프로세스에 대한 가스, 전기, 태양열 전력 기여도를 모델링했다. 매트랩은 알고리즘을 프로토타이핑하고 고급수학 계산을 수행하는 툴이며, 이를 통해 프로토타입 알고리즘을 실제 노이즈 및 불확실성을 안정적으로 처리하는 양산 수준 알고리즘으로 직접 변환할 수 있게 된다. [그림 3-6]에서 보듯이, 빌딩IQ는 전력계, 온도계, HVAC 센서 등에서 수집된 데이터와 날씨, 요금제, 건물 특성 데이터 등을 분석하는 PEO와 HVAC 제어 서비스를 제공한다. AI 기반 HVAC 제어시스템은 수천 회 시뮬레이션을 실행한 후 12시간 동안 가장 효율적이라 판단되는 HVAC 운영 전략을 실행한다. 예로 가스, 전기, 증기, 태양열 등 다양한 에너지원을 사용하는 건물의 경우에 각각의 요금제까지 고려해 운영비용을 가장 절감하게 하는 운전 방법을 선택한다.

제어 역량 사례들은 에너지 기업과 데이터분석 기업 간 협력으로 새로운 가치를 창출하는 성과를 보여준다. 초기 단계이나 AI 활용으로 소비자의 전력 사용량에 근거한 에너지 소비뿐 아니라 소비자의 에너지 소비패턴까지 실시간으로 분석하게 된 것이다. 제어 측면에서 기기별로 실시간 전력 소비 데이터를 수집하면 기기별 수요관리 효과가 측정될 수 있다. 이는 수요관리 정책 설계 시보다 효율적인 기기별 내지 개인별

그림 3-6 빌딩IQ의 데이터분석 실행 사례

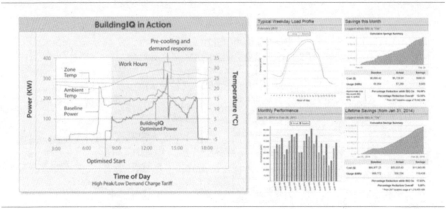

출처: 코트라해외시장뉴스(2015.2.10.)

맞춤형 정책을 수립할 수 있게 한다. 전원 입력단에 하나의 센서를 설치해 가전기기별 전력사용량을 측정하거나, 개별 기기에 센서를 부착하거나, IoT 도입 시에 기기별 전력소비량 측정이 가능하다. 이처럼 세분화된 데이터를 실시간으로 수집하면, 전력수요 예측 정확성 제고, 차별화된 수요관리정책 설계 지원, 구체적인 수요관리정책 성과 평가, 에너지소비통계 정확성 제고 등 에너지 수요 효율화 측면에서 더욱 다양하게 활용될 수 있다.

제4절 **에너지데이터 기반 최적화**

모니터링과 제어 역량을 인프라로 가진 상태에서 예측 처방과 유지보수 등 한 발 더 나아간 소비 및 운영 최적화(Optimization) 단계로 갈 수 있다. 소비 최적화 사례로 영국의 센트리카(Centrica plc)는 다국적 에너지기업으로 영국, 아일랜드, 북미 대상으로 전기 및 가스를 공급한다. 또한, 이 기업은 스코틀랜드가스(Scottish Gas)와 영국가스(British Gas) 브랜드로 운영되는 영국 최대 전력 공급업체 중 하나이며 최대 가스 공급업체이다. 또한, 이 기업은 에너지데이터 분석 업체로서도 선두로서 스마트미터에서 수집한 30분 단위 에너지 소비량을 근거로 피크시간대 실시간 전력수요 동향을 분석하고 시간대와 전력 수요에 따라 동적으로 변하는 전기요금을 설계해 이를 전력수요 관리와 사용시간대 분산 등에 활용한다. 스마트미터는 하루 48회, 30분 1회 간격으로 에너지 소비 데이터를 수집하며, 소비자는 댁내 기기에서 실시간 소비량 및 요금을 확인한다. 2012년까지 약 350만 대 스마트미터를 설치했고, 연간 1.2테라바이트(TeraByte)를 관리 중인 센트리카는 스마트미터 데이터를 인메모리 데이터베이스에서 처리하고, 패턴 분석 프로그램을 고속 실행해 에너지 소비 패턴을 요약하며, 이를 통해 소비자 그룹화, 요금 메뉴 개발, 미래 소비 동향 예측 등이 가능하다. 소비자는 이 서비스를 이용해 시간, 날짜, 월별 전기 및 가스 소비량을 확인하고 전년도 동월 소비량과 비교 분석한다.

운영 최적화 사례로 제너럴일렉트릭(General Electric; GE)은 발전 및 에너지공급과 관련한 광범위한 기술을 통해 이미 태양광과 풍력 등의 재생자원, 바이오가스 및 기타 대체연료, 석탄, 석유, 천연가스 및 원자력에너지 등 에너지 산업 모든 분야에 걸쳐 사업을 운영 중이다. GE파워는 디지털 파워 플랜트, 세계 최대 및 최고 효율의 가스터빈, 발전 관련 설비, 업그레이드 및 서비스 솔루션, 그리고 데이터 기반 분석을 통해 보다 경제적이고 안정적이며, 지속가능한 전력을 공급하는 데 기여하고 있다.

GE는 2015년 5월 디지털풍력발전소 모델 '디지털윈드팜(Digital Wind Farm)'을 도입했고, 데이터 및 IoT 기술이 적용된다. 전통 풍력단지에 센서와 클라우드, 데이터 분석 기술이 더해져 '디지털트윈(Digital Twin)'이라는 홀로그램 시뮬레이션 기술이 가능해진다. 발전단지의 풍향과 지형 등 환경 데이터를 수집, 이를 컴퓨터 프로그램에 입력해 마치 쌍둥이처럼 동일한 조건을 갖추고 있는 가상 풍력단지를 만들어 낸 것이다. 이 모델을 바탕으로 최대 전력을 생산할 수 있는 이상적인 풍력 발전기 및 단지 설계가 가능하다. 디지털트윈 기반 풍력단지는 운영 단계에서 기계를 서로 연결해 자료를 수집 분석하는 윈드파워업(Wind PowerUp)이라는 솔루션을 활용해 실시간으로 발전소를 모니터링(WindCONTROL)하며, 풍력발전기에 부착된 센서들이 온도나 풍향 등의 정보를 클라우드로 전송해 운영자로 하여금 발전단지 상황을 실시간 제어(WindCONTROL: 풍력발전단지의 전압 및 전력을 실시간 제어; WindFREE Reactive Power: 모든 운전조건에서 무효전력 제어 전달)할 수 있게 한다. 발전소에 이 기술이 적용되면 일단 발전소 효율이 연간 최대 20%는 향상될 것으로 예상되었고, 실제로 2015년 디지털윈드팜을 적용한 미국 동부 풍력발전소는 연간 에너지 생산량이 16% 증가했다.

   이미 모니터링, 제어 역량이 가능한 상태에서 기상 예측과 사이버보안 기술이 적용된 운영 시스템이 2016년 6월 출시되면서 운영 최적화가 가능해진다. GE는 '디지털트윈' 기술을 통해 시행착오 없이 풍력발전소 최적지를 파악하며, 풍력발전기에 장착된 IoT 센서가 실시간으로 온도와 바람 흐름을 감지하고 발전 효율이 최적화되도록 날개 각도를 조절한다. 바람이 한쪽에 강하게 쏠리는 등 비정상적 흐름을 보이면 공기 흐름을 자동 분산시킨다. 윈드라이드-스루(WindRIDE-THRU)는 전력망의 외란(外亂) 중에도 전력망과 연계를 가능하게 하고, 윈드스카다(WindSCADA)는 광범위한 풍력발전단지 운영과 유지를 위한 다양한 툴들을 제공한다. 시장조사 기관인 가트너 (Gartner)는 2018년, 2019년 모두 10대 유망 기술 중 하나로 '디지털트윈'을 꼽았는데, GE 디지털트윈 개념을 도식화하면 [그림 3-7]과 같다.

그림 3-7 GE의 디지털트윈 개념도

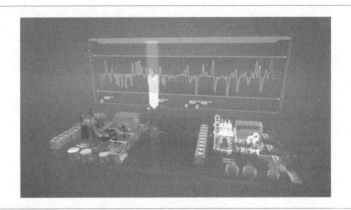

출처: GE리포트코리아, 2016.10.5.

   다른 운영 최적화 사례는 덴마크의 베스타스(Vestas)가 IBM과 협력한 경우이다. 풍력발전용 터빈 제조업체이면서 개발사인 베스타스는 부지 선정을 위해서 데이터 분석모델을 운영하지만, 기존 모델에서는 분석에 있어서 많은 시간이 소요되고 터빈을 설치할 부지 선정과 전력 생산량 예측을 위해 필요한 대량 데이터를 충분히 활용치 못하는 한계가 존재하고 있었다. 이러한 문제를 해결하기 위해 베스타스는 IBM 분석 솔루션과 슈퍼컴퓨터를 도입해 정형·비정형 데이터를 활용하는 모델링 기법을 개발하고, 부지 선정 외에 최적의 운영방안을 도출하는 데 활용하기 시작한다. [그림 3-8]

에서 나타난 베스타스의 데이터 분석과정은 IBM과의 협력으로 가능하다. 베스타스
는 풍력 발전으로 최대 전력을 생산하기 위해 IBM이 제공하는 빅데이터를 활용해, 날
씨, 조수간만의 차, 위성, 산림 정도를 분석해 풍력 발전원에 적합한 지리를 추천해 주
는 시스템을 갖추었으며, 이외에도 기후, 발전원 상황 등의 정보를 기반으로 에너지
생산 패턴을 추출한 후 신재생에너지 발전원의 에너지 생산량을 예측해 공급의 안정
성도 높일 수 있다. 이 시스템은 풍향, 높이에 따른 변화요소, 날씨, 조수 간만의 차, 위
성 이미지, 지리적 특성, 산림지도 등 페타바이트(PB) 데이터를 이용, 방대한 양의 특
성자료를 수집, 분석한다. 베스타스는 이를 통해 풍력발전 생산 비용을 절감하고, 기
대수익률을 산정하는 과정에서 정확도를 제고함과 동시에 풍력터빈의 최적 설치지역
을 파악하기 위한 분석기간도 획기적으로 단축한다.

그림 3-8 베스타스의 데이터 분석 3단계

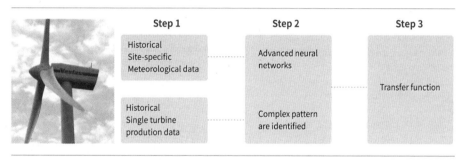

출처: 산업통상자원부, 2018.3.14.

제5절 **에너지데이터 기반 자율**

모니터링, 제어, 최적화 단계의 기술 성과에 이어, 이 세 가지 역량들이 모여 허용되
는 자율 단계의 기술역량 개발이 가능하다. 이 단계는 AI 기반을 전제로 한다. 자율 역
량 성과의 예로 이스타(ista)의 IBM 협력을 통한 에너지 소비 효율화가 있다. 이스타는
초기 에너지 빌링 시스템 업체에서 출발해 이제는 에너지 효율 분야의 글로벌 리더로
아파트나 상업용 건물에서 에너지 효율성을 높이기 위해 에너지 관리 서비스를 제공

한다. 이스타는 단순 빌링 업체에서 벗어나, 주택 소유자 및 세입자가 개별 에너지를 측정, 시각화, 청구 및 관리하는 것을 도와주며, 중국, 러시아, 아랍에미리트연합뿐만 아니라 대부분 유럽 시장을 포함하여 24개국에서 서비스 중이다. [그림 3 – 9]에서 보듯이, 에너지 소비 효율화를 지원하는 플랫폼인 원(One)은 네 가지 기술 솔루션으로 구성된다. 기업용 소셜 협력 네트워크와 서류 관리, 미팅 툴, 그리고 챗(Chat) 솔루션이다.

그림 3-9 '원' 플랫폼의 네 가지 솔루션

1. New Enterprise Social Collaboration Network
- MS SharePoint consolidated by 85%
- Typo3 based Internet will be consolidated

2. New Document Management
- (New real-time Online editing(doc/xls/ppt))

3. New Web-Meetingtool
- Web-, video-meetings/Arkadin integrated
- Scopia consolidated

4. Rocket Chat based worldwide chat solution
- Integration, mobile app and rich-client

Employees are overloaded with tools and sources
Stand-alone document management, internet, email
client, meetings and many more

출처: IBM Think 2019 발표문

2008년 8월 에너지 소비 관련 세계 최대 청구서 발행업체 이스타와 IBM 간에 계약이 체결되었고, IBM은 이스타의 비즈니스 애플리케이션 및 빌링시스템 인프라를 운영하고 추가 비즈니스모델 개발을 지원한다. IT 기반이 약한 이스타는 보다 신속하고 효율적으로 기술혁신을 구현해 제어 서비스를 보장받고자 했다. IBM은 IT 인프라에 맞게 맞춤형 솔루션을 공동 개발해 이스타를 지원한다. 기술적으로 IBM 시스템에서 이스타의 빌링 앱이 실행되고, 측정 데이터를 수집하는 문서관리시스템 및 모바일 앱도 IBM 시스템에서 실행된다. [그림 3 – 10]에서 보듯이, IBM과의 협력을 통해 이스타는 하나의 통합된 툴 기반에서 에너지 소비 효율화를 위한 자율 서비스가 가능한 역량을 갖추게 된다.

그림 3-10 IBM과의 협력을 통한 통합 툴의 개발

출처: IBM Think 2019 발표문

　또 다른 자율 역량 사례는 하이드로 원(Hydro One)의 IBM 웨더컴퍼니 협력을 통한 에너지 소비 효율화이다. 2015년 10월, IBM은 웨더컴퍼니를 인수하면서 데이터 분석 및 실시간 정보 제공 역량 강화에 노력했고, 이는 AI 기술인 왓슨(Watson)과 이에 활용되는 IoT용 클라우드 플랫폼을 강화하기 위한 것이었다. 웨더컴퍼니 인수의 핵심은 IBM이 클라우드에 저장된 데이터와 IoT기기에서 수집된 데이터를 연결시키는 작업, 즉 클라우드와 IoT 간 연계에 있다. 즉, IBM의 목표는 클라우드와 IoT를 결합한 기술과 왓슨을 활용해 다양한 산업 기업고객에게 실시간으로 양질의 데이터를 제공하는 것이다. IBM은 웨더컴퍼니의 모바일과 웹 제품 사업부 인수를 선택했고, 웨더컴퍼니의 다이내믹 클라우드 데이터 플랫폼은 모바일 앱을 구동한다. IoT 시스템을 활용 중인 기업고객 중 기상 데이터를 비롯한 각종 정보를 실시간으로 관련 사업과 연계시키는 서비스 사례들이 등장하는데, 예로 소셜미디어 채팅 내용을 실시간 분석해 기상 정보와 결합해 리테일업체에 제공하는 것 등이다.

　IBM은 IoT 플랫폼 확보로 센서 내장형 장치 등 각종 기기에서 더 많은 데이터를 수집하게 되었고, 웨더 정보가 전력기업에 미치는 영향력이 증가한다. 하이드로원은 IBM 웨더컴퍼니와의 협력으로 전력 그리드에 미치는 폭풍의 영향력을 최소화하는 데 주력한다. 핵심은 정전 예측으로 인한 복원 반응의 개선이다. 날씨 관련 정전이 증가하고 있다. 즉, 총 정전의 70 % 이상이 날씨 관련이며, 주요 정전으로 인한 비용은 매년 200억에서 550억 달러로 추정된다. 특히 폭풍우가 대정전의 주요 원인이다. 따라서, 전력기업은 폭풍우에 대한 예측 분석을 필요로 한다. 하이드로원은 미북부에서 가장 큰 전력기업으로서 빈도 수가 많아지는 폭풍우에 대응하기 위해 IBM과 협력한다. 2013년 폭풍우 복원에 9일이 걸렸는데, 협력을 통해 폭풍우 대응 분석을 시작해 2018년에는 2배나 빨리 복원할 수 있다. [그림 3 – 11]에서 보듯이, 하이드로원은 이제 다가올 날씨들이 어떻게 전기 분전망에 영향을 미칠지 예측할 수 있고, 어디서 정전이 일어나고 있는지 알고 선제적으로 대응계획을 실행에 옮길 수 있으며, 시각화를 통해 정전 예측이 24, 48 및 72시간 단위로 맵상에 나타난다.

그림 3-11 하이드로원의 정전 예측

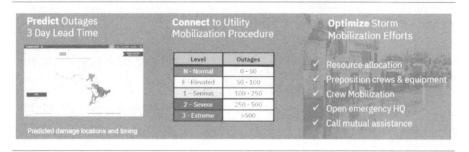

출처: IBM Think 2019 발표문

참고문헌

뉴시스(2018.12.5). 산업부, 제3차 에너지기본계획 의견수렴 본격 나서.

매일경제(2016.6.3). Case Study] 빅데이터 바람 탔네…풍력발전 효율 20%↑.

미래에셋대우(2018. 11.27). 에너지: 변화한 환경, 변함없는 정책.

사이언스타임즈(2018.6.5). 빅데이터와 에너지의 만남, 지구 온난화 문제 해결의 열쇠.

산업통상자원부(2016). IoT 기반 에너지 데이터 생성 및 관리·활용방안 연구.

산업통상자원부(2018.3.14). 에너지산업 글로벌 선도사례 연구.

서울경제(2019.1.15). [우리 곁에 다가온 AI] '디지털 트윈'구현의 전제조건.

송민정(2017.7). IoT 기반 스마트사이니지 비즈니스모델 개념화: 4대 스마트커넥티드프로덕
    트(SCP) 역량 중심으로, 융복합지식학회논문지, 제5권 제2호, 167-176.

씨아이오코리아(2015.12.4). 웨더컴퍼니 인수한 IBM, 빅데이터와 IoT에 승부수.

아이티미디어(2016.10.25). AI와 IoT 통해 '사람과 공기'분석, 생산성 높아지는 오피스 구축.

아이티미디어(2016.11.15). 인공지능이 빌딩의 해결과제 해석, 에너지 절감 실현

에너지경제(2016.3.6). '이종교배가 답' 신재생 하이브리드 시스템

에너지경제연구원(2014). 에너지 부문 빅데이터 활용사례 조사연구.

에너지데일리(2018.4.9). KT, '2018 스마트에너지 사업' 포트폴리오는?

에너지설비관리(2018.5.9). 인공지능기술을 이용한 건물의 에너지 절감,
    http://www.energycenter.co.kr/news/articleView.html?idxno=535.

엔피엔씨(NPNC)(2015.6.24) 빌딩IQ, 매트랩 활용 '예측식 에너지 최적화' 알고리즘 개발,
    http://www.epnc.co.kr/news/articleView.html?idxno=50702.

엘지(LG)경제연구원(2009.5). 기업사례 다이킨공업, Japan Insight.

유진투자증권(2018.7.28). GE 미국 초대형 풍력 투자.

인터비즈(2018.7.2). 사용 패턴 따라 인공지능이 에너지 사용을 제어한다면?

전자신문(2018.7.29). GIST, [AI의 진화]<8> 스마트빌딩 지능형 에너지 운영 솔루션.

전자신문(2019.1.1). [2019 신년기획] 글로벌 풍력기업은 4차 산업혁명 기술로 생산성 올려.

지디넷코리아(2017.3.31). KT, 에너아이즈 출시… "AI로 에너지 비용 절감".

지이(GE)리포트코리아(2016.10.5). 4차 산업혁명의 핵심 - IoT 기술의 선두 주자 GE.
　　　https://www.gereports.kr/the-next-internet-giant-also-starts-with-g-and-end
　　　s-with-e/
코트라해외시장뉴스(2015.2.10). 日, 2016년 전력 소매시장 전면 자유화.
한겨레신문(2013.10.1). '후쿠시마' 이후 전력 30% 절감
한국경제(2017.7.27). 해상풍력발전에 IoT 접목…연 10조 번다.
Centrica(2017.6.23). Introduction to Centrica.
IBM(2008.9.18). ista and IBM Sign IT Innovation Agreement.
IBM(2013), Analytics: A blueprint for value - Converting big data and analytics insights
　　　into results, IBM Institute for Business Value
ISTA(2019. 2.14). ONE tool for the future, presentation paper of IBM Think 2019
One(2019.2.14). Hydro One Restores Power in Record Time with The Weather Company
　　　Outage, Prediction Solution, presentation paper of IBM Think 2019
Porter, M.E., Heppelmann, J.E.(2014.11). How Smart, Connected Products Are Transforming
　　　Competition, Harvard Business Review.
Smart Energy(2008.8.12). ista North America a winner of utility management award

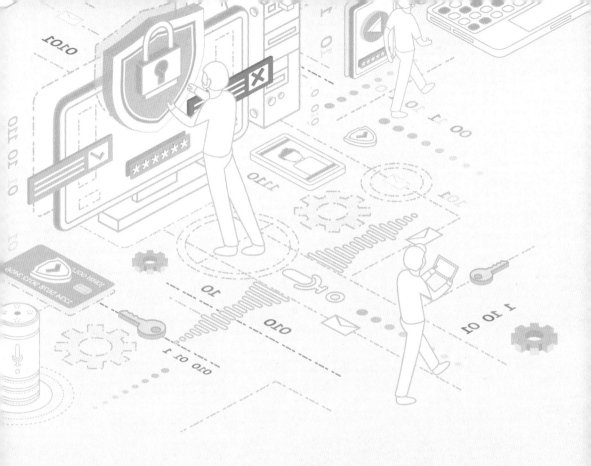

에너지데이터의 가치

학습목표

가트너가 세계 최초로 제시한 데이터 경제개념을 설명하고, 데이터 경제로의 패러다임 전환에 대해 설명하고, 데이터경제가 직·간접적으로 줄 가치를 기술적, 비즈니스적, 경제적 가치로 구분하여 각각의 의미를 설명하고, 에너지데이터의 기술적, 비즈니스적, 산업적 가치에 대하여 논의하고자 한다.

제4장

에너지데이터의 가치

데이터경제로의 패러다임 전환

한국 표준국어대사전에 명시된 패러다임(Paradigm)이란 어떤 한 시대 사람들의 견해나 사고를 근본적으로 규정하는 테두리로서, 인식 체계나 사물에 대한 이론적 틀이나 체계를 의미한다. 사람들은 여전히 데이터가 무엇인지 혼란스러워 각기 다르게 해석하는 경향이 있는데, 그 이유는 이들이 아직도 기존 기술과 전통 경제에 고착화되어 있기 때문이다. 그다지 민첩하지는 않지만 데이터 중심(Data-Driven) 시스템으로 바뀌면서 패러다임 전환을 경험한다. 이때의 성장 동인은 노동·자본 등 유형자산보다는 지식·기술 등 무형자산이다. 무형자산에 속한 데이터는 물적 자원 없이도 창의성과 아이디어로 고부가가치와 일자리를 창출할 수 있는 새로운 자본이다.

가트너(Gartner 2011)는 데이터가 상호 연계되고 참여 주체 간 협력을 통해 새로운 가치를 창출시킬 수 있는 데이터경제(Data economy) 시대를 최초로 언급하였다. 연계와 협력을 바탕으로 데이터 적용 영역이 점차 확장되며 진화를 거듭하면서 데이터 소스는 상상할 수 없을 정도의, 거의 무한에 가까운 지경에 이르며, 데이터경제는 기업과 국가의 경쟁우위를 좌지우지하며, P2P 네트워크(Peer-to-peer networks)와 오픈소스 운동(Open-source movements) 같은 파괴적 트렌드를 주도한다는 내용이다.

[그림 4-1]에서 보면, 가트너에서 개념화된 데이터경제는 상호작용 유형과 신뢰

정도에 따라 4단계로 진화한다. 수평축에서 데이터를 주고받는 활용 유형은 데이터의 '인사이드—아웃(Inside—Out)'에서 '아웃사이드—인(Outside—In)'으로 진화하며, 수직축에서 데이터를 주고받을 때의 신뢰 수준은 '낮은(Low)' 수준에서 '높은(High)' 수준으로 진화하게 된다. 두 개 축의 양끝으로 향하는 대각선은 정보 공유의 수준(Degree of Information Shareability)을 뜻하며, 아래에서 위로 데이터경제의 진화가 진행된다.

그림 4-1 데이터경제의 진화 단계

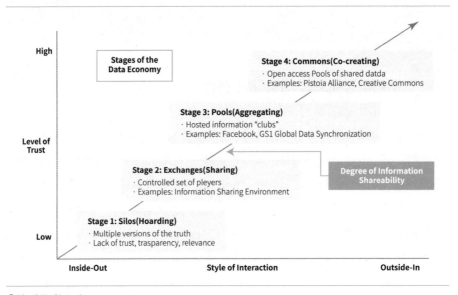

출처: 가트너(2011)

1단계인 사일로(Silos) 단계에서 조직은 독자적으로 데이터를 생성하고 저장한다. 외부 데이터는 인터넷을 통한 수집 및 검색만 가능한 단계이기 때문에 데이터 품질 제고가 부진하고 신뢰도 부재해 데이터 투명성이나 질적 적합성을 기대하기 어렵다. 2단계인 교환(Exchanges) 단계에서는 제한적이긴 하지만 일부 외부 기업 및 기관들과 데이터 소스를 1 대 1, 1 대 N 등으로 공유한다. 3단계인 풀(Pools) 단계에서는 특정 활동 및 목적으로 모인 그룹이 상호협력의 장을 형성해, 표준화된 데이터 풀의 연계로 국경을 넘나드는 데이터 교환이 가능하다. 집적된 콘텐츠의 데이터 풀(Data pools of aggregated content)은 페이스북 등 호스트 커뮤니티에 의해 개방, 공유된다. 4단계인 커먼즈(Commons) 단계에서는 개방 플랫폼을 통해 데이터가 공동 창출되고 인사이트와 경험 등을 공유한다. 공동 자원이 상호 협력과 참여를 통해 창출된다.

데이터경제 진화 단계는 에너지데이터에도 적용된다. 1장에서 언급했듯이, 미국 정부는 데이터경제 4단계를 지원하기 위해 그린버튼 이니셔티브를 내놓았다. 제3자가 에너지데이터를 안전하게 활용하여 새로운 부가가치를 창출하게 하기 위한 그린버튼은 소비자로 하여금 전기, 가스, 수도 사용량을 손쉽게 앱을 통해 확인하고 원하면 자신의 데이터를 신뢰할 수 있는 제3자와 공유해 새로운 부가가치 서비스를 창출하게 유도한다. 2017년 기준 미국 26개주와 캐나다의 6,000만 고객 대상으로 운영 중이며, 유틸리티 및 서비스 공급업체 76여 개 기업이 참여하였다.

민간기업이 데이터경제 4단계로 진화한 사례로 GE의 프리딕스(Predix)가 있다. 프리딕스에 대해서는 뒤에서 다시 언급할 것이지만, 먼저 데이터경제와 연계해 간단히 살펴본다. GE는 클라우드 기반의 소프트웨어 플랫폼인 프리딕스 개발에 10억 달러 이상을 투자했다. 이를 기반으로 제트엔진, 가스터빈, 의료계 MRI 스캐너 등 다양한 데이터를 수집 분석해 그 결과를 활용하여 관련 기기를 더 효율적으로 운영할 수 있게 하는 등 2015년 파트너를 선정해 프리딕스 기반 프로젝트들을 진행하였다. 이는 데이터경제 진화과정 3단계이다. 2016년 플랫폼 개방을 선언한 GE는 데이터경제 4단계에 진입한다. 안드로이드가 스마트폰 OS인 것처럼 프리딕스는 산업인터넷 OS가 된 것이다. 2011년 미국 산라몬(San Ramon)에 GE소프트웨어센터(현 GE디지털 본사)를 설립한 GE는 2015년 GE디지털사업부를 신설(GE 소프트웨어 센터, IT, 소프트웨어, 보안 등 GE 내 디지털 역량 통합)해 CEO에게 직접 보고하는 최고디지털책임자(Chief Digital Officer; CDO) 직책을 만들었고, 2016년 지능형시스템 개발 스타트업인 와이즈닷아이오(Wise.io)를 인수해 프리딕스에 적용된 첨단 기계학습(Machine learning; ML) 개발 역량을 강화했다.

프리딕스에서 사용자는 일정 비용을 부담하면 산업인터넷에 최적화된 앱을 개발하고 운영할 수 있다. 규모와 산업 분야에 무관하게 기업은 이 플랫폼을 진입장벽 없이 이용하고 자사에 특화된 앱을 빠른 시간 내에 개발한다. 2017년 기준 전 세계 2만 2,000여 명의 소프트웨어 개발자가 250개 이상의 데이터 관련 소프트웨어 앱을 개발했으며, GE는 약 400개사 파트너와 협업하며 산업용 생태계를 구축 중이고, 경쟁사인 IBM, 시스코, 인텔, AT&T 등과도 협력해 산업인터넷 컨소시엄을 발족했다. 2014년 캐나다 밴쿠버에 있는 사이버보안 기업인 월드테크(Worldtech)를 인수해 운영 환경의 보안을 강화한 GE는 2017년 MS 클라우드 플랫폼인 에저(Azure)에서 프리딕스를 운용할 수 있도록 파트너십을 구축해 기업고객들이 전 세계에서 산업용 설비 및 기계에서 수집된 데이터를 프리딕스로 처리하고 에저가 제공하는 자연어처리, AI, 시각화 등을 활용해 효율적 앱을 개발할 수 있는 환경을 조성하였다.

프리딕스에는 2개의 하부 시스템이 존재한다. 먼저, 디지털스레드(Digital Thread)에는 설계, 구매, 생산, 유통, 판매, 제품 사용 등의 공급사슬 전반에서 데이터가 생성되어 제품 수명주기 동안 발생되는 데이터 흐름이 관찰되며, 3장에서 성과로 언급된 디지털트윈(Digital twin)에서는 물리적 자산에 상응하는 가상의 디지털 자산이 원격 제어해 제품 품질과 성능을 개선할 수 있게 한다. 에너지의 한 예로, 이탈리아 소재 GE 오일&가스 공장에서는 장비에 센서를 부착해 생산에 영향을 미치는 것을 최소화하면서 최적의 정비 일정을 파악할 수 있게 되어, 추가 근무조를 배치하지 않으면서 생산 라인을 하나 더 추가할 수 있게 되었다. 기기에 부착된 수많은 센서들이 실시간 데이터를 수집해 분석을 실행해 엔지니어에게 장비 고장 가능성을 미리 고지한 것이다. 이 솔루션을 전세계 발전량의 40%를 담당하는 석탄발전소에 적용하면 0.58 기가톤의 온실가스 배출을 줄이며 1억 2,000대의 자동차가 내뿜는 매연을 감소시켜 5억 4,000만 제곱마일 숲 조성 효과가 발생한다. 3장에서 언급한 디지털윈드팜(Digital Wind Farm)은 풍력 발전 생산량을 연간 20% 향상시키며, 20년간 약 500억 달러(50GW 기준)에 상당하는 경제적 가치를 창출한다. 이에 대해서는 3장에서도 언급하였다.

데이터경제가 주는 가치의 범위는 직접적으로는 2장에서 언급한 데이터 수집 및 생산, 저장 및 관리, 가공 및 유통, 그리고 분석 및 시각화라는 기술요건에서 발생하는 기술적 가치이다. 이 과정에서 파생되는 전 관련 기술 분야를 포괄하며, 데이터의 양이 많아지고 유형이 다양해지고 처리 속도가 빨라지면서 그 가치의 크기는 더욱 확대될 것이다. 따라서 데이터경제가 주는 간접적 가치는 기업과 산업 전체에 해당되며, 각 기업에게는 비즈니스적 가치를, 각 산업에게는 산업적 가치를 주게 될 것이다. 이에 대해 다음에서 심도 있게 다루어 보겠다.

에너지데이터의 기술적 가치

데이터경제의 직접적인 영역은 기술 기반이다. 데이터의 중요성만 강조하면 데이터 홍수 속에서 지칠 수도 있으며 잘못된 결과를 만들 수도 있다. 한 번의 데이터 분석이 이루어지는 시점에서 잘못된 판단을 내리거나, 데이터에 대한 지나친 맹신으로 분석 결과의 오용 사례도 발생할 수 있다. 따라서 데이터에 접근하고, 분석하고, 이를 해석하고 결정을 내리는 사람들은 자율성을 가지면서 데이터가 투명하면서 진실한지 여부를 지속적으로 관찰해야 한다. 데이터는 그 양의 증가와 수집원의 다양화로 인해 계속해서 변하므로, 이것을 정해진 시점에서 분석하는 것보다는 변화하는 양상을 관찰하고 그 본질을 파악하려는 노력도 필요하다. 그러기 위해서는 어제의 데이터와 분석의 내용은 오늘과 다르며, 내일은 또 달라질 것이라는 전제하에, 이런 시간의 흐름과 함께하는 변화의 요체를 파악하는 데이터경제 가치사슬 각 단계에서의 기술 능력이 필요하다.

2장의 데이터 기술요건 논의와 연계하여 보면, 데이터경제 기술 가치사슬은 분석에서 끝나지 않고 활용까지 연결되어야 한다: 즉, 생산, 수집, 거래 등을 통해 데이터를 수집하고, 데이터센터나 클라우드 서비스를 이용해 관리한 후 분석을 위해 데이터를 수정, 보완, 통합하여 가공된 데이터를 거래하고, 이러한 데이터를 분석한 후에는 그 결과를 관련 서비스나 새로운 비즈니스모델 개발에 활용하는 단계로 이어져야 기술적 가치를 발휘할 수 있다.

데이터경제에서 데이터가 기술적 가치를 창출하려면 양질의 데이터이어야 한다. 양질의 데이터이어야 제품이나 서비스로 전환되거나 이 과정에 활용되어 더 나은 의사결정을 하게 하고 경제적 편익을 발생시킨다. 따라서 데이터경제에서 가장 중요한 기술적 가치는 불량 데이터가 아닌 품질이 보장된 데이터 간 상호 연계와 공유이고, 데이터 품질이 데이터경제의 기술적 가치를 결정하는 가장 기본적 기준이다. 먼저, 품질이 양호한 데이터를 공유하려면 지속 가능성(Consistency), 활용 가능성(Usability), 확장 가능성(Extensibility)이 있어야 한다. 지속 가능성은 마스터 데이터 관리(Master data management)와 비즈니스 인텔리전스(Business intelligence)를, 활용 가능성은 메타데이터 관리(Metadata management)를, 확장 가능성은 데이터와 서비스 아키텍처

간 연계 가능성을 말한다. 설득력 있는 데이터가 확보되었는지, 데이터가 기업이나 국가기관의 수익, 비용절감의 원동력으로 활용되고 있는지 등의 여부가 데이터의 기술적 가치 척도이며, 실시간성 판단도 중요한 기준이 된다. 데이터가 묶음으로 처리되고 분석 결과로부터 행동을 취하기 위해 얼마 동안 기다려야 하는지에 대한 여부 등의 기술적 기준이 필요하다. 그 외에도, 데이터의 객관성 차원에서 제3자가 지속적으로 데이터의 정확성을 평가하는지에 대한 여부, 행동으로 바로 옮길 수 있는지 등의 여부 확인도 함께 필요하다.

데이터 가치의 기준은 데이터 품질이고 이를 결정짓는 요소는 정확성(Accruate), 행동성(Actionalble), 민첩성(Agile)이다. 정확성은 양적 데이터의 노이즈로부터 정확하고 양질의 정보를 전달할 수 있어야 함을 말한다. 데이터가 정확하려면 지속적으로 제3자 벤치마크를 통해 유효성이 입증되어야 하고, 데이터 이용자는 지속적으로 투자 대비 효과성을 검증할 수 있어야 한다. 행동성은 조직이 바로 행동으로 옮길 수 있어서 가치를 창출하는 원동력으로서 데이터가 작동해야 함을 말한다. 시시각각 다양하고 복잡한 데이터가 생성되는 환경에 필요한 즉각적인 의사결정은 상당한 시간을 필요로 하는 보고서 분석 등 과거 행동 방식과는 차별되어야 하며, 고객의 활동 영역을 최대화하고 고객이 바로 행동과 서비스를 할 수 있는 데이터의 확보는 수익이나 시장 점유율로 직결되는 성장요인으로 작동해야 한다. 민첩성은 급변하는 환경 "서 실시간 데이터 분석이 가능하도록 해야 함을 말한다. 비즈니스 결정을 내리기 위한 업무 환경은 실시간 의사결정을 필요로 하는 환경으로 변화되고 있기 때문이다.

에너지데이터의 정확성, 행동성, 민첩성이 필요하다. 이유는 무엇보다도 에너지 관련 데이터 양이 급증하고 더욱 다양화되어 활용에 어려움이 가중되고 있기 때문이다. 데이터경제 4단계로 진화 가능하지만, 각 국가, 기관 및 기업이 처한 기술 상황에 따라 다르게 진행된다. 개인정보 보호나 데이터의 안전한 전송 보장, 표준화된 데이터 수집 형식을 얼마나 갖추었냐가 관건이다. 국가가 직접 나서서 데이터경제 4단계를 마련한 미국 그린버튼 이니셔티브를 통해 표준화된 개방형 기술 플랫폼이 마련되면서 에너지 기업들은 자사 역량을 다양한 부가가치를 창출하는 앱이나 서비스 개발에 더 집중할 수 있다. 그린버튼의 기술적 가치는 북미에너지 표준위원회(NAESB) 제공의 기술 플랫폼인 '에너지서비스 제공자 인터페이스(Energy Service Provider Interface; ESPI)'에서 에너지데이터에 대한 엑스엠엘(xml) 포맷 형식과 전력기관 등에서 제3자기업에게 자동으로 데이터를 전송할 수 있게 하는 데이터 교환 프로토콜로 운영된다는 점이다. 이 플랫폼에서는 단일 및 복합 형태의 다양한 건물들과 유틸리티를 아울러 여러 개 계측장비에서 수집된 에너지데이터를 건물 위치정보와 연계해 식별 가능하며, 취득한 데이터의 분석 및 서비스 제공을 통해 사용자의 인지적 행동에 따른 에너지 절약을 유도하는 등 다양한 비즈니스 모델들이 쉽게 개발되고 운영될 수 있다.

2017년 기준 예를 들어보면, 그린버튼을 활용해 위고와이즈(Wegowise)는 에너지 소비패턴 및 가격을 분석해 시간대별·기기별 상세 에너지 소비 정보를 제공하는 온라인 앱 '위고프로(WegoPro)'를, 에너지 에이아이(Energy Ai)는 에너지 요금이 비정상적으로 높을 시 경고하고 사용패턴 기반 에너지절약 노하우를 알려주는 서비스를, 퍼스트퓨얼(FirstFuel)은 소형 건물 에너지 소비 패턴 분석을 통해 에너지 효율 향상 방안 및 비용 절감방안 등의 에너지 절약 노하우 서비스를, 플롯와트(PlotWatt)는 소비자 사용 패턴 분석을 통해 에너지 요금을 미리 예측해 플롯와트 앱의 사전 알림 서비스를 제공하고, 런던하이드로(London Hydro)는 피크시간 에너지 비용 경고 조명, 그린버튼과 AI장치인 알렉사(Alexa)를 연결해 전자기기 전원을 차단하는 장치를 개발하였다.

에너지데이터의 기술적 가치 기준도 정확성, 행동성, 민첩성이다. 이는 특히 데이터 처리 이전과정(Preprocessing)에서 중요하다. 이는 수집된 데이터 품질 향상 과정으로서, 원시 데이터의 빠른 정제와 공유가 가능하고 수집된 비정형 데이터의 정형화를 가능하게 하는 과정이다. [그림 4-2]는 2019년 카이스트에서 제시된 '에너지데이터 분석 및 전처리 과정(Preprocessing; 처리 이전과정) 기술' 구성도이다. 모든 데이터 분석 및 처리 기술에서 데이터 전처리는 필수 불가결하다. 전처리 과정은 직접적인 시스템 운영결과를 도출하는 과정은 아니지만, 직·간접적으로 결과에 영향을 미치는 과정이다. 데이터 결측값 대체 내지 복원(Data imputation)에서는 수집된 데이터의 손상 및 누락에 따른 데이터 복원이 진행되고, 축적된 데이터의 날짜와 시간별 특성을 고려해 정확도 높은 복원 결과가 도출되며, 데이터 주석(Data annotation)에서는 수요 에너지데이터에 대한 패턴 분석으로 사용자 특성이나 환경에 따른 데이터 패턴을 축적하고, 데이터 유입에 따른 실시간 분석과 적정 패턴도 도출된다. 전처리 기술로 이상 데이터 감지(Data abnormality detection)가 가능하다. 이상 데이터란 기존의 관측된 데이터와 동떨어진 데이터가 수집된 경우를 말한다. 예컨대 에너지 저장장치(ESS) 운영 및 이상징후 탐지 알고리즘을 개발해 이상치를 처리하고 기기별 오작동을 감지하며,

ESS 잔존 수명을 검출하고 운영 효율 분석을 통해 적정 동작 구간을 산출할 수 있다. ESS 배터리가 폭발하는 사고가 빈번한데, 카이스트의 알고리즘 개발을 통해 이상 징후를 감지하게 된다면 폭발 사고를 미연에 방지할 수 있게 될 것이다.

그림 4-2 한국 카이스트대학 '에너지데이터 전처리 기술' 및 적용 서비스

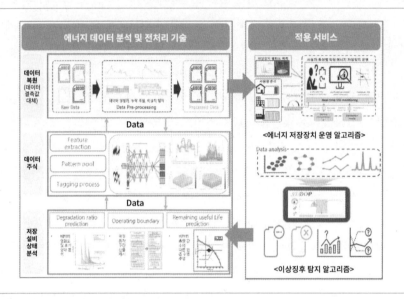

출처: 국민대학교 소재 에너지인터넷연구센터 결과물, 대학IT연구센터(ITRC)의 우수연구성과 전시회, IT미래 인재포럼 2019, 2019. 4.26.

에너지데이터는 대부분 IoT데이터를 의미하기 때문에 IoED(Internet of Energy Data)라 불리운다. 에너지데이터를 IoT데이터인 IoED로 본다면 IoT센서, IoT통신, IoT프로세서 데이터가 된다. 이러한 IoT데이터는 클라우드 컴퓨팅을 통해 수집·분석된다. [그림 4-3]에서 보듯이, IoT의 기술적 구성 요소는 디바이스, 네트워크, 클라우드이고 데이터는 이의 부산물이다. IoT디바이스는 센서와 통신 모듈을 가지고 있으며, 센서가 사물 상태에 대해 데이터화하고 통신 모듈의 인터넷 접속 기능을 통해 클라우드에 데이터를 송신해 원격에서 사물 상황의 모니터링이 가능하다.

첫 번째 IoT 구성요소인 디바이스에 IoT센서가 부착되어 데이터가 수집되며, 대용량 데이터를 실시간 수집, 처리, 분석, 시각화를 지원하는 데이터분석 플랫폼 개발이 요구된다. 정형 데이터 수집과 처리를 위해 관계형데이터베이스(RDBMS) 구축이 요

그림 4-3 IoT기술 요소: 디바이스, 네트워크, 클라우드

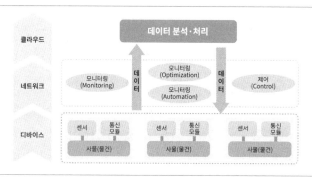

자료: 에너지경제연구원, 2015, 7쪽.

구되고, 실시간 수집되는 비정형 데이터 수집과 처리를 위해서는 에너지 IoT센서에서 수집된 데이터를 큐(Queue) 방식으로 수집해야 하며 인메모리(In-memory) 방식도 요구된다. [그림 4-4]에서 보듯이, 실시간 처리와 배치 처리를 동시에 지원하는 IoT센서 에너지데이터 플랫폼 아키텍처가 충북대학교에서 개발되었다. 정형데이터 수집을 위한 RDBMS를 구축했고, 스쿱(Sqoop)을 통해 RDBMS 데이터를 하둡(Hadoop)으로 전송, 이관(ETL)하며 처리된 질의를 통해 분석 결과 해석에 용이하도록 시각화

그림 4-4 충북대학교 구축 디바이스 IoT센서 에너지데이터 분석 플랫폼

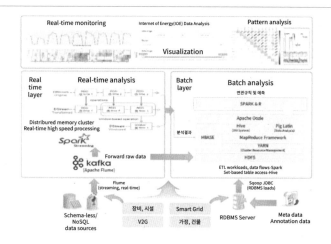

출처: 국민대학교 소재 에너지인터넷연구센터 결과물, 대학IT연구센터(ITRC)의 우수연구성과 전시회, IT미래인재포럼 2019, 2019. 4.26.

작업을 지원한다. 또한, 비정형데이터의 실시간 수집을 위해 큐 방식을 쓰고, 카프카 (Kafka)를 플룸(Flume)의 채널로 사용해 데이터를 수집하고, 인메모리 방식의 스파크 스트리밍(Spark Streaming)으로 처리한다.

두 번째 IoT 구성 요소인 네트워크에서의 데이터는 IoT디바이스를 유무선 네트워크로 연결하는 통신(Connectivity) 데이터이다. 통신 프로토콜 기반으로 제품 모니터링이 가능하다. [그림 4-5]는 충북대학교가 구축한 태양열에너지 제어 플랫폼이다. 래피드 스카다(Rapid SCADA)를 활용해 통신 프로토콜을 이용해 실시간으로 에너지데이터를 수집하고, 수집된 데이터를 웹 대시보드에서 실시간 제어해 행동성과 민첩성을 갖추고 있다. 라즈베리파이와 각종 센서를 통해 실시간 센서데이터를 수집하고, 이에 영향을 미치는 환경 데이터도 실시간 수집하며, 모드버스 티시피(Modbus TCP) 프로토콜을 사용해 저전력 및 저비용 데이터 전송으로 통신 효율성을 높이는 데 도움을 준다. 웹을 통해 실시간 수집되는 데이터 모니터링도 가능하다. 날짜별, 시간별 수집된 데이터를 표, 그래프로 시각화해 확인 가능하고, 웹상에서 원격으로 센서 제어도 가능하다.

그림 4-5 충북대학교 RapidSCADA 기반 에너지데이터제어 플랫폼

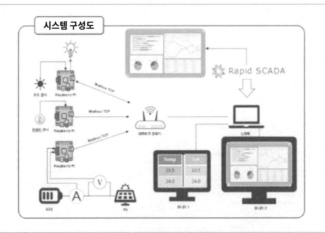

출처: 국민대학교 소재 에너지인터넷연구센터 결과물, 대학IT연구센터(ITRC)의 우수연구성과 전시회, IT미래 인재포럼 2019, 2019. 4.26.

마지막 세 번째 구성 요소인 클라우드에서 에너지관리 시스템(EMS) 기능과 생산 및 환경 관리, 보안 등 다양한 관리 기능 간 통합 경향을 보인다. 한국 우암(Wooam)이

2019년 에너지플랫폼 클라우드형 ESS−EMS 관리 시스템 특허를 취득했는데, 이는 ESS−EMS를 클라우드와 연계 운영 시 최소 게이트웨이로 전력관리 시스템(PMS)을 통합 관리하면서 PMS 확장 시 통신 트래픽과 게이트웨이 시스템 부하에 따라 증설하고 실시간 PMS 솔루션을 관리할 수 있는 방법이다. ESS 운영 전력관리 시스템 솔루션의 구축비용을 저렴하게 제공하면서 클라우드 연계서비스를 통해 통합 관제 시스템과 EMS 제어 시스템을 제공할 수 있다. 한국의 기존 ESS−EMS 솔루션 대부분은 로컬 네트워크에 설치되어 운영되지만, ESS를 통합 운영하기 위해 VPN 네트워크로 구성하여 관리하는 EMS 솔루션이 출시되고 있는 상황에서 이 기술은 클라우드에 VPN 네트워크를 이용해 고객의 ESS를 제어하는 PMS를 통합 관리할 수 있는 EMS 솔루션을 출시할 것이다. 우암은 [그림 4−6]과 같이 AI 기반의 지능형 에너지데이터 플랫폼을 구축을 목표로 하고 있다.

그림 4-6 우암의 기술 목표인 AI 기반 에너지데이터 플랫폼

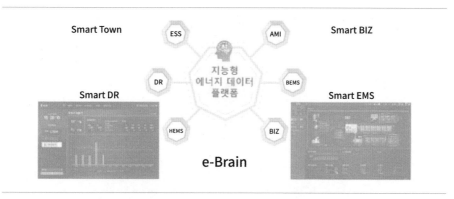

출처: 국민대학교 소재 에너지인터넷연구센터 결과물, 대학IT연구센터(ITRC)의 우수연구성과 전시회, IT미래인재포럼 2019, 2019. 4.26.

제3절 에너지데이터의 비즈니스적 가치

데이터경제의 직접적 가치가 데이터 수집에서 활용에 이르는 과정의 기술과 관련 IT산업이라면, 데이터경제의 간접적 가치는 우선 기업의 데이터 기반 비즈니스화에

서 비롯된다. 데이터를 활용하여 기업은 새로운 시장, 새로운 고객을 확보함은 물론이고, 기업 내 외부 프로세스를 효율화하며 글로벌 경쟁력을 향상시키고, 데이터 관련 일자리를 창출시키는 주인공이 된다.

3장에서 에너지데이터의 현재 성과로 네 가지 기술 역량 중심으로 살펴보았고, 위에서 데이터경제의 직접적 가치로 기술 플랫폼에 대해 언급하였다. 데이터가 비즈니스적 가치를 가지려면 기업은 기술 플랫폼에 머무는 것이 아니라 비즈니스 플랫폼이 되어야 한다. 이 둘을 구분한 2016년 4월 『하버드비즈니스리뷰』 논문을 먼저 소개한다. 반 앨스타인(Van Alstyne) 외는 [그림 4-7]과 같이 기술 플랫폼과 비즈니스 플랫폼을 구분한다. 플랫폼은 생산자와 소비자를 끌어 모으는 시장에 인프라와 규칙을 제공한다. 플랫폼은 공급자와 소유권자로 구분된다. 전자는 안드로이드 단말 같은 기술 플랫폼이며, 후자는 위의 안드로이드 앱과 이용자들을 연결해 주는 안드로이드 OS이면서 구글플레인 비즈니스 플랫폼이다. 그동안 단순히 파이프라인 형태만을 고수해 온 전통 기업들의 시장에 플랫폼 기업이 진입하면 플랫폼이 승리할 가능성이 높다. 그런데 플랫폼은 기술만 제공하는 제공자와 소프트웨어와 마켓플레이스를 제공하는 소유권자로 다시 구분된다.

그림 4-7 플랫폼 공급자와 플랫폼 소유권자 구분

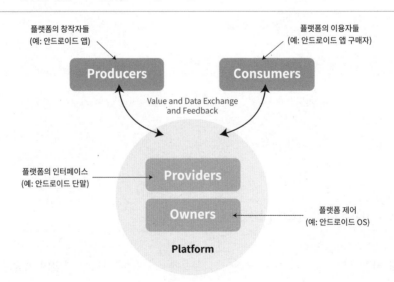

출처: https://hbr.org/2016/04/pipelines-platforms-and-the-new-rules-of-strategy ; Song(2018) 재구성

반 앨스타인(Van Alstyne) 외는 파이프라인과 구분되는 플랫폼으로 가기 위한 세 가지 전략 규칙을 [그림 4-8]과 같이 제시한다. 기업의 성장엔진, 운영방식, 가치창출 측면에서 파이프라인 기업과 플랫폼 기업은 다르며, 파이프라인 기업에서 플랫폼 기업으로 이동해야 한다.

그림 4-8 파이프라인에서 플랫폼으로의 이동 과정

	파이프라인 기업		플랫폼 기업
성장엔진	**자원 통제**	VS.	**자원 조정(orchestration)**
	· 부동산 등 유형자산, 지적재산권 등 무형자산 소유 또는 독점을 통한 규모의 경제		· 커뮤니티와 그 구성원들이 소유하고 기여하는 자원, 즉 생산자와 소비자로 엮인 네트워크가 주요한 자산
운영방식	**내부 프로세스 최적화**	VS.	**외부 상호작용 촉진**
	· 구매, 판매, 서비스에 이르기까지 생산활동을 아우르는 전체 사슬을 최적화함으로써 가치 창출		· 외부 생산자와 소비자간 상호작용을 촉진함으로써 가치 창출
가치창출	**고객 가치 확대**	VS.	**생태계 가치 극대화**
	· 선형 프로세스(가치사슬)의 맨 끝에서 구매 고객의 평생가치 극대화를 추구		· 순환적이고 반복적인 피드백 기반 프로세스를 통해 점차 확대되어 가는 생태계의 전체 가치 극대화 추구

자료: 반 앨스타인(Van Alstyne) 외, 2016; Song(2018); LG경제연구원(2018.12.31) 재구성

첫째는 자원을 통제하지 말고 조정하라는 것이다. 그동안 기업 내부 핵심자원만을 바탕으로 경쟁을 벌였던 파이프라인 비즈니스에서는 내부 자산을 효율적으로 통제함으로써 경쟁우위를 달성하는 데 집중하는 것이 전부였으나, 플랫폼 비즈니스에서는 내부 자산의 소유보다는 생태계 내 플랫폼에 참여하는 모든 구성원들이 만들어 내는 네트워크 자체(구성원들이 새롭게 만들어내는 표준과 프로토콜, 정책 등)를 조정하는 것이 더 중요하다는 말이다.

둘째는 기업 내부 최적화에서 벗어나, 기업 외부와의 상호작용에 힘쓰라는 것이다. 그동안 기업이 자사의 내부 시스템인 공급사슬 최적화를 바탕으로 경쟁을 벌이는 파이프라인 비즈니스를 영위하는 동안에는 경쟁사 대비 어떻게 경쟁우위를 달성하는가에 초점을 두었으나, 플랫폼 비즈니스에서는 생산자와 소비자 양면의 상호작용을 촉진해 양면시장을 형성함으로써 새로운 생태계 내 고객가치가 창출된다는 것이다. 이 과정에서 플랫폼 운영자는 한계비용을 효율적으로 낮춤으로써 기존 파이프라인 비즈니스의 가치사슬을 완전히 해체하기에 이른다.

마지막 셋째는 기존의 자사 고객가치 중심에서 벗어나 생태계 내 가치 중심으로 변하라는 것이다. 이 부분은 생태계 내 플랫폼 비즈니스에게 가장 중요한 부분이며 어려운 숙제이기도 하다. 플랫폼 비즈니스가 파이프라인 비즈니스와 뚜렷이 구분되는 특징이 이것이기 때문이다. 파이프라인 비즈니스는 자사 자원의 통제를 선형 프로세스(일방향 가치사슬) 관리를 통해 달성하고 있으며, 이 선형 프로세스 끝단에 기업이 타깃으로 하는 특정 고객집단이 존재하기 때문에 자사 고객의 생애가치(Life Time Value; LTV)를 높이기 위해 다양한 마케팅전략을 실행하게 된다. 하지만, 플랫폼 비즈니스는 양면 또는 다면 시장 기반이기 때문에, 생태계 내 플랫폼 기업은 양면 내지 다면에 존재하는 다양한 생태계 참여자들의 거래비용을 최소화하여 결국 생태계 전체(플랫폼 공급자–플랫폼 공급자를 중심으로 양면/다면에 참여하는 생산자–소비자 등 플랫폼 후원자들)의 가치를 극대화하는 데 집중한다.

파이프라인 에너지기업과 에너지 신산업에 뛰어든 통신기업, IT기업, 그리고 스타트업들은 이 새로운 3대 전략 규칙을 적용해 비즈니스 플랫폼 기업으로 도약하면 비즈니스적 가치를 기대할 수 있다. 2018년 한전은 '에너지 플랫폼'을 [그림 4–9]와 같이 제시한다. 플랫폼은 "다양한 비즈니스의 구현 및 활성화를 위한 사업자–고객의 만남의 장"으로 '에너지 플랫폼'은 "에너지 관련 신규 비즈니스와 서비스가 이루어질 수 있는 토대로, 에너지산업의 직·간접 이해관계자들(고객, 사업자 등) 간 만남을 중개하고 다양한 에너지 비즈니스 모델을 구현 및 지속하는 협력적 공생생태계 구현의 장"이다.

[그림 4–9]를 보면, 기술과 비즈니스 영역으로 나뉘어 기술은 사물인터넷(IoT), 인공지능(AI), 클라우드(Cloud), 전기자동차(EV), 태양열(PV) 및 에너지저장 시스템(ESS), 비즈니스는 자산 최적화, 에너지 솔루션, 에너지 시장 관리, 데이터 운영, 고객 결합 서비스이다. 레이어별로 플랫폼으로 구분되어 전력망 플랫폼, 데이터 플랫폼, 서비스 플랫폼으로 구분된다. 이 세 가지 플랫폼 영역은 결국 하나여야 하며, 세 가지 전략규칙들이 적용되어야 한다. 한국전력은 그동안 물리적 전력망 플랫폼 기반으로 생산자(발전소)와 소비자를 연결하여 전기라는 재화 교환을 통해 가치를 창출하는 파이프라인 기업 역할을 수행하였다. 하지만 기존 전력망을 데이터 플랫폼으로 진화시키고 데이터 역량을 통해 비즈니스 모델을 개발하는 서비스 플랫폼까지 감당하기 위해서는 3개 플랫폼 구분은 의미가 없으며 데이터 기반이 되어야 비즈니스 플랫폼이 될 수 있

다. 이를 '에너지데이터 플랫폼'이라 칭한다.

그림 4-9 한국전력의 에너지 플랫폼 개념도

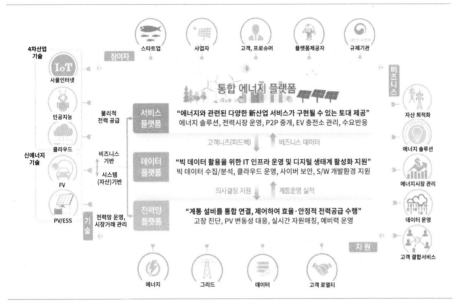

출처: 한국전력, 2018.

한국에서는 2017년 벤처기업인 인코어드의 CEO가 한 인터뷰 기사에서 이 용어를 사용하였다. 기사에 의하면, 이미 글로벌 에너지시장에서는 '에너지데이터 플랫폼'이란 명칭이 일반화되었는데, 한국은 아직 파이프라인에 머물러 있는 상황이라고 지적한다. 한전도 내부 보고서에서 3대 글로벌 '에너지데이터 플랫폼'으로 GE의 프리딕스(Predix), 지멘스의 마인드스피어(Siemens MindSphere), SAP HANA를 제시하였다. 이들의 공통 특징은 파이프라인에 머물지 않고 플랫폼으로 진화한다는 점이다. 모두 3대 전략 규칙을 따른다. [그림 4−10]은 다양한 에너지데이터 비즈니스 모델들이 구현될 수 있는 이상적인 마켓플레이스를 한국전력이 도식화한 것이며, 에너지 마켓플레이스가 '에너지데이터 플랫폼'이다.

그림 4-10 한국전력이 제시한 이상적인 에너지 마켓플레이스

출처: 한국전력(2019. 4.4). 전력 빅데이터 기반 신비즈니스 활성화 전략, 통신학회 주최 전력/IT기술워크숍 발표문

3대 전략 규칙을 실천한 프리딕스를 보자. 첫번째 전략규칙인 '자원 통제에서 자원 조정으로 이동'한 프리딕스의 시작은 2015년 CEO의 비전 선포이다. GE 비전은 '2020년 전 세계 10대 소프트웨어 기업으로의 등극'이며, 기존 제조기업에서 벗어나 비즈니스 미래를 데이터 분석에 달려 있다고 보고 있다. 기술기업으로 수력 및 풍력 발전소에 들어가는 터빈, 항공기 엔진, 철도운송 수단에 들어가는 파워 발전기를 제조하면서 데이터 수집과 분석에 도전하는 GE는 2015년 비전 선포 이후 'GE디지털 부문'을 신설해 1,500명 데이터 엔지니어, 딥러닝 전문가, 데이터과학자를 발탁한다. 'GE디지털 부문' 중심으로 훌륭한 개발자들이 합류하면서 실행된 인프라가 '프리딕스 클라우드 아키텍처(Predix Cloud Architecture)이며, 파이프라인에서 플랫폼 비즈니스로 전환하게 한 근간이다. 파이프라인 기업만 경쟁하는 세상에서는 유형자산과 무형자산 모두가 자사가 소유한 자산이어야 하지만, 플랫폼 비즈니스에서는 '모방하기 힘든' 자산이 꼭 자사가 소유한 무형자산일 필요는 없으며, 동일 산업에 속한 커뮤니티와 그 구성원들이 소유하고 기여하는 자원도 가능하다. 이는 아이디어나 정보 등이 '모방하기 힘든' 자산이 될 수도 있다. 생산자와 소비자로 엮인 네트워크가 주요 자산이기도 하다.

그림 4-11 GE 프리딕스(Predix)의 비즈니스 플랫폼 개념도

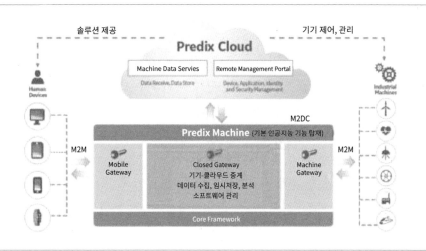

출처: 산업통상자원부, 2018.3.14.

　프리딕스는 산업 공정에서 발생되는 대규모 데이터를 활용해서 다양한 응용 소프트웨어를 개발할 수 있는 커뮤니티의 구성원인 개발자들의 개발 환경을 지원하는 산업인터넷 네트워크이다. 즉, 특정 산업생태계 내에서 조정하는 플랫폼으로서, 클라우드에 저장된 데이터를 사용 목적에 맞게 활용할 수 있도록 데이터를 분류·분석·제공하는 기능을 담당한다. 이를 딜로이트는 2015년 생태계 관련 보고서에서 '모빌리티 플랫폼(Mobility Platform)'이라 명명한 바 있다. 조정자 역할을 하는 GE 프리딕스의 2015년 소프트웨어 관련 매출액은 50억 달러에 이르렀고, 항공, 발전 설비 중심에서 점차 운송, 헬스, 전력망까지 그 적용 범위를 확장한다. 수년 전부터 프리딕스 플랫폼을 바탕으로 다양한 산업인터넷 기술을 기존 사업에 활용하고 있는 GE는 에너지 산업에서도 예외가 아니다. 에너지를 탐사하고 생산하는 과정부터 전기를 생산하고 소비하는 과정까지 가치사슬 전반에 디지털 기술을 적용하여 조정자의 역할을 하는 프리딕스 플랫폼을 통해 효율을 제고할 수 있었다. GE는 기존 사업 분야(수자원/재생에너지, 전기 – 전력, 철도수송, 항공 등)에 제품을 생산하여 판매하는 파이프라인 비즈니스에 프리딕스라는 전혀 새로운 소프트웨어 플랫폼을 개입하면서 통제가 아닌 조정 역할을 하는 플랫폼 비즈니스로 완전히 전환하고 있다.

　이렇게 구축된 플랫폼에서 GE는 두 번째 전략 규칙인 '내부 최적화에서 외부 상호

82

작용으로 이동'한다. 즉, 제3자 개발기업들과 이용자 간에 상호 소통하게 길을 열어 주는 것이다. 파이프라인 기업은 원재료 구매에서 판매와 서비스에 이르기까지 생산 활동을 수직으로 통제하는 공급사슬을 최적화함으로써 가치를 창출할 수 있도록 내 부 노동인력과 자원을 조직화하지만, 플랫폼은 외부 생산자인 개발자들과 소비자 간 에 상호작용을 촉진함으로써 가치를 창출한다. 이런 외부 지향성 덕분에 플랫폼은 대 개 변동이 심한 생산비 부담마저 떨쳐 버린다. 이유는 주안점이 더 이상 프로세스 제 어가 아니라 생태계 구성원인 참여자 설득 내지 조정 기능으로 옮겨졌기 때문이다. GE는 프리딕스를 제품 구매 고객사들에게 기본 제공함으로써, 고객사와 고객사의 협 력사들이 이 플랫폼을 통해 자신들의 생산 현장과 주요 기계설비 및 장치에서 일어나 는 이벤트를 실시간 관측하면서 소통하여 관리의 효율성을 높일 수 있다. 기계설비와 장치 고장으로 발생할 손실을 막고, 고객사의 생산성과 ROI를 극대화시킬 수 있다. 고객사는 GE 제품 플랫폼을 더 신뢰하여 록인(Lock-In)되어 경쟁사가 제공하는 기 존 제품을 단순 구매함으로써 얻는 고객가치 이상의 가치를 획득한다. 프리딕스 클라 우드는 GE가 오랜 시간에 걸쳐 축적한 IT 지식을 통합한 플랫폼으로, 개발자가 빠르 게 산업인터넷용 앱을 개발할 수 있도록 도와주는 소프트웨어 서비스 마켓이다. 2018 년 프리딕스에는 1만 9,000명 개발자들이 앱 개발에 참여한다. 플랫폼은 제트엔진, 가 스터빈, 기관차 등 기계에서 운용되며 앱을 구동해 데이터를 분석하고 원격으로 기계 를 모니터링하며, 기계와 사람 간 소통이 가능하게 한다. 플랫폼의 특장점을 요약하 면 [표 4-1]과 같다.

표 4-1 프리딕스 비즈니스 플랫폼의 특장점

구분	종류
산업 데이터를 위한 확장성	산업 기계/설비는 소비재 기기들과는 사뭇 다른 형태의 데이터를 만들어 낸다. 따라서 일반적인 클라우드 서비스는 산업 데이터를 처리하기에는 적합하지 않다. 프리딕스 클라우드는 이런 산업 데이터를 실시간으로 저장, 분석, 관리하기 위해 개발됐다. 기관차에 설치된 수천 개의 센서로부터 발생되는 시계열 데이터를 불러오고 분석하는 것부터, 3차원 MRI에서 촬영한 의료영상 같은 큰 크기의 데이터를 진단을 위해 제공하는 것까지, 프리딕스 클라우드는 다양한 형식이나 대량 데이터 같은 특성을 가진 산업 데이터를 빠른 속도를 처리하기 위한 기술이다.
보안+컴플라이언스 (Compliance)	프리딕스 클라우드는 GE가 수십년 간 쌓아 온 운영보안, 정보보안 경험이 녹아 있으며, 현재 가장 뛰어난 보안 프로토콜을 기반으로 만들어져서, 운영자와 개발자를 위한 맞춤형, 적응형 보안 솔루션을 포함하고 있다.

거버넌스 (Governance)	60개 이상의 영역에서 글로벌 네트워크와 뛰어난 전문성을 결합하여, 프리딕스 클라우드는 국가별 규제를 통합적으로 대응할 수 있으며, 이를 통해 각 사용자에게 규제 관련 비용을 줄일 수 있도록 지원함과 동시에 각 국가의 데이터 주권 관련 규제를 준수할 수 있도록 설계되었다. 따라서 GE의 파트너 그리고 개발자들이 항공이나 에너지, 헬스케어, 운송과 같이 규제가 엄격한 산업분야에서 서비스를 보다 쉽게 개발하고 배포할 수 있도록 해준다.
상호호환성 (Interoperability)	프리딕스 클라우드는 광범위한 클라우드 환경에 걸쳐 작동하는 애플리케이션과 서비스를 통합적으로 운영된다. 그래서 기업들은 기존에 사용하던 솔루션을 사용하면서도, 프리딕스 클라우드를 통해 최적화된 보안과 데이터 구조에서부터 얻는 혜택을 누릴 수 있을 것이다.
게이티드 커뮤니티 (Gated Community)	모든 개인이나 조직에게 공개된 일반 클라우드 인프라와는 달리, 프리딕스 클라우드는 '게이티드 커뮤니티' 모델에 기반하며, 클라우드의 사용자가 산업 생태계에 속할 수 있게 한다.
개발자 인사이트	개발자는 운영 환경과 이에 연결된 모든 주체에 대한 가시성(Visibility)을 확보할 수 있으며, 운영 효율성을 위한 사기성과 보안을 제공하는 동시에 계속해서 실제 환경과 디지털 환경의 새로운 요구에 대응할 수 있다.
온디멘드 (On-demand)	기업은 손쉬운 온디멘드, 사용한 만큼 지불하는(Pay-as-you-go) 모델을 채택한 프리딕스 클라우드를 통해 쉽게 서비스에 접근하고 확장할 수 있다.

출처: 한국스마트그리드협회, 2016

조정자인 프리딕스에서 활동하는 고객사 간, 고객사-협력사 간 다양한 소통이 가능해지면서 상호 원원하는 모습을 보인다. GE는 프리딕스 클라우드 허브(Predix Cloud Hub)에 축적되는 다양한 데이터에 대해 소홀히 하지 않는다. 즉, 이 데이터에 기반하여 특정 산업 전반에 영향을 끼치는 다양한 변인과 변수를 파악하려 노력하고, 계속해서 학습함으로써 유관 산업계의 주요 플레이어들이 그들의 프리딕스 클라우드 플랫폼에 자발적으로 참여하는 원인을 제공한다. 이는 세 번째 전략 규칙인 자사 고객가치 중심에서 생태계 가치 중심으로의 이동을 의미한다. 기존의 파이프라인 기업은 선형 프로세스의 맨 끝에서 상품이나 서비스를 구매하는 고객의 평생가치 극대화만을 추구하는 반면, 플랫폼은 순환적이고 반복적인 피드백 기반 프로세스를 통해 점차 확대되는 생태계의 전체 가치를 극대화하려고 노력한다. 이 방식은 때때로 어떤 특정한 유형의 소비자에게 보조금을 지원해 또 다른 유형의 소비자를 유인하도록 만들기도 하는데, 이를 양면시장이라 부른다.

GE 프리딕스는 생태계 전체의 가치를 극대화하기 위해 파이 자체를 키워야 했고, 이를 위해 지속적인 수익모델 개발을 필요로 한다. 딜로이트는 2015년 보고서에 이를

'학습하는 플랫폼(Learning platform)'이라 명명한다. 이런 맥락에서 GE는 이종 기업들과의 협력도 필요하다. 예로 2015년 GE는 일본 통신기업인 소프트뱅크(Softbank)와 세계 최초로 프리딕스 클라우드의 첫 번째 라이선스 계약을 체결한다. GE가 제공하는 프리딕스 플랫폼에 축적된 다양한 버티컬 B2B 산업 영역의 패턴 데이터를 소프트뱅크가 가진 현지의 B2B 데이터와 융합해 일본 내에서의 B2B 데이터분석(Data Analytics) 비즈니스에 함께 진입하기 위해서이다. GE 입장에서는 소프트뱅크가 보유하고 있는 영업채널을 활용해 일본 내 산업인터넷 시장에 손쉽게 진입할 수 있게 된 것이다.

여기서 주목해야 할 점은 GE의 프리딕스 클라우드가 자체 구축이 아니라 AWS와의 제휴를 선택해 아마존 웹 서버 위에 구축되었다는 점이다. GE는 더 이상 수백억 원의 비용을 들여 자체 데이터 센터를 구축해 비즈니스를 하는 것은 자살행위에 가까울 정도로 비효율적이라고 믿은 것이다. 이렇게 클라우드를 아마존에 맡긴 GE는 산업인터넷 기술과 솔루션을 에너지, 헬스케어, 그리고 운송 업계 전반에 걸친 고객사에게 확대 적용하고 있다. 에너지의 경우 고객사를 살펴보면, 일례로 2016년 엑셀론(Exelon)은 GE 파워 고객사 중 처음으로 기업형 소프트웨어 라이선스를 구매했다. 즉, GE의 프리딕스 솔루션 스위트를 자사의 33GW급의 원자력, 수력, 풍력, 태양광, 천연가스 시설에 적용했고, 엑셀론과 GE의 소프트웨어 엔지니어들은 프리딕스 플랫폼을 활용한 차세대 서비스형 소프트웨어(SaaS)를 개발하기 위해 협업하기 시작했다. 한국 고객사로는 한화테크윈이 2016년 10월 프리딕스와 자산성과관리(Asset Performance Management), 생각하는 공장(Brilliant Factory) 솔루션을 활용해 공장과 설비를 디지털화하고 제품과 서비스가 결합된 신규 비즈니스 모델을 GE와 공동 개발하기로 MOU를 체결하였다.

GE 프리딕스를 통해 에너지데이터 플랫폼이 3대 플랫폼 전략 규칙을 실천하고 있음을 보여 주었다. 한편, GE는 2017년 수십억 달러 손실을 기록하고 프리딕스를 고안한 이멜트가 조기 퇴진하며 주식 가치는 42%나 하락하는 등 힘겨운 한 해를 보내기도 했지만, GE의 비즈니스 플랫폼화 노력은 지속되었고, 자회사인 'GE디지털'의 프리딕스 덕에 GE 성과가 회복된다. 이는 마치 구글의 유튜브를 보는 것과 같다. 2015년 GE는 비전 선포와 'GE디지털' 부문 신설 이후, 2016년 클라우드 기반 현장 서비스 관리 회사인 서비스맥스(ServiceMax)를 9억 1,500만 달러에, 자산 성능 관리 및 서비스 자동화 업체인 메리디움(Meridium)을 4억 9,500만 달러에 인수하면서 데이터 플랫폼으로 포지셔닝한다. 즉, GE디지털의 비즈니스 핵심은 산업용 기계 관리용 앱 생태계를 위한 소프트웨어 플랫폼이며, 클라우드를 아마존, 마이크로소프트, 구글과 경쟁할 수 없다고 판단해 아마존에 임대하면서 GE 엔지니어들은 앱 개발에 더 집중하게 된다. 이러한 과정을 통해 프리딕스는 전 산업의 IoT 데이터 플랫폼 역할을 하게 되었고, 에너지데이터 플랫폼도 그중 하나이다.

한국기업으로 인코어드가 실리콘밸리 벤처기업에서 시작해 '에너지데이터 플랫폼'기업으로 성장하고 있다. 이 기업의 진화에 대해 8장에서 다룰 것이라 간단히 소개하면, 이 기업은 1985년 GE가 세계 최초로 개발한 전자식 계량기에서 착안해 1초 단위인 거의 실시간에 가까운 데이터를 전달하는 스마트미터를 클라우드 기반으로 구축하였다. 그 안에는 NILM(Non-Intrusive Load Monitoring)이라는 핵심 기술이 탑재되어 댁내 분전반에 이 제품이 설치되며, 스마트폰 앱과 연결되고, 데이터는 와이파이를 통해 클라우드로 가고 딥러닝 기술을 적용해 에너지데이터가 분석된다. 이처럼 기술 플랫폼 기업으로 시작한 인코어드는 비즈니스 플랫폼으로 변화한다. 린스타트업 운영 방식을 선택해 본사는 벤처캐피털이 된다. 6개 소기업이 3개월에 한 번씩 사업기획을 통해 투자 유치를 한다. 전력 기업은 이 플랫폼을 사용해 데이터를 SI업체나 SaaS업체에 주면, 이들이 소프트웨어를 만들어 생태계가 조성된다. 예로 택배회사에 필요한 서비스, 전력 소매 판매업체들에게 필요한 서비스 등 관련 서비스 소프트웨어를 개발해 자신들의 클라우드에 소프트웨어를 넣고 서비스를 제공하면 사람들이 월 사용료를 낸다. 이는 전력 산업 자유화를 전제로 하므로 한국에서는 아직 사업할 수 없다. 규제 혁신에 대해서는 13장에서 다룰 것이다.

제4절 에너지데이터의 산업적 가치

데이터경제의 간접적 가치는 우선 기업의 데이터 기반 비즈니스화이며, 종국에는 산업 전체에 영향을 미쳐 산업적 가치로 이어진다. 기업이 데이터를 거래하면서 서비스 간 융합이 발생하면 더 크고 복잡하고, 동적이고, 연결된 가치사슬을 통해 산업 생태계(Industry ecosystem)가 형성되고, 산업 전체적으로 데이터 거래 및 활용에 따른 산업적 가치가 발생한다. 산업 생태계는 특정 제품이나 서비스를 생산하는 주요 기업 뿐 아니라 소재 및 부품을 공급하는 공급자와 완제품을 제공받는 수요자, 경쟁자 및 보완재를 생산하는 업체들까지 산업 이해관계자들이 긴밀하게 연결되어 상호작용하는 경제공동체이다. 모든 기회 환경에서 다양한 영역과 상호작용을 거치면서 산업 생태계가 조성되고, 이에 속한 주체들은 기술 혁신을 통한 역량들을 공유하면서 새로운 제품을 지원하고 고객의 충족되지 않은 욕구(Unmet needs)를 만족시키면서 다음 단계의 혁신을 위해 협조적이면서도 경쟁적으로 움직인다. 기회 환경은 아직 미충족된 고객 욕구, 개발되거나 이용되지 않은 기술들, 잠재적 규제의 철폐, 뛰어난 투자자들, 기타 아직 개발되지 않은 다른 많은 자원들로 특징지을 수 있는 사업 가능성의 환경이다.

이안시티와 레비엔(Iansiti & Levien, 2004)에 의하면, 산업생태계는 특정 제품 및 서비스를 생산하는 주요 기업들 외에 공급자와 수요자, 경쟁자 및 보완재를 생산하는 업체들을 포함하는 확장된 네트워크와 제도 기관 및 관련 산업의 기타 모든 이해관계자들을 포함한다. 다시 말해, 산업생태계는 상호작용하는 조직과 기업을 토대로 한 경제적 공동체이며, 주체는 공급자, 주요 생산자, 경쟁자, 투자자, 수요자로 먼저 구성되며, 관련 투자자, 정부기관·규제기관, 협회·표준단체 등이 기회환경을 함께 구성한다. 이러한 산업 생태계 구조는 [그림 4-12]와 같다.

그림 4-12 산업 생태계 구조 및 주요 구성 주체

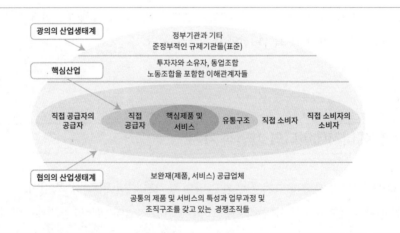

출처: 산업연구원(2011), 김영수/박재곤/정은미(2012) 재인용

무어(Moore, 1996)에 의하면, 혁신적 산업생태계로 발전하려면 생태계 내 참여자들이 서로의 핵심역량을 필요에 따라 탄력적, 동태적으로 조합해 스스로 새로운 질서와 패턴을 형성하면서 적응 해법을 끊임없이 모색해야 한다. 즉, 산업생태계 내에서 얻는 제품 및 서비스 수익은 핵심역량뿐 아니라 산업생태계 전체의 가치, 제휴 공동체 네트워크 발전, 인프라 구축 등에 다양하게 재투자되어 끊임없이 혁신 및 경쟁력을 강화하는 선순환 구조가 형성되어야 한다. 산업 생태계의 핵심역량은 핵심제품 혹은 서비스로 구체화되며 강력한 규모의 경제를 실현한다.

에너지데이터의 기술적 가치는 사물과 IoT데이터 수집이고, 비즈니스적 가치는 데이터분석으로 인한 기업의 가치창출과 획득이다. '에너지데이터 플랫폼' 기업이 등장하여 성공하려면 규제혁신이 전제되어야 하며, 이 기업이 에너지데이터를 활용해 얻게 되는 비즈니스 가치는 운영 최적화나 리스크 관리, 마케팅전략 고도화, 그리고 신규사업 창출 등이다. 에너지 운영 최적화에서는 부품이나 기기, 설비 등 제조 장치 등에 센서를 탑재하고 데이터 수집·분석 및 제조 장치의 자동 제어에 의한 제조 프로세스 효율화가 가능하다. 기기 및 설비의 가동 데이터를 분석하고 가동 상황 및 환경조건에 맞추어 가동의 최적화도 가능하다. 또한, GPS 등을 활용하여 사람 위치 및 행동 데이터를 분석해 인력 배치 최적화도 가능하다. 온도, 기압, 강우량 등 필요한 데이터를 센서로 수집하고 활용해 날씨 예측이 정치화되고 소셜 데이터를 함께 분석하면 수요 예측도 꾀할 수 있다. 리스크 관리에서는 기기 및 설비의 가동 상황을 원격 감시하고 가동 데이터 분석으로 고장 위험을 미리 감지할 수 있는 전조 감지 기능이 고도화되어 고장 발생에 의한 유지보수 비용 절감이 가능하다. 또한, 자연재해 예측이나 수도, 철도, 에너지 공급망 등 공공 인프라의 노후화와 이상 징후를 사전에 감지하여 피해 방지 및 최소화도 가능하다. 마케팅 전략 고도화에서는 에너지 관련 제품이나 서비스를 인터넷에 연결해 기능 편리성 등 부가가치를 향상시키고, 서비스 차별화가 가능하며, 사내외에 분산된 다양한 데이터 수집·분석을 통해 잠재 수요를 파악해, 이를 활용한 새로운 제품이나 서비스의 개발이 가능하다. 그 외에 예기치 않은 신규 비즈니스모델 발견도 비즈니스적 가치에 속할 것이다.

기업은 이러한 가치 창출과 함께 자사의 이익 창출에만 안주하지 않고 산업 생태계를 바르게 인식하여 산업 전체적으로도 가치가 창출되게 할 수 있다. 앞서 언급한 GE의 프리딕스도 생태계 전체 가치를 극대화하기 위해 이종산업 기업과의 협력을 꾀했으며, 직접적 경쟁 대상인 아마존 같은 기업들과도 협력하는 모습을 보여 주었다. 클라우드를 아마존에 맡긴 GE는 예기치 않은 시너지로 산업 인터넷 기술과 솔루션을 에너지, 헬스케어, 그리고 운송 업계 전반에 걸친 고객사에게 확대 적용하게 되었다.

에너지데이터를 활용해 산업 생태계의 산업적 가치 제고에 기여한 사례로 구글이 인수한 네스트(Nest)의 에너지데이터 기반 산업 생태계에 대해 소개한다. 네스트는 미국 스타트업인 네스트랩스(Nestlabs)를 줄여 부르는 말로, 자가학습형 온도조절장치(thermostat)와 연기탐지기(smoke detector)를 주로 만드는 기업이다. 애플 디자이너였던 토니 파델(Tony Fadell)과 애플 출신 엔지니어였던 맷 로저스(Matt Rogers)가 2010년 애플을 나와 네스트랩스를 설립했고, 네스트 제품 출시 후 2011년 CES Best of Innovations상, 2013년 World Economic Forum Technology Pioneer상 등 혁신 분야 상을 휩쓸기도 했다. IT 전문지 『와이어드(Wired)』는 네스트를 '온도계 분야의 아이팟'이라 극찬했으며, 네스트는 IoT 기기 대표주자로 자리매김하면서 2014년 1월 구글에 32억 달러(약 3조 3,000억)에 인수되었다.

파델과 로저스는 애플에서 함께 일하던 수많은 디자이너와 엔지니어를 네스트로 끌어들였고, 애플뿐만 아니라 구글, 마이크로소프트, 로지텍 등에서 주요 인재들을 끌어들였다. 워싱턴대 컴퓨터공학과 교수이자 구글 혁신본부장을 맡아 GoogleX 프로젝트를 맡던 요키 마츠요카(Yoky Matsuoka)를 부사장으로 영입해 스타트업으로서 탄탄한 인력을 갖춘 네스트랩은 스타트업으로서 벤처캐피털 투자를 통해 크게 성장할 수 있었다. 2011년 초 최초 제품이 나온 이후, 구글벤처스, Kleiner Perkins Caufield & Byers 등과 같은 실리콘밸리의 대표적인 벤처캐피털에서 투자를 받았으며, 창업 2년 만인 2013년 초에 이미 8,000만에 가까운 투자를 유치해 냈고, 기업 평가액은 8억 달러에 이르렀는데, 이후 1년만인 2014년 초에 마지막 평가액의 4배에 달하는 32억 달러에 구글에 매각된 것이다.

2010년 상용화된 네스트 제품은 온도조절장치와 화재경보장치이며, 둘 다 패턴 분석 기반의 자동 조절기이다. 네스트의 대표제품인 러닝 서모스탯(Learning Thermostat)은 스마트폰과 연동해 원격으로 조작 가능하고, 동작인식 센서, 알람 기능 등을 통해 학습을 하며, 자동으로 실내 온도 및 대기 환경을 조절한다. 기존에 사용되었던 단순 온도조절기가 아니라 실내 에너지 문제에 능동적으로 대응하는 스마트에너지 기기이다. 네스트 프로텍트(Nest Protect)는 화재 시 발생하는 연기를 감지하는 기기이다. 연기 속에 포함된 일산화탄소 양을 측정하여 발생된 연기가 담배연기인지 수중기인지 혹은 화재연기인지를 분별하고, 스마트폰 앱으로 경고 메시지를 전송하는 스마트 알람 기능을 갖추고 있다. 구글이 네스트를 인수할 당시에는 온도조절기와 열기감지기라는 두 가지의 모델만을 생산하고 있던 하드웨어 기업이라, 구글이 네스트를 거액을 주고 인수한 사건은 업계의 큰 화제였다. 네스트의 창업자인 파델은 애플의 핵심 디자이너로 아이폰 초기 버전의 디자인 팀을 이끌었으며, 아이팟 개발팀을 오랫동안 맡아 아이팟의 아버지, 차기 스티브 잡스로 언급되곤 하는 인물로, 휴가 중 온도조절기를 보다가 "왜 온도조절기는 하나 같이 천편일률적인 것일까, 집 안 에너지의 절반을 넘게 사용하면서…"라는 생각을 하면서 애플에서 자신의 인턴으로 함께 일했으며 이후 애플에 입사했던 로저스와 함께 퇴사해 스탠퍼드 대학 근처의 창고에서 네스트랩을 창업해 네스트를 만들었다.

네스트는 혁신적이지만 평범한 기기로 홈에너지 절반 이상을 차지하는 냉난방을 홈 패턴에 맞게 자동 조절해 주는 장치일 뿐이다. 네스트를 설치하면, 일주일간 가정 내 생활패턴에 맞도록 온도를 조절하고 네스트는 이를 학습한다. 네스트는 설치와 함께 가정 내 와이파이와 연결되며, 웹과 스마트폰으로 온도를 조절할 수 있다. 기존의 투박했던 온도조절기와 달리 원통의 스테인리스 모양으로 댁내 인테리어에도 한몫을 하는 디자인이다. 기기 측면에서 기존 온도조절 장비와의 가장 큰 차별점은 새로운 온도를 설정한 후 기존 데이터를 분석해 해당 온도로 도달하기까지의 예측 시간을 나타내 준다는 점이다. 예를 들면, 현재 방안 온도가 25도이고, 이를 28도까지 높인다고 할 때, 앞으로 30분가량 시간이 걸린다는 정보를 스크린에 표시해 준다. 네스트는 온도를 유지하는 최적화된 프로그래밍을 통해 댁내 냉난방 에너지 소모를 20% 이상 줄일 수 있게 해준다. 기존 온도조절기가 댁내 온도를 25도로 지속 유지한다면, 네스트는 사용자 패턴 즉, 외출 시간이나 수면 시간에 온도를 적당하게 낮추어 유지하는 방식으로 에너지 소모를 줄여 준다. 네스트에 내장된 센서는 댁내 움직임을 감지하여 가족 구성원 모두 외출시 자동 외출모드로 전환한다.

네스트 기기 내 모든 기능은 지속적 학습과 데이터 분석을 통해 업데이트되고, 사용자들은 점점 더 원하는 환경에 맞게 생활한다. 이를 통해 네스트는 데이터를 수집, 축적한다. 이런 네스트가 구글에 인수되면서 하드웨어 기반 제품 판매에서 소프트웨어 기반 서비스 판매로 확대된다. 네스트는 사용자 데이터 분석을 통해 차별화된 사용자 경험을 제공하고 사용자의 사용 패턴을 지속 수집하고 관리한다. 사용자는 네스트 홈페이지에 접속해 그간 자신이 얼마만큼 에너지를 사용해 왔는지, 네스트 설치 이후 에너지를 얼마만큼 절약했는지 등을 실시간 확인할 수 있다. 네스트 기기 사용자 인터페이스는 사용자가 온도를 낮추거나 높일 때, 에너지를 덜 쓰고 있다는 것을 보여 주기 위해 나뭇잎의 모양을 보여주며 사용자가 에너지를 덜 쓸 수 있도록 유도하는 디자인까지 고안하였다. 이러한 복합적인 사용자 경험을 통해 사용자의 에너지 절약을 유도함과 동시에 사용자 자신의 집에 대한 통제 권한을 갖게 한다.

한편, 네스트 기기는 개발 초기부터 249달러(한화 약 25만 원)를 고수해 오고 있어서 일반 온도조절기와 비교가 안 되는 고가이다. 네스트는 표준 HVAC(heating, ventilation, and air conditioning)를 채용하고 있어 기존 온도조절기를 바로 떼고 설치할 수 있지만, 전기 장비인 만큼 설치 절차는 다소 복잡해 전기 분야의 지식이 없는 사람은 전문 설치 기사를 불러 설치하는 데 100달러 추가 비용이 들기까지 한다. 그러나 네스트를 설치한 가정에서 평균 20% 이상, 최대 36%의 에너지가 절감되었다는 보고가 있을 만큼 네스트가 실제 효과가 있음이 입증되었다. 네스트는 매력적으로 보이기 어려웠던 기기인 온도조절기 시장을 에너지 관리라는 차원에서 접근하였으며, 이를 에너지 소비에 관심이 많은 사용자의 습관과 맞추어, 다소 고가이나 투자할 가치가 있는 온도조절기 서비스 시장을 창출해 낸 것이다.

네스트의 가장 큰 기업적 가치는 사용자 데이터의 축적에 있다. 네스트는 그간 존재하지 않았던 '가정용 에너지 사용량'이라는 데이터를 실시간으로 매우 상세하게 수집할 수 있도록 설계했다. 네스트가 에너지데이터를 어떻게 활용하고 있는지를 확인하기는 어려우나, 온도조절기 비즈니스 모델 이후 프로젝트로 'Work with Nest'라는 기업 간 협력 프로그램을 시작하여, 월풀, 벤츠, 리프트(Lift) 등의 회사와 좀 더 일반적인 스마트미터로서의 네스트의 기능 확장을 테스트한다. 데이터 수집 측면에서 네스트가 더 많은 기기와 연결된다면 사용자는 댁내 사용되는 전력을 다양한 경로로 손쉽고 효율적으로 통제할 수 있을 뿐만 아니라, 이에 대한 상세한 정보를 얻을 수 있게 된다. 이후 네스트는 다양한 장비에 대한 사용 패턴, 사용 정보를 집적할 수 있게 되고, 이렇게 집적된 정보는 향후 스마트홈 시장, 로봇 등의 개발에 핵심적인 경험과 정보로 사용될 것이다. 구글이 네스트를 평가액의 10배로 인수하게 된 배경 역시 이러한 데이터 때문임이 분명하다. 구글은 이미 전력 데이터 확보를 위해 스마트미터 장비를 이용해 구글파워미터(Google PowerMeter)라는 시범 프로젝트를 수행한 바 있으나, 실제 참여자의 부족으로 2011년 파일럿 프로그램을 종료했다.

네스트의 주요 경쟁력이자 산업적 가치는 에너지 절약 및 통제 장비로서의 관련 기관과의 협력이다. 네스트는 기획 단계에서부터 에너지 관련 관계 당국 및 전기, 가스 등 지역 에너지 업체들과 다양한 형태의 협력을 구상했다. 에너지 절감은 소비자의 비용 문제이기도 하지만, 에너지 수급 문제의 중요한 변수이기 때문이다. 2013년 여름 시작된 '러시아워(Rush-Hour)' 프로그램은 지역 에너지 업체들과의 끈끈한 파트너십을 보여 준다. 이 프로그램은 한 여름 전력 수급이 피크에 이르렀을 때, 미리 냉방장치를 가동하거나 피크 기간 중 중간중간 냉방장치를 끔으로써 도시 전체 전력 수급을 통제할 수 있도록 한다. 이 프로그램에 가입하면 일정한 보상을 받을 수 있는데, 예를 들면, 텍사스 오스틴 지역의 오스틴에너지(Austin Energy) 가입자는 네스트를 설치하고 '러시아워' 프로그램에 가입하면 연간 85달러 지원금을 받는다. 전력 피크가 오더라도 모든 가입자의 전력을 통제할 필요가 없기 때문에, 2013년 '러시아워' 프로그램 가입자의 14.5%만의 전력을 통제했다. 또 냉방을 미리 해놓기 때문에 84%의 프로그램 가입자가 별 다른 차이를 느끼지 못했다고 밝혔다. 이처럼 '러시아워' 프로그램은 전력 회사들의 전력 피크를 관리할 수 있는 매우 효과적인 방법을 제시하여 미국 지역 회사들이 동참하기 시작한다. 네스트는 미국뿐만 아니라 2014년 영국으로 진출하는 등 공격적으로 시장을 확장한다.

한편, 네스트는 우버나 에어비엔비까지는 아닐지라도 스마트 온도조절기로서의 기능이 스마트미터 시장과 겹치므로 기존 스마트미터 사업자들과 충돌한다. 미국의 기존 스마트미터 사업자들이 네스트를 특허 침해로 고소하였다. 예로 허니웰(Honeywell)은 2012년 2월 네스트의 '원격 조종 온도조절 장치', '전력 피크 차단 온도조절 장치', '인터렉티브한 디자인' 등이 자신들의 특허를 침해했다며 소송을 제기하였고 진행 중이다. 네스트 측은 '스마트' 기기이지만 '학습형'이라는 측면에서 허니웰의 특허와 전혀 다르며, 허니웰의 주요 특허 역시 2004년에 만료되었다는 점을 들어 법정 공방을 이어가고 있다. 텍사스에 기반한 온도조절기 회사인 앨류어에너지(Allure Energy)도 2013년 네스트가 '자동 조정 에너지 관리 장비(Auto-Adaptable Energy Management Apparatus)'라는 자신들의 특허를 침해하였다며 텍사스 법원에 소송을 제기한 바 있다. 이 외에도 네스트의 데이터가 프라이버시 문제를 야기할 수 있다는 문제 제기도 있는데, 이에 대해서는 7장 및 13장에서 별도로 다루기로 한다.

네스트가 구글에 의해 인수된 이후 산업적 가치를 보이는 프로젝트는 'Works with Nest'을 통해 비즈니스 플랫폼화하여 산업생태계를 구축했다는 점이다. 에너지 기업은 네스트 플랫폼의 개발자가 되며, [그림 4 – 13]과 같이, 좌측은 플랫폼 구성도이며, 우측은 2018년 기준 파트너가 된 에너지 기업들이다.

그림 4-13 네스트의 비즈니스 플랫폼화를 통한 에너지 기업들과의 파트너십

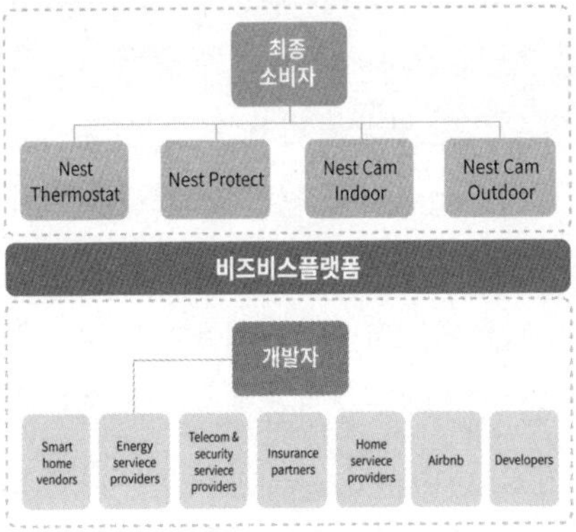

Country	Energy Partners
US	Austin Energy, Bay Area, Bounce Energy, Columbia Gas Ohio, ConED, CPS Energy, Direct Energy TX, Green Mountain, Infinite Energy, Oru, Reliant, SunEdison, Xcel Energy, ComEd, CoServ, National Grid, PGE, Portland General, SCE Study, SolarCity, Southern California Edison, United CS
Canada	Direct Energy, Energyplus, Hydro One
UK	Npower, Octopus Energy
Ireland	Electric Ireland
France	Direct Energie, Engie
Belgium	Essent, Lampiris
Netherlands	Essent, Engie

출처: OVUM, 2018; Song(2019) 재구성

정리하면, 에너지데이터를 통해 얻을 수 있는 첫 번째 산업적 가치는 산업 생태계 전체의 생산성 향상이다. 이를 통해 산업 전체적으로 수익을 창출할 가능성은 더욱 높아지게 된다. 에너지데이터 분석을 통해 에너지 소비량을 감소시키고 환경을 개선할 다양한 솔루션들이 개발될 수 있다. 두 번째 산업적 가치는 새로운 서비스의 창출이다. 날씨, 주거, 교통, 도시, 농업, 공장 등에 이르기까지 다양한 분야의 공공 및 민간 데이터의 연결과 활용은 기관 간 데이터 통합 절차만 거치면 고객들에게 새로운 상품과 서비스를 제공할 수 있게 하는 밑바탕이 된다. 물론, 이 과정에서 기존 에너지 기업과의 갈등이 발생할 수 있다. 하지만 데이터경제 진화과정에서 언급했듯이, 전통 기업도 기존 거래 기록이나 고객관리 자료 등 시스템상에 등록된 데이터를 활용하던 예전 방식을 뛰어넘어, 회사 외부 데이터를 다양한 채널을 통해 수집·분석하려는 시도

들을 함께 진행해야 한다. 여러 기업들이 고객들의 다양한 행동 양식 패턴을 분석하여 새로운 서비스를 선제적이고 성공적으로 제시할 수 있다. 마지막 세 번째 산업적 가치는 새로운 비즈니스 모델 출현에 따른 신규 일자리의 창출이다. 데이터경제의 도래는 경제 성장뿐만 아니라 막대한 새로운 일자리를 창출할 수 있다. 이는 공공기관과 민간 기업 모두에게 해당된다. 에너지 관련 기관 및 기업의 데이터를 수집, 축적, 연결, 가공, 분석하는 과정에서 데이터 분석자, 소프트웨어 개발자, 데이터 웨어하우스 기술자, 각 영역의 행정적 처리를 위한 인력 등 수많은 신규 일자리가 필요하게 된다. 이에 대해서는 11장에서 심도 있게 다루기로 한다.

참고문헌

과학기술정책연구원(2014). 융합 비즈니스 모델 활성화 방안

동아일보(2019.2.26). 2019 동아 신에너지 이노베이션 콘퍼런스, 에너지신사업 비즈니스 육성전략과 미래 전략, 세미나 발표문집

동아일보(2019.2.27). 에너지산업, IT 결합으로 대혁신… 새로운 블루오션 열린다.

매일경제(2019.3.18). 우암코퍼레이션, 에너지 플랫폼 클라우드형 ESS-EMS 관리 시스템 특허 취득

산업통상자원부(2018.3.14), 에너지신산업 글로벌 선도 사례 연구.

삼성KPMG(2012), 빅데이터 분석을 통한 기업 미래가치 창출, Issue Monitor, 삼정KPMG경제연구원

송민정(2010). IPTV의 오픈형 플랫폼 전략에 대한 연구: 플랫폼 유형화 이론을 기반으로. 방송문화연구, 22(1): 173-203.

송민정(2016.2). IoT 기반 스마트홈 비즈니스 유형 연구: 플랫폼 유형론을 근간으로, 한국인터넷방송통신학회 논문지(The Journal of The Institute of Internet, Broadcasting and Communication; JIIBC), 16(2): 27-40.

씨아이오(CIO)코리아(2018. 2.18). GE디지털 CEO에게 듣는 '프레딕스 성과와 계획, 'http://www.ciokorea.com/interview/38599#csidxfc70d797ca5fa8088fedb6d7fd4b262

아이비엠(IBM)비즈니스가치연구소(2012), 분석: 빅데이터의 현실적인 활용, 혁신 기업이 불확실한 데이터에서 가치를 창출해 내는 방법, 옥스퍼드 대학교 사이드 경영대학원과 공동 연구, IBM Global Service

에너지경제연구원, IT융복합 기술과 연계한 에너지수요관리 추진전략 연구(1차년도), 2015

인공지능신문(2018.9.15). 프레딕스(Predix) 확대로 진일보한 IIoT 제공한다.

전자신문(2019.2.27),. 한전 전력데이터 민간 활용 가능해졌다…산업융합 규제 샌드박스 2호.

정보화진흥원(2019.11.19). 데이터 경제의 부상과 사회경제적 영향

최종웅(2017.1). 글로벌 에너지데이터 플랫폼, Science & Technology Policy 과학기술정책, 과학기술정책연구원, 통권 222호.

한국스마트그리드협회(2016). 전력 신 산업 해외기업 조사분석 보고서.

한국전력공사(2018), 에너지 플랫폼 정립 및 Biz Model 추진 전략. 내부 보고서.

한국정보화진흥원(2018.11.19). 데이터경제의 부상과 사회경제적 영향

한국주택금융공사(2018.4.18). 데이터 경제의 등장과 기대효과

BSA(2014), 데이터는 왜 중요한가?

Deloite University Press(2015). Business Ecosystems come of age.

E4ds뉴스(2017.7.17). GE, 산업인터넷 황금시대 어떻게 열었나

eXelate(2013), The smart data manifesto, http://exelate.com/white-papers/the-smart-
    data-manifesto-goodbye-big-data-hello-smart-data

eXelate(2013)

GE리포트 코리아(2016.3.22). 프레딕스, 산업용 빅데이터 플랫폼 – 산업인터넷 황금시대의
    시작

Green Button Alliance(2016.11.11.). Green Button Brochure.

Ifpress(2017.6.19). Smart meters customers get new tools to save money.

LG경제연구원(2018.12.31). 탈규모 시대의 제조업, '플랫폼 비즈니스'로 도약한다

Marz, N. and Warren, J.(2014), Big Data: Principles and Best Practices of Scalable
    Realtime Data Systems, Manning Publications.

National Institute of Standards and Technology(2012.2.20.). An Introduction to Green
    Button.

Newman, D.(2011), How to plan, participate and prosper in the Data Economy, Gartner,
    G00211545

Newman, D.(2011), Overcoming Silos: Evolving From Stand-Alone Information Architectures
    to Shared-Information Architectures for the Emerging Data Economy, Gartner,
    G00213344

OECD(2012), Exploring Data-driven Innovation as a New Source of Growth, [DSTI/
    ICCP(2012)9].

Porter, M.E., Heppelmann, J.E.(2014.11). How Smart, Connected Products Are Trans
    forming Competition, Harvard Business Review.

Schmarzo, B.(2013), Big Data: Understanding How Data Powers Big Business, Wiley.

Siemens(2017), MindSphere The cloud-based, open IoT operating system for digital
    transformation, MindSphere White paper.

Song, Minzheong(2019). Case Study on Nest's Internet of Energy Business model, International Journal of Internet, Broadcasting and Communication, Vol. 11, Nr. 1, Feb. 2019

Song, Minzheong(Feb. 2019). Case Study on Nest's Internet of Energy Business model, International Journal of Internet, Broadcasting and Communication, Vol. 11, Nr. 1.

Song, Minzheong(Mar. 2018). Trust-based business model in trust economy: External interaction, data orchestration and ecosystem recognition, The International Journal of Advanced Culture Technology(IJACT), Vol.6, No.1, 32-41, March 2018.

Song, Minzheong(Mar. 2018). Trust-based business model in trust economy: External interaction, data orchestration and ecosystem recognition, The International Journal of Advanced Culture Technology(IJACT), Vol.6, No.1, 32-41, March 2018.

Van Alstyne, M., Parker, G., Choudary, S.P.(Apr. 2016), Pipelines, Platforms, and the New Rules of Strategy, HBR(Harvard Business Review), https://hbr.org/2016/04/pipelines-platforms-and-the-new-rules-of-strategy

PART 02

에너지데이터의 영향

에너지데이터와
산업

학습목표

3장에서 4단계 역량인 모니터링, 제어, 최적화, 자율화 관점에서 본 에너지 기업들의 기술적 성과에 대해 논의하였다. 4장에서는 에너지데이터의 가치를 기술 플랫폼과 비즈니스 플랫폼으로 구분하였고, 에너지 기업이 파이프라인이 아닌 플랫폼이 되기 위해 3대 전략 규칙인 자원 조정, 다양한 이해관계자 간 상호작용, 생태계 가치 창출을 위해 노력해야 함을 강조하였다. 여기서는 에너지 기업이 비즈니스 플랫폼이 되기 위한 요건을 제시하고, 에너지데이터가 스마트홈, 스마트카, 스마트시티 산업 생태계에 미치는 영향에 대해 살펴보기로 한다.

제5장

에너지데이터와 산업

에너지데이터 플랫폼과 산업 개관

데이터 경제로의 패러다임 전환이 진행되는 가운데, 데이터가 혁신적 서비스에 투입자본으로 활용된다. 이때 데이터의 역할은 다양한 산업 영역에 걸쳐 다양한 수요 패턴에 대해 보다 정교하게 이해시키는 것이다. 기업은 경쟁사보다 더 빨리 대응하기 위해 새로운 혁신적 비즈니스 모델을 필요로 하고, 데이터 자본이 기업 혁신의 키워드가 되고 있다. 먼저, MIT(2016)가 제시한 데이터 자본의 세 가지 특성을 보면, 첫째는 비경쟁성으로 하나의 데이터를 여러 서비스에서 동시다발적으로 사용 가능하다. 둘째는 비대체성으로 각 데이터는 서로 다른 내용을 포함하고 있기 때문에 대체가 불가하다. 마지막 셋째는 경험적 재화로 데이터 가치는 관련 내용을 파악 및 활용한 후에만 측정이 가능하다. 따라서 데이터가 비즈니스적, 산업적 가치를 가지게 하려면 데이터의 개방과 공유가 중요한 전제가 된다. 데이터가 가진 이러한 네트워크효과 특성 때문에 개방형 혁신(Open innovation)이 요구된다.

개방형 혁신 범위를 어디까지 볼 것인지에 대해 입장이 다를 수 있기 때문에 반론의 여지는 있지만, 데이터경제에서 개방형 혁신은 피할 수 없는 흐름이 되고 있다. [그림 5-1]에서 보면, 체스브로 교수는 개방형 혁신이 피할 수 없는 대세임을 기술혁신과 경제학적 관점에서 설명하고 있다.

▌에너지데이터 경영론

그림 5-1 개방형 혁신체제 도입의 필요성에 대한 근거

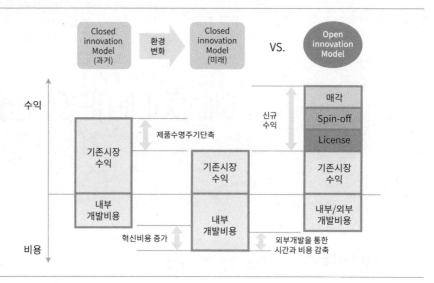

출처: Chesbrough(2006); 이철원(2008) 재구성

  기존에는 조직 내부의 연구개발 시스템이 큰 문제없이 작동했다. 이유는 개발된 하나의 장비가 한 곳에서만 사용이 가능한 데다가 이러한 개발 비용을 상회하는 영업이익 창출이 가능했기 때문이다. 제품 수명주기도 길었고, 연구개발비용도 상대적으로 크지 않았다. 그러나 점차 기업 간 신제품 개발 경쟁의 가속화로 시장에서 성공한 제품의 수명도 갈수록 짧아지는 데다가 개발비용도 증가해 기술혁신의 경제적 타당성이 위협받게 된다. 무엇보다도 내부에서 개발하지 않아도 동일 가치의 다른 재화로 대체가 가능해졌다. 이를 R&D가 아닌 A&D(Acquisition & Development)라 부르며, 활발한 인수합병 활동이 전개된다. 따라서 자체적인 연구개발 비용 절감을 위한 외부 기술 대안 검토가 선택이 아니라 필수요건이 되고, 비용 측면 외에도 이러한 개방형 혁신 전략을 추진하면 시간도 절약하게 하고 품질도 일정 수준 이상으로 보상받게 되고, 특히 수익 측면에서도 긍정적 효과가 나타나기 시작한다.

  이러한 개방형 혁신이 퍼지면서 파이프라인 기업에 대응되는 플랫폼 기업들이 등장하기 시작하고, 이들이 경쟁하면 대개 플랫폼 기업이 승리한다는 학술적 결과도 나온다. 이에 대해서는 4장에서 자세히 언급하였다. 실제로 [표 5 – 1]에서 보듯이, 2018년 기준, 월스트리트저널과 다우조스 벤처소스가 매월 공동으로 발표하는 빌리온달러

스타트업클럽(The Billion Dollar Startup Club) 상위 10개 기업 중 7개가 플랫폼 기업
이다. 10년 전만 해도 에너지(엑손 모빌)와 은행·금융 분야의 전통 기업들이 상위권
에 포진되어 있던 것과 비교해 보면 놀라운 변화이다. 산업경제 시대에는 기술 발전으
로 대량 생산, 매스마케팅이 가능하면서 전통 기업들은 규모 확대에 집중했지만, 새
로운 IT 발전으로 규모 대신 생산과 소비 시장 참여자 간 상호작용을 촉진하여 네트워
크 효과를 극대화하는 것이 가치창출의 원동력이 되고 있다. 다시 말해, 고객가치 창
출 원천이 기존의 규모의 경제에서 네트워크 효과로 변하고 있는 것이다.

표 5-1 글로벌 시가총액 및 스타트업 상위 10개 기업(2018.8)

순위	시가총액 상위 10개 기업[1]		순위	스타트업 상위 10개 기업[2]
	2008	2018		2018
1	페트로 차이나	애플	1	우버
2	엑손모빌	알파벳	2	디디추싱
3	GE	아마존	3	에어비앤비
4	중국이동통신	마이크로소프트	4	메이투안 디엔핑(Meituen—Dianping)
5	마이크로소프트	텐센트	5	스페이스X
6	중국공상은행	페이스북	6	위워크(Wework)
7	페트로브라스	버커셔해서웨이	7	Paiantir
8	로열더치셸	알리바바	8	루팍스(Lufax)
9	AT&T	JP모건	9	리프트(Lyft)
10	P&G	존슨&존슨	10	JUUL

자료1: 한국경제연구원
자료2: Wall Street Journal, The Billion Dollar Startup Club, '18.8
자료: LG경제연구원(2018) 재인용.

플랫폼 형성과 유지 능력이 새로운 경쟁 우위의 원천으로 부상하고 있으며, 에너지
산업에서는 GE 같은 제조 기업들이 지속적 성장 기반 확보의 기회를 갖기 위해 프리
딕스 같은 소프트웨어 플랫폼을 개발하였다. 주된 이유는 제품의 범용화로 가격 경쟁
이 심화되면서 IoT 같은 스마트 커넥티드 요소가 제품의 핵심 부분이 되어 더 이상 물
리적 개선만으로 가치 창출이 어려울 수 있다는 제조 기업의 위기 의식 때문이다. 제

조업에 플랫폼을 접목하려면 첫째로, 플랫폼의 선결조건인 네트워크 효과가 발생 가능한지 확인하여야 한다. 기획, 개발, 생산, 유통 등 가치사슬에서 어느 부문에서 활용하면 네트워크 효과가 발생하여 가치를 창출할 수 있는지를 찾아보는 것이 가장 먼저 할 일이다. 가치사슬과 이해관계자의 재조합 과정을 통해 어디에서 외부 힘을 빌려 가치를 제고할 수 있을지 세밀히 들여다보아야 한다. 플랫폼은 현재 업태와 전혀 다른 미지 영역에 있는 것이 아니다. GE처럼 현재 현재 비즈니스에서 상호작용하고 시너지를 낼 수 있는 접점을 찾아야 한다. GE는 제트엔진, 가스터빈, MRI 스캐너 등의 제품 센서를 통해 데이터를 수집, 분석하고 이를 통해 운영 최적화를 달성할 수 있었다.

둘째로, 제조업에 플랫폼을 접목하려면 타 산업과의 하이브리드 모델로 시작할 수 있는지 점검해 보아야 한다. 플랫폼 기업은 장기간의 손실을 감수해야 하기 때문에 GE처럼 기존 제품에서 네트워크 효과를 가질 수 있는 플랫폼을 파생시키거나, 타 산업의 기존 제품과 결합한 하이브리드(Hybrid) 형태로 제공되는 경우도 가능하다. 한 예로 레고(Lego)의 마인드스톰스(Mindstorms)는 인터넷으로 제어 소프트웨어를 제공하여 로봇을 작동시키는 방식이다. 이는 한 스탠퍼드 대학 대학원생이 로보틱 컨트롤러 코드를 해킹한 뒤 플랫폼으로 등장했는데, 처음에 레고 경영진은 이를 자기 제품시장을 갉아먹는 위협이라고 여겼으나 수요 측면에서 미충족 니즈가 있을 거라는 생각에 코드를 모두 공개하였으며, 이를 시발점으로 많은 개발자들이 신제품 개발에 참여하게 되었고, 이후 마인드스톰스는 사용자가 기획, 제안하고 레고는 생산만 담당하는 플랫폼으로 변신하였다. 또한, 사용자도 온라인상에서 레고 모델을 설계할 수 있는 레고 디지털 디자이너(Lego digital designer) 플랫폼을 운영하여 150여 명의 정규 디자이너 외에 자발적으로 활동하는 12만 명의 아이디어를 제품 디자인에 반영하고 있다.

이처럼 레고는 자사의 가치사슬 중 어느 영역에서 네트워크 효과가 발생할 수 있는지를 잘 파악했을 뿐 아니라, 외부와의 협력으로 하이브리드 플랫폼 모델을 받아들여 기존 제품과 새로운 플랫폼 모두가 윈윈하게 된다. 이러한 하이브리드 모델이 유용한 이유는 자사의 핵심고객을 버리지 않으면서도 가치를 창출하고 획득할 새로운 기회를 확인할 수 있게 해주기 때문이다. 이와 유사한 사례가 구글이 인수한 온도조절기 업체인 네스트렙이다. 네스트렙은 처음부터 제조업 마인드에서 벗어나 기존 사용자나 비사용자를 위한 새로운 가치를 창출할 방법을 고민하였기 때문에 'Work with Nest'라는 개방 플랫폼이 탄생하게 된 것이다.

마지막으로, 제조업에 플랫폼을 접목하려면 제품 경쟁력을 먼저 확보한 후에 플랫폼 기반 생태계를 구성하여야 한다. 앞의 GE나 레고, 네스트에서 보면, 플랫폼은 훌륭한 제품에서 시작됨을 알 수 있다. 외부 경쟁을 물리칠 수 있는 경쟁우위를 가진 제품과 충분한 규모의 충성고객층을 갖춘 상태에서 비즈니스 플랫폼을 시도해야 한다. 더 나아가서는 단순 제품 생산에서 가치가 발생하는 데서 벗어나, 다양한 플랫폼 참여자들 간의 상호작용에서 더 많은 가치가 창출함을 알아야 한다. 산업생태계 내 참여자 수가 늘어나는 선순환 고리를 갖고 있어야 플랫폼은 지속적으로 성장하기 때문이다. 제품에 충성도가 높은 상당수의 고객층을 이미 확보하고 있다면 플랫폼은 단기적 경쟁에서는 유리한 고지를 선점할 수 있다. 이를 기반으로 빠르게 플랫폼 크기를 키워나가 시장점유율을 확보할 수 있다. 하지만 플랫폼 간 경쟁이 점차 심화되면 고객은 다른 플랫폼으로 쉽게 이동할 수도 있다. 따라서 산업생태계가 건강하게 유지되도록 노력해야 한다.

예로 건강한 산업생태계를 위해 GE는 2015년에는 모든 기업에 프리딕스를 전면 개방해 산업용 앱생태계를 구축했다. 기업들은 이에 기반해 앱을 더 빠른 시간 안에 개발해 운영할 수 있었고, 공개 이후 약 2만 2,000여 명의 소프트웨어 개발자가 250개 이상의 데이터 관련 앱을 개발하였고, GE는 400곳 이상의 파트너와 협업해 거대한 산업생태계를 구축하게 된다. 이러한 결정을 하게 된 주요 이유는 단기적 성과만 고민한 GE가 쓰라린 실패를 경험하였기 때문이기도 한다. 즉, GE는 2018년 7월 디지털 사업부 매각 작업을 위한 투자 은행 선정을 완료하면서 실패를 보여 주었다. 즉, 생태계를 생각하기보다는 자사 제품에 단지 기술을 더한 실행에 가까웠다는 평가와 장기적 목표보다 단기 매출 성장에 초점을 맞췄다는 점 등이 실패 요인으로 분석되었다. 비즈니스 플랫폼은 양면시장에 기반을 두어 오랜 시간이 걸리고 시장이 형성되더라도 네트워크 효과가 발생하기까지 기나긴 기다림이 필요하다는 플랫폼 원리를 간과하고 출시된 지 3년 만에 매출을 따진 기존 관행으로 플랫폼 비즈니스 전환 이니셔티브가 제대로 이행되지 않은 것이다. 개방은 이러한 플랫폼 시도 실패에서 얻을 수 있는 교훈이기도 했다.

다음에서는 에너지 기업이 플랫폼 기업으로서 네트워크 효과와 하이브리드 비즈니스 모델, 그리고 지속 가능한 산업생태계를 유지하는 데 유용한 산업 영역으로 스마트홈과 스마트카, 스마트시티를 선별하여 각각 살펴보고자 한다. 각 산업 영역에 에

너지가 접목되어 각각 스마트에너지홈, 스마트에너지카, 스마트에너지시티로 명명
하기로 한다.

제2절 ## 에너지데이터와 스마트홈 산업

한국스마트홈산업협회에서 정의한 스마트홈은 주거환경에 사물인터넷(Internet of
things; IoT)이나 인공지능(Artificial intelligence; AI) 등의 IT를 융합하여 공간과 기기
제약 없이 폭넓고 다양한 정보와 서비스를 제공함으로써 경제적 편익, 건강과 복지 증
진, 안전한 생활이 가능하도록 하여 삶의 질을 한층 더 높게 만들어 주는 인간 중심적
인 주거생활 공간이며, 통신, 방송, 가전, 건설, 콘텐츠 등 다양한 분야가 융합된 복합
산업적 특성을 갖는다. IoT 스마트홈은 산업 간 파급효과가 큰 가치사슬을 통해 지속
적으로 부가가치를 창출할 수 있는 성장산업이다. IoT 스마트홈의 유형은 다양한 시
각에서 관찰된다. KT경제경영연구소(2014)에서 본 6대 구성 요소는 유무선 네트워
크, 스마트디바이스, 커넥티비티 통신 표준, 운용플랫폼, 제어기기, 콘텐츠이다. 비터
맨과 샥 – 핀슬리(Bitterman & Shach – Pinsly 2015)는 IoT 스마트홈을 웨어러블, 환경,
홈 인프라 센서로 유형화한다. 웨어러블 센서는 옷이나 휴대용 액세서리, 피부 부착
형 센서, 복용형 센서들로 다시 세분화되며, 환경 센서는 벽이나 마루, 지붕, 창문 등
개폐용 가구, 목욕 시설에 센서를 부착한 가구와 기기들로 지속적 모니터링 기능을 제
공한다. 배관, 전기, 에어컨 및 난방 등 댁내 인프라에 탑재된 센서들도 댁내 활동들을
제어하는 역할을 한다.

필자도 2016년 IoT 스마트홈을 홈오토메이션과 홈시큐리티, 홈에너지로 유형화하
였다. 홈에너지 경우, 단품 제품 성격의 비(非)플랫폼 비중(78%)이 월등히 높았고, 자
가 설정이 요구되는 모니터링 제품은 동반 앱 비중이 높았다. 홈에너지 영역에서 플랫
폼 역할을 하는 기업으로 네스트가 주목되었다. 앞서 4장에서 언급했듯이, 네스트는
'Work with Nest'라는 개방형 플랫폼을 구축하고, 구글은 저전력형 기기용 IoT OS인
브릴로(Brillo)를 내놓는다. 통신 프로토콜인 위브(Weave)는 다양한 기기가 호환되는
개방형 표준 통신규약을 통해 사물에 브릴로를 부착하고 기계 간 공통언어인 위브로

통신하게 하는 등 가장 개방된 IoT 스마트홈 플랫폼으로 네스트가 변신하게 된다.

2018년 AI 발전으로 스마트홈 패러다임은 진일보한다. 네트워크에 연결된 기기를 제어하는 IoT 홈 개념에서 벗어나 AI와 접목된 지능형 스마트홈이라는 개념이 등장한다. 이는 3장에서 언급한 4단계 기술역량인 모니터링, 제어, 최적화, 자율에서 IoT 스마트홈이 모니터링, 제어 단계에서 최적화와 자율로 가기 위해 AI를 필요로 한 것이다. 정보통신산업진흥원(2018)에 따르면, 지능형 스마트홈은 머신러닝 기능을 통해 고객의 위치정보·수면패턴·이동패턴 데이터를 분석해 고객에게 필요 서비스를 자동 추천하거나 가전제품이 제어되는 홈이며, 유형은 보안, 헬스케어, 엔터테인먼트, 에너지 등이다.

IoT나 AI가 적용된 스마트홈에 에너지가 접목되면 스마트에너지홈이다. 스마트홈 이용자의 에너지 소비를 분석한 카티브 외(Khatib, et.al 2014)는 오스트리아, 이탈리아 홈에너지 소비를 조사했고, 알수마이티, 아메드, 살라마(Al−Sumaiti, Ahmed & Salama 2014)는 다양한 스마트홈 선행연구들을 이차적으로 분석해 홈오토메이션, 홈에너지, 환경오염 배출 감소 등으로 스마트홈을 유형화하였다. 홈에너지 활동만 연구한 논문들로 홈에너지 시스템 제어를 다룬 논문, 새로운 인터페이스 기술을 적용한 홈에너지 디자인을 다룬 논문, 고객 필수설비와 에너지 절약을 조율하는 지능형 에너지 소비 관리를 다룬 논문, 에너지 제어에 초점을 둔 논문, 실시간 에너지 관리에 초점을 둔 논문, 그리고 환경오염인 이산화탄소(CO_2) 배출 관련 실시간 데이터 분석에 초점을 둔 중국 논문 등 다수가 있다. 송민정(2016)의 IoT 스마트홈 유형화 논문에서도 에너지 효율 비즈니스 유형이 분석되었다. 분석 대상인 스타트업 기업 수는 37개로, 전체 분석 대상 스마트홈의 15%를 차지했다. 이 연구에서는 에너지 효율 전반을 제공하는 그룹이 '보편'으로 구분되고, 그 외는 온도조절장치, 스마트라디에이터, 스마트플러그, 에너지 모니터링으로 세분화되었다. 그 결과, '보편'과 스마트라디에이터에서는 플랫폼 기업이 아예 발견되지 않았고, 온도조절장치에서 네스트(Nest Labs, 2010), 젠위딘(Zen Within, 2013), 악틱팟(Arctic Pod, 2013)이, 스마트플러그에서 플러그어웨이(Plugaway, 2013), 에너지모니터링에서 뉴리오테크놀로지(Neuri Technology, 2005), 서비스 앱에서 차이에너지(Chai energy, 2012)와 알탈(Altal, 2014)이 제시되었다.

IoT와 AI 적용 스마트에너지홈 출발점은 스마트미터이다. 스마트미터 데이터가 전력망에 대한 신뢰를 높이며, 정확한 요금 청구를 가능하게 하고, 수요반응(DR) 효율성을 높인다. DR은 전력 수요가 높은 시간대에 홈 전력 사용자로 하여금 인센티브나 특정 요금정책을 통해 전력 소비를 줄이게 한다. 사례로 미국 데이터분석 벤처기업인 비드젤리(Bidgely)는 부하 세분화 알고리즘을 이용해 스마트미터 데이터를 전력 사용 기기별로 세분화해 홈제어 기능을 갖게 했으며, 유틸리티 기업들과 협력해 생태계를 조성한다. [그림 5−2]를 보면, 에너지솔루션 앱을 제공하고 라이프스타일을 분석하고 보안 솔루션을 제공하는 비즈젤리는 딥러닝 기반에서 고객 전력사용 데이터를 분석해 가전기기 사용량 및 요금을 사전에 예측한다. 비드젤리에 고객 에너지 사용 정보를 제공함과 동시에 벤처캐피털(VC) 투자를 한 유틸리티 기업인 이온(E.ON)과 이노지(Innogy), 콘스텔레이션(Constellation)은 비드젤리와의 파트너십을 통해 유틸리티 고객에게 전력 사용량 분석, 전기요금 예측, 요금 절감 방안 등을 제공한다. 2016년 기준 10개국 20개 유틸리티 기업들이 비드젤리의 데이터 분석 서비스를 활용 중이다.

그림 5-2 스마트미터 데이터 기반 전력 사용량 분석 사업 구조

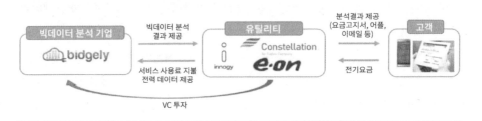

출처: 한전경제경영연구원(2017. 7.10). KEMRI 전력경제 Review, 제 14호

비드젤리와 제휴한 이노지는 [그림 5−3]처럼, 센서와 제어기기를 개발해, 스마트 스토어(Smart Store)에서 판매하며, 데이터 저장을 위해 SAP 하나클라우드(Hana Cloud)를 활용하고 레몬비트(lemonbeat) 자회사를 통해 IoT 통신망을 개발하고, 유료 모바일 앱에서 서비스를 제공한다.

그림 5-3 Innogy SmartHome 사업 구조

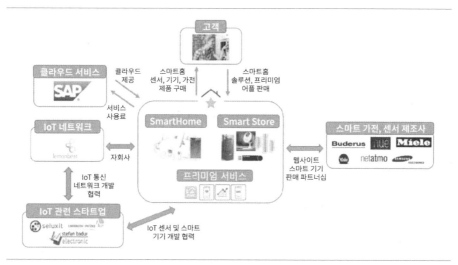

출처: 한전경제경영연구원(2017. 7.10). KEMRI 전력경제 Review, 제 14호

　한국전자통신연구원(2017)이 구분한 스마트에너지홈의 3대 니즈는 실시간 모니터링, 지능형 자율제어, 상황예측이다. 실시간 모니터링은 댁내 전력 소모 기기, 수도나 가스 소모 기기 등 기기별 에너지 사용량 모니터링으로 소비량을 조절하는 것이다. 가전, 전등 등의 전력 사용량, 화장실, 싱크대, 세탁기 등의 물 사용량, 난방이나 온수, 가스렌지 등의 가스 사용량을 센서를 통해 측정하고, 측정된 데이터를 자동으로 스마트기기에 전송해 실시간 에너지 소비량을 파악하게 한다. 지능형 자율 제어는 다양한 기기에서 수집된 사용량 정보를 기기, 시간대별로 실시간 분석하고, 분석된 데이터를 토대로 에너지 소비량을 자동 제어하여 경제적인 에너지 소비를 가능하게 한다. 사용자의 에너지 소비 패턴을 파악해 기기, 시간대별로 최적의 맞춤형 사용량 제안이 가능하다. 상황 예측은 에너지 사용 패턴 데이터 분석을 통해 에너지 사용량을 예측하고, 효율적인 에너지 사용을 통해 비용을 절감하게 한다. IoT나 AI 기반 스마트홈이 구축되면 투입되는 스마트 가전시설이 늘어나, 에너지 절약 문제가 더욱 부각될 것이다.

　한국스마트그리드사업단(2018)에 의하면, 에너지앳홈(Energy@home)은 효율적 홈 에너지 사용 실현, 국제 표준화 구축, IoT기기 간 통신 및 에너지 효율 관리 서비스 창출을 위해 2012년 설립된 글로벌 비영리협회로, 유틸리티 부문의 에넬(Enel), 가전 부문의 일렉트로룩스, 인데시트, 통신 부문의 텔레콤 이탈리아가 공동 프로젝트를 수행한다. 미터기, 가전, 전기시스템, 광대역 통신망, 소규모 신재생 발전소 및 에너지 저장장치 간 통신을 할 수 있도록 기술 및 설비를 제공하는 것이 목표이다. 에넬은 스마트홈 기기 판매와 고객 솔루션을 제공하며, 통신과 데이터 저장은 IT 업체를 활용한다. 에넬이 제공하는 '이－굿라이프(e－goodlife)' 사업구조는 [그림 5－4]와 같다. 에넬은 스마트 플러그와 인홈디스플레이(In－Home Display), 온도 및 난방 센서 등을 판매하며 스마트홈 제품을 판매하는 e－쇼핑몰을 운영하고, 아마존의 클라우드 서비스를 사용하고 있다.

그림 5-4 에넬(Enel) e-goodlife 사업 구조

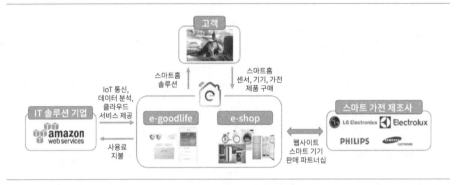

출처: 한전경제경영연구원(2017. 7.10). KEMRI 전력경제 Review, 제 14호

　구글은 네스트 인수 후 지속적으로 스마트홈 서비스를 개선해 왔는데, 2016년 아마존 에코(Echo)에의 대응으로 내놓은 구글홈 구글어시스턴트는 멀티 룸, 여러 개 계정, 크롬캐스트 연동, 개방형 플랫폼, 다양한 언어 지원 등을 내세운다. 2017년부터 AI 접목을 통해 지능형 구현에 초점을 둔다. 장치 연결을 위해 표준화가 과제였는데, 와이파이(WiFi), 지그비(ZigBee), 블루투스 등의 안정적으로 연결할 수 있는 토대가 마련되면서 구글은 이들을 하이브리드로 제공하고, 다양한 기기와 인터넷 서비스를 제어하고 자동화할 수 있는 외부 개발자인 'IFTTT(If This Then That)'를 구글어시스턴트에 연결하도록 허용해 다양한 산업의 기업들이 자사 기기를 구글 플랫폼에 연동하게 한다. 구글은 구글홈을 내세워 크롬캐스트, 네스트 등 자사 하드웨어와 유튜브, 구글 검색과 연동되는 콘텐츠를 구축하고, 아마존 알렉사(Alexa)에 대항해 사용자 음성을

인식해 질문을 파악하고 음악 재생, 예약, 스케줄 조회, 메시지 전송 등이 가능한 AI시스템인 '구글어시스턴트'를 구글나우의 후속으로 공개하고, 네스트를 통해 수십 개의 에너지 절약을 위한 기기와의 연동을 실행한다.

이상의 사례들이 시사하는 바는 컨소시엄 형태이든 벤처기업 인수 형태이든 모두 플랫폼을 지향하고 있다는 점이다. 스마트홈 플랫폼 기업은 IT를 활용하여 고객 네트워크와 공급자 네트워크를 원활하게 연결해 스마트홈 서비스를 활성화시키고 시장을 확대한다. 에너지 기업도 스마트에너지홈 서비스 개발을 통해 그들이 공급하는 전력이나 관련 기기의 브랜드 가치를 높일 수 있을 뿐만 아니라, 플랫폼 서비스를 통한 수익배분을 통해 이익을 창출할 수 있다. 스마트홈 사업에서 취득할 수 있는 주체별 이익 성격이 다르지만, 상호 보완적인 면이 있기 때문에 스마트홈 사업 주도권보다는 생태계 내 상호 이익을 추구할 수 있는 영역에 대한 이해를 바탕으로 주체별 활동을 기획할 필요가 있다.

한국의 경우에도 에너지와 스마트홈을 연계하는 사례가 등장하지만, 스마트홈 플랫폼 역할을 하는 기업들과의 생태계 조성은 아직 낮은 수준이다. 대표 기업으로 스마트미터 기기 업체에서 시작해 데이터 수집 기업으로 성장한 인코어드는 전력 이용자를 위해 에너톡(ENERTALK) 앱을 개발한다. 에너톡은 실시간 전기 사용량을 확인할 수 있는 기기이지만 동반 앱도 서비스한다. 댁내 분전반에 에너톡 기기가 설치되면 언제 어디서나 스마트폰으로 전기 사용량 확인이 가능하게 해준다. 1초 단위로 실시간 사용량 확인이 가능하며, 전기 사용량과 실제 시간을 함께 체크하여 하루 에너지 사용 패턴을 알 수 있게 하고, 월별 사용량 계획을 입력하면 실시간 푸시 알림 기능을 통해 합리적인 소비가 가능하게 한다. 2018년, 에너톡 사용자는 전기 사용량을 직접 눈으로 확인할 수 있어 스스로 절약에 대한 결심을 하게 된다고 하며, 가구 형태에 따라 6만 5,000~9만 9,000원 상품 중 선택하여 구매가 가능하다.

에너지 기업들이 스마트홈에서 자리를 잡게 해주는 스마트홈 플랫폼 기업의 역할이 시급한데, 글로벌 기업인 삼성전자는 2016년 10월 미국 AI 기업인 비브랩스 인수를 통해 데이터 수집을 강화해 자사 가전에 음성인식 기능을 탑재하는 등 AI 기반 스마트홈 분야를 강화하기 시작했고 스마트냉장고인 패밀리허브에 AI 기능을 추가해 주방에서 요리를 하면서 음성으로 식재료 주문, 음악 감상, 뉴스 검색 등이 가능하게 되었다. 구글과 같은 개방형 플랫폼의 역할을 삼성전자가 해낼지는 아직 의문이다.

제3절 에너지데이터와 스마트카 산업

2017년, 지구상에는 약 13억 대의 자동차가 있다. 이렇게 많은 자동차와 연계된 세상의 우려는 CO_2 배출량이다. 이는 지구 환경에 커다란 환경 부하를 주며 화석연료 자원 고갈도 다가와, 내연기관의 연료소비절감이나 새로운 연료의 도래로 지구환경 부하를 줄이는 것이 주요 과업이 되고 있다. 전 세계적으로 기후 변화 대응이 강화되면서 전기자동차(Electric Vehicle; 이후 EV)가 세계 자동차 업계의 어쩔 수 없는 선택지가 된다. 유럽연합(EU) 회원국들은 2030년까지 자동차 CO_2 배출량을 35% 줄이기로 2018년 합의했다. 디젤차를 가장 잘 만드는 독일 폭스바겐이 향후 10년간 20여 전기차를 출시하겠다는 '탈탄소전략'을 내놓는다. EV 외에 수소차도 부상하고 있어서 이들을 스마트카로 간주한다. 먼저 스마트카 및 스마트에너지카 개념을 정의하고 에너지 영역을 세분화한 후, 세계적으로 선두에 있는 EV 비즈니스 모델들에 대해 살펴보자.

2000년대 들어 기계 중심 자동차 기술에서 벗어나 전기, 전자, IT를 융합한 자동차가 개발되기 시작한다. 첫 번째 제품인 내비게이션(Navigation)은 현 위치에서 목적지까지의 거리 및 교통상황을 고려해 최적 경로를 선택한 후, 교통안내를 하는 도로 및 교통정보 제공 시스템으로 초기엔 단순 위치추적과 도로 감시카메라 위치 파악, 위험지역을 음성으로 알려 주는 정도였으나, 대중화되면서 LCD 화면을 통한 3차원 영상 제공과 실시간 동영상 시청 및 MP3 플레이어를 통한 음악 청취 등 다양한 부가기능이 가능해진다. 또한, GPS 센서와 위성통신 기술 발달로 현 위치에 맞는 위성TV 채널을 감상하고 실시간으로 통행량이 계산되어 가장 안전하고 빠르게 목적지로 갈 수 있게 해주며, 음악기기와 블루투스 모듈로 통신하면서 차량 내에서 새로운 정보와 즐거움을 느낄 수 있게 되었다. 이는 새로운 인포테인먼트 공간으로 변모하는 계기가 되었다.

스마트폰 등장 이후 자동차에도 인터넷통신이 결합한 커넥티드카(Connected Car)로 발전한다. 외부와 통신을 연결해 수시로 정보를 주고받게 되면서 내비게이션은 스마트폰으로 대체되고 스마트폰의 테더링 기술을 토대로 차량 내 다양한 스마트폰 앱들을 활용할 수 있게 된다. 커넥티드카를 스마트폰, 스마트홈 등과 병행해 스마트카로 부른다. 이러한 스마트카의 목표는 자율주행 자동차이다. 다양한 첨단 기술이 적용된 전자부품과 소프트웨어는 자율주행을 현실화하기 위한 핵심 기술이며, 기계공학의 전유물이었던 자동차에 갈수록 많은 전자부품들이 들어가 소프트웨어는 더욱 중요하다. 자동차 내부 센서, 센서와 중앙 컴퓨터와 실시간 통신이 가능해지면서 자율주행 자동차는 현실이 되고 있다.

한국 기획재정부가 2010년 정의한 스마트카는 첨단의 컴퓨터·통신·측정기술 등을 이용하여 자동으로 운행할 수 있는 차량으로, 자동차에 장착된 지구위치측정위성 시스템(Global Positioning System; GPS) 수신기로 정확한 위도와 경도를 통보받아 계기판에 정밀한 지도를 제시하고 현 위치에서 목적지까지 가장 효율적으로 주행하게 해주는 차량이다. 스마트카 산업이 발전하면서 통신을 통한 연결성을 강조한 개념인 커넥티드카(Connected car)와 운전자 조작 없이 자동차 스스로 주행하는 무인자동차(Driveless car)의 두 가지 특성을 모두 갖춘 자동차를 의미하는 것으로 정의된다.

국내외적으로 자동차가 지능화되고 자율화되는 스마트카의 개념 논의와 함께 친환경 자동차에 대한 관심도 고조되기 시작, 청정에너지와 자동차가 연관되어 발전하기 시작한 것이 전기자동차(EV)이다. 따라서 '스마트에너지카'는 환경 문제와 직결되고 자동차, 주택, 도로 등 도심 전체의 에너지 이용을 최적화하는 '친환경 자동차'로, 핵심은 청정에너지 활용이다. 자동차 산업도 내연기관 발달 말기에 들어섰고 스마트폰 보급 확대로 패러다임 변화를 필요로 하는 데다가, 도시화의 가속화에 따른 교통정체, 환경 오염, 교통 사고 증가 등으로 안전과 환경 대응이 요구되는 시점에서 에너지데이터 기반 EV산업이 주목받는다. 2017년 세계 EV 누적 보급대수는 311만 대를 기록했고, EV 보급 확대 정책이 추진 중이다. 국가별로 정책은 상이하나 장기목표를 수립해 저공해 자동차 확산에 모두 주력하는 추세이다.

에너지경제연구원(2018)에 따르면, 미국은 연방·주·시별로 온실가스 기준 강화 정책을 시행하고 있으며, 연방정부 및 시 차원의 EV 구매보조금을 지원한다. 이미 2013년부터 캘리포니아를 포함한 10개 주에서는 EV 보급 전담팀을 발족했고 캘리포니아 주는 무공해차량(Zero Emission Vehicle; 이후 ZEV) 판매 크레딧 확보 의무를 부여한다. ZEV 규제에 따르면, 캘리포니아 주에서 연간 2만 대 이상 판매 업체가 매년 일정 규모 이상 친환경 차량을 판매하지 못할 경우 과징금을 징수해야 한다. 중국도 자동차 제조사에 2019년 10%, 2020년 12% 신재생에너지 차량(New-Energy Vehicle; 이후

NEV) 판매 의무비중을 두고 2025년 700만 대에 달하는 20%의 NEV 비중을 목표로 제시했다. 일본은 연료기준에 제한을 두는데 2030년 차세대 자동차 보급 목표 중 20~30%를 EV로 두고, 2050년부터 전 세계 공급 일본 자동차에 대해 1대당 약 80%의 온실가스를 감축할 계획이다. 유럽은 판매 제한을 통해 화석연료차 공급을 제한한다. EV 등 친환경자동차 보급을 선도하는 노르웨이는 2025년부터 승용차, 버스 등 신차 판매를 ZEV로 전환하고 2030년부터 광역버스 75%, 트럭 50%를 ZEV로 전환한다. 프랑스와 영국은 2040년부터 휘발유, 디젤차 판매를 금지하고, 네덜란드는 2030년부터 모든 신차 판매를 ZEV로 전환한다는 계획이다. 한국도 구매보조금, 세금 감면 등 인센티브를 통한 전기차 보급 확대 노력으로 2022년까지 전기승용차 35만 대 보급을 목표로 하며, 2017년 EV 2만 5,593대, 급속충전기 1,790기를 보급했다.

EV의 이슈는 퇴근 후 충전 수요와 특정 주거지역 수요 집중으로 전력 피크부하 증가가 예상된다는 점이다. 방안은 시간대별 요금제 도입으로 충전수요 분산을 유도하고 가정용 태양광 및 에너지 저장시스템(ESS) 보급을 통해 피크 부하 감축이 가능하며, 재난 상황에서는 EV 배터리를 가정용으로 변환해 전력 공급이 가능하다. 태양광 등 신재생에너지와 ESS를 활용해 자체 전력화해 운영하는 방식과 가상발전소(VPP) 이동 전력 등 전력산업과 연계한 비즈니스 모델이 가능하다. EV가 활성화되면 전력거래 비즈니스 모델이 생길 것인데, 예로 전력보조 서비스 시장 참여 사례가 있다. 보조 서비스 시장이란 주파수 조정 전력 등을 거래하는 시장이다. 미국 텍사스주 전력계통 운영기관인 ERCOT에서 전기차의 보조 서비스 시장 참여를 위해 2014년 최소 용량기준을 100kW로 완화하면서, 전기트럭 12대의 충전 제어를 통한 주파수 조정 서비스가 시작되었다. 계통 사고에 의해 계통 주파수가 일정 수준 이하로 하락하면 충전을 일시 정지하여 계통 주파수 회복에 기여한다.

현 시점에서 스마트에너지카는 친환경차이며, 이의 중심에 EV가 있다. 한국은 <친환경자동차의 개발 및 보급 촉진에 관한 법률>에서 EV, 태양광 자동차, 하이브리드 EV(HEV), 연료전지EV(FCEV) 등을 친환경차로 열거해, 크게 HEV와 FCEV, EV를 구분하고 있다. 이 책에서는 EV의 주요 영역을 소개한다. 전기모터를 핵심동력으로 사용하는 EV는 전기모터만으로 구동되는 배터리EV(Battery EV; BEV)와 전기플러그가 있어 전기를 외부에서 충전하는 플러그인 하이브리드EV(Plug−In Hybrid EV; PHEV)로 나뉜다. 에너지 부문 국제기구인 IEA OECD(이후 IEA)는 2016년 EV아웃룩(Global

EV Outlook)에서 BEV와 PHEV만을 EV 범주에 포함하였고, FCEV는 제외하였다.

전기를 동력으로 움직이는 EV는 배터리, 전기모터, 인버터/컨버터, 배터리 관리시스템(BMS: Battery Management System)으로 구성된다. 배터리로 재충전 가능한 이차전지는 EV 성능과 가격에 가장 큰 영향을 미친다. 전기모터는 배터리를 통해 구동력을 발생시키고, 인버터/컨버터는 직류와 교류를 변환시키고, BMS는 배터리 충방전을 조절하고 전압 전류 온도 감시, 냉각 제어 등을 수행한다. EV 보급은 에너지 정책비중에 따라 좌우된다. 예로 노르웨이는 조세 감면, 도로통행료 면제 등 인센티브를통해 2015년 기준 EV시장 점유율 29%라는 압도적 성과를 보여 주었다. 2015년 IEA의 '에너지시스템 개요(IEA Energy system overview)'에 의하면, 노르웨이 전력(143.9TWh)의 98%가 신재생에너지원(수력 96%, 풍력 2%)에서 생산되며, 전력 순수출(수입 7.4TWh, 수출 22TWh) 국가이며, 신재생에너지로 생산된 잉여 전력을 활용하는 환경정책 차원에서 EV 확산이 진행된다. EV의 경쟁력은 에너지 효율이다. 1회 충전당 주행거리가배터리 용량과 정비례하며, 내연기관으로 치환하면 연료탱크가 얼마나 큰지 경쟁하는 것과 같다. 전기에너지의 효율적 활용 여부가 자동차 성능의 척도가 되는 것이다. 대표적 지표는 주행거리를 배터리 용량으로 나눈 에너지 효율(km/kWh)이다. 1.5~2세대 EV의 주행거리 상승은 에너지 효율성이 그 개선 이유이다. 즉, 단순히 배터리를많이 장착하는 방식으로는 원가 상승과 충전시간 증가를 피할 수 없으므로 배터리 단가 하락 외에 에너지 효율성이 EV의 상품성을 확보해주는 요인으로 작용한다.

전 세계적으로 30여 개의 신규 업체와 기존 완성차 업체가 EV 시장에서 경쟁하고 있으며, 완성차 업체와 신규 EV회사와의 제휴도 확대되고 있다. 예컨대, 미국의 테슬라(Tesla), 피스커(Fisker)는 기술력을 기반으로 고급 스포츠카, 럭셔리 세단 시장을 공략하고, 노르웨이의 싱크(Think), 인도의 REVA 등은 기술력이 다소 부족한 대신에 경량형자동차 시장을 타깃으로 한다. 테슬라의 선제공격에도 불구하고 세계 EV시장은 기존완성차 기업 중심으로 재편될 전망인데, 테슬라는 완성도 높은 기술력에도 불구하고판매망 확보에 어려움을 겪고, 기존 완성차 기업들의 시장 지배력이 높아지는 상황이다. 이에, 테슬라는 비즈니스 모델을 스마트에너지카에서 스마트에너지홈으로 확대하기 시작한다. 다음에서는 테슬라를 비롯해 미국과 유럽의 선두적인 움직임을 보였던신규 벤처기업들의 EV 비즈니스 모델들에 대해 소개하고, 시사점을 제시하고자 한다.

미국의 테슬라 모터스(Tesla Motors)는 2003년 창립된 미국의 프리미엄 EV제조사이다. 2003년 교류모터를 이용한 시제품을 시작으로 창업된 테슬라모터스는 실리콘 벨리에 위치한 벤처기업으로서 2009년 1억 2,680만 달러의 매출을 기록하면서 독일 다임러와 일본 도요타로부터 투자를 유치했고, 2010년 기업공개(IPO) 시 상장 첫날 40% 이상 폭등하는 등 큰 관심을 끌었다. 테슬라모터스의 EV 비즈니스 모델은 EV 파워트레인 핵심 특허를 기반으로 딜러가 아닌 회사가 직영하는 전시장을 통해 제품을 판매하고, 온라인 홍보를 강화했다. 친환경적이고 멋진 디자인으로 구축된 이미지를 바탕으로 최고급 스포츠카 이외에 대중적 라인을 확대하였다. 특히 지리적으로 실리콘벨리의 친환경 관련 벤처 네트워크와 투자처를 활용할 수 있었고, 얼리어답터 고객층을 선정하여 점차 고객층을 넓혀 나가는 하이테크 마케팅 방식을 활용하였다.

하지만, 기존 자동차 기업의 EV 진입으로 경쟁이 어려워지면서 테슬라모터스는 2016년 태양광 업체인 솔라시티(Solar city)와 합병되면서 테슬라로 개명된다. 모델S는 2015~2016년 전 세계에서 가장 많이 팔렸고, 2015년 9월 CUV 타입의 모델X가 출시되었고, 매스마켓 모델인 모델3가 2017년 7월 출시되었다. 2019년 들어서면서 6월 주가는 38% 하락했고, 한때 647억 달러에 달했던 시가총액도 367억 달러까지 감소하면서 GM이나 포드보다 낮은 기업가치를 받는다. 테슬라의 주가 하락 원인으로 모델3의 판매량 감소와 중국 시장에서의 불확실성, 그리고 유럽 주요 자동차업체들의 본격적인 EV 출시 등이 꼽히고 있다. 특히 중국에 생산 공장을 짓기 시작한 것이 불확실성을 가중시키고 있다. 중국에서 EV는 보조금 축소에다 미·중 관세 전쟁으로 기존 예상치의 절반으로 수요가 줄어들 수 있기 때문이다. 경쟁 상황도 좋지 않다. 현재 도요타, 혼다, 현대차, BMW 등 거의 모든 완성차 회사들이 EV 제조에 뛰어들었기 때문이다.

테슬라는 이러한 상황을 예견한 듯 2015년 주택용 ESS인 파워월(Powerwall)과 산업용 ESS인 파워팩(Powerpack)을 제조해 제공하기 시작하고, 2016년 솔라시티와 합병하게 된다. 파워월은 댁내 벽에 붙이는 대형 배터리로, 태양광 패널에 연결해 낮 동안 충전된 전기를 밤이나 비상시에도 사용할 수 있도록 만들어졌고, 값싼 심야전력을 저장해 낮에 사용하는 것도 가능하다. 파워월은 높이와 너비가 각각 130cm, 86cm 정도로 꽤 크지만 두께가 18cm 정도이고 디자인이 잘 돼서 가정의 첨단 이미지를 더하는 데 도움이 되는 인테리어 소품처럼 만들어졌다.

초기의 독자 전략이 잘못됨을 깨달은 테슬라는 미국 버몬트주 전력회사인 그린마운틴파워(Green Mountain Power; 이후 GMP)와 2017년 5월 ESS 공급 계약을 체결해

2,000여 세대가 사용 가능한 파워월을 공급하고, GMP 전력시설에 산업용 ESS인 파워팩을 별도 공급한다. 월 15달러 또는 1,500달러를 일시불 납부하면 10년간 이용 가능하며, 서비스 이용 기간 종료 후 GMP가 파워월을 회수한다. 기존의 파워월과 에너지 기업과 결합한 파워월의 장점을 비교하면 [표 5−2]와 같다. GMP는 이 서비스를 통해 10MW 피크 수요를 감소하여, 7,500가구 전력 수요를 감축하는 효과가 발생시키며, 테슬라는 기존 판매가보다 낮게 가격을 책정해 향후 가상발전소(VPP) 사업 기반을 확보한 것으로 보인다.

표 5-2 기존 대비 전력기업 결합 파워월(Powerwall)의 장점 비교

장점	결합 파워월 서비스	기존 파워월 서비스
백업 전력	• 끊김 없는 백업 전력 변환 • 장시간 정전보호를 위한 태양광 재충전 • 백업예약 가중(0~100%)	• 끊김 없는 백업 전력 변환 • 장시간 정전보호를 위한 태양광 재충전 • 제한적 백업예약 가능 (95%일 때 20%) 가능
자가발전 가정	• 가능: 연중 태양광 사용으로 독립운전 가능	• 불가능
실시간 전력 소비 모니터링	• Tesla App을 통해 가능	• Tesla App을 통해 가능
부하이동 (게시별요금제)	• 가능·피크시간 동안 소비감소	• 불가능
파워월 개수	• 1~10개까지 선택 가능	• 1~2개까지 선택 가능
가격	• 5,500달러 *설치비 별도	• 1,500달러(또는 월 15달러) *설치비 포함

출처: 한국스마트그리드사업단(2018.3.14). 에너지신산업 글로벌 선도 사례 연구(최종보고서)

미국 캘리포니아에 있는, 이스라엘 정부와 미국 펀드 간 벤처기업인 PBP는 본사와 자회사 형태의 현지 운영사, 현지 협력사로 이루어지는 3각 구도의 글로벌 생태계 전략을 구사하고 있다. 미국 본사를 중심으로 EV 인프라가 구축될 국가에서 운영을 담당할 독립법인인 베터플레이스(Better Place)를 자회사로 설립하고 EV가 보급될 국가의 전력회사 등을 현지 협력사로 두고 있다. 모기업인 PBP는 사실상 이스라엘 기업으로 보아야 할 것이며, 각 국가별 현지 운영사에 대해 충전인프라 운영을 위한 시스템 솔루션을 제공하며, 현지 협력사는 물류, 충전망 설치, 대정부 접촉, 규제 및 표준 준수 등의 업무를 수행하는 데 도움을 줄 수 있는 전력업체들이 중심을 이룬다. 3자 구도의 기업 간 역할 분담은 [표 5−3]과 같다.

표 5-3 PBP의 EV 관련 기업 간 역할 분담

주체	PBP Corp.(본사)	베터 플레이스 Better Place(현지 자회사)	현지 협력사
역할 및 효과	• 전기차 • 자동차 OS • 글로벌 조달 • 전지 • 마케팅 • 사업 방법론 • 자금 조달 • 충전망 관리 시스템 • 인프라용 제품	• 소비자 서비스 • 물류 및 관리 • 인프라 구축 • 판매 • 법적·제도적 대응 • 마케팅 • 물류 및 유지 관리	• 에너지 판매 • 충전망 관리 • 기업이미지 제고 • 지분 참여

출처: 한국스마트그리드사업단(2018.3.14). 에너지신산업 글로벌 선도 사례 연구(최종보고서)

　테슬라가 사업 초기에 EV 제조사 비즈니스 모델만 구사한 것과는 대조적으로, PBP는 EV보급 생태계 프로젝트를 비즈니스 모델로 한다. 인프라 운영회사가 EV의 전지를 소유하며, EV 구매자에 대해 전지의 충전 및 교체와 관련하여 월간으로 수수료를 징수한다. 또한, 자회사인 베터플레이스(Better Place)는 배터리 충전소 및 배터리 교환소의 네트워크를 구축하여 소비자에게 배터리 충전 및 교체 서비스를 제공하고, 자동차회사로부터 소비자가 구입한 EV의 배터리를 구매하여 사업을 운영함과 동시에, 진출 지역의 전력회사와 공동으로 요금시스템을 구축하여, 심야 경부하 시간대에 배터리를 충전하는 모델을 운용한다. PBP 소비자는 회원 가입을 통해 자회사와의 전기 구매계약을 체결하고 자동차회사로부터 배터리 가격을 제외한 가격에 EV를 구매할 수 있으며, 요금은 EV 주행거리를 기준으로 지불하며 EV충전소에서 충전하고, 장거리(100마일, 160km 이상) 이동시 배터리교환소에서 배터리 교환도 가능하다.

표 5-4 PBP 비즈니스모델의 핵심 요소

요소	내용
전기차	• 기존 내연기관 자동차에 대해 가격 경쟁력을 가지는 전기차 공급 • 공급될 전기차는 안락성과 내구성이 기존차에 비해 우수
전기	• 1회 충전 주행거리 100마일(160km) • 전지 수명은 자동차의 수명을 능가
전지교환	• 서비스망을 통해 교체가 가능한 전지팩을 지원
충전망	• 사업 지역 내에 대규모 충전장치 및 서비스망을 구축·운영
자금조달	• 인프라 구축에 필요한 대규모 자금을 지원하는 금융기관

출처: 한국스마트그리드사업단(2018.3.14). 에너지신산업 글로벌 선도 사례 연구(최종보고서)

EV와 PHEV용 충전 인프라 관련 제품 및 서비스를 제공하는 쿨롬(Coulomb)은 네트워킹 기술을 적용해 차지포인트(ChargePoint)라는 충전인프라 시스템을 보유하고 있다. 이 시스템은 운전자들에게 가입절차 없이 개방해 사용 전력, 장비, 유지에 대한 비용 지불 과정 등을 지원하고, 스마트폰 앱을 통해 미사용 충전소를 운전자가 확인할 수 있게 하며, 전력 도난 방지 장치와 원격 모니터링 및 진단 서비스를 제공하고, 전기차에 저장한 배터리를 ESS처럼 활용해 전력망에 연계하는 V2G(Vehicle To Grid) 기능을 갖춘 지능형 충전망과 연계 가능하고, 운전자 및 플릿(Fleet) 운영자별 온난화 가스 절감분을 계산해 주고, EV 플릿을 관리해 준다. 쿨롬의 비즈니스 모델은 전기 그 자체를 파는 것이 아니라 충전장치에서 충전하는 회수(서비스) 판매한다. 차지포인트 충전장치 1기 설치비용은 4,000~5,000달러이며, 수익원은 장치 설치비와 쿨롬 충전망 정기 이용자에게 받는 연간 정액료인 100달러이다.

그림 5-5 쿨롬(Columb)의 비즈니스 모델

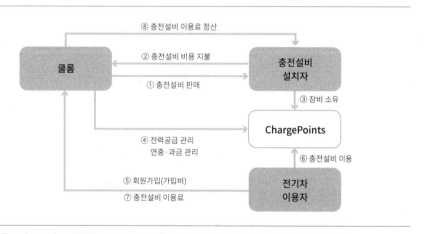

출처: 한국스마트그리드사업단(2018.3.14). 에너지신산업 글로벌 선도 사례 연구(최종보고서)

프랑스의 오토리브(Autolib)는 이용자들이 도시 곳곳에 배치된 공동이용 EV를 원하는 장소에서 이용하고 자신이 편리한 장소에 반납하는 자동차 공유 시스템으로, 회원제로 운영되어 파리 시내 700여 거점 등 충전시설이 설치된 총 1,400개 거점에서 EV 이용자가 EV를 빌리고 자신의 목적지 근처 거점에 반납한다. 파리 시 4,000여 대 규모의 EV 플릿을 운영하는 데 필요한 충전 인프라가 EV 시장 발전을 촉진할 것으로 예상된다. 오토리브의 운영원칙은 연중무휴 이용 가능하고 예약이 필요 없으며, 주차장이 항상 준비되어 있고, 일방향 이용이 가능한 점과 거점망이 밀집된 파리 시내에 집중되어 있다는 점이다. 오토리브의 주목적은 운전 장려가 아니라 자동차 이용자들로 하여금 필요시에 자동차를 이용할 수 있게 함으로써 자신의 차를 구매하지 않도록 하는 것이다. 오토리브 이용료는 공공 운송수단과 경쟁하지 않고 자동차 보유에 대한 대안이 될 수 있는 수준으로 책정되며, EV 이용자는 연간 회원으로 가입하거나 공공교통요금 카드를 사용할 수 있다. 오토리브 시스템 관리 운영사의 주수입원은 월정료이며, 요금은 월회비 15~20유로에 30분 이용당 4~5유로 수준으로 형성되어 있다.

그림 5-6 오토리브의 비즈니스 모델

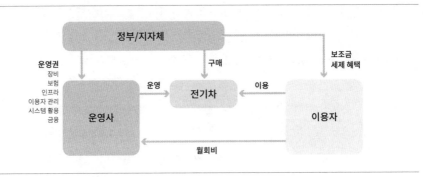

출처: 한국스마트그리드사업단(2018.3.14). 에너지신산업 글로벌 선도 사례 연구(최종보고서)

스마트카는 전기전자, 통신 등 IT를 융합해 고도의 안전과 편의를 제공하는 자동차로 내비게이션을 시작으로 커넥티드카로 발전하면서 점차 운전자 조작 없이 자동차 스스로 운전하는 자율주행차로 발전하는 모습이지만, 에너지가 결합된 스마트에너지카의 핵심은 청정자동차이다. 현재는 EV를 통해 스마트카와 에너지가 결합되고 있으며, 동력을 배터리가 대신하고 파워트레인은 모터만 있으면 되기 때문에 자동차 생산기술인 엔진 생산능력이 상대적으로 중요하지 않은 대신 소프트웨어의 역할이 중요하다.

이상에서 제시한 스마트에너지카는 EV제조, EV 생태계 관리, EV 충전 관리, 그리고 EV 공유경제로 구분되고, EV 제조만 집중했던 테슬라는 점차 EV 생태계 관리 비즈니스 모델로 진화하고 있다. 국내 정부도 친환경 자동차 구매 독려를 위해 EV 구매 시

지원금을 주고 있으며, 충전 시설을 만들어 주는 등 각 시·군별로 지원하고 있다. 환경부에 의하면, 국내 EV 연간 보급대수는 2014년 1,075대에서 2017년 1만3,826대로 10배 성장했고 누적 보급대수가 약 2만 5,000대로 추산되었으며, 국내 판매 승용 EV는 현대 코나 일렉트릭, 현대 아이오닉 일렉트릭, 기아 쏘울 EV, 르노삼성 SM3 Z.E, BMW i3, 쉐보레 볼트 EV, 테슬라 모델 S 등 총 7종이며 가장 주목을 받는 EV는 코나 일렉트릭이다.

　EV 판매도 중요하지만, 글로벌 사례에서 보듯이 충전인프라와 V2G가 스마트에너지카 비즈니스 모델의 핵심이다. 테슬라는 EV 제조회사로 시작했지만 전기충전 네트워크를 자체적으로 구축해 고객들에게 제공하며 스마트홈으로까지 확대하면서 V2G로 진입하였고, 차지포인트는 충전 인프라 시스템을 비즈니스 모델로 한다. 국내 EV 충전은 아직 환경부와 한국환경공단, 산업통상자원부와 한국전력이 EV 충전인프라 기간망이라 할 수 있는 국가 충전망을 운영 중이며, 지방자치 분권에 따른 지역별 친환경 정책에 따라 별도 자체 예산을 바탕으로 각 지자체(지방자치단체)에서 급속, 완속 충전소를 별도 설치해 운영하고 있다.

　민간영역에서는 지능형전력망법에 따라 '전기차충전사업자'로 등록하여 전국에 자가망을 설치해 운영하는 8개의 민간사업자가 등장해 환경부의 공식 보조금 집행 충전망 사업자로 선정되었다. 이들은 KT, 포스코IT, 한국전기차충전서비스, 에버온, 지엔텔, 파워큐브, 제주전기자동차서비스, 대영채비이다. 또한, 환경부가 운영하는 급속충전망이 기간망으로 정의(주로 고속도로 휴게소, 관공서, 산하기관 등 공공장소 위주)되고, 한전도 대규모 아파트, 복합역사, 전철역, 체육시설 등에 급·완속충전기를 설치 운영하고 있다. 2018년 9월 환경부 인가를 받은 민간 충전사업자는 자체 설치한 자가망을 환경부망에 연동하여 로밍서비스를 시작함으로써 국내 충전인프라 시장은 전체적으로 환경부망을 기간망으로 하고 한전망, 민간사업자망이 상호 연동되어 간선망과 지선망으로 연동되는 체계를 갖게 되었다. 이에 국내 EV 운전자는 차량구매 시 환경부 충전카드를 보유하고, 8개 민간사업자중 1곳에 가입하여 충전용 멤버십 카드를 보유해야만 전국의 충전기를 이용할 수 있다. 일부 24시간 개방형 공공 급·완속 충전기에는 현장 결제 기능이 있고, 멤버십 보유자는 충전기를 사용 후 후불제(월사용 결제)로 정산한다. 한전이 설치한 급·완속충전기에서도 같은 방식이 적용되나, 아파트 설치 충전기는 입주 주민들만 사용할 수 있다. 한편, 환경부 보조금을 받는 8개 민간사업자 설치 완속충전기는 24시간 개방형과 일과시간에만 가능한 부분개방형 방식으로 운영된다. 또한, 초기시장 활성화를 위해 2019년 말까지 한시적으로 약 50%를 할인한 173.8원으로 운영하며, 한전의 전력기금을 활용하여 급·완속 EV 충전기를 대규모 아파트나, 지자체를 통해 무상 설치하고, 한전 규정에 따른 별도 요금(약 170원)을 책정해 한전KDN에 위탁 운영한다. 2019년 말까지 한시적으로 충전기에 부과하는 기본 전기료(급속 10.8만 원/월, 완속 1.2만 원)를 면제하는 정책도 시행된다.

앞으로 EV 및 EV 충전시장은 배터리와 충전 기술 발달로 대중화될 것이며, 이미 주요국 시장에서는 충전서비스가 다양화되고 있다. EV 보급 초기엔 인위적인 충전가격을 설정하는 것과 정부 주도의 충전소 보급 확대가 필요하지만, 점차적으로 시장 기능을 활성화하여 시장참여자들의 경쟁을 통해 소비자에게 충분한 서비스를 제공하도록 유도하는 것이 필요할 것이다.

제4절 에너지데이터와 스마트시티 산업

스마트시티 범위는 워낙 방대하고 복잡해서 그 자체로 '모든 것에 적합한 하나의 규모(One size fits all)' 접근법은 없다. 광의로는 앞의 스마트홈과 전기자동차도 포함한다. 각국의 도시는 매우 복잡한 시스템이며, 많은 이해관계자들이 관련되고 특히 물리적 인프라 의존도가 매우 높다. 국제전기통신연합(International Telecommunication Union; 이후 ITU)의 2014년 조사결과에 따르면, 스마트시티에 대한 정의는 116개에 달한다. 개념 정의에 대한 키워드만 분석해 보면, IT, 통신, 지능, 정보 등이 26%, 인프라와 서비스가 17%, 환경과 지속성장이 17% 등으로 높은 비중을 보인다.

한국에서 2018년 3월 <스마트도시 조성 및 산업진흥 등에 관한 법률>이 통과되었는데, 스마트시티는 '도시의 경쟁력과 삶의 질 향상을 위하여 건설, 정보통신기술 등을 융·복합하여 건설된 도시기반시설을 바탕으로 다양한 도시 서비스를 제공하는 지속 가능한 도시'로 정의되어 에너지 부문이 중심은 아니다. 이에 비해 일본은 자연재해를 가장 많이 겪는 국가인 때문인지 유독 에너지를 강조하여 스마트시티를 정의하였다. 2014년 일본 경제산업성 보고서에 따르면, 스마트시티는 '에너지의 효율적인 사용, 열과 미 사용 에너지원의 이용 및 교통시스템 개선 등 시민 삶의 질 개선을 위해 다양한 차세대 기술과 선진 사회 시스템이 효과적으로 통합되고 활용되는 도시'로 정의되었다.

[표 5-5]에서 보면, 한국 정보화진흥원이 2016년에 구분한 스마트시티의 기술적 구성요소는 크게 인프라, 데이터, 서비스로 구분되며, 각 부문별 7개의 세부 요소로 도시 인프라, IT(ICT) 인프라, 공간정보 인프라, IoT, 데이터 공유, 알고리즘 및 서비스, 도시혁신 등이 포함된다. 스마트시티가 기존 도시와 차별되는 핵심 포인트는 데이터 기반에서의 문제 발생 시 해결방식이다. 기존 방식에서는 추가 인프라를 건설하거나 인력 등 자원을 추가 투입해 문제를 해결하였으나, 스마트시티는 도시 전역에서 데이터를 수집 분석하여 기존 자원의 효율적 활용을 유도하는 방식으로 문제를 해결한다. 따라서 기술 및 비즈니스 플랫폼의 역할이 매우 중요한데, 스마트시티에서도 플랫폼이 요구된다. 즉, 플랫폼은 분야별 기술들을 통합해 모니터링 및 제어하는 소프트웨어 플랫폼으로서 하드웨어, OS 및 인터페이스 등을 의미하며 이를 정의하는 규약, 규칙 등의 기술 표준을 포함한다. 이때 플랫폼은 스마트시티 구성 요소인 인프라, 데이터를 포괄하며 양면시장을 형성하여 다양한 서비스들이 출현하는 장을 마련하며, 플랫폼 스스로도 혁신 서비스를 자체 개발하게 된다.

표 5-5 스마트시티의 기술적 구성 요소

구분		주요 내용	추진 체계
인프라	도시 인프라	• 스마트시티는 소프트웨어 중심의 사업이지만 도시 하드웨어 발전도 필요	도시개발사업자 등
	KT 인프라	• 스마트시티에서는 사물 간 연결이 핵심 • 도시 전체를 연결할 수 있는 유·무선 통신인프라	DCT산업
	공간 정보 인프라	• 현실공간과 사이버공간 융합을 위해 공간정보가 핵심플랫폼으로 등장 • 공간정보 이용자가 사람에서 사물로 변화 • 지리정보, 3D지도, GPS 등 위치측정 인프라, 인공위성 Geotagging(디지털 콘텐츠의 공간정보화) 등	공공주도 GPS(지리정보시스템)에서 민간 주도로 변경
데이터	IoT	• 도시 내 각종 인프라와 사물을 센서 기반으로 네트워크 연결 • 스마트시티 구축 사업에서 가장 시장 규모가 크고 많은 투자가 필요한 영역 • 특정 부문에 대해 개별적으로 사업을 추진할 수 있어 점진적 투자확대 가능	교통, 에너지, 안전 등 각종 도시운영주체가 주도

┃ 에너지데이터 경영론

서비스	데이터 공유	• 좁은 의미의 스마트시티 플랫폼 • 데이터의 자유로운 공유와 활용 지원 • 도시 내 스마트시티 리더들의 주도적 역할 필요	초기 공공주도에서 데이터 시장 입성 후 민간 주도
	알고리즘 &서비스	• 실제 활용 가능한 품질 및 신뢰도의 지능서비스 개발 계층 • 데이터의 처리분석 등 활용능력 중요	공공 및 민간의 다양한 주체 등장 도시의 역할은 신뢰성 관리
	도시 혁신	• 도시문제 해결을 위한 아이디어 및 서비스가 가능한 환경 조성 • 정치적 리더십 및 사회신뢰 등의 사회적 자본이 작용하는 영역 • 중앙정부의 법제도 혁신 기능 필요	시민이 주도하고 정치권 지원

출처: 한국정보화진흥원, 2016; 산업기술리서치센터(2018) 재인용

스마트시티 영역을 분류한 보고서들을 비교해보면 [표 5-6]과 같이 스마트에너지에서부터 스마트커뮤니티까지 매우 광범위하다. 한국 산업기술리서치센터는 다른 기관들의 범위 설정을 참고하여 핵심이 되는 5대 분야로 스마트빌딩, 스마트교통, 스마트에너지, 스마트워터, 스마트정부를 선택하였다. 이렇게 분류되긴 하지만, 궁극적으로 이들 영역은 스마트시티라는 틀 안에서 서로 연계되어야 한다. 즉, 기존에는 교통 따로, 에너지 따로, 워터 따로 등 독립적인 기술 플랫폼으로 관리되어 왔으나, 스마트시티를 구현하기 위해서는 이들을 통합하는 관리가 필요해진다.

표 5-6 주요 기관들의 스마트시티 영역 구분 비교

기관명	스마트에너지	스마트교통	스마트빌딩	스마트안전	스마트행정	스마트환경	스마트의료	스마트교육	스마트문화/관광	스마트워크	스마트커뮤니티
국토부	○	○	○	○	○	○	○	○	○	○	
Cisco	○	○	○	○	○	○	○	○	○	○	
IDC	○	○	○	○	○	○	○	○	○		
IBM	○	○	○	○	○	○	○	○			○
NIOA	○	○	○	○	○	○					
Navigant	○	○	○	○	○						

출처: 국토교통부(2018), Cisco(2015), IDC(2018), IBM(2018), NIPA(2013), Navigant research(2018).

[표 5-6]에서 보듯이, 어느 도시도 에너지 없이 도시 기능을 할 수 없다. 따라서 스마트시티 조성을 위해 도시들과 수도, 전기, 가스 같은 유틸리티 기업 및 기관들의 협

업이 요구된다. 에너지가 도시의 거주성, 작업효율성, 지속가능성에 많은 영향을 끼치고 도시의 의무를 다하기 위해 필수적 요소이기 때문이다. 스마트시티에서 에너지의 역할은 소규모 발전시설을 이용하여 기존에 사용하던 만큼 에너지를 생산하는 기술부터 정전이나 단전 시 지속적으로 전기를 공급하는 첨단기술에 이르기까지 다양하다. 스마트에너지시티는 스마트시티가 시작되는 시점에서의 에너지 영역을 말하며, 시작점이 스마트에너지인 이유는 스마트시티 성공을 위해 스마트에너지 시스템이 반드시 필요하기 때문이다. 스마트시티에서의 스마트에너지는 전력 모니터링을 통해 불필요한 전력소비를 최소화하고, 친환경적 도시를 조성한다. 따라서 스마트에너지시티는 도시 자체의 에너지 공급비율을 높이는 것을 목표로 하며, 이를 위해 신재생 전력설비 확충도 필요할 것이고, 지능형 전력 관리를 위한 AMI 수도 지속적으로 증가시켜야 한다.

스마트시티 구현을 위해 구분된 스마트에너지 영역은 [표 5-7]에서처럼 전력 에너지와 환경 에너지로 구분되며, 스마트그리드, 신재생에너지, 스마트가로등, 폐기물시스템, 대기환경모니터링, 스마트방역이 포함된다. 스마트그리드와 신재생에너지 중심으로 보면, 스마트그리드는 지능형 전력망으로서 기존 전력망에 IT를 접목해 공급자와 수요자 간 정보를 교환함으로써 지능형 전력 관리를 지원한다. 기술적으로 스마트그리드는 '전문적 커뮤니케이션 네트워크로 전기와 정보를 이동시키면서, 수요와 공급에 대한 적정한 균형을 유지하여, 항상 안정적인 시스템을 유지하는 네트워크'이다.

표 5-7 스마트시티 구현 위한 스마트에너지 서비스

구분	디바이스	구현서비스(실증단지 적용기술, 시장제품 기준)
전력 에너지 관련	스마트그리드	실내환경(온도, 습도, CO_2) 모니터링을 통한 에너지 절감시스템 스마트검측기(AMI), 에너지 저장시스템(ESS) 등 기술접목
	신재생에너지	전기차/수소차 충전소 운영, 태양광 발전(세종 실증단지)
	스마트가로등	유동 인구별 조명 밝기 조절, 환경정보(CO_2, O_3) 수집
환경 에너지 관련	폐기율 시스템	쓰레기통 적재량 모니터링, 쓰레기 자동 크린넷 등
	대기환경모니터링	미세먼지 모니터링, GIS 기반 악취확산 예측 모니터링
	스마트 방역	디지털 모기측정기를 통한 모기 발생지점 예측 등

출처: 산업기술리서치센터(2018)

실시간으로 변전소 고장 여부를 파악해 자동으로 전력공급 노선을 재조정하여 가정과 회사에 단전이 되지 않도록 하는 시스템은 센서데이터를 수집, 가공해 관리자에게 실시간으로 에너지 상황을 제공한다. 즉, 스마트그리드 시스템은 개인, 기업들이 그들의 에너지 소비량을 모니터링하고 조정하여 절약하게 해준다. 스마트도시는 스마트그리드에 연결되어야 하며, 에너지와 도시, 서비스 간 상호 의존 없이는 불가능하다. 배전망과 지중 케이블인 송전망은 거리를 따라 매설되어 있어서, 전기 등 유틸리티 서비스와 교통시스템 간 상호의존을 필요로 한다. 건설환경도 전력과 천연가스의 주요 고객이며, 규제가 완화되면 잠재적 전력 생산자이다. 즉, 분산 발전이 발달하고, 빌딩 소유주들이 태양광, 연료전지를 받아들일수록 기존 기반시설 사업자들과 도시 행정기관들은 더욱더 가까운 동맹관계를 형성하게 될 것이다.

스마트미터와 통신장비, 상황분석이 잘 결합되어 에너지 사용고객이 언제 어디서나 자신들이 에너지를 얼마나 사용하는지에 대한 보다 많은 정보를 얻을 수 있다면, 요금 절약이 가능하게 된다. 특히 스마트그리드 구축으로 자연재해로 발생하는 문제의 자가회복이 어느 정도는 가능하며, 정전이 되어도 문제 지역을 정확하게 파악해 복구 시간을 단축할 수 있다. 또한, 스마트그리드는 원거리 전력원과 근거리 분산 발전을 결합해 통합 관리하므로 전력 공급중단 시에도 대처가 어느 정도 가능하다. 그 외에도 정전으로 인한 경제적 손실을 줄여 경쟁력을 갖게 하고, 지역별로 자체 조달이 가능한 마이크로그리드(Microgrid) 사업은 지역이 아닌 대단위 중앙발전소에서 운송해오는 전통적 에너지보다 더 많은 지역 일자리를 창출하며, 해당 도시의 사업 투자도 유발하게 된다.

스마트그리드에 신재생에너지가 더해지면, 이는 더 깨끗하고, 더 효율적이며 환경친화적인 에너지환경을 만들어 주게 된다. 즉, 풍력, 태양광 등 신재생 에너지원을 더 쉽게 사용할 수 있게 해주고 불필요한 에너지 손실 없이 송배전을 가능하게 해준다. 신재생에너지 도입으로 화석연료 기반을 자연 감소시켜 이산화탄소 발생을 줄여 주며, 비(非)신재생발전소의 의존성을 감소하게 만든다. 특히 마이크로그리드 환경에서 태양열 같은 신재생에너지는 개인 소유지에서 발전하는 것을 손쉽게 해주고, 송전망 어디든지 자신의 에너지를 팔거나 살 수 있도록 해준다. 이러한 P2P 거래를 통해 전력망은 고객의 전력 수요에 맞게 더 유연하게 운영 가능해진다.

지난 10년 동안 분산 에너지 발전이 급증하였다. 이는 에너지가 사용되는 지점 또는 그 인근에 세워진 소형의 비집중화된 발전소의 발전을 말한다. 예컨대 쇼핑몰의 풍력발전기, 고층아파트나 빌딩의 지붕형 태양광발전소가 있다. 이러한 분산발전이 특히 신재생에너지에게 효율적으로 작동하기 위해서는 통신처럼 상호 접속(interconnection) 표준이 필요하다. 이는 발전원이 마이크로그리드에 어떻게 연결되어 돌아가는지에 대한 규약으로 유틸리티 회사들을 위한 새로운 비즈니스 모델 개발을 위해 매우 중요한 것이다. 따라서 스마트에너지시티가 자체적으로 풍력, 태양열 등 에너지 시설들을 보유하고 있다면 상호 접속 표준 개발에 대한 고민을 하여야 할 것이다. 분산발전은 막대한 잠재력을 가지고 있으며 높은 효율성을 지니고 있고, 자연재해나 인재 발생 시 많은 탄력적인 운용이 가능하다.

한마디로, 스마트그리드는 수리 및 정전 관리가 자동화된 자가치료 전력망이다. 도시에서 스마트미터와 지능형 전력망을 원격으로 조정, 자동 관리하여 정전 횟수 및 정전시간을 줄이게 한다. 센서가 전력망의 이상을 인지하는 순간, 해당 고장이 일어난 전력망이 다른 전력망으로 영향을 미치기 전에 해당 부분을 격리시키거나 알람을 발생시켜 시설 관리 주체가 즉각 조치하여 수리하게 한다. 주요 도시 중 선두는 영국의 런던이다. 영국 정부는 2007년에 스마트시티 프로젝트를 위해 국가기술전력위원회(TSB)를 설립하였고, 2013년 정보경제전략(Information Economy Strategy)을 발표하고, 런던은 스마트런던플랜(Smart London Plan)을 발표한다. 2018년 인구 820만 런던은 2011년 저탄소 사회(Low Carbon Society) 개념을 세계 최초로 제안한 도시로서, 온실가스 감축을 위해 장단기목표를 가진 '런던플랜'를 설정하고 지속적으로 이행 여부를 점검한다. [표 5-8]에서 보듯이, 2014년까지 수행된 런던플랜은 런던 전력망에 다양한 스마트그리드 기술을 접목하는 실증사업인데, 스마트그리드 등 첨단기술을 활용한 에너지효율 향상 및 신기술 적용과 경제성을 검증하는 데 목표를 두었으며, 2025년까지 1990년 대비 이산화탄소 배출량 60% 감축을 목표로 하였다. 주요 기술 활용 및 분석으로는 실시간 요금제, 전기차 충전, 분산전원 통합 실증, 스마트미터 데이터셋, 수요반응 등을 들 수 있으며, 스마트미터 데이터를 활용한 에너지 사용 현황 분석, 수요반응 기술검증 및 비용편익 분석 등이 있다.

표 5-8 런던플랜 프로젝트 개요

분류	내용
총 사업비	23.8백만 파운드
사업기간	'11~'14년
추진 주체	런던시
참여기업	전력사(National Grid). 중계사업자(EDF, EnerNOC), 기업 및 대학
참여 가구 수	• 스마트미터기: 5,500가구(중소기업체 포함) • 실시간요금제: 1,100가구(중소기업체 포함) • 전기차: 72가구/상업용 전기차: 54대 전기차 충전기기: 1,408개소 등
에너지 목표	지역자원을 활용한 전력·열 공급률 25%달성(25년)
친환경 에너지 적용량 (20년 달성 목표)	태양광 발전 68MW, 미니 풍력발전 6MW, 지열 및 공기열 168MWth

*영국정부(ofgem): 21.7백만 파운드, 참여기관: 6.6백만 파운드
출처: 한국스마트그리드사업단(2018)

　　신재생에너지는 도시의 전기자동차(EV)와도 연계된다. 미국 하와이 마우이섬은
미국 본토에서 멀리 떨어진 도서지역이라, 신재생에너지 EV 보급 목적으로 2011년부
터 프로젝트를 추진하였다. 주민 참여를 통해 에너지서비스를 개선하고 분산자원으
로 EV를 활용하는 것이다. [표 5-9]에서 보듯이, 2011년 10월부터 2017년 2월까지
EV 200여 대, EV-PCS 80기, 급속충전소 13기를 보급하였으며 도서지역에서 신재생
에너지의 효율적 이용을 위해 EV 운용방식 및 V2G 등을 단계적으로 실증하였으며,
주민참여를 이끌어 내기 위해 쉬운 프로젝트 명칭 선정, 친숙한 디자인 제작, 웹 포털
제공 등 홍보활동을 병행하여 프로젝트 목적 달성을 촉진하였으며, V2G 프로그램을
통해서 분산형 에너지 자원인 EV의 효과를 입증하게 된다.

표 5-9 하와이 JUMPSmart Maui 프로젝트의 단계별 내용

구분	1단계	2단계
사업 기간	'11.10월~'15. 3월	'15.4월~'17.2월
사업 예산	30억엔	
주요 내용	• 닛산 리프의 EV소유자 또는 임차인 200 명 이상, 주택 소유자 30명 참여 • 13개의 급속 충전소를 설치 • 직접 부하 제어(DCL) 설치	• 총 80개 가정에 EV-Power Conditioning System(EV-PCS) 장치 제공 • EV배터리의 통합관리를 통한 가상발전 소 구축·운영

출처: 한국스마트그리드사업단(2018)

[그림 5-7]을 보면, 하와이의 마우이는 풍부한 재생에너지를 가지고 있고, 짧은 주행거리를 가지고 있어서 충전에 어려움이 없고, 첨단 스마트그리드 기술을 보유하고 있어서 신재생에너지와 스마트그리드를 통합하는 데 유리한 입지 조건을 가지고 있다.

그림 5-7 하와이 마우이 프로젝트

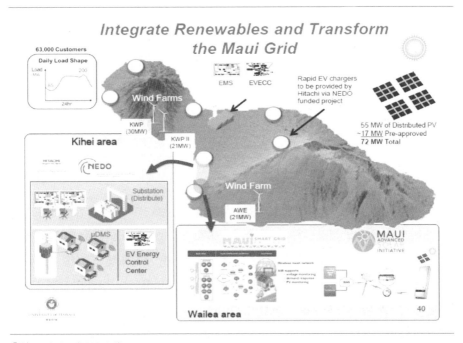

출처: Rocheleau(2016. 2.9).

[그림 5-8]을 보면, Ph1은 1단계를, Ph2는 2단계를 나타낸다. 2015년 자발적으로 참가하는 80개 가정에 EV-PCS(EV-Power Conditioning System) 장치가 제공되었는데, 1년 후에 300개로 증가했으며, 이 장치 설치자는 자신들이 소유한 닛산 자동차 리프(LEAF)의 충전을 가정에서 할 수 있다.

그림 5-8 하와이 JUMPSmart Maui프로젝트 아키텍처

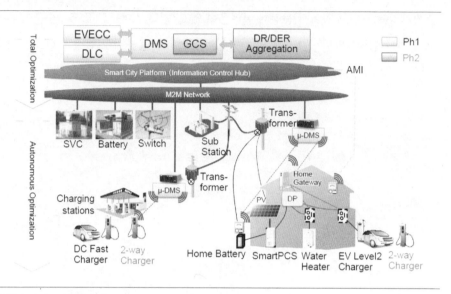

출처: Rocheleau(2016. 2. 9).

오바마 정부는 2015년 1.6억 달러 R&D 사업인 스마트시티계획을 발표하였고, 이의 목적은 교통혼잡 해소, 경제성장 촉진, 기후변화 대응 등이다. 하와이도 분산발전 기반 스마트 커뮤니티 시스템(AMI＋DMS＋EMS) 추진 계획과 통합 DMS(배전관리시스템; Distribution Management System) 구축 계획을 수립하였다. 미국은 특히 신재생에너지 인프라 확대를 도모하기 시작해 2016년까지 상당한 성과를 올린다. 2015년 발전 설비의 2/3 이상을 태양광과 풍력이 차지하게 하였고, 대형 태양광 발전 설비 규모는 14,000MW로 전년 대비 43% 성장하였다. 또한, 2016년 8월 기준으로 EV 490,000대 보급을 달성하였고, 독립형 태양광 발전설비 100만 대 보급을 달성하였는데, 이에 상당한 공헌을 한 프로젝트가 바로 마우이 섬이다.

[그림 5－9]에서 보듯이, 마우이섬의 쇼핑몰이나 공공시설에 EV 급속충전기를 설치했고, 프로젝트 참가자의 충전 종료시간을 고려해 시스템에서 충전 개시시간을 자동 설정 가능하게 하였다. 즉시 충전방식 뿐만 아니라 관리시스템을 통해 스케줄 방식 충전이 가능한 EV 충전관리 프로그램을 제공한 것이다. 정전시에는 EV－PCS의 백업 모드를 통해 필요 가전에 접속해 EV에 축적된 전기를 공급하는 V2G 프로그램도 구축하였다. 이를 통해 충전(심야 및 오후)－방전(저녁) 사이클 외에 긴급상황 시 EV 방전

을 통해 전기가 공급 가능하게 되었다.

그림 5-9 하와이 JUMPSmart Maui 프로젝트의 급속 충전기 사진 및 2015년 현재 설치 수

	Registered EVs and Public Changing Staecns in Hawai, May 2015				
County	Electric Vehicles	EVs per 1,000 Residents	Level 2 Charging Stations	Level 3 Charging Stations	Total Ports
Oatu	2,571	2.59	244	5	249
Maui	629	3.86	68	35	103
Hawaii	160	0.82	51	2	53
Kauai	118	1.67	32	1	33
Total Staewide	3,478	2.45	395	43	438

출처: Rocheleau(2016. 2.9).

마이크로그리드 프로젝트를 활성화하기 위해서는 마우이섬 사례처럼 지방자치제 참여 유도가 필수이며, 이를 위해 정부의 역할이 중요하다. 런던과 하와이만 예로 들었는데, 유럽은 에너지 효율 증진과 오래된 도시의 안정적 전력 운용에 초점을 두며, 미국은 도시별 현안 해결 중심의 스마트에너지시티 구축에 초점을 두고 있다. 한국은 미국보다는 유럽 상황에 더 유사한 환경을 가지고 있어서, 기성 시가지 대상으로 도시 내 다양한 데이터가 수집되고 공유되는 에너지데이터 플랫폼을 토대로 도시문제를 해결하고, 상용화 가능한 신규 비즈니스 모델을 개발할 수 있도록 에너지데이터와 솔루션의 개방이 필요하다.

참고문헌

4차산업혁명위원회(2018). 시민행복을 높이는 지속가능한 도시, 사람 중심의 글로벌 혁신
　　성장도시 조성 추진.

국토교통부(2018). 홈페이지, https://www.molit.go.kr/USR/WPGE0201/m_36673/DTL.jsp,

그린포스트코리아(2019.7.2). "유일한 대안 전기차, 외면하면 위기가 온다"

매일경제(2019.5.24. 테슬라 성장 신화는 끝났다

모토그래프92015.5.5). 테슬라, 가정용 '파워월' 공개… "벽에 전기를 저장해 놓으면?"

산업기술리서치센터(2017.7). 글로벌 전기차시장 성장 요인 분석 및 시사점.

산업기술리서치센터(2018). 4차 산업혁명의 종합 플랫폼, 스마트시티.

산업자원통상부(2017.11). 2017년 전기차산업 경쟁력 조사.

송민정 외(2015, 인터넷융합서비스 글로벌동향 분석 및 국내법제도 개선방안 연구, 미래창
　　조과학부 용역 보고서

송민정(2016.2). IoT 기반 스마트홈 비즈니스 유형 연구: 플랫폼유형론을 근간으로, 한국인
　　터넷방송통신학회 논문지. 16(2): 27-40.

에너지경제연구원(2018). 전기자동차 충전시스템에서의 신재생에너지 활용 방안 연구

에너지경제연구원(2017). 자동차의 전력화(electrification) 확산에 대비한 수송용 에너지 가
　　격 및 세제 개편 방향 연구.

에너지경제연구원(2018). 전기자동차 충전시스템에서의 신재생에너지 활용 방안 연구

오토저널(2017.12). Automotive 4.0 시대, 스마트카의 미래

이재용(2016). 스마트시티정책의 방향과 전략. 국토연구원 개원 38주년 기념세미나 <도시
　　의 미래, 스마트시트의 향후 방향> 발표문

이철원(2008), 개방형 혁신 패러다임으로 경제 발전의 효율성을 높이자, 과학기술정책, 정책
　　초점, 한국과학기술정보연구원.

인더스트리뉴스(2018.11.17). 전기차 보급 확대로 미래 에너지시스템 산업이 바뀐다.

전자과학(2017.4.4). 스마트 홈이 똑똑해지고 있다

정보통신기획평가원(2019.5.9). IT Brief.

정보통신산업진흥원(2018.2.5). 1인 가구시대, 진화하는 스마트홈 서비스, 제4차 산업혁명 과 소프트파워 이슈리포트 2018-제6호.

정보통신산업진흥원(NIPA)(2013), 국내외 스마트시티 구축 동향 및 시사점, 2013

최귀남, 첨단 IT기술기반 스마트시티 구현, 2016

한국건설산업연구원(2019.1). 플랫폼 비즈니스 관점의 스마트홈 개발 방향, 건설이슈 포커스.

한국경제(2017.11.27). 지구에서 운행되는 13억대의 차, 어디에 있나.

한국과학기술기획평가원(2018). 스마트시티, KISTEP 기술동향브리프, 12호.

한국산업기술진흥원(2018.9). 美國을 중심으로 한 스마트홈(IoT) 가전 등 기술 및 정책 동향 보고서

한국스마트그리드사업단(2018.3.14). 에너지신산업 글로벌 선도 사례 연구(최종보고서)

한국에너지공단(2018). 2018 자동차 에너지소비효율 분석집.

한국전자통신연구원(2017). 스마트홈 산업생태계 조사 분석.

한국전력(KEPCO) 경제경영연구원(2014.3.10). 미 전기차의 보조 서비스 시장 참여 사례, KEMRI Weekly Report, 제7호.

한국전력경제경영연구원(2015.9.14). 글로벌 신재생전원 확대 대비 전력시장 개선사례 분석, KEMRI 전력 경제 Review, 제35호.

한화투자증권(2019.6.10). 전기차 시장의 개화와 테슬라의 성공 여부

Aldrich, F. K.(2003). Smart Homes: Past, Present and Future, Inside the Smart Home, edited by Richard Harper, 17-39, London: Springer.

Al-Sumaiti, Ameena Saad, Ahmed, Mohammed Hassan, and Magdy M.A. Salama(2014). Smart Home Activities: A literature review. Electronic Power Components and Systems, 42(3-4): 294-305, DOI: 10.1080/15325008.2013.832439.

Bitterman, N. & Shach-Pinsly, D.(2015). Smart Home – a challenge for architects and designers, Architectural Science Review, Vol. 58, No.3, 266-274

Chen, C. Y., Y. P. Tsoul, S. C. Liao, and Lin, C. T.(2009). Implementing the design of smart home and achieving energy conservation, 7th IEEE International Conference on Industrial Informatics(INDIN 2009), 273-276, Cardiff, Sales, June, 23-26.

Chesbrough.H(2006), Open Business Model, Harvard Business School.

Cisco(2015), Cisco Develops Smart City Blueprint.

Corno, F., & F. Razzak(2012). Intelligent Energy Optimization for User Intelligible Goals in smart home environments, IEEE Transactions on Smart Grid, 3(4): 2128-2135.

EU-Japan Center for Industrial Cooperation(2014). Smart Cities in Japan.

Ha, L. D., S. Ploix, E. Zamai, and M. jacomino(2006). Tabu search for the optimization of household energy consumption, IEEE International Conference on Information Reuse and Integration, Waikoloa, HI, USA, Sep. 16-18: 86-92.

Iansiti, M. and Levien, R.(2004), The Keystone Advantage: What the New Dynamics of Business Ecosystems Mean for Strategy, Innovation, and Sustainability, Harvard Business School Press.

IBM(2018), Smarter Cities, https://www.ibm.com/smarterplanet/us/en/smarter_cities/overview/

IDC(2018), Smart city Asia Pacific Awards, http://www.idc.asia/idcscapa/

Irie, Hiroshi(2017). Japan-U.S. Collaborative Smart Grid Demonstration Project in Maui Island of HawaiiState:A case study, Mitsubishi Research Institute, Inc.

Jahn, M., Jentsch, M., Prause, C. R., Pramudianto, F., Al-Akkad, A., and Reiners, R. (2010). The energy aware smart home, 5th International Conference on Future Information Technology(FutureTech), Busan, May 21-23.

KB금융지주경영연구소(2019.1.29). IT업체들은 자동차를 어떻게 생각하고 있을까?

Khatib, T., A. Monacchi, W. Elmenreich, D. Egarter, S. D'Alessndro & A. m. Tonello (2014). European End-user's level of energy consumption and attitude toward smart homes: A case study of residential sectors in Austria and Italy, Energy Technology & Policy, 1: 97-105

Khatib, T., A. Monacchi, W. Elmenreich, D. Egarter, S. D'Alessndro & A. m. Tonello (2014). European End-user's level of energy consumption and attitude toward smart homes: A case study of residential sectors in Austria and Italy, Energy Technology & Policy, 1: 97-105

kt경제경영연구소(2014.11.26). 스마트홈(홈IoT) 생태계 6대 구성요소, 디지에코보고서.

LG경제경영연구원(2016. 8.31). 테슬라 효과 자동차에서 에너지 시장으로 확산, LG 비즈니스 인사이트.

LG경제연구원(2018.12.31). 탈규모 시대의 제조업, '플랫폼 비즈니스'로 도약한다

Liao, Y., M. Turner, and Y. Du(2014). Development of a smart grid roadmap for Kentucky, Electric Power Components and System, 42(3-4): 267-279.

MIT(2016), The rise of data capital.

Moore, James F.(1996), The Death of Competition: Leadership & Strategy in the Age of Business Ecosystems. New York, Harper Business.

Nanda, A. K. & C. K. Panigrahi(2015). Review on smart home energy management, International Journal of Ambient Energy, 1004107.

Navigant research(2018). https://www.navigantresearch.com/

Rocheleau, Rick(2016. 2.9). EV for Hawaii's Clean Energy Future. Electricity Use in Rural and Islanded Communities: QER Workshop, Hawaii Natural Energy Institute Maui, Smart Grid Demonstration Projects JUMPSmart Maui Grid Operations under High Renewable Penetration, School of Ocean and Earth Science and Technology, University of Hawaii at Manoa.

Stluka, P., D. Godbole, and T. Samad(2011). Energy management for buildings and microgrids, The 50th IEEE Conference on Decision and Control and European Control Conference(CDC-ECC), Orlando, FL, Dec. 12-15: 5150-5157.

Stoll, P., Bag, G., Rossebo, J.E.Y., Rizavanovic, L., and Akderholm, M.(2011). Scheduling residential electric loads for green house gas reductions, 2nd IEEE PES International Conference and Exbition on Innovative Smart Grid Technologies (ISGT Europe), Manchester, Dec. 5-7.

UNDP China, Smart Cities and Social Governance, 2017

Veleva, S., D. Davcev, and M. Kacarska(2011). Wireless smart platform for home energy management system, The 2nd IEEE PES International Conference and Exhibition on Innovative Smart Grid Technologies(ISGT Europe), Manchester, Dec. 5-7: 1-8.

Williams, E. D. and Matthews, H. S.(2007). Scoping the potential of monitoring and control technologies to reduce energy use in homes, Proceedings of the 2007 IEEE International Symposium on Electronics & the Environment, 239-244, Orlando, FL, 710, May.

Wood, G. and Newborough, M.(2003). Dynamic energy consumption indicators for domestic appliances: Environment, behavior and design, Energy Buildings, Vol. 35, No. 8: 821-841.

Yan, W. & Z. Hui(2010). CO2 Emission induced by household consumption in China, The 2nd IEEE International Conference on Information and Financial Engineering (ICIFE), Chonqing, Sep. 17-19: 59-63.

Zhou, S., Z. Wu, J. Li & Z. Zhang(2014). Real-time Energy control approach for smart home energy management system, Electric Power Components and Systems, 42(3-4): 315-326.

에너지데이터와
환경

학습목표

에너지데이터가 주거, 교통, 기후 측면에 미치는 영향에 대해 학습한다.

제6장

에너지데이터와 환경

에너지데이터와 환경 개관

가트너(2013)에 의하면, 개인의 환경 정보는 위치 이동이나 특정 행동 패턴에 따른 1차적 요인에서부터 시작해 특정한 정보 취득이나 SNS 이용 등 2차적 요인들에 의해서도 변화한다. 인지컴퓨팅(Cognizant computing) 기술 발달로 가장 먼저 제공된 서비스는 개인이 느끼기에 당장 중요하지 않지만 시간이 많이 걸리는 귀찮은 일이다. 예로 이메일 응답, 생일축하 메시지 전송, 주간 업무목록 작성 등이다. 이러한 서비스를 통해 개인은 점차 많은 일들이 자동 처리되는 것에 대해 익숙해진다. 가트너는 이러한 인지컴퓨팅의 진화 4단계를 제시하였다. 가트너는 2013년 4단계 중 1단계인 싱크미(Sync Me)와 2단계인 시미(See Me) 수준이며, 진화하고 있다고 보았다.

1단계인 싱크미(Sync me)는 동기화 단계로서 2013년 당시 아직 얼굴, 지문, 동작 인식 등의 인식 기술들이 활용되기 전이며, 스토리지 서비스를 제공받거나 멀티스크린이 발전하는 정도이다. 초기엔 하드웨어 동기화인 DLNA(Digital Living Network Appliance)가 등장했다가 사라졌고, 가상 드라이브(Virtual drive)인 스토리지(Storage) 서비스가 상용화된다. 대표적 기업은 드롭박스(Dropbox)와 에버노트(Evernote)로 스케줄러 기능도 제공한다. 2단계인 시미(See me)는 데이터 수집 단계로서, 다양한 위치정보와 디바이스 내 센서 데이터가 수집되고 데이터로 저장, 분석되어, 이를 활용한 마케팅 앱, CRM 앱들이 등장한다.

3단계인 노우미(Know me)는 개인 맞춤화 단계로, 국가별 차이는 있으나 대체적으로 2013년 시작되어 수집된 개인정보가 분석되어 개인화 서비스에 활용되기 시작한다. 기업은 고객에게 맞춤화 서비스를 제공하기 위해 인구통계 정보와 행태정보를 모두 필요로 하며, 소비패턴 분석 등을 통해 CRM을 소셜(Social) CRM으로 발전시킨다. 2013년 맞춤 서비스 사례로 추천엔진을 개발한 넷플릭스와 아마존 등이 제공하는 콘텐츠 앱과 거래데이터 등 정형데이터를 수집해 소셜 CRM 앱을 제공하는 월마트(Walmart) 등이 있다. 4단계인 비미(Be me)는 비서화 단계로, 자율서비스가 제공되며 자율자동차가 대표적이다. 2013년 애플의 시리(Siri)와 구글의 구글나우(GoogleNow)에서 콘시어지 서비스가 시작된다. 패턴 분석에 의해 룰(Rule)이 정해지고 적절한 허락 절차를 통해 '나'를 알고 있는 구매 등의 의사결정을 해준다. 이를 위해서는 디바이스나 앱과 '나' 사이에 확신과 신뢰가 구축되어 있어야 한다. 그리고 서비스를 제공하는 기업이 아닌 소비자인 '나'를 위한 구매 의사결정이어야 한다.

가트너가 제시한 인지컴퓨팅 4단계는 데이터 분석 기반으로 다양한 서비스들을 상용화해 개인에게 영향을 미치고 있다. 에너지데이터를 이에 적용하면, 1단계는 지능형 검침인프라인 AMI이다. AMI 시장은 이미 전 세계적으로 빠르게 성장하였으며, EU에서는 2020년까지 전체 설치 미터의 80%를 AMI로 구축해야 한다는 의무화 정책이 실시되면서 빠르게 보급되었다. 한국에서도 스마트그리드 사업의 일환으로 한전이 2010년에 200만~250만 가구에 AMI를 보급할 계획을 세웠다. 2단계에는 AMI로 데이터를 수집해 전력 사용 분석이 가능한 스마트미터가 있다. 이는 댁내 전력 사용량을 자동 검침하고 그 데이터를 통신망을 통해 전달해 수집한다. 수집된 데이터를 바탕으로 전력회사들은 개별 소비자의 전력 사용량에 맞춰 전기요금을 부과하며, 데이터 송수신 과정에서 다양한 통신기술이 융합된다. 스마트미터는 데이터 전송 과정에서 무선이나 전력선통신을 사용하며, 모두 통신거리, 송수신율 등에서 각각의 장단점을 갖기 때문에 어떤 방식이 더 좋다고 할 수 없으며, 실제로 지역마다 선호하는 방식이 조금 다른데 유럽은 전력선 통신을, 북미 지역은 무선통신 방식에 대한 선호도가 더 높다.

3단계는 맞춤화로, 수집된 전력 데이터 분석을 통해 사용자 개인별 전기 사용 패턴 등을 파악해 개별 가구나 개인에 최적화된 전력을 공급해 전기요금을 절약해 줄 수 있다. 이탈리아의 경우, 배전 전력회사인 에넬(ENEL)은 2001년도부터 5년간 약 3,000만

세대에 1세대 스마트미터를 대량 보급하기 시작했으며 IBM과 협력해 개발했다. 새로운 비즈니스 모델 개발을 우선시한 에넬은 고객 입장에서 에너지 소비량 인지 수준을 넘어 원격 계약 관리를 스스로 하게 하여 과금 비용을 절감케 하며, 전력시스템 운용면에서도 피크 저감을 통한 부하율 향상과 에너지 사용효율 향상 및 이산화탄소 저감 효과 등 고객만족과 운용비용 절감 모두를 얻게 되었다. 4단계인 자율의 경우, 프랑스의 슈나이더일렉트릭(Schneider Electric)은 2015년 가정용 제어 시스템을 위한 안드로이드 스마트미터 응용 프로그램을 출시해 제품에 적합한 조명, 제어 등의 옵션을 제공한다. 이러한 4단계 진화과정을 거치면서 개인은 에너지를 관리하고 절약하는 환경을 맞이한다. 다음에서는 앞서 산업에서 다룬 스마트홈, 스마트카, 스마트시티와 연계해 주거, 교통, 기후 환경의 진화를 각각 관찰하고자 한다.

제2절 에너지데이터와 주거 환경

 스마트에너지홈의 하나로 태양광 발전장치를 개인이 직접 설치, 운용해 전기 사용후 여유 전기를 전력회사로 판매하는 제도가 가능해지면 스마트 전기계량기에 에너지거래용 넷미터링(NET metering)이 탑재될 수 있다. 이를 위해 스마트 전기계량기는 주택 소비 전력량과 발전소에서 공급된 전력량을 계량하는 양방향 기능을 제공하며 다양한 통신기능이 탑재되어 소비자에게 소비량과 발전량 등의 에너지 거래 데이터까지도 제공한다. 여기에 EV까지 소유한 사람이라면 충전과도 연계시킬 수 있다. EV 충전 장치는 AC 전원을 사용하는 완속 충전기와 DC 전원을 사용하는 급속 충전기로 나뉘는데, 이러한 고정식 충전기 외에도 이동식 휴대용 완속 충전 장치도 개발되었다. 이러한 스마트 전기계량기는 댁내 에너지를 관리하는 스마트홈 에너지관리시스템 (EMS) 플랫폼으로 발전할 수 있다.

 이처럼 에너지데이터 기반의 스마트에너지홈이 주거 환경에 미치는 영향의 대부분은 수요 반응(Demand Response; 이후 DR)이다. 수요 반응(DR)이란 에너지데이터 기반으로 전력 시스템 내의 전력 수요를 맞추기 위해 개별 전력 사용자의 전력 사용량을 제어하는 것이다. 댁내 전기 소비 절감에 따른 인센티브 또는 시간대별 전기요금 제도 등이 가능할 경우에 개인은 평상 시 사용하는 전기 소비 패턴을 변경하거나 소비를 절감할 수 있다. 특히 기후 변화로 전력 수요 변동이 심하고 원자력발전 전력 설비에 대한 환경적 거부감으로 인해 전기에너지 수요 관리 필요성이 증대되고 있어서 DR 기반 서비스는 확대될 것으로 보인다. 한국에서는 2014년 11월 수요 자원 거래시장을 개설해 전력거래에 DR 서비스를 도입해 정전 예방 및 최대전력 수요 관리를 위한 피크감축 DR과 전력 공급비용 절감을 위한 요금절감 DR 서비스가 시행되고 있다.

스마트그리드 기반이 구축되고 EMS가 발전하면서 홈DR 서비스가 활성화되기 시작했고, 다양한 신재생 에너지 발전설비를 구비한 마이크로그리드 시스템까지 발전하고 있다. 스마트미터를 통해 에너지 소비 정보를 측정, 수집, 저장, 검색하고, 이를 기반으로 에너지관리 서비스를 제공하면서 홈DR 대상이 되는 기기는 더욱 확장될 것으로 보인다. [표 6−1]은 홈DR 서비스가 가능한 기기들이다. 냉장고, 세탁기, 식기세척기, 난방기, 수도설비 등이 그 대상이다.

표 6-1 홈DR 대상 기기들

대상기기	DR 수단	DR 지속시간
냉장/냉동 가전기기	부하 지연	1
세탁기, 식기세척기	부하 선행/지연	제한 없음
개별난방 냉방기기	부하 지연	1
주택용 수도설비	부하 선행	12
주택용 열순환 펌프	부하 지연	1
주택용 전기난방	부하 선행	12

출처: 국가기술표준원(2018). 2018 스마트가전 10대 표준화 전략트렌드

전 세계적으로 1인 가구가 증가하고 있으며 한국은 그 중심에 있다. 1인 가구의 증가 등 가구 유형의 변화와 냉난방 등 기타 가전제품의 전열화가 진행되면서 전력 수요도 증가 추세이다. 서울의 경우 2013년 가구 1인당 전력 소비는 [표 6−2]와 같다. 1인 가구 수가 증가할수록 전력 수요도 상대적으로 증가하는 경향을 보임을 알 수 있다.

표 6-2 서울 가구/1인당 월 전력소비량 및 가정용 전력소비

구분	전력소비량(kWh)	가구별 전기요금	1인당 전력소비량(kWh/인)	1인당 전기요금
1인 가구	264	35,052	264	35,052
2인 가구	312	48,731	156	24,365
3인 가구	400	75,750	133	25,250
4인 가구 이상	401	79,464	100	19,866

출처: 서울연구원(2013)

서비스로서의 홈DR 프로그램은 [표 6-3]에서처럼 가격 기반과 인센티브 기반으로 구분된다. 가격 기반 홈DR은 소비자가 지불하는 전력 가격을 시간대별로 차등 적용하며 이에 소비자가 반응해 전력 사용패턴을 스스로 변화시키는 방식이다. 가격 기반 DR은 시간대별로 미리 정해진 단위요금을 적용하는 사용별 내지 계시별 요금제(Time of Use Pricing; TOU)나 피크 요금제(Critical Peak Pricing; CPP)로, 전력 계통 신뢰도에 문제가 있거나 도매가격 급등 시 공급자가 피크 요율을 적용할 수 있는 요금제이며, 반드시 자동화된 DR 기기를 필요로 한다.

표 6-3 DR 프로그램 및 내용

구분	프로그램	주요내용
인센티브 기반 DR	Demand Bidding	전력시장에서 가격 및 부하감축량 입찰 참여
	Direct Load Control	수용가의 전력기를 원격으로 강제차단
	Emergency Demand Response	비상시 부하 감축 수용가에 인센티브 제공
	Interruplible Load	수급비상시 요금제 또는 할인약정으로 부하차단 시행
	Load as a coopacity Resources	사전에 지정한 부하감축 용량을 약정하고 부하감축 시행
	Non-spinning Reserve	수급불균형 발생시 10분 초과 반응 가능한 수요자원
	Spinning Reserve	비상상황에서 수분 내에 반응 가능한 수요자원
	Frequency Regulation	계통운영자의 실시간 신호에 대응하여 부하를 증감하는 수요반응 프로그램
시간대 기반 DR	Critical Peak Pricing	한정된 기간 동안 사전에 정해진 요율 및 가격을 부과함으로써 부하감축 유도
	Peak Time Revate	피크기간 중 지정된 시간 동안 부하감축을 할 경우 감축량만큼의 리베이트를 받는 제도

	Real Time Pricing	전기요금이 실시간으로 변동
	Time of Use	전력사용량 단위 가격을 시간대에 따라 다양하게 설정하는 제도

출처: FERC(2012)

한편, 인센티브 기반 DR은 전력 공급자나 전력시스템 관리자에 의해 운용되며 DR 프로그램에 참여할 소비자 모집이 필요한 경우 참여자로 하여금 전력 사용을 줄이게 하고 인센티브를 제공한다. 인센티브 기반 DR은 직접부하제어(Direct Load Control), 차단 가능 서비스(Interruptible/Curtailable Service), 수요입찰(Demand Bidding), 비상시 DR(Emergency Demand Response), 보험 개념 서비스인 용량시장(Capacity Market), 보조 서비스 시장에 부하절감을 입찰하는 보조 서비스(Ancillary Service) 프로그램 등으로 나뉜다.

에너지데이터로 주거 환경이 어떻게 변화하였는지 주요국의 홈DR 서비스를 살펴보면, 미국에서는 댁내 스마트미터기 도입과 함께 피크요금제를 적용해 전력수요 절감을 유도한다. 예로 캘리포니아 주 북부지역에 전력을 공급하는 PG&E는 스마트미터기 보급 후 2008년부터 피크요금제를 도입해 2011년 4월 기준 2만 4,000호 가정에 피크요금제가 적용된 결과 총 13회에 걸쳐 피크가 발생해 평균 14%의 수요 절감을 달성하였다. 프랑스 국영전력회사 EDF는 피크요금제인 '템포태리프(Tempo Tariff)'를 1996년부터 도입, 2018년 기준 약 40만 가입자가 사용 중이다. 요금제의 한 예로 소비자는 해당 요금에 따라 색깔이 변화하는 플러그인 장치를 사용하거나 전화, 인터넷을 통해 다음날 적용 요금을 전일에 통보 받기도 한다. 일본 DR 프로그램은 고객과 사전계약 후 부하를 감축하는 조정 계약과 요금으로 자발적 전력 수요 조절을 유도하는 요금제 조합으로 나뉜다. 해당 수용가의 연간 최대 수요전력을 계약전력으로 설정해 1년간 전기요금이 결정되나, 전력 피크가 발생하는 하계기간(7~9월)에는 월 최대 수요전력이 계약전력을 초과하지 않을 경우 그 차이만큼 전기요금을 할인하는 계약전력 조정제도가 있다. 한국에서는 2018년 약 1,900여 개 DR 업체가 참여 중이며, 서울시 산하 17개 시설이 DR 거래시장에 등록되어 5MW를 절약하며 참여 수익 2억 원은 기후변화기금에 편입해 에너지복지 사업으로 재투자한다.

스마트미터 기기 외에도 주거 환경에는 냉장고, TV 등 다양한 가전 기기들이 존재한다. IoT와 연결된 가전인 스마트가전(Smart appliances)은 기존 가전에 네트워크 기능을 연결하고 제어기능을 탑재해 콘텐츠와 서비스를 제공한다. 이는 인터넷 접속 기능이 있는 스마트TV, 스마트냉장고를 포함해 스마트에너지 서비스를 제공할 수 있는 모든 전자기기를 말한다. 앞서 언급한 스마트 전기계량기는 전기 소비를 계량해 전기 요금을 정산하는 용도에 쓰이지만, IoT가전이 되어 전기 소비 관리 목적의 수동적 수요관리에서 벗어나, 에너지 소비량 데이터를 제공하고 전력회사와 소비자 간 자발적 DR을 위한 스마트기기로 발전한다.

스마트가전이 에너지와 연계되면, 스마트에너지가전이다. 글로벌 기업들의 홈에너지 관리시스템 개발 사업이 활발하다. 예로 허니웰(Honeywell)은 다양한 통신 기반 온도조절기 시스템을 여러 플랫폼 업체와 협력해 제품 연동 중이며, 이를 이용한 홈에너지 관리 시스템을 운용한다. 구글도 스마트홈 제어기기인 네스트 제품을 결합해 홈에너지 관리 서비스를 제공 중이며, 엔도버, 지멘스, 존슨컨터롤스, 야마다케, 마쓰시다전공 같은 자동화시스템 전문기업들도 독자적 건물자동화시스템(BEMS)과 IoT 제품으로 구성되는 에너지 관리 시스템 및 관련 기기들을 제공 중이다. 한국에서는 삼성 SDS가 홈에너지, 환경 및 안전을 관리하는 무선 센서 네트워크 기반 월패드(Wallpad)를 제공해 스마트홈 기기를 제어 및 관리하고, 경동원은 온도조절기에 무선통신 기능을 내장해 통신기업과의 제휴로 다양한 IoT 기기와 연동해 에너지 소비 절감과 기타 부가서비스를 제공한다. 삼성전자는 미국 벤처기업인 스마트싱스(Smartthinks) 인수 후 자사 스마트가전과 국내외 스마트홈 기기 및 솔루션과 연동하는 시스템을 개발해 홈에너지 관리 서비스를 제공한다. 통신기업 3사(KT, SKT, LG유플러스)도 스마트홈 에너지 기기 제어 서비스를 제공하기 시작했다.

홈DR 시장 발전과 주택 소비자의 에너지 비용 절감을 위해 DR 자원이 보다 쉽게 전력시장에 참여할 수 있게 하는 플랫폼 기반 비즈니스 모델 개발이 요구된다. 대표적 사례로 네스트 사례를 4장에서 언급하였다. 네스트는 스마트가전 기반에서 시작했으나 구글에 인수된 후 비즈니스 플랫폼 기반으로 발전해 DR 기능 지원이 가능한 스마트 온도조절기를 소비자가 구매할 때 전력서비스 사업자가 DR 서비스 참여를 조건으로 제품 구매 보조금을 제공해 홈DR 서비스를 운영할 수 있게 했다.

이상의 홈DR, 홈에너지가전 외에도 배터리가 필요 없는(battery less), IoT 기반의 초 저전력 에너지 하베스팅(Energy harvesting)이 등장했다. 가볍고 얇은 휴대용 및 웨어러블 기기 수요가 증가함에 따라 IT 기기들도 소형, 나노화되는 추세이며, 이에 따른 배터리의 크기, 사용시간 등의 한계를 극복하기 위한 기술로 에너지 하베스팅이 주목받는다. 기존에는 메가와트(MW)급 전력은 애써 모으지 않았지만, 적은 전기로도 구동되는 기기들이 등장하면서 적은 양의 전력도 활용 가능해진 것이다. 배터리가 필요 없기 때문에 저에너지 고효율성으로 홈 외에 의료, 자동차, BEMS, 제로에너지 빌딩 등 다양한 영역에서 활용 가능성이 높다.

세계 에너지 하베스팅 시장은 2017년 3억 8,820만 달러로 평가되었고, 이후 예측기간(2018 – 2023) 동안 연평균 10.85%의 성장률로 2023년까지 6.5억 달러에 달할 것으로 전망된다. CES 2017 Unveiled에 참가해 홈에너지 하베스팅 기술을 선보인 프랑스의 에너비(Enerbee)는 가전기기를 많이 사용하는 가정에서 쉽고 간편하게 에너지를 재활용할 수 있게 해주는 제품으로 스마트환풍기를 선보였다. 배터리나 전기 없이 집안의 공기 흐름, 온도, 습도, 이산화탄소, 휘발성 유기화합물(VOC) 등을 감지하고 조절해 준다. 스마트폰 앱으로도 데이터를 분석하고 더욱 쾌적한 주거환경을 위해 활용될 수 있다.

CES 2018에서는 에너지하베스팅 리더로 성장한 독일의 엔오션(EnOcean)이 IoT 무선 전원 솔루션을 선보였는데, 이는 에너지 하베스팅 기술을 적용한 무선 스위치와 센서를 블루투스(Bluetooth) 기반으로 만든 제품들로, 각종 센서와 스위치, 가전제품이 조명등, 실내온도, 와이파이(Wi – Fi) 전자파 등의 주변 에너지를 활용해 구동된다. 또한, 센서로부터 조명과 난방, 채광 등 정보를 수집하여 직접 조절하기 때문에 건물 관리가 편리하고, 댁내에는 결로현상을 감지하는 센서, 화재 감지 센서도 있다. 이 제품들은 댁내 어느 곳이든 설치가 용이하고 에너지 절감 효과도 얻을 수 있다. 에너지 하베스팅에 의해 소형 전자기기나 센서에 전원을 공급할 수는 있으나, 밀집된 공간의 많은 센서에 전원을 공급하려면 충분한 에너지 공급원이 확보되어야 한다. 이를 해결하기 위한 효율 증대 및 신재생 연계의 신기술 개발이 요구되고 있다. IoT 시스템을 위한 대용량의 신뢰할 수 있는 센서 데이터를 생성하는, 배터리가 없는 엔오션의 장치는 건물 자동화, 스마트에너지홈, LED 조명 제어 등을 위해 유연성이 높고 설치비용 및 유지, 보수가 필요 없는 자체 전원 솔루션을 제공한다. 엔오션은 IoT와 에너지 하베스팅 기술을 연계한 제품으로 비즈니스 트렌드를 이미 구축한 것이다.

영국의 파넬(Farnell)은 오픈소스 하드웨어(Open Source Hardware)를 이용해 독일 엔오션의 에너지 하베스팅 기술과 IBM 왓슨(Watson) IoT 플랫폼을 연동하는 관리 솔루션과 개발자용 툴킷을 개발했다. 그 외에도 디지―키(Digi―Key), 마우저(Mouser) 같은 글로벌 전자부품 공급업체들도 IoT 기술과 연계한 에너지 하베스팅 IoT 제품을 공급하고 있다. 한국에도 일부 기업이 참여하지만 시장인지도는 아직 낮고, 대부분은 기술 도입단계에 있다.

[그림 6―1]은 에너지 하베스팅 기반 스마트홈 구상도이다. 스마트홈의 끊임없는 과제는 공간의 디자인을 해치지 않고, 센서의 최적 배치구도를 찾으며, 이미 존재하는 기존 빌딩자동화 시스템과 연계할 수 있도록 하는 것이다. 에너지 하베스팅 기술 보급, 탄소 배출 감소, 건물·산업 분야의 IoT 기술 적용 증가 등은 에너지 하베스팅 시장을 성장시키는 중요한 요인들이다. 하베스팅 기술의 디바이스 적용을 위해서는 소자의 최적화와 회로의 고성능화를 위한 회로의 고집적화가 관건이다.

그림 6-1 에너지 하베스팅 기반 스마트홈 구상도

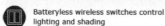 Batteryless wireless switches control lighting and shading

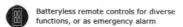 Batteryless remote controls for diverse functions, or as emergency alarm

Occupancy sensors automatically monitor and report movement

Wireless connectors control and monitor household appliances

Networked smoke sensors set off fire alarms to trigger emergency response

 Batteryless wireless window contacts monitor window status

 Batteryless wireless door/window handles monitor door/window status

 Sunblind actuators control the sun-shade elements

 Batteryless wireless control units allow for optimal climate conditions and maximum operating comfort

 Wireless actuators control radiators, room controllers govern underfloor heating

 Sensors in armchairs and mattresses detect and report occupancy

제3절 에너지데이터와 교통 환경

미국 대도시들은 원활한 교통을 위해 데이터 개방 정책을 지원한다. 예로 뉴욕시가 개방한 200여 개 도시 데이터들은 오픈스트릿맵(OpenStreetMap) 같은 오픈소스 지도 프로젝트에 유용하다. 이는 2013년 2월 뉴욕지방법원을 통과해 뉴욕시정부가 정부의 사무 관련 공공데이터를 공개하는 활동의 일부이다. 뉴욕시의 개방 데이터 계획에 의하면, 2018년 법에 의해 400여 개 도시 데이터 집합을 개방하게 된다. 데이터 개방화에 대해서는 12장에서 자세히 다룰 것이다.

개방된 데이터를 활용한 대도시 앱 대부분은 교통 관련이다. 예로 워싱턴DC 스팟히로(SpotHero) 앱은 주차 부족 문제를 해결한다. 스마트폰 앱으로 iOS와 안드로이드에서 모두 사용 가능한데, 인터넷이 가능한 도시의 주차 가능 여부를 추적하고 사용자는 주소나 지도에서 특정 위치만 지정하면 그 부근의 사용 가능한 주차 위치, 가격 및 시간대를 확인할 수 있다. 스팟히로는 실시간으로 주차 가능 위치 수량의 변화를 관찰하고 뉴욕, 시카고, 볼튼 등 7개 도시 주차 위치에 대해 사용 가능하다. 영국 대도시의 야간교통서비스 업체인 클럽은 전세버스를 운행하여 주변 교외도시나 소도시 시민들에게 교통편을 제공한다. 잠재적 이용자 수요에 반응하는 맞춤형 서비스를 제공하기 위해 데이터를 분석해 노선 설계와 실증 선호도를 확인하면서 다양한 교통 서비스로 확장될 수 있었다.

한국의 교통 관련 데이터는 주로 GPS 기반이다. 자가용 위치정보(내비게이션), 일반택시 위치정보(카드결제시스템), 화물차 위치정보(GPS 또는 RF-ID), 휴대폰 위치정보(GPS 또는 기지국 기반)가 있고, 과금 기반 위치정보로 교통카드 및 신용카드 사용내역이 있다. 그 외에 지능형교통시스템(ITS)센터에서 차량검지기/영상/단거리전용통신(DSRC) 등을 통해 수집하는 교통 정보(교통량 및 속도 등)와 교통사고 정보 등이 있다. 통신기업이 제공하는 내비게이션 앱 서비스가 애용되는 스마트에너지카 서비스의 예로 SK텔레콤의 티맵(T-Map) 서비스는 택시, 배송차량, 버스 등에서 소통 정보를 수집해 5분 이내 가공해 5분 이내 제공하며, 교통 상황, 길 안내, 도착 예정 시간 등을 전달하고, 매 5분마다 교통 정보를 업데이트한다. 또 다른 스마트에너지카 서비스 예로 서울시와 KT가 함께 개발한 '올빼미 버스'는 데이터 분석으로 노선을 설계해 저렴한 비용으로 이용 가능한 심야버스로 2013년 4월, 2개 시범노선 운행을 시작으로 확장 운행을 시행했다. 야간 경제활동 인구 중 일부는 요식, 엔터테인먼트 서비스 소비자이며 다른 일부는 저소득 근로자나 영세 자영업자, 회사원을 포함하는 생산활동자나 학생이다.

한편, 개발도상국 대도시들은 자동차 보유율이 낮아 대중교통이 부유한 도시보다 더 필요하지만 버스 노선이 제대로 형성되어 있지 않다. 자카르타, 하노이, 프놈펜, 키갈리 등 도시들의 공통점은 현저히 높은 모터사이클 보유율과 사용도이다. 대도시 교통수단으로 적절한 속도를 제공하나 많은 수의 승객을 한 번에 수송하여 도로 사용과 교통 에너지를 절감할 수 있는 대중교통과 같은 효율성을 갖고 있지 않으며, 지나친 모터사이클 사용은 교통체증과 대기오염을 악화시키는 주 원인이 된다. 따라서, 대중교통이 필요한데, IBM의 연구팀은 2013년 글로벌 통신회사인 프랑스의 오렌지(Orange)가 제공해 준 통신 데이터를 분석해 버스노선망이 없던 아이보리 코스트의 수도인 아비잔(Abidjan)에 버스노선도를 설계해 주었다. 데이터의 특성상 행동패턴을 그대로 담고 있기 때문에 좀 더 교통 수요자 중심의 정책 설계가 가능해지게 된다.

제4절 에너지데이터와 기후 환경

세계적으로 기후 변화가 심한데, 시그널은 작물이다. 2015년 8월 세계경제포럼(World Economic Forum; WEF)은 기후변화로 인해 작물 생산량이 줄어들고 있다고 발표했다. 기후변화의 주된 이유는 지구 온난화이다. 이를 분석하는 '기후변화대응기관(Climate Action Tracker; CAT)'은 2016년 11월 기준으로 2100년 지구온도가 2.8도 상승할 것이라 전망했다. '기후변화에 관한 정부 간 협의체(IPCC)'에 따르면, 지구 온도가 1~2도만 상승해도 기후 변화에 큰 영향을 주어 인류에게 큰 위협이 된다고 한다. 스마트에너지시티 차원에서 지구 온난화의 주범을 이산화탄소 같은 온실가스 배출로 보는 경향이 강하다. '국제에너지기구(IEA)'가 발간한 『2017년 에너지 전망(2017 Outlook for Energy)』에 따르면, 전 세계 온실가스 배출의 68%가 에너지 생산 때문이다. 따라서 지구 온난화로 인한 기후변화를 막기 위해서는 에너지 사용을 줄이는 것이 중요하고 온실가스를 배출하는 화석연료 에너지를 청정에너지로 대체하는 것도 아울러 중요하다. 문제는 도시 내 에너지 사용량이 계속 증가하고 있다는 점이다. IEA는 2040년 에너지 수요는 2015년 대비 40%나 증가할 것으로 전망했다. 게다가 이러한 에너지 수요 증가는 신재생에너지 발전원으로 대체하는 것보다도 훨씬 크다. IEA에 따르면, 신재생에너지 발전원 비중은 2009년 6%에서 2035년에 30% 정도밖에 증가하지 않을 전망이며, 화석연료 에너지 비중도 2009년 81%에서 2035년 75%로 크게 낮아지지 않을 전망이라, 국가마다 정책으로 내놓은 신재생에너지원 대체를 추진하더라도 화석연료 에너지원 사용 감소에 영향을 그다지 미치지 않기 때문에 지구 온난화는 계속 진행될 것이라는 결론이다.

따라서 지구 온난화 진행을 최소화하기 위해 에너지데이터를 분석 활용해서 화석연료 에너지 사용을 줄이면서 동시에 신재생 에너지 사용을 확대하는 정책이 병행되기 시작했다. 이에 대해서는 7장에서 다룰 것이다. 여기서는 스마트에너지시티의 기후 환경 변화에 대해 살펴보자. 에너지데이터는 사용량 분석과 이의 가시화를 통해 사용량 절감을 유도하고 기후에도 영향을 미친다.

예로 영국의 글래스고는 이러한 목적에서 에너지 사용량을 줄이고자 '도시에너지관리서비스'를 개발했다. 이 도시는 편의에 따라 2차원과 3차원 형태로 지도를 만들어 구역별로 에너지 사용 정보와 요금을 실시간으로 보여 주며, 사용량과 기후 정보를 기반으로 전력 사용 패턴을 분석해 구역별로 제공한다. 이는 사용자가 타 구역과 비교했을 때 에너지 사용의 낭비 정도가 심하다는 것을 스스로 느끼게 하여 에너지 절감을 유도하는 효과를 갖는다. 이 도시는 이 서비스를 30여 개 학교에 적용해, 2015년 기준으로 6개월 만에 전년 대비 약 33만 파운드(약 4억 9,000만 원)를 절감시켰다. 또한, 글래스고 시의 전력 사용량을 실시간 모니터링하여 탄소 배출량 확인 및 에너지 효율이 낮은 기기 정보 공유 등 스마트에너지시티 정책 수립에 활용하며, 지능형 가로등(Intelligent Street Lighting)을 통해 도시 전역의 안전 향상 및 도시 정보를 수집한다. 지능형 가로등은 실시간 움직임·소음 인식센서로 경찰 및 긴급구조대에 알림 기능을 장착, 긴급 상황 시 깜빡이는 신호로 사고 장소를 알려주며, 공해 및 움직임 측정 시스템을 통해 대기오염, 인구 이동 수에 대한 데이터를 수집하여 도시계획에 반영한다.

신재생에너지 보급도 기후에 영향을 미치는 요소인다. 신재생에너지는 풍력, 태양열 등 자연을 에너지 생산 원천으로 삼는데, 기후에 따라 달라지므로 에너지 공급의 안정성이 관건이 된다. 이를 에너지데이터로 해결할 수 있다. 신재생에너지에 적합한 지리를 추천하는 데에 데이터가 활용되는 것이다. 풍력, 태양열 등 생산 원천이 풍부한 곳은 기후가 변하더라도 최소한으로 생산하는 에너지양이 상대적으로 크기 때문에 적합한 지리를 찾아 신재생에너지 설비를 구축한다면, 활용률과 안정성을 높일 수 있다. 예로 덴마크의 베스타스(Vestas)가 있다. 이에 대해서는 3장에서 설명하였고, 9장에서 더 자세히 다룰 것인데, 기후 환경과 연계해 설명하면, 풍력 발전기를 개발하는 베스타스는 IBM이 제공하는 데이터를 활용해 날씨, 조수간만의 차, 위성, 산림 정도를 분석해 풍력 발전원에 적합한 지리를 추천해준다. 이외에도 기후, 발전원 상황 정보 등을 기반으로 에너지 생산 패턴을 추출한 후 신재생에너지 발전원 생산량을 예측해 공급 안정성을 높일 수 있다. 이처럼 에너지데이터를 잘 분석하고 활용하면 지구온난화 문제를 해결할 수 있으며, 특히 화석연료 에너지 수요를 줄이고 신재생에너지 발전원을 확대할 수 있다.

지구온난화와 환경오염은 인간의 삶을 위협하는 큰 이슈이다. 특히 미세먼지는 화학무기와 같은 강력한 파괴력을 갖는다. 이는 직경 크기에 따라 미세먼지와 극미세먼지로 구분된다. 직경이 $0.1\sim2.5\mu m$이면 미세먼지(PM10, PM2.5), 직경이 $0.1\mu m$ 미만은 극미세먼지이다. 미세먼지가 포함하는 성분이 미세먼지의 독성에 중요한 역할을 한다. 호흡기 영향은 주로 세기관지에서 염증반응을 일으키며 천식, 만성기관지염, 기도폐쇄를 일으키며, 폐 조직에서 박테리아 불활성화 작용을 방해해 호흡기계 감염을 유발하고, 심근경색, 뇌졸중, 심박동수 이상, 급사 같은 심혈관계 질환의 주요 요인이 되고 있다. 미세먼지의 인체 영향 중 가장 대표적인 것은 기도 염증 반응으로 미세먼지 흡입은 상부와 하부기도에서 염증반응을 일으키고 활성산소와 산화스트레스를 증가시킨다. 2013년 세계보건기구 산하 국제암연구소(IARC, International Agency for Research on Cancer)에서 사람에게 발암이 확인된 1군 발암물질(Group 1)로 미세먼지를 지정하였다.

미세먼지는 인체뿐 아니라 농작물 생태계 등 환경 전반에 영향을 준다. 대기 중 이산화황(SO_2)이나 이산화질소(NO_2)가 많이 묻어 있는 미세먼지는 산성비를 내리게 해 토양과 물을 산성화시키고, 토양 황폐화, 생태계 피해, 산림수목과 기타 식생을 손상시키며, 공기 중 카드뮴 등 중금속이 묻은 미세먼지는 농작물, 토양, 수생 생물에 피해를 주고, 미세먼지가 식물 잎에 부착되면 잎의 기공을 막고 광합성 등을 저해함으로써 작물의 생육을 지연시킨다. 미세먼지는 산업활동에도 영향을 미쳐, 반도체와 디스플레이 산업에 노출되면 불량률이 증가해, 가로·세로 높이 30cm 공간에 0.1μg의 먼지 입자 1개만 허용한다. 자동차 산업은 도장 공정에서 악영향을 받을 수 있고, 자동화 설비 경우에도 미세먼지로 인한 오작동 피해를 입을 수 있고, 가시거리를 떨어뜨리기 때문에 비행기, 여객선 운항도 지장받는다.

이처럼 인체, 생태계, 산업에 영향을 미치는 미세먼지에 대해 선진국은 '환경기준'을 정하고 있다. 이는 건강을 보호하고 쾌적한 생활환경을 유지하기 위해 설정한 행정 목표로, 각국의 오염상황, 사회·경제적 발전 단계, 기술수준 등이 고려되어 설정된다. 미국, EU는 대기환경정책을 추진한 초기에 총 먼지로 환경기준을 설정하였다가, 미세먼지(PM10) 중심으로 전환했고, 경제구조가 고도화되고 에너지 사용량이 많아지면서 최근에는 입자 크기가 더 작은 미세먼지(PM2.5)에 대한 환경기준이 신설되거나 강화되는 추세이다. 한국의 경우, 2018년 3월 미세먼지 환경기준을 미국, 일본 등 선진국과 같은 수준으로 강화해 미세먼지의 일평균 환경기준이 기존 50$\mu g/m^3$에서 35 $\mu g/m^3$로 강화되었다.

미세먼지가 가장 심각한 중국의 경우, 2010년 전후로 미세먼지 오염이 심각해지면서 생태환경부는 2012년 미세먼지를 포함한 환경기준물질들에 대한 환경대 기질기준을 강화했고, 환경보호구역을 자연보호구역, 유적지, 특수구역을 포함하는 1구역과, 거주, 상업, 문화, 공업, 농촌지역을 포함하는 2구역으로 구분해, 1구역에는 1급, 2구역에는 2급 기준을 적용한다. 도시지역에 적용되는 PM10, PM2.5에 대한 2급 기준 농도는 WHO 권고 기준보다 일평균은 3배, 연평균은 3.5배 높은 수준이다. 이 기준을 74개 도시를 신기준 1단계 모니터링 실시도시로 선정해 우선 적용한 이후 2013년 113개 환경보호 중점도시 및 국가환경 모범도시, 2015년 285개 도시, 2016년부터 중국 전역에 단계적으로 적용하였다. 이와 함께 중국 정부는 대기 중 미세먼지 저감을 위한 목표 및 달성 기한을 설정하고 다양한 대기오염 저감 정책을 시행하고 있으며, 대기오염방지 행동계획을 통해 2017년까지 도시의 PM10 농도를 2012년 대비 10% 이상 감축하는 목표를 설정하여 10대 계획을 수행하였다.

중국 정부는 특히 고농도 오염 대응을 위해 2015년 대기오염방지법을 개정하면서 중대 대기오염 대응 항목을 추가해 중대 대기오염에 대한 조기 예·경보 등급 기준을 통일하고, 긴급 대응 시스템을 표준화하는 등 중대 대기오염 관측 및 예·경보 체계를 수립하였다. 또한 현급 이상의 지방정부에서는 중앙정부기관인 생태환경부, 중앙기상대와 협력하여 중대 대기오염에 대한 예·경보를 발령하도록 의무화하였다. 생태환경부 산하 국가환경모니터링센터는 24, 48, 72시간 AQI 지수 범위, 대기질 등급 등을 지방정부에 배포하고, 지방정부는 이를 토대로 예보 결과를 발표한다. 또한, 중국은 중대 대기오염을 돌발사건 비상관리 체계에 포함시켜 '중화인민공화국 돌발사건 대응법', '중화인민공화국 환경보호법'에 근거해 지방정부에 대기질 중오염에 긴급 대응하기 위한 시행령, 조례 등 유관 법률규정을 마련하고 생태환경부 제공 '도시 대기질 중오염 긴급대응 매뉴얼 제정 가이드라인'에 따라 AQI 지수 201 이상 시 긴급대응 조치를 의무화하였고, 지방정부는 대기오염 예·경보 등급에 근거해 관련 기업의 생산 중지 및 제한, 자동차 운행 제한, 폭죽 금지, 노천 소각 중지, 학교의 실외 활동 중지 등을 명령할 수 있게 되었다.

미세먼지로 함께 어려움을 겪는 중국과 한국은 한·중 대기질공동연구단을 2014년 발족해, 2015년 6월부터 국립환경과학원과 중국환경과학연구원의 대기분야 전문 연구팀을 운영 중이다. 양국은 고농도 미세먼지 발생 시 대기질 상황에 대한 실시간 공유, 공동 시료채취 및 분석을 통한 고농도 오염 사례의 원인 및 특성 분석을 수행 중이며, 양국의 대기질 예보 기법, 배출량 현황, 대기분야 정책 추진 현황 등에 대한 정보를 공유한다. 또한 2016년 11월 중국 측의 대규모 대기질 공동관측 제안으로 2017년 5월부터 공동 연구과제인 '청천(晴天) 프로젝트'를 추진하게 된다. 이는 한국 풍상 측에 위치한 중국 북부지역 고농도 미세먼지의 주요 발생원인과 대기 중 화학변화 및 이동특성을 파악해, 이 지역 중장기 미세먼지 저감 대책 마련에 필요한 과학적 근거를 제시하는 것을 목적으로 한다.

한국은 2016년 6월 관계부처합동으로 '미세먼지관리특별대책'을 수립했다. 목표는 2022년까지 미세먼지 국내 배출량 30% 저감, 4대 핵심 배출원(발전, 산업, 수송, 생활)을 집중 감축하는 것이다. 발전 부문에서는 단기적으로 공정률 낮은 석탄화력을 재검토하고 신규를 금지하며 운영 중인 석탄화력과 고형연료제품(SRF) 사용시설 관리를 강화하고 재생에너지 및 기후변화 대응 기술을 개발하는 것이며, 중장기적으로 노후 석탄발전을 폐지하고, 새로운 에너지계획으로 전환, 발전용 에너지원 친환경적 세율체계를 조정하고 도서지역발전소, 고형연료제품(SRF) 시설 등 관리 사각지대 관리를 강화하는 것이다. 산업 부문에서는 단기적으로 사업장 오염물질 배출총량제를 내실화하고, 먼지 총량제의 단계적 확대, 불법행위에 대한 전방위적 점검·감시 실시, 사업장 관리체계 개선, 중소사업장 대상 환경 개선지원 추진 등이고, 중장기적으로 사업장 오염물질 배출 총량제 대상 지역 확대, 질소산화물에 대한 대기 배출 부과금 부과, 휘발성유기화합물(VOCs) 비산배출 사업장 시설 관리 기준 강화 등이다. 도로 부문 수송 단기 대책은 노후 경유차 저공해화, 노후 화물차 저공해화, 운행차 및 신규 경유차 배출가스 관리 강화, LPG 차량 및 CNG·전기버스 보급 및 의무구매 확대 등 친환경차 보급 활성화, 교통 수요 관리 강화 등이며, 장기 대책은 노후 경유차 운행 제한 지역 확대, 온실가스 대상 저탄소차협력금제도를 대기오염 물질까지 포괄하는 친환경차협력금제도로 변경, 2022년까지의 전기이륜차 5만 대 보급, 경유차이륜차 배출 가스 검사제도 강화, 배출가스 검사기관 일원화 및 임의조작 근절 등이다. 생활 부문 단기 대책은 도로재 비산먼지 발생 사전 차단, 도시−도시외곽을 연결하여 미세먼지를 조기 분산시키는 '도시숲' 조성 등이며, 장기 대책은 도로재 비산먼지 관리, 도료 중 VOCs 함유 기준 강화 및 관리 대상 확대, 주유소 VOCs 관리 강화, 적극적 지원을 통한 불법 소각 차단 등이다.

미세먼지 대응을 위해 미세먼지 생성 메커니즘 연구 등 데이터과학 연구를 강화하고, AI 기반 대기질 예·경보시스템 구축 등 데이터 및 수치예보 결과와 머신러닝(Machine Learning) 기술을 접목한 AI 예측 시스템 구축이 요구된다. 이를 위해 미세먼지 국가 배출량 데이터를 체계적으로 수집, 관리해야 한다. 또한 현재 배출량 조사(CAPSS) 시스템 보완이 필요하며, 누락배출원(생물성 연소 등)을 발굴해야 하고, 한국 실정에 맞는 배출계수를 개발해야 한다. 미세먼지 발생원에 대한 기초 통계를 구축하기 위해서는 미세먼지 발생원(기여도), 위해도 검증 등을 담당할 데이터분석 조직도 아울러 필요하다.

참고문헌

국가기술표준원(2018). 2018 스마트가전 10대 표준화 전략트렌드

국토연구원/도로교통연구원(2018). 국토교통 빅데이터 추진전략 및 변화관리 방안 연구

김연규 엮음(2018). 글로벌 기후변화 거버넌스와 한국의 전략, 한울.

문광주 외(2018.6). 중국 초미세먼지 현황 및 정책 동향, 한국대기환경학회지 제34권 제3호

서울연구원(2013). 서울시 가정용 전력소비의 변화요인과 저감 방안

에너지연구원(2017). 건물 에너지 정책방안 연구

이석주(2012). 교통 부문에서의 빅데이터 현황 및 활용, 한국교통연구원

한국과학기술기획평가원(2019). 시민참여형 미세먼지 대응 정부 R&D 투자방향 수립 연구

한국법제연구원(2017.11.15). 4차 산업혁명 핵심기술을 활용한 기후변화 대응 전략 연구 -
    빅데이터를 중심으로.

한국전력공사(2009). 스마트 미터링 기술 및 시장동향, 송배전연구소 보고서

한국환경정책평가연구원(2018.5.18). 미세먼지관리종합대책, 에너지고위경영자과정 발
    표문.

Gartner(2013). Future of Smart Devices, Gartner Symposium, IT. Expo 2013, Barcelona
    in Spain, Gartner Group.

IoT 오픈 플랫폼 기반 스마트시티 분야 서비스 사례집, 2018.9

FERC(2012). Assessment of Demand Response snd Advanced Metering

Marketsandmarkets(2017). Smart Meters Market

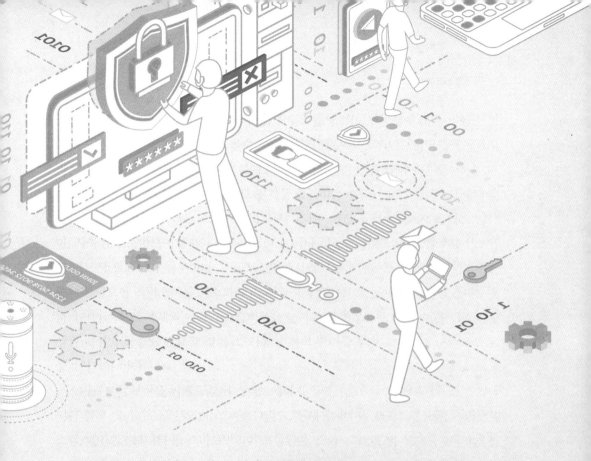

에너지데이터와
정책

제7장

학습목표

한국의 에너지 정책 역사에 대해 개관한 후, 에너지데이터가 에너지 전환 정책, 산업 경쟁 정책, 그리고 에너지 수요관리 정책에 어떻게 관여되고 영향을 미칠 수 있는지에 대해 탐색하고 관련 주요국 사례에 대하여 소개하고자 한다.

제7장

에너지데이터와 정책

에너지데이터와 정책 개관

　한국의 에너지 정책 역사를 개관하면, 1960년대부터 시작해 가장 눈에 띄는 것은 신재생에너지로의 에너지 전환 정책이고, 두 번째는 완전하지는 않지만 에너지 산업에의 경쟁 도입이며, 세 번째는 에너지데이터 활용이 가능해지면서 에너지 공급 위주 정책에서 에너지 수요관리 정책 중심으로 이동하고 있다는 점이다. 신재생 에너지 정책은 환경 문제와도 연계된다. 1980년대 후반부터 본격화된 환경규제 강화 추세는 1987년 몬트리올 의정서에 이어 1992년 6월 리우의 '지구환경회의'에서 기후변화협약이 체결됨에 따라 이산화탄소를 비롯한 온실가스 배출규제가 본격화된다. 한국에서는 미세먼지 정책으로 더 강조되는 에너지 사용에 따른 온실가스, 특히 CO_2 배출 억제 정책으로 석유와 석탄 등 전통적인 화석에너지 사용이 억제되고 신재생에너지로의 소비 전환이 과제로 등장한다. 한편, 화석에너지를 대체할 태양광 등 신규 에너지가 정착되는 데 많은 시간이 걸릴 것으로 예상되기 때문에, 화석에너지 소비를 당장 중단하기 보다는 에너지 소비를 줄이는 방법을 고민하게 된다.

　세 가지 정책 변화에 대해 역사적으로 개관해 보자. 첫 번째는 에너지 전환 정책으로 기존 에너지보다 환경 친화적인 에너지 이용방법을 찾는 것이다. 단기적으로 원자력과 천연가스의 역할이 강조되지만, 원자력은 온실가스 문제 해결에는 바람직한 대안이나 입지난, 반원전론 등 문제로 인해 현실적 제약이 따르므로 천연가스 정책에 집중한다. CO_2 배출량이 석탄의 약 절반 정도에 불과하고 청정하며 사용이 편리해 천연가스 수요가 증가하고 있다. 장기적으로는 신재생 에너지 정책이 주를 이룬다.

두 번째는 에너지 산업의 경쟁체제 도입이다. 1990년대 전 한국 정부는 부존자원이 열악한 상황에서 경제성장과 국민생활에 필요한 에너지를 차질 없이 안정적 · 효율적으로 공급하는 데에만 초점을 두고 정책을 추진해 왔다. 따라서 정부의 과도한 규제와 개입, 양적 팽창 위주 에너지 정책은 높은 석유의존도, 낮은 에너지 이용효율, 에너지 산업의 대외경쟁력 악화와 시장기능의 위축 등 구조적 취약성을 초래시킨다. 따라서, 산업구조의 경쟁체제로의 전환이 1990년대에 들어와 에너지 정책의 주요 이슈로 자리 잡기 시작한다. 개방화, 글로벌화 추세가 확산되면서 에너지 분야도 예외일 수 없으며, 에너지 산업 자유화를 위한 구조개편은 경제 전반의 효율성과 대외경쟁력 강화와 직결된다.

1980년대 후반부터 정부가 경제 운용 기조를 민간 주도로 전환하기 위해 규제완화를 추진하기 시작하면서, 석유산업은 매년 규제완화의 중점 대상으로 인식되어 각종 규제가 완화되어 왔다. 그러나 진입규제, 가격규제, 설비규제, 수출입규제 등 석유산업에 대한 핵심 규제는 1990년대 중반까지도 이어지다가, 석유산업 경쟁을 촉진하고 대외경쟁력 강화를 목표로 1995년 9월 석유산업 전반에 걸친 자유화계획이 확정되고, 동년 12월 29일 개정 · 공포된 <석유사업법>에 석유산업 관련 핵심 규제들을 완화 또는 폐지하는 내용을 담아 자유화를 위한 법적 기반을 마련한다. 가스산업 부문에서도 1997년 새 정부 출범 후 공기업의 민영화 논의가 시작되어 1997년 10월, 공기업 민영화 특별법에 의해 2003년까지 한국가스공사를 민영화하기로 결정한다. 1998년 7월, 정부는 공기업의 민영화 방침을 근거로 배관망 공동이용제 등 경쟁체제를 도입하여 민영화 기반을 구축한다. 전력산업의 효율성을 향상시키고, 지속적으로 증가하는 전력수요를 효과적으로 충족하기 위해서 전력산업에도 경쟁도입과 민간참여의 확대를 위한 전력산업 구조개편 기본계획이 마련되어 전력산업 구조개편 관련법의 제 · 개정(2000.12) 및 한전 발전 부문 분리(2001.4)에 따라 정부 및 한전 중심 전력계획에서 다양화된 전기사업자 중심의 계획으로 변경된다. 하지만 아쉽게도 발전부문 민영화와 배전부문 분할 논의가 잠정 중단된 상태에서 불완전한 경쟁 상황이 지속되고 있다.

세 번째는 에너지 수요관리체제로의 전환 정책이다. 한국은 에너지 대부분을 수입에 의존하면서도 에너지 다소비 산업 비중이 크다. 이러한 불균형에도 불구하고 낮은 에너지 가격정책이 유지되어 1990년 이후 10% 내외의 높은 에너지 소비 증가세를 보인다. 에너지 소비증가가 무분별한 에너지소비 및 비효율적 에너지 소비구조에 의한 것으로, 무역수지 적자 및 산업경쟁력을 약화시키는 요인이고 환경에도 악영향을 미친다. 먼저 에너지 절약을 유도하기 위해 석유(경유, 등유), 도시가스, LPG 가격 및 전기요금을 국제수준(OECD 비산유국 평균)으로 단계적으로 조정해 나가는 정책을 추진하고 있다. 즉, 에너지 가격을 국제 에너지 가격, 주요 비교대상 국가의 가격, 장기 한계비용 및 국내 물가추이 등을 감안하여 연도별 목표가격을 설정해 운영하는 에너지 가격 예시제를 시행하며, 이에 따른 세수 증가분을 에너지 절약시설 투자 재원으로 활용하는 것이다. 또 에너지 절약시설 투자세액 공제율을 상향조정하는 등 에너지 절약시설 투자에 대한 금융·세제 지원을 확대해 나가는 것이다. 여기에 에너지 사용의 효율화를 위해 에너지데이터 분석을 통한 수요관리 시장을 확대해 나가는 것이 병행되기 시작했다.

제2절 에너지데이터와 에너지 전환 정책

OECD국 중심으로 에너지 전환이 진행 중이다. BNEF(2017)에 따르면, 2040년 발전 투자의 72%가 재생에너지가 될 것으로 예상되며, IEA(2018)에 따르면, 2017년 OECD 신규 설비 투자 비중에서 재생에너지가 73.2%로 1,390억 달러, 화석연료가 22.6%로 430억 달러, 원자력이 4.2%로 8억 달러를 나타냈다. 한국 에너지 정책 우선순위도 에너지 전환이며, 3대 목표는 재생에너지 확대, 탈석탄, 탈원전이다. 이 세 가지에 대해 살펴보자. 에너지 정책의 핵심은 전력설비를 늘려 전력 공급을 안정적으로 유지하는 것이라, 급증하는 수요 대응을 위해 대형 발전소 중심으로 공급이 진행되었고, [그림 7-1]에서 보듯이 2019년 최대수요 절기를 제외하면 넉넉한 공급예비율을 기록하고 있다.

그림 7-1 2011~2018년 한국 전력설비의 월별 공급예비율 추이

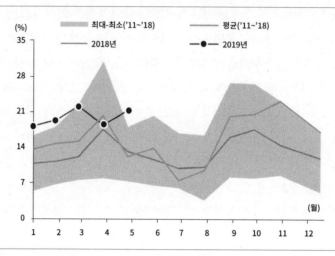

출처: 한국전력, 하나투자증권(2019.5.17) 재인용

그림 7-2 분기별 원전 이용률 추이 및 전망

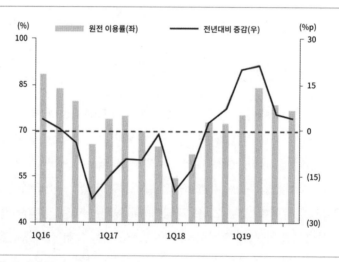

출처: 한국전력, 하나투자증권(2019.5.17) 재인용

에너지 정책의 시작은 재생에너지 확대 정책이다. 송전망과 배전망 보강이 전제되
지 않은 추가 기저설비 도입이 전력시장의 비효율성을 초래할 수도 있다는 우려 속에
IT 기반으로 분산전원이 가능한 재생에너지 확대 여건이 조성되고 있다. 재생에너지

의 경우에는 연료비가 없기 때문에 적정한 규모만 확보하면 원가 개선이 가능하나, 국가의 투자비 부담도 상존한다. [표 7−1]은 한국의 재생에너지 3020에 따른 태양광 및 풍력 중심 신재생에너지 확충(태양광 33.5GW, 풍력 17.7GW) 계획이다. 신재생(정격용량 기준) 설비 증설 목표는 2017년~2022년 기간 동안 연평균 2.4GW, 2023년~2030년 기간 동안 연평균 4.4GW이다.

표 7-1 2019년 한국의 에너지 전략: 발전원별 설비계획

	2017년	2022년	2030년
원자력	24기(22.5GW)	27기(27.5GW)	18기(20.4GW)
석탄	61기(36.GW)	61기(42.0GW)	27기(39.9GW)
LNG	37.4GW	42.0GW	44.3GW
신재생-정격	11.3GW	23.3GW	58.5GW
신재생-실효	3.1GW	4.8GW	8.8GW

출처: 산업통상부, 하나투자증권(2019.5.17) 재인용

　한국 재생에너지 정책의 대상은 태양광과 풍력, 수소연료전지이지만, 2019년 기준, 태양광 중심으로 성장 중이다. 2017년 기준 재생에너지 설비 용량 15.7GW 중 태양광 비중은 37%였다. 재생에너지 발전 비중 확대를 위해 '재생에너지3020 이행계획'에서 태양광과 풍력을 각각 30GW, 16GW 증설한다고 발표하였고, 수소연료전지의 경우 '수소경제활성화로드맵'을 통해 2040년까지 2017년의 약 60배에 해당하는 15GW로 확대를 추진한다는 계획이다. 2019년 기준 한국 재생에너지 정책 동향을 살펴보면, 태양광의 경우 사업자 수익을 보호하는 등의 지원이 확대되면서 성장세가 지속되고 있으며 2017년 발표된 2030년 태양광 발전 설비용량 36.5GW 목표 이후 성장세가 더욱 확대되었다. 2017년 5.8GW에서 2018년에는 7.9GW로 35% 증가하였다. 입찰 참여 규모는 평균 350kW 중규모급 위주이다.

　풍력의 경우, 한국 정부 보조금이 증가하고 대규모 프로젝트가 추진되면서 사업이 확대된다. 2018년 기준 풍력 설비용량은 아직 전체 신재생에너지의 7% 수준이며, 투자 촉진을 통해 2030년 17.7GW 달성한다는 목표이다. 해상풍력은 특히 조선과 건설업의 기술 및 부품을 활용할 수 있어 일거리 창출에 유리하다. 수소연료전지는 아직

소극적 수준이다. 수소연료전지 설비용량은 2017년 기준 251MW로 전체 신재생의 1.6%를 차지하였다. 2019년 기준, 한국 정부는 수소경제 활성화 로드맵을 통해 2040년까지 발전용 수소 연료전지 15GW를 보급할 계획이다.

이러한 재생에너지 정책 환경에서 에너지데이터와 신재생에너지 정책이 만나는 분야는 에너지 저장장치(ESS)이다. 한국 정부 지원이 확대되면서 재생 연계 ESS 설치가 증가하고 있다. ESS는 태양광과 풍력의 출력 변동성을 완화하고 중앙전력망 관리에 기여하는 등 재생에너지 보급에 필수적이다. 한국 정부는 태양광과 풍력이 안정적 발전원이 되도록 ESS와의 연계를 적극 권장하는데, 문제는 주로 사용되는 태양광 연계형 ESS 리튬이온 배터리의 화재 문제로 다양한 배터리를 사용할 수 있도록 하는 규제 완화가 요구되고 있다. 레독스흐름배터리가 전 세계적으로 재생에너지 연계형 ESS에 가장 많이 사용되고 있는 추세이다.

세계적으로 확산되고 있는 재생에너지 확대 정책으로 향후 그리드 패리티(Grid parity)에 도달할 것이다. 이는 한정된 화석연료 발전 단가가 계속 상승하는 데 비해 태양광 등 신재생에너지 이용 전력 생산 비용이 계속 낮아져 효용이 같아지는 균형점을 말한다. 이에 도달한다는 것은 태양광이 화석연료에 비해 가격경쟁력을 갖게 됨을 뜻한다. 기존에는 태양광 발전이 화석연료 발전보다 더 비용이 많이 들어 정부 지원금이 있어야 발전에 경제성을 가질 수 있었다.

그리드 패리티에 도달하면 정부 지원금 없이도 발전 사업가나 전기 수요자가 스스로 알아 태양광 발전을 하게 되고, 이에 따라 태양전지 수요도 증가하면 규모의 경제로 인해 태양전지 가격도 더 싸지게 되는 산업생태계 내 선순환 구조가 형성된다. 2011년 미국 에너지부(이후 DoE)는 선샷 이니셔티브(SunShot Initiative)를 도입했다. 2018년 태양광 설치 비용이 와트(W)당 0.89달러를 달성했고, 모듈 가격은 와트당 0.8달러 급락했다. 2010년 평균 모듈 가격이 와트당 1.89달러에서 8년 간 84%나 하락한 것이다. 이후 추가적 모듈 가격 하락이 예상되어 미국 일부 지역 가정용 태양광 설비 경우에는 세액공제가 없어도 그리드 패리티에 가까워졌다. 독일의 경우에도 2018년 태양광 발전단가가 65달러/MWh로 석탄발전 대비 20% 이상 저렴해 2038년까지 석탄발전소 폐쇄를 발표했고, 원전은 2022년 셧다운된다. 이에 독일의 총 22GW 기저발전이 2022년까지 천연가스와 신재생에너지로 전환될 전망이다.

재생에너지 확대 정책으로 인해 문제가 되는 것은 석탄이며, 이어지는 정책은 탈석탄 정책이다. 6장에서 언급한 미세먼지 등 환경 영향 이슈에서 재생에너지와 대척점에 서 있는 석탄에 대해서는 점진적 감축이 불가피하며, 전 세계적인 문제이다. 노후 발전소는 수명이 앞당겨질 수 있으며 기존 발전소에도 출력 제한이 적용된다.

한편, 기후 변화로 인한 환경 변화로 재난 대응에 탈원전이 화두이고, 탈원전 정책이 요구된다. 한국의 경우 아직 신고리 6호기 이후 신규 설비 제한으로만 한정되어 정책이 추진 중이지만, 탈원전은 정부 공약이라 장기적 계획이 명시된 전력믹스(Mix)가 대안으로 떠오르고 있다.

전력믹스는 재생에너지, 탈탄소, 탈원전 정책 모두를 아우르는 대안이다. 온실가스 저감과 탈원전에 맞는 집단에너지는 에너지 소비지 인근에 위치해 송배전 비용을 절 감시키며, 열효율이 우수하고, 미세먼지 등 공해 발생을 줄여 준다. 예로 열병합발전 의 증기터빈 용량은 석탄화력의 1/3 정도로 동일 용량의 석탄화력에 비해 냉각수 소 요량이 적어 배수 피해가 줄어들고 분산전원을 통해 송전비용도 줄 수 있다. 전기만 생산하는 석탄화력발전 열효율이 최대 45%인 데 비해 열병합발전은 전기와 열에너 지를 동시 이용하므로 열효율을 80%까지 상승시킨다. 즉, 1억 원 에너지를 수입한다 면 석탄화력발전소는 4,500만 원 에너지만 이용하지만, 열병합발전소는 8,000만 원 에너지를 이용할 수 있다. 열효율이 높은 만큼 연료 사용 절감으로 탄소배출량도 저감 된다. 또한, 지역냉난방사업은 LNG를 연료로 사용해 배기가스 중 황산화물, 질소산 화물, 분진 등 공해물질이 거의 배출되지 않고 연소과정에서 발생되는 질소산화물은 저감 기술개발과 최적운전으로 배출 기준치보다 훨씬 적게 배출할 수 있다.

한국 집단에너지 사업은 정부의 사업 타당성 평가 이후 사업자를 모집한다. 문제는 기업의 초기 투자 부담이 크다는 점이다. 지역난방 열요금을 결정짓는 소각열은 발전 소 인근에 세워진 소각장에서 나오는데, 2000년 이후 세워진 소각장 찾기가 어려운 이유는 집단에너지사업법 제6조의3항에서 소각열을 연계하도록 명령했다가 1999년 법 개정으로 삭제되었기 때문이다. 지역 주민들 반발로 소각장 시설이 어려워 한국난 방공사(이후 한난)가 가진 소각폐열을 공유하는 방안이 필요하다. 예로 미래엔인천에 너지는 2000년 집단에너지 허가 취득 후 대기, 수질, 폐기물, 소음진동, 유해화학물질, 온실가스·에너지절감을 위해 주보일러 112t/h 1기, 온수보일러 68.8Gcal/h 2기, 24MW급 열병합발전설비를 갖추고 있으며, 한국서부발전(43.9%), GS에너지(30%), 롯데건설(26.1%)이 공동 설립한 청라에너지도 2018년 주택용 수용가 10만 호를 돌파

했고, 신규 수요 창출, 저가열원 비중 확대에 역점을 두고, 133km 열수송관을 보유하고 있다. 열수송관에 누수 등 이상 상태를 실시간 감지할 수 있도록 '무선 누수감지시스템'을 설치해 실시간 모니터링하고, 열수송시설 등급별 관리, 관리 전 구간 1일 2회 순찰, 취약시설 특별안전점검, 위기대응 능력향상을 위한 모의훈련 등을 시행하고 있다.

한국 에너지 정책 최고 목표는 친환경이다. 석탄보다는 LNG를, 화석연료보다는 재생에너지를 선택하는 과정에서, 안정성 차원에서 '탈원전'이 추가된다. 이러한 에너지전환 정책 성공의 관건은 투자와 적절한 가격 설정이다. 목적과 방향이 확실하다면 투자 비용 상승은 불가피하며, 특히 해결해야 할 문제는 기저설비의 송전 제약과 사용후 핵연료 처분시설이다. 다음에서는 에너지전환 정책의 방안으로 산업경쟁 정책과 수요관리 정책을 에너지데이터와 연계하여 살펴보고자 한다.

제3절 에너지데이터와 산업경쟁 정책

이상의 에너지 전환, 그중에서도 재생에너지 확대 정책으로 인해 새롭게 등장할 에너지시장 경쟁에 대비해 가격체계와 시장제도를 개선하며 전기사업자의 담합 등 불공정행위에 대한 규제제도를 정비해 나가는 것이 산업경쟁 정책의 핵심이다. 재생에너지 확대 정책 추진을 위해 어떤 가격체계와 투자지원을 할 것인가가 관건이다. 미국 재생에너지 확대를 위한 산업경쟁 정책 핵심은 생산세액공제(Production Tax Credit; PTC)와 투자세액공제(Investment Tax Credit; ITC)이다. PTC는 재생에너지로부터 생산된 전력 판매 시 세금 일부를 공제하는 제도로 대상은 지열, 태양광, 바이오매스, 수력, 도시 고형폐기물, 매립지 가스(LFG), 조력, 파력, 해수 온도차 등이다. 기술별로 차등 적용된다. 예로 2018년 이전에 건설이 시작된 풍력, 지열 폐쇄루프 바이오매스, ITC를 요구하지 않는 태양광에는 시간당 킬로와트당 0.023달러($0.023/kWh)의 PTC가 적용된다. 미국풍력에너지협회의 2018년 집계에 따르면, PTC의 성과로 풍력발전 비용은 지난 7년간 67% 하락했고, 풍력발전 단지에 대한 민간 투자가 지난 10년간 4,330억 달러에 이르며, 제조, 건설 및 기술 분야에 10만 명 이상이 종사하였다.

한편, 미국의 ITC는 재생에너지 설비나 기술 투자 금액에 부과되는 세금 일부를 공제하는 제도이며, 태양광 발전, 풍력, 지열 히트펌프, 수력, 연료전지, 마이크로 터빈이 대상이다. 10~30% 생산세액공제율이 적용되며, 태양광은 2019년까지 30%를 유지하고 2022년부터 10% 세액공제율로 바뀌며, 지열발전은 2022년 이후까지 10%를 유지한다. ITC는 태양광 보급 확대에 도움을 주어 가격을 낮추는 데 기여한다. 미국태양에너지산업협회(SEIA)에 따르면, 주거용 및 상업용 태양광은 2006년 ITC 시행 후 연평균 76% 성장률을 기록하여 1,600% 이상 증가하였다. 2018년 기준 PTC와 ITC는 지속되고 있다.

2018년 기준, 유럽연합(EU)도 2030년 에너지 소비의 재생에너지 비중을 32%로 하는 재생에너지 지침(Renewable Energy Directive)을 개정했다. 냉난방의 재생에너지 사용은 연간 1.3% 증가하고, 수송 부문 재생에너지 비중을 2030년 14% 달성으로 설정했다. 전통 바이오 연료는 토지이용 변화를 고려해 7%로 제한하면서 2023~2030년 점차 퇴출하는 것에 합의되었다. 햇빛을 화학에너지로 저장한 유기물로 나무, 나무찌꺼기, 짚, 거름, 사탕수수 등 농업 부산물을 연료로 사용하는 바이오매스 발전은 설비 규모에 따라 효율 기준을 적용하고, 댁내 자가소비에 대해 30kW까지 부과금을 면제하고 소비 증가 시 회원국이 부과금이나 요금을 부과할 수 있게 하였다.

프랑스는 2018년 6월 태양광 보급 목표로 자가소비 및 태양광시설 토지취득 정책을 추진해, 자가 소비자에게 소매전력 청구금액의 15%인 재생에너지부담금을 면제해 주고, 배전망에 연결된 소비자 그룹으로 제한된 발전설비 공유를 반경 1km 내에서 공유하고 재편성할 수 있게 했고, 제3자가 자가소비 프로젝트에 투자할 수 있도록 허용하였다. 또한, 3GW 규모 6기 해상 풍력 단지의 발전차액지원제(Feed－in－Tariff; FiT)로, 전력 생산단가와 판매가 차액을 보전해 주고, 기준가격을 인하했다.

영국은 소규모 설비 대상 FiT와 대규모 설비 대상 재생에너지 의무화(Renewable Obligation; RO)로 구분했는데, RO를 2017년 3월 종료하면서 RO를 차액정산제(Contract for Difference; CfD)로 대체하였다. FiT 지원 대상은 5,000kW 이하 수력, 태양광, 혐기소화 설비 및 2kW 이하 열병합 설비이며, FiT 기준가격은 분기별 조정된다. 영국은 2019년 3월까지만 태양광의 FiT를 유지하고, 그 이후엔 모든 신규 태양광 보조금을 폐지한다. 게다가, RO 폐지로 재생에너지 투자는 전년 대비 약 56% 감소한 데다가, 재생에너지 보조금까지 변경되면서 정부의 투자가 감소하고 있다.

일본도 발전량 믹스계획에서 신재생에너지 22~24%, 석유 3%, 가스 27%, 원자력 20~22%로 제시하면서 FiT 기준가격을 점차 인하해 태양광을 FiT 지원 없는 가격으로 인하한다. 2018년 7월, 일본은 제5차 에너지 기본계획 확정을 통해 재생에너지를 주력 전원화한다. 즉, 원자력 의존도를 줄이고, 고효율 화력발전을 활용하며, 에너지 절약을 지속 추진하고, 에너지 절약과 지원수단을 통합적으로 실행하며, 수소·축전·분산형 에너지를 추진한다. 2050년 온실가스를 2013년 대비 80% 감축 목표하에 신재생에너지를 주력 전원공급 수단으로 확대하고, 원자력을 탈탄소화의 선택 사항으로 활용하며, 화석연료에서는 석탄발전을 가스발전으로 대체하고, 수소개발을 착수한다. 열·수송·분산형 에너지 측면에서 수소 저장을 통해 탈탄소화를 추진하고 분산형 에너지 시스템과 지역 개발을 함께 추진한다. 또한, 신재생에너지를 2050년까지 주력 전원공급 수단으로 활용한다.

일본은 FiT 기준가격을 인하하고 경매를 통하여 태양광시장 가격 경쟁력을 강화한다. 2017년 태양광 발전설비 경매 도입 후 2018년 9월까지 2회 경매가 진행되었는데, 매년 FiT 기준가격이 개정 고시되며, FiT 기준가격이 인하하는 추세이다. 태양광발전은 FiT 지원을 받지 않는 가격으로 인하할 계획이라, 비주택용 태양광발전은 2020년까지 14엔/kWh, 2030년까지 7엔/kWh로, 주택용 태양광발전은 2019년 가정용 전기요금 수준, 2020년 이후 전력시장 가격 수준으로 인하한다는 정책이다. 20kW 이상 육상풍력도 2030년까지 8~9엔/kWh로 낮추고, 20kW 미만 육상풍력과 해상풍력은 정량적 목표 없이 FiT로 보조 받지 않는 수준을 목표로 한다. 비주택용(10kW 이상) 태양광발전의 FiT 기준가격은 2017년 3엔/kWh 삭감된 21엔/kWh로, 2018년 3엔/kWh 삭감된 18엔/kWh로 적용되었다. 주택용 태양광발전(10kW 미만)에 대한 잉여 전력 구매 기준가격은 25~28엔/kWh로 발표되었다.

세계에서 가장 높은 수준의 균등화 발전비용(Levelized Cost Of Electricity; LCOE)을 기록한 일본은 2019년 태양광발전 단가와 소매가격이 같아지는 소켓 패러티(Socket Parity)를 목표로 한다. LCOE는 연도별로 불규칙하게 발생하는 발전량과 비용(건설비, 연료비, 운전유지비 등)을 연도별로 균일하게 등가화(화폐의 시간적 가치를 고려하여 발전량과 비용을 일정시점으로 할인)하여 산정한 것인데, 전력 요금이 한국 대비 상대적으로 높은 일본이 이러한 목표를 정한 이유는 기술발전 및 비용하락으로 태양광 가격이 급하락하고 있기 때문이다. 2018년 FiT 기준가격 고시에서 비주택용과 주택용 태양광을 제외한 신재생에너지원의 2020년 FiT 기준가격을 미리 제시한 이유도 시장에 미리 암시를 주어 발전사업자 비용 하락을 유도하고, 시장 예측 가능성을 높여 투자를 촉진하기 위함이다.

일본은 2018년부터 육상풍력 규모에 따른 구분을 폐지하고, 해상풍력에 대해 용량 구분 없이 고정식과 부유식으로 구분해 기준가격을 고시한다. 20kW 이상 육상풍력 의 FiT 기준가격을 2020년까지 꾸준히 인하하고, 20kW 미만 육상풍력도 동일한 기준 으로 적용해 FiT 기준가격 감소폭이 더 크다. 이는 육상풍력을 20kW 이상 위주로 보 급하겠다는 정책을 시사한다. 해상풍력에 대해서는 2016년 고시에서 20kW 이상 대 상으로 36엔/kWh의 기준 가격을 적용한다. 2018년 고시에서는 2020년까지 2017년 기준가격이 그대로 유지되는 것으로 되었는데, 그 이유는 태양광 중심 보급을 기준가 격 조정을 통해 완화하고, 다른 에너지원 활용을 확대해 재생에너지 믹스의 다양성을 확보하기 위함이다.

일본은 전력시장 자유화 정책도 추진한다. 그동안 일본 전력 시장은 지역 대표 전 력회사(일반전기사업자)의 발전·송전·배전 독점 및 지역독점 형태여서 소비자 선택 권이 제한적이었다. 하지만 수차례 개혁을 통해 점차 자유화되어 2016년 4월, 5차 개 혁을 통해 소매부문 전면 자유화가 이루어진다. 이러한 일본 전력시장 자유화는 2020 년까지 송·배전부문 법적 분리를 통해 완성될 전망이다. 송·배전부문을 별도 회사 화(법적 분리)하여 전력 소매시장에 신규로 진입하는 사업자들도 공평하게 이용할 수 있도록 독립성을 높이는 것이다. 이 방안 중 하나가 전력 탁송(송전)요금 부과 대상 확 대 방안이며 재생에너지와 관련된다. 전기소매사업자만 부담하는 탁송요금을 발전 사업자도 부담하도록 확대하고, 대신 계통접속 시 초기비용을 경감시켜 줌으로써 재 생에너지 발전사업자를 비롯한 발전사업자 부담이 일시적으로 늘어나지만, 탁송요 금 부담분을 전기요금에 부과할 수 있게 되어 발전사업자 부담을 결국 경감해 주는 효 과가 있다. 또한, 일본은 전력계통 유연성 확보를 위해 전국 단위 수급조정시장을 2020년까지 마련한다는 계획이다. 이는 기존 일반 전기사업자가 주파수 및 수급 조정 을 위해 개별적으로 시행한 조정전력 조달을 2020년까지 수급조정시장(실시간 시장) 을 개설해 전국 단위로 확대한다는 것으로, 전국 단위 수급 조정은 발전량 변동폭이 특히 큰 태양광 및 풍력발전 등 재생에너지 사업 확대에 기여할 것이다.

한국의 재생에너지 활성화를 위해 2002년 FiT 실시 이후 재생에너지 발전량 비중이 연평균 약 0.34% 증가하였지만, 재정부담 가중으로 2012년부터 신재생에너지 공급 의무화(Renewable Portfolio Standard; RPS) 제도로 전환된다. RPS는 재생에너지 외의 원료로 일정 발전설비 규모 이상을 보유한 발전사업자에게 발전량의 일정 비율만큼 재생에너지를 생산하도록 강제하는 제도이다. 2012년부터 2023년까지 공급의무 비율 목표치도 제시되었다. 공급의무자는 재생에너지 발전소를 스스로 건설해 전력을 자체 생산하거나 재생에너지 발전사업자로부터 신재생에너지 인증서(Renewable Energy Certification; REC)를 구매하여 의무를 이행하게 된다. REC는 발전사업자가 재생에너지 설비를 이용해 전기를 생산 및 공급하였음을 인증하며, 단위는 MWh이다.

또한, 한국도 일본처럼 전력시장의 경쟁 기반 확충을 위해 한전의 배전부문에 독립사업부제를 도입하고 회계분리를 함으로써 내부경쟁을 통한 경영효율화를 도모하고, 민간 발전사업자, 구역전기사업자, 직접구매자 등 시장참여자를 확대하고, LNG 직도입 활성화 등을 통해 연료 부문 경쟁을 촉진하는 등의 산업경쟁 정책을 추진하기 시작한다.

제4절 에너지데이터와 수요관리 정책

『포브스』 기사에 의하면, 2014년 7월 플로리다 대학의 한 학생이 지능형 온도조절기인 네스트 제품의 구조를 분석해 본 결과, 네스트는 단순한 온도조절기가 아니라 하나의 완전한 컴퓨터이다. 이 학생은 이러한 다양한 센서와 통제능력을 갖춘 컴퓨터가 홈네트워크에 연결되어 있는 상황에서 해킹된다면 무시무시한 결과를 초래할 수 있다고 경고했다. 이러한 문제는 본질적으로 스마트홈 기술이 발달하게 되면 필연적으로 발생할 것이라고 예견되었던 프라이버시(Privacy)와 사이버보안 문제와 일맥상통한다. 네스트는 이에 관해 특별한 대응을 하지 않고 있으나, 사용자의 프라이버시와 사이버보안 문제가 이 비즈니스 모델의 잠재적 위험인 것은 분명하다.

에너지 수요관리 정책의 첫 번째 이슈는 개인정보 내지 프라이버시 문제이다. 수요관리를 위해 에너지 사용 데이터가 축적되는 스마트미터가 프라이버시 침해 우려를 발생시킨다는 정책적 이슈를 낳게 된다. 가장 큰 우려는 일상생활 습관이나 삶 형태가 전력기업에게 노출된다는 점이다. 이를 피하기 위해 사생활 내지 프라이버시를 최우선 하는 규정은 일반 소비자들의 반발을 막기 위해 반드시 필요한 정책이다. 프라이버시 보호 정책은 개인정보 보호 정책과 동일시되어 논의되고 있다. 개인정보 보호에 대한 미국과 유럽의 시각 차가 존재하는데 이에 대한 이해가 우선 필요하다.

미국은 개인정보 보호보다 시민의 알 권리를 우선시하므로 개인 데이터를 활용하는 것에 대해 상대적으로 관대하다. 이러한 이유로 미국 연방헌법에는 프라이버시를 명문으로 인정하지 않으며, 구체적 개별 법령에 한해 프라이버시 보호규정이 적용되고 있다. 즉, 미국에서는 사용자가 이의를 제기하지 않으면 기업의 사용자 데이터 활용을 허용하는 옵트아웃(Opt-out) 방식이 적용된다. 이는 이용자가 사업자에게 수신 거부 의사를 밝혀야만 활용할 수 없는 방식이다. 미국의 옵트아웃은 과도한 개인정보 보호로 자칫 인터넷산업 성장 정체로 이어질 수 있다는 우려에서 비롯된다. 미국 내에서도 개인정보 보호 수준을 높여야 한다는 주장이 제기되어 온라인상에서 발생할 수 있는 새로운 유형의 개인정보 침해 행위에 대하여 개별적 입법을 통해 보호조치를 마련하기 시작했고, 대표 사례로 오바마 정부에서 추진된 2012년 추적 금지법(Do not track bill)과 개인정보 수집을 차단시키는 '원클릭(One click)' 시행 등이 있다. 한편, 유럽은 전통적으로 개인정보 주체에 대한 권리를 엄격하게 강조해, 오프라인 사전동의(Opt-in) 의무를 온라인에도 그대로 적용하고 있고, 일본이나 한국도 사전동의(Opt-in) 중심의 개인정보 보호 법제로 구성되어 있다. 옵트아웃의 반대 개념인 옵트인은 사업자가 이용자의 사전동의를 얻어야 활용할 수 있는 방식이다.

이미 도시에서 발생하는 여러 문제들이 IoT 센서나 CCTV 등을 통해 수집되어 AI와 데이터 분석 툴을 통해 분석 및 시각화되고 있다. 스마트시티의 범위는 너무 광범위해 안전, 교통, 에너지, 생활, 환경 등을 모두 포함한다. 특히 CCTV 통합관제센터를 포함하는 스마트시티 속 안전 분야는 관제요원들이 놓칠 수 있는 여러 위급상황들을 기계학습과 패턴분석을 포함한 영상분석 기술을 이용해 GIS상에 이벤트 형태로 표출하고 관제 요원에게 알려 주어 응급상황에 신속히 대처하도록 하고 있다. 또한, 이벤트 발생 시 수집되는 영상데이터와 위치정보, 이벤트 처리정보 등을 수집·분석·처리해 분석을 위한 데이터로 활용한다. 이는 한국 헌법에서 보장하는 사생활 비밀보호와 개인정보보호법령 준거성 여부와 더불어, 최근 진행되는 규제 샌드박스에 의한 규제 자유지역에서의 데이터 처리 문제 등과 함께 논의될 수밖에 없는 상황을 불러온다. 데이터 활용 및 소유권 관련 규제혁신에 대해서는 마지막 장인 13장에서 다룰 것이다.

에너지데이터 활용에서 개인정보 보호 이슈가 부각된다. 개인정보는 개인에 관한 모든 정보 가운데 직·간접적으로 각 개인을 식별할 수 있는 정보를 말하며, 식별 가능성이 없는 정보는 개인정보로 취급되지 않는다. 한국 정부는 2016년 6월 '개인정보 비식별 조치 가이드라인'을 만들었으나, 법적 근거는 아직 미흡하다. 즉, 비식별정보가 가명정보와 익명정보로 구분되는데, 전자는 추가 정보 사용 없이는 특정 개인을 알아볼 수 없게 조치한 정보이고, 후자는 시간, 비용, 기술 등 개인정보 처리자가 활용할 수 있는 모든 수단을 합리적으로 고려할 때 다른 정보를 사용하여도 더 이상 개인을 알아볼 수 없게 조치된 정보를 말한다.

이용 가치가 높은 데이터 결합의 법적 근거 마련을 통해 개인 식별이 안 되는 데이터 활용을 제고하여 에너지데이터 기반의 비즈니스 모델 개발이 가능하게 되어야 한다는 차원에서 개인 식별 정보를 비식별화하고 재식별화가 안 되게 하는 알고리즘 개발 지원이 국가 차원에서 시작되었다. 즉, 가명정보의 이용 과정에서 개인을 알아볼 수 있게 되는 경우 처리 중지 및 삭제 조치를 의무화하고, 고의적 재식별 시 엄격한 형사 처벌 및 과징금 부과 등 책임성을 확보하는 방안과 함께 기술적으로 비식별 조치가 가능하게 한다. 비식별 조치는 3단계를 거쳐 가능한데, 1단계에서는 개인 식별 정보 암호화(가명처리), 축약(범주화) 등 개인 식별성을 제거하고, 2단계에서는 특이성을 띠거나 다른 데이터와 결합하여 식별 가능성이 있는 데이터를 제거하고, 마지막 3단계에서는 비식별 조치가 완료된 데이터에 대해 전문가의 적정성 평가가 이루어지는 것이다.

에너지데이터를 활용하게 하려는 규제혁신 차원에서 한전의 매년 3조 건이 넘는 전력데이터를 활용해야 에너지데이터 비즈니스 모델 활성화가 가능하다는 판단하에 한국 정부는 비식별 처리에 대한 명확한 규정이나 관련 기술이 부실한 상황임에도 불구하고, 일정 기간 규제를 면제하는 규제 샌드박스를 통해 데이터 개방을 하게 되었다. 산업통상자원부가 2019년 2월 27일 제2차 산업 융합 규제특례심의회를 열어 규제 샌드박스 5건을 승인한 가운데 한전의 '전력데이터 공유센터 구축' 안건이 시험·검증 기간 제한된 구역에서만 규제를 면제하는 실증 특례 승인을 받았다. 데이터와 관련해 공공기관이 민간기업과 협업한 것은 에너지데이터 사례가 처음이다. 센터는 전력데이터를 분석하는 '데이터사이언스연구소', 데이터를 활용하도록 개방하는 '전력데이터공유센터', 데이터서비스를 유통하는 '에너지마켓플레이스'로 구성된다. 이 규제

혁신에 대해서는 13장에서 자세히 다루고자 한다.

에너지 수요관리 정책의 또 다른 이슈는 사이버보안 문제이다. 보안에 대해 틈이 발생하면 연쇄적 반응이 발생될 수 있다는 이유로 에너지 분야에서 사이버보안은 필수적이다. 미국 에너지 기업에 대한 사이버 공격은 많이 알려진 사실이다. 이들의 목적이 정보 또는 무역 비밀을 훔치기 위한 시도인 것으로 한 때는 판단하였으나, 현재는 정보망과 정보기기에 대한 심각한 손상을 가하는 것에 중점을 두고 있는 것으로 미국은 판단한다. 막대한 잠재 비용을 초래할 수도 있는 이러한 사이버 공격을 대비하기 위해 사이버 보안 보호 대책이 필요하다. 에너지 사용 데이터는 투명하고 공평하게 분배되는 정책 기준에 의해 통합될 필요가 있으며, 종합적인 사이버 보안 정책이 함께 고려되어야 한다.

사이버 보안 정책의 고려 대상은 크게 두 가지로 컴퓨팅 자원과 데이터 분석이다. 기본적으로 컴퓨터와 관련된 모든 컴퓨팅 자원은 어떤 방식이나 형태로서 에너지데이터와 연관이 있으며, 정부는 사용, 적용 또는 구매되는 컴퓨팅 자원의 경제성과 효율성을 끊임없이 모니터링하고 특히 클라우드 컴퓨팅 프레임워크가 이러한 시스템 확장, 원가 절감, 시스템 신뢰성의 개선을 가능하게 해주기 때문에 이에 대한 정책을 필요로 한다. 또한, 데이터 분석을 위해서는 모든 발생하는 상황 인지와 최적화된 운영, 그리고 예측 분석이 가능하게 되어야 한다. 상황 인지를 위해 시스템 운영자 (System Operator; SO)에게 에너지 시스템 상황을 완벽하게 파악할 수 있는 정보가 주어져야 하고, 최적화된 운영을 위해 최고의 스마트 네트워크를 구축하여 도시가 에너지를 필요로 할 때 에너지 공급이 잘 되도록 해야 하며, 분석도 진화해 전력 수요 예측 및 예보를 도출해 낼 수 있어야 하고, 다양하고 안정적인 탄력적인 에너지 운영이 가능해야 한다. 데이터 분석의 진화에 대해서는 8장에서 다루기로 한다.

에너지데이터 분석 기반인 스마트그리드는 사용자와 공급자에게 양방향 데이터 교환을 통한 의사결정을 가능하게 한다는 장점을 갖지만, 사이버 침투에 취약하다는 단점을 가진다. 이는 기존 전력망에 IT가 적용되기 때문이다. 이로 인해 전력의 안전성을 높이고 효율성을 향상시키지만, 적용된 기술이 AMI, 스마트미터, HAN(Home Network Area), 클라우드 컴퓨팅 등이라 이 모두 사이버보안 취약 지대이다. AMI는 임베디드 시스템의 필드 장치로 제한된 메모리를 가지므로 간단한 트래픽 증가만으로도 정상 가동이 어려우며, HAN은 외부통신과 연결된 개방망으로 외부에서 쉽게 접근할 수 있기 때문에 위험에 노출되어 있다. 가정용 AMI는 한 노드에만 한정되어 피해 정도가 낮다고 판단할 수 있으나, AMI 상위에 존재하는 AMI 헤드엔드, HAN이 외부에 노출되면 하부의 모든 AMI 미터에 피해를 줄 수 있다. 원격 관제 상황에서 네트워크를 통한 사이버 해킹에 의한 정전 상황은 항상 발생할 수 있는 일이고, 가정용 AMI 경우 건물 에너지 사용정보 제공과 시스템 제어가 가능해 악의적으로 해킹될 수 있다.

스마트그리드 보안 위협의 범위는 펌웨어 조작, 램 공격, 네트워크 공격 등이다. 펌웨어가 손상되면 기기의 정상 가동에 지장이 생겨 데이터 송수신에 어려움이 따르고, 펌웨어가 해독되어 장치 내 암호키가 노출되면 모든 데이터가 유출될 수 있는 위험이 존재한다. 스마트미터에 해커가 주사기를 이용해 계량기 메모리 칩에 바늘을 삽입해 전기신호를 가로채는 램 공격 위험도 상존한다. 램 공격을 통해 해커들은 신호를 분석해 스마트미터 프로그램을 조정하고 데이터를 분석해 유출 및 왜곡을 일으킬 수 있다. 게다가 해커가 스마트미터 프로그래밍 해킹을 통하여 접속을 했다면, 전력망에 부착된 웜(Worm)이나 다른 악성코드에 노출되는 네트워크 공격 위험도 상존한다. 전력망이 악성코드에 노출되면, 에너지 사용 데이터 및 제어 데이터의 위조를 일으킬 수 있다. 따라서 해커가 어떤 프로그래밍을 해킹하였느냐에 따라 위협 범위가 달라지는데, 스마트미터는 건물 내부에서 에너지 사용 데이터를 네트워크를 통하여 송수신하며, 과금 정보와 에너지 사용량 정보 서버와도 송수신한다. 해커가 건물 내부 네트워크만 해킹하면 한 가정의 문제로 끝나지만, 데이터 서버와 송수신하는 네트워크가 해킹당하면 서버에서 관리하고 있는 데이터 정보 유출뿐만 아니라 서버 관리 대상이 되는 스마트미터들의 모든 오작동의 원인이 된다.

이처럼 해커는 모든 스마트그리드 구성 요소에 대해 컴퓨팅 자원을 고갈시키는 공격을 통해 사용자에게 정상 동작이 불가능하게 공격할 수 있으며, 이는 노드 간 세션을 하이재킹해 메시지를 집중 전송함으로써 가능하다. 즉, 네트워크에서 가능한 모든 서비스 중지 공격은 외부 통신과 연결된 스마트그리드 전력망의 모든 노드에 대해 가능하다. 스마트그리드의 사이버 보안 위협 사례들 중 악성코드를 통한 전력망 제어시스템 공격이 대표적이다. 한 예로 스턱스넷은 전력망 제어시스템을 공격하는 악성코드 프로그램으로 국가 기반 시설에 혼란을 주는 목적으로 개발되었다. 실제 사례로 2010년 7월 이란 우라늄 농축 시설을 공격해 원심분리기를 감염시킨 사례와 중국 내

1,000여 개 주요 산업 시설에 스턱스넷을 감염시킨 사례가 있다. 다른 사례로 미국의 사이버스파이가 있다. 2009년 4월 미국 전력망 악성코드를 확인한 결과, 중국과 러시아 등 해외의 사이버 스파이들이 미국의 전력 시설망에 해킹해 심어 둔 것으로 밝혀졌다. 이러한 시스템들은 미국 전체의 전력 공급을 차단할 수 있다.

스마트그리드 사이버보안 위협에 대비하기 위해 기밀성, 무결성, 가용성, 사용자인증, 부인방지 및 접근제어 여섯 가지 보안 필수 구성 요소가 있는데, 이에 대해 정의한 내용은 [표 7-2]와 같다.

표 7-2 사이버보안 필수 구성 요소

보안 요소	보안 요소 정의
기밀성	권한이 없는 사용자가 정보를 읽을 수 없도록 암호화를 통하여 방지하는 것을 의미하며, 스마트 전자제품에서 데이터 수집 시 요구됨
무결성	송신자가 전송한 원래의 메시지의 내용이 변경되지 않는 것을 의미하며, 스마트그리드 무선 센서의 보안 취약성 방지
가용성	권한이 부여된 사용자가 서비스에 접근을 보장하는 것을 의미하며, 서비스 거부공격의 방지가 주요 관건
인증	사용자 및 기기들이 서비스 접근에 인증되었는지 여부를 판단하는 기능
부인 방지	전자서명이나 공개키 등을 이용하여 송수신 사실을 부인할 수 없도록 하는 것을 의미함
접근 제어	사용자 및 기기의 특성에 따라 서비스 접근 가능성을 차등 부여하여 접근 통제하는 것을 말함

참고문헌

국회법제연구원(2017). 빅데이터 관련 개인정보 보호법제 개선방안 연구.

김연규 엮음(2018). 한국의 에너지 전환과 북방경제협력, 사회평론아카데미

박찬기(2009). 전력 인프라 사이버보안 이슈와 정책대응, 포커스, 정보통신연구진흥원.

에너지경제연구원(2018). 국제 신재생에너지 정책 변화와 시장 분석.

우리금융경영연구소(2019.2.20). 최근 신재생에너지 산업 동향, 산업 · 글로벌센터.

유성민, 김남균, 김윤기(2018). 스마트그리드 보안기술 동향분석 및 대응방안, IT Security, 인터넷진흥원.

이승훈(2013), Big Data와 함께 팽창하는 개인정보 개방과 보호의 딜레마, LGERI 리포트.

이재식(2013), 빅데이터 환경에서 개인정보보호를 위한 기술, FOCUS 4.

이정훈/박대우(2010.4). A study of Security Issues and Security Technology Policy ofr Smart Grid Infrastructures, 2010 Korean Institute of Electrical Engineers Spring Conference, pp. 75-77.

정교일 외(2012.8). Smart Grid's Stability and Security Issues, the Korean Institute of Information Security and Cryptology, Vol. 22, No. 5, pp. 54-61.

투데이에너지(2019. 5.21), 에너지전환 대안 분산형전원, 집단E.

하나투자증권(2019.5.17). 두부값 불가능성 삼각 정리.

한국에너지공단(2018). 2018 KEA 에너지 편람

한국자원경제학회(2013). 2012 경제발전경험모듈화사업: 에너지정책

한국정보화진흥원(2018). 8/31데이터경제활성화 규제혁신 현장 보고서.

헤럴드(2017). 지속가능한 미래를 위한 대한민국 2050 에너지 전략.

현대차증권(2019.4.4). 태양광, 그리드 패리티를 향하여.

Forbes(July 16, 2014). Nest Hackers Will Offer Tool To Keep The Google-Owned Company From Getting Users' Data, https://www.forbes.com/sites/kashmirhill /2014/07/16/nest-hack-privacy-tool/#1f3f15e13464

WWW(2017). 지속가능한 미래를 위한 대한민국 2050 에너지 전략

PART 03 _
에너지데이터 비즈니스

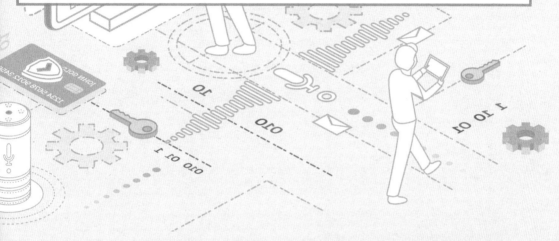

에너지데이터
분석의 진화

제8장

에너지데이터와 데이터 분석에 대해 개관하고, 수집된 에너지데이터 발전 경로에 따라 에너지데이터 분석 1.0, 2.0, 3.0으로 진화한다고 보고, 각각에 대해 그 기술 배경과 내용을 탐색하며, 1.0에만 머물지 않고 2.0이나 3.0까지 진화한 기업들의 특성에 대해 이야기한다.

제8장

에너지데이터 분석의 진화

에너지데이터 분석 개관

에너지데이터의 개념과 유형, 기술 요건 등에 대해 2장에서 살펴보았는데, 데이터 분석 방법은 기존 통계학과 전산학에서 사용되는 데이터마이닝, 기계학습, 자연어 처리, 패턴 인식 등이며, 데이터와 데이터분석은 함께 진화한다. 어느 한 시점에서 보면 데이터의 품질에 따라 분석 수준도 기본 분석과 심층 분석으로 나뉘겠지만, 시기적으로 구분하면 점차 다양해지고 복잡해지는 데이터에 추가적 인사이트 기회가 제공되려면 기존보다 더 강력한 데이터 및 데이터 분석 기능들이 결합되어야 한다.

에너지데이터의 진화는 데이터가 많아지고 다양해지면서 가능해진다. 데이터를 분석하여 고장을 최소화하고 생산 및 운영비용을 절감하려는 노력은 발전 영역에서 시작되었다. 풍력 발전기업인 베스타스는 슈퍼컴퓨터와 데이터 모델링을 이용해 풍력 터빈의 최적 설계위치를 선정해 발전량 최대화와 전력비 절감을 실현했고, 기상 데이터와 베스타스 터빈 데이터를 조합한 분석 툴인 '윈드 라이브러리(Wind Library)'를 활용하는 등 데이터의 다양성도 보여 주었다. 데이터량은 2.8페타바이트(PetaByte, 1PB =100만GB)에 달하며, 기온, 기압, 습도, 강수량, 풍향, 풍속, 자사 보유 이력 데이터 등 파라미터 모두를 포함시킨 베스타스는 기상 데이터도 분석해 풍력발전단지 부지 선정, 출력 예측 및 터빈 유지보수 일정 수립 등에 활용하고 동력장치 관리 및 배치, 발전량, 설치 전 투자수익률 분석에도 활용한다.

대규모 플랜트에서 고장 징후를 분석해 고장 전 설비의 불건전한 상황을 파악할 수 있는 고장 전조 감시 시스템을 개발한 일본의 NEC는 보다 정밀한 고장 징후 예측 시스템을 데이터 분석 기술을 활용해 개발했다. 덴마크 동에너지(Dong Energy)는 배전 선로 유지보수 비용을 절감하고 정전 최소화를 위해 선로 사용 연한에 따른 주기적 교체 대신 선로 부하를 예측해 불필요한 교체비용을 줄였다. 즉, 전기품질을 고려하고 정전을 최소화하면서도 유지보수 비용 또한 최소화하기 위한 방법으로 운영 데이터와 통계적 부하 패턴을 분석해 정확한 부하를 예측하고, 이에 기반한 계통 운영 최적화와 비용 효과 극대화를 위한 유지보수 계획을 수립할 수 있는 시스템을 구축하였다. 이들에 대해서는 3장에서 자세히 다루었다.

딜로이트 애널리틱스연구소의 고팔크리쉬넌 외(Gopalkrishnan et al., 2013)는 데이터 수집 수준에서 다음 단계로 진화해야 한다고 강조했다. 다음 단계로의 진화를 규정하는 세 가지 요소는 첫째, 고객 행동에 영향을 미치며(Shaping customer behavior), 둘째, 신상품과 서비스를 창출하고(Creation of new product or service), 셋째 데이터를 생태계적 시각으로 보는 것(Ecosystem view of data)이다. 챈들러(Chandler, 2014)는 네 가지 분석 기능의 진화 과정을 설명하였다. 즉, 서술적(Descriptive), 처방적(Diagnostic), 예측적(Predictive), 예방적(Prescriptive) 분석 기능으로 진화한다. 마지막인 예방적 기능이 더욱 진화하면 의사결정의 자동화(Automation)도 가능해진다. IoT 기반 에너지데이터 환경에서 모니터링, 제어, 최적화, 자율 단계로 진화하는 기술적 성과에 대해 3장에서 언급하였다.

에너지데이터 및 관련 기술이 진화한다면 에너지데이터 분석도 함께 진화한다. 영국런던왕립학교의 멀리건(Mulligan 2014)은 에너지 비즈니스 모델 진화 프레임워크를 제시하였는데, 이를 토대로 에너지데이터 분석의 진화를 그려 볼 수 있다. [그림 8-1]을 보면, 수평축으로는 기존 에너지 산업과 IT 에너지 신시장을, 수직축으로는 기존 에너지 산업의 사일로(Silo) 시스템을 연결하는 것과 디지털 자산을 재형성하는 것을 양끝으로 보여준다.

이를 기반으로 보면, 에너지데이터 분석 1.0은 기존 에너지 산업 내 폐쇄형 사일로 시스템을 연결하는 정도에 있는 스마트미터와 스마트그리드 데이터 분석이며, 2.0은 에너지 산업 내에서 디지털 자산을 재형성하여 에너지 자원 간에 통합한 데이터 분석이며, 3.0은 디지털 자산 재형성과 함께 IT 에너지 신시장 창출 기반으로 형성되는 에너지

그림 8-1 에너지 영역의 비즈니스 모델 진화 프레임워크

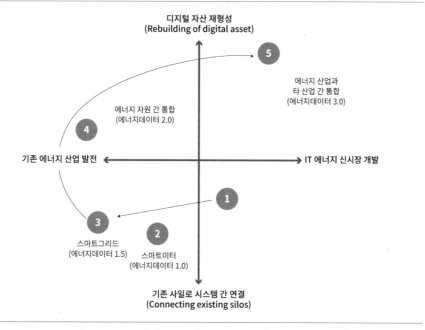

출처: Mulligan, C(May 2014). Smart City Business Models, Imperial College Business School.

산업과 타 산업 간을 통합한 데이터 분석이다. 이를 앞의 고팔크리쉬년 외의 데이터 진화 3단계와 연계해 보면, 에너지데이터 분석 1.0에서는 스마트미터가 에너지 사용자 행동에 영향을 미칠 수 있으며, 에너지데이터 분석 2.0에서는 다양한 에너지원 데이터 통합으로 새로운 에너지서비스를 창출할 수 있고, 에너지데이터 분석 3.0에서는 에너지 산업이 타 산업에 영향을 주는 생태계를 구성할 수 있다. 각 단계에 대해 좀 더 자세히 살펴보자.

제2절 에너지데이터 분석 1.0

이상의 에너지 비즈니스 모델 진화 프레임워크를 토대로 볼 때, 스마트미터 데이터는 고객 행동에 영향을 미치는 에너지데이터 분석 1.0단계이다. 스마트미터는 외부와

의 통신 기능을 갖춘 전력 미터기로 이미 있는 전력 사용량 측정 기능 외에도 새로운 데이터 보내기 기능을 제공할 수 있다. 즉, 스마트미터는 에너지 사용량을 실시간 계측하고 통신망을 통한 계량 데이터 제공으로 가격 정보에 대응하여 소비자의 에너지 사용을 적정하게 제어할 수 있는 기능을 갖는 디지털 전자식 계량기로 진화했으며, 양방향 통신을 가능하게 하는 통신 모듈이 탑재되어 있기 때문에 스마트에너지홈에서의 게이트웨이 역할도 가능하며, 다양한 스마트에너지홈 가전기기들을 제어할 수 있는 역할까지 담당할 수 있다. 무엇보다도 전력 공급자와 사용자가 검침 비용과 에너지 절약을 할 수 있게 한다. 따라서 스마트미터 확대 및 보급은 고객의 전력 소비 데이터의 폭발적 증대를 가져오고, 이를 효율적으로 관리하고 활용하기 위한 관련 비즈니스가 주목을 받게 된다.

스마트미터 시장은 에너지 영역에 따라 전력미터, 수도미터, 가스미터로 분류되며, 전력미터가 가장 높은 비중을 차지해 2016년 기준 약 74% 점유율을 보였다. 전 세계 시장 규모로는 2017년 기준 전력미터는 89억 6,280만 달러, 수도미터는 22억 3,300만 달러, 가스미터는 15억 9,500만 달러를 기록했다. 용도에 따라서는 세 가지인 주택용, 상업용, 산업용으로 분류되는 스마트미터 시장은 2017년 기준, 주택용 106억 9,220만 달러, 상업용 13억 4,730만 달러, 산업용 7억 5,140만 달러를 기록했다.

스마트미터는 자동원격검침(Automatic Meter Reading; AMR)과 지능형 원격검침 인프라(Advanced Metering Infrastructure; AMI)로 분류되는데, 2017년 기준 AMR이 88.6%의 점유율을 보여 대부분을 차지했고, 나머지가 AMI로 11.4%를 보였다. AMR을 이용해 전력 사용 정보를 실시간 자동 검침하는 데서 끝나지 않고 수집된 데이터를 AMI 서버에서 실시간 요금 단가와 정보 및 에너지 사용 패턴을 분석하면 사용량 예측과 시뮬레이션 정보 제공이 가능하다. 즉, AMI 서버에서의 에너지데이터 분석을 통해 에너지 사용자는 에너지를 효율적으로 관리할 수 있으며, 상태감지와 위험감지를 공급자와 소비자에게 제공하게 되면 사고를 미연에 방지할 수 있다. 간단히 말해, AMR은 검침원이 일일이 고객을 방문하지 않고 원격 단말기를 이용해 검침 데이터를 읽고 컴퓨터 운영 프로그램과 연계해 고지서 발급을 하는 시스템을 말하고, AMI는 AMR의 확장된 기술 인프라로서 지능화된 전력량계인 스마트미터와 소프트웨어 앱이 융합된 인프라를 말한다. 에너지데이터 분석이 진화하려면 AMI가 전제되어야 한다.

세계 스마트미터 시장에서 이러한 AMI 에너지데이터를 분석하기 시작한 대표 기업들로는 미국의 이트론(Itron Inc), 허니웰(Honeywell International), 센서스(Sensus), 덴마크의 캠스트럽(Kamstrup A/S), 프랑스의 슈나이더일렉트릭(Schneider Electric), 일본의 랜디스(Landis + Gyr) 등이 있다. 이들 중 일부는 데이터 분석 2.0, 3.0으로 진화하였다. 먼저, 데이터 분석 1.0 시각에서 보면, **이트론**은 1977년 설립되어 전기, 가스 및 수도 시설에 대한 계측 솔루션을 제공하는 솔루션 기업으로서 2015년 4G LTE를 사용해 낮은 대기시간, 긴 네트워크 수명 및 광범위한 지역에 제공 가능한 4G LTE 스마트 계량 기술을 출시하였고 스마트그리드로 진출한다. 허니웰은 1909년 설립되어 스마트 계량기, 소프트웨어 및 데이터 분석 솔루션, 난방 시스템, 가스, 수도 및 전기 계량기용 열 가스 솔루션 업체인 엘스터(Elster Group)을 인수하였다. 덴마크의 캠스트럽은 1946년 설립되어 스마트에너지 및 수도 계량 시스템을 제조한다. 프랑스의 슈나이더일렉트릭은 1836년 설립되어 에너지 및 인프라, 데이터센터, 건물 및 주거 부문 에너지 사용을 최적화하는 데 사용되는 산업용 엔지니어링 장비를 제조 및 유통하며, 2015년 가정용 제어시스템을 위한 안드로이드 스마트 미터 응용 프로그램을 출시하였다.

이상의 기업들처럼 스마트미터 인프라가 준비되면 대부분은 스마트그리드로 진입한다. 스마트그리드는 AMI를 활용해 전력 사용 감소를 달성할 수 있다. 이를 위해 스마트그리드 기업은 스마트미터 데이터를 모으고 전력 공급업자에게 제공하는 데이터 집중장치(Data Concentration Unit; DCU)를 필요로 한다. 보통 15분 단위로 전력 소비 데이터가 수집, 저장된다. 비싼 설치 비용과 통신 제약 등의 문제로 구축이 쉽지 않은데, 점차적으로 개발되는 추세이다. 대표적 미국 기업으로 에너녹(EnerNOC), 아이피키(IPKeys)가 있다. 에너녹은 세계 최대 규모 수요관리 기업으로 계량기 데이터를 읽고 기록하며, 개인 VPN이 지원되는 셀룰러 모뎀이나 내부 이더넷에 연결해 웹 서버에서 실시간 계측 정보를 볼 수 있는 제품을 제공한다. 문제는 에너녹 서비스에 참여하는 기업만 이용할 수 있다는 한계이다. 아이피키는 분반에서 유선으로 접속하고 이더넷 포트를 이용해 계측 장비를 서버상으로 보내고 웹 포털에서 계측 제어가 가능한 제품을 제공한다.

2018년, 한국 전력 계량기의 70%가 스마트미터로 교체되었고, 대표 기업은 나오디지털, 그리드위즈, LS산전 등이다. 스마트그리드에서 DCU를 제공하는 나오디지털은 RS-485 기반 자체 프로토콜을 이더넷 기반 통신 프로토콜로 변환해 분반 단에서 전력 데이터 값을 수집해, 15분 단위로 전송하고 분반에 설치된 배선에 연결해 네트워크상에서 계측 제어가 가능한 제품을 제공한다. 그리드위즈는 근거리 무선통신 프로토콜인 지그비(ZigBee)와 게이트웨이를 활용해 각 설비를 제어하고 설비 전력 사용량을 모니터링하는 제품을 제공한다. LS산전도 AMI 기술을 보유해 내부에 근거리 통신 모듈과 릴레이 모듈이 포함되어 검침과 감시, 자동 제어가 가능한 제품을 가지고 스마트그리드 사업을 추진 중이다.

스마트그리드 시장은 스마트미터 데이터를 중심으로 성장한다. 스마트그리드 구축으로 광범위한 앱과 솔루션 확산이 가능하나, 현실적으로 시장 참여자 간 이해관계가 충돌되는 영역이라 데이터 공유가 쉽지 않은 상황이다. 따라서 데이터분석 1.0에서 2.0으로 가지 못하는 세 가지 애로사항이 존재한다. 첫 번째 애로사항은 스마트미터 설치비용 부담이다. 막대한 스마트미터 설치비용을 누가 부담할지를 두고 전력 부문에서 이미 사업자와 소비자, 정부 간 이해 충돌이 진행되었고 전 세계적으로 우선은 정부의 스마트미터 설치 보조금 지급을 통해 해결되는 양상을 보였다.

두 번째 애로사항은 스마트미터에서 수집된 에너지 사용 데이터의 공유 문제이다. 이는 아직도 현재진행형으로 에너지 사용 데이터와 고객 정보 공유에 대해 기존 전력 사업자와 통신사업자, 인터넷 업체, 수요반응 업체 등 다양한 에너지관리 업체 간의 인식 차이로 데이터 개방에 인색한 상황이다. 에너지관리 업체들은 소비자에게 맞춤형 부가서비스를 제공하기 위해 전력기업에게 데이터의 실시간 공유를 요구하게 된다. 이에 미국 하원에서는 전력 데이터 개방에 대해 이미 논의되었고, 한국에서도 2019년 한국전력의 빅데이터센터 개소로 에너지 사용데이터 개방이 부분적으로는 가능하게 되었다. 데이터 활용에 대해서는 마지막 13장에서 다루기로 한다.

마지막 세 번째 애로사항은 스마트그리드 통신 인프라 구축의 책임론 이슈이다. 통신 인프라 확대가 필요한데 전력사업자의 신규 통신망 구축과 기존 통신사업자의 통신망 활용 간에 이해가 상충하게 된다. 분산발전 시스템 확산에 따라 보다 적극적인 수요관리와 전기자동차(EV) 등의 송배전망에 미치는 영향 파악, 이에 대한 정보 수집과 관리가 필요하며, 데이터 공유에 따르는 프라이버시 보호와 시스템의 사이버보안 이슈도 함께 뒤따른다. 후자에 대해서는 7장에서 이미 논의하였다.

제3절 **에너지데이터 분석 2.0**

고팔크리쉬넌 외(Gopalkrishnan et al., 2013)의 데이터 분석 2.0에 따라 에너지데이터도 새로운 상품과 서비스를 창출해야 하는데, 이는 우선 다양한 에너지 자원 간 통합에서 시작된다. 에너지데이터 분석 1.0에서 2.0으로 가려는 시도를 하는 대표 기업은 미국의 이트론(Itron)이다. 2015년까지 스마트그리드를 구축 완료한 이트론은 2016년 이미 전력, 가스, 수도 등 세 가지 분야에 대한 사업 포트폴리오를 구축한 상태에서, 이들을 통합하여 에너지데이터를 생성, 수집, 관리, 적용하는 비즈니스 모델을 발전시켜 나간다. 이트론은 전기, 가스 및 수도 시설 계측 솔루션 기업이기 때문에, 세 가지 에너지 자원에서 발생되는 스마트미터 데이터를 통합할 수 있는 에너지 분석 2.0을 실천할 수 있다. 호환성을 최우선으로 하고 타 통신 인프라를 지원받은 이트론은 세 가지 에너지 자원의 스마트미터들과 연계한 서비스 제공에 노력한다. 먼저 시작된 전력 스마트미터는 열·가스 스마트미터 등 다른 에너지원 스마트미터 및 관련 인프라와 연계되기 시작하며, 이를 기반으로 제반 가전기기 등이 운용되는 플랫폼으로까지 진화하려 노력한다. AMI에서 DR로, DR에서 EMS로 사업영역을 확장해 나간 이트론은 데이터의 측정, 통신 서비스, 데이터 관리와 수집 소프트웨어, 데이터 분석 및 스마트 지불결제 서비스 등을 제공하고 있다.

이트론이 제공하는 스마트미터는 모듈 형식이라, 이종 에너지 분야에서도 호환되어 설치 가능하도록 디자인되었고, 다양한 통신 프로토콜(PLC, GPRS, Mesh RF, Zigbee, MBus, 무선 등)을 채용할 수 있도록 설계되었다. 이러한 다양성이 광역네트워크(WAN), 근거리네트워크(LAN), 홈네트워크(HAN)에서 진행 중인 기술 진화 및 비즈니스 모델 개발을 가능하게 하는 근간이 된다. 이트론의 모듈형 스마트미터가 가진 또 다른 강점은 앱 기능과 통신 프로토콜의 원격 업그레이드가 가능하다는 점이다. 이는 쉽게 확장 가능하고 미래 비즈니스 환경에 탄력적으로 대응할 수 있음을 의미한다. 앞서 에너지데이터 1.0 분석 단계에서 스마트그리드가 가진 여러 가지 애로사항들로 인해 기술 및 정책적 불확실성이 존재하는 상황이지만, 이트론은 호환성과 유연성을 필수적 요소라 판단하고 있는 것이다.

이트론은 스마트그리드를 지원하기 위한 다양한 기능을 제공하기 시작한다. 전력회사와 소비자 간 양방향 통신뿐만 아니라, 수요반응과 연계해 에너지 사용량을 추적하는 기능도 강화하고, 통신 네트워크 구축에 있어서는 최종 소비자단과 상위 헤드엔드 시스템(Head End System; HES) 구축에 집중한다. 이트론은 궁극적으로는 스마트미터 하드웨어보다는 소프트웨어 솔루션에 집중하며, 통신 인프라도 배타적으로 구성하지 않고 타사와의 협력관계를 유지하며, 다양한 통신 표준을 채용하는 데 주력한다. 즉, 이트론의 스마트미터 기반 스마트그리드 서비스 개념은 엔드투엔드(End-to-end) 서비스를 제공하며, 다양한 소비자별로 차등화되고, 다양한 전력 환경에서 일관된 서비스를 제공할 수 있는 솔루션을 구축하는 것이다.

한편, 스마트미터 데이터만을 활용해 새로운 비즈니스 모델들을 개발하여 에너지 데이터 분석 2.0으로 진입한 대표 기업으로 영국의 센트리카(Centrica)와 미국 오파워(Opower)가 있다. 이들에 대해서는 3장에서도 언급하였다. 데이터 분석의 진화 관점에서 다시 살펴보자. 먼저, 영국의 전기 및 가스회사인 센트리카는 전기 및 가스 스마트미터를 통해 수집한 30분 단위 에너지 소비량을 근거로 해서 피크시간대 실시간 전력수요 동향을 분석하고, 시간대와 전력수요에 따라 동적으로 변하는 전기요금을 설계하였고, 이를 근거한 전력수요 관리 및 사용시간대 분산 등에 활용한다. 또한, 스마트미터를 이용해 하루 48회(30분 1회) 에너지 소비 데이터를 수집하기 때문에, 가정 소비자는 댁내 디스플레이 기기에서 실시간 소비량과 요금을 확인할 수 있다. 2012년 기준, 센트리카는 약 350만 대 스마트미터를 설치했고 연간 1.2테라바이트(TeraByte, 1TB=1,000GB)를 관리하며, 특히 수집된 데이터를 인메모리 데이터베이스에서 처리하고 패턴 분석을 고속 실행해 에너지 소비 패턴을 요약하기 때문에 고객 그룹화, 요금 메뉴 개발, 데이터 타당성 확인, 미래 소비동향 예측 등이 가능하다. 소비자는 시간별, 날짜별, 월별 전기 및 가스 소비량을 확인하거나 전년도 같은 달의 소비량과 비교 가능하여 연간 190파운드 에너지 비용을 절약한다.

미국의 그린버튼 이니셔티브로 에너지 공공데이터를 활용한 오파워도 날씨, 전력소비 패턴 등을 분석해 소비자에게 에너지 사용에 최적 정보를 제공한다. 2012년 기준 75개 유틸리티 및 1,500만 고객을 확보했고, 데이터 처리를 위해 구축된 하둡(Hadoop) 기반 플랫폼은 페이스북, 허니웰 소프트웨어와 협력해, 알람 기능인 '소셜 디지털얼랏(Social Digital Alert)'을 제공하고 고객당 평균 1.5~3.5% 전기요금 절약 효과를 거두었다.

제4절 에너지데이터 분석 3.0

데이븐포트(Davenport, 2013)는 빅데이터 분석 진화과정을 1.0, 2.0, 3.0으로 구분해 시기까지 나누어 설명했다. 분석 1.0은 내부 데이터 및 정형화된 스몰데이터가 활용되는 단계로 2009년까지이다. 이때까지는 정형데이터로 대부분 내부 데이터이고 서술적 분석(Descriptive analytics)이 주를 이룬다. 분석모델 생성도 일괄(batch) 프로세스이며, 작업에 종종 수개월이 소요된다. 데이터 분석가는 비즈니스 인력 또는 '밀실'경영을 하는 의사결정권자 인력에서 소외되어 있었고, 분석의 전략적 중요성도 미미한 수준이다.

데이터 분석 2.0은 2005~2012년 기간이며, 구글, 야후, 이베이 등 중심으로 하둡 기반 데이터 플랫폼을 만든 시기이다. 데이터 소스는 내부보다 외부 소스가 더 많고, 비정형적 특성을 갖는다. 데이터 저장은 하둡을 실행하는 대규모 병렬서버에 저장해 전반적인 분석 속도가 빨라졌고, 시각적 분석도 중요해지며, 데이터 과학자는 '밀실' 작업에 만족하지 않고 점차 신제품 제공에도 참여하면서 비즈니스 운영에 일조하기 시작한다. 기술적으로는 하둡 기반 비정형 데이터 분석 단계이다.

데이터 분석 3.0은 데이터 분석이 전략적 자산인 단계로, 2013년부터 시작되었고 데이터 분석과 전통적 분석이 함께 활용되며, 온라인 업체뿐 아니라 업종을 총 망라한 모든 유형의 기업들이 데이터 경제에 참여하기 시작한다. 분석의 잠재성을 활용하고자 하는 업종이나 기업이면 누구나(은행, 제조업체, 보건의료 기관, 소매업체 등) 데이터를 활용해 고객을 위한 데이터 기반 서비스를 개발하고 내부 의사결정을 지원할 수 있다. 이 시기에는 일반 기업들이 데이터를 기술 장애 없이 활용한다. 이들에게 다양한 비즈니스 모델을 통해 데이터 인프라와 분석 및 소프트웨어가 서비스로 제공되기 때문이다. 데이터 애즈 어 서비스(DaaS) 시대가 된 것이다.

데이븐포트의 빅데이터 분석 3단계과 유사하게 2014 IEEE 컨퍼런스에서 쨍/쭈/류(Zheng, Zhu, and Lyu, 2013)는 빅데이터분석 소프트웨어(Big data analytics software −as−a−service), 빅데이터플랫폼(Big data platform−as−a−service), 빅데이터인프라스트럭처(Big data infrastructure−as−a−service)로 구분하여 비즈니스 프레임워크를 [그림 8−2]와 같이 제시한다. 즉, 비즈니스 서비스를 생성하기 위한 빅데이터 처리 기술과 비즈니스 서비스로서의 빅데이터 분석을 구분해서 비교하고 있는 것이다.

그림 8-2 서비스 생성 데이터 처리 기술과 서비스로서의 데이터 비즈니스

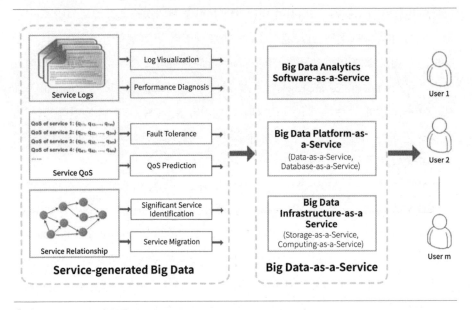

출처: Zheng/Zhu/Lyu(2013)

이러한 진화 모델을 배경으로 하여 에너지 영역 비즈니스 모델 진화 프레임워크와 고팔그피쉬넌의 데이터 분석 3.0을 접목해 보면, 에너지데이터 분석 3.0 단계는 에너지 산업이 타 산업에 영향을 주는 생태계를 구성하는 과정이 된다. 즉, 에너지데이터 분석 3.0 단계는 1.0인 스마트미터와 스마트그리드, 그리고 다양한 에너지 원이 통합되어 서비스되는 2.0을 거쳐서 타 산업과 연계되는 단계로의 진화를 말한다. 여기서는 데이브포트가 언급한 데이터가 전략적 자산으로 간주된다. 다양한 에너지 흐름에 대한 실시간 예측이 가능해지면서 소비자도 에너지 가격 변동에 더 민감해지고 에너지 시스템 고효율화는 더 요구될 전망이라 실시간 에너지데이터 분석도 더 요구되며, 전문적인 분석 기업의 도움도 필요하게 된다.

앞서 언급한 미국의 이트론은 1.0에서 2.0을 거쳐 이러한 3.0으로 진화하는 유연성을 가진 대표적 기업이다. [그림 8-3]에서 보듯이, 이트론은 시스코 및 마이크로소프트(MS)와의 전략적 협업관계를 통해 전통적 스마트미터 기업에 머물지 않고 타 산업

과의 시너지 극대화를 위해 노력해, 분산자원에 대하여 RF, PLC, 공중망 등 환경에 최
적화된 P2P 통신망을 구성해 효율적 통신 시스템을 구축하였고, 특히 계량 데이터를
클라우드 컴퓨팅 기반으로 가져가는 유연함을 보여 주었다.

그림 8-3 Itron의 스마트그리드 통신 서비스 개념도

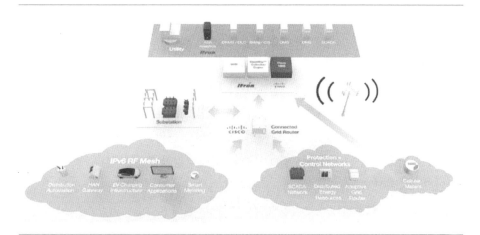

출처: Smart Grid Solutions(Itron/smartgridoverveiwbrochure.pdf)
자료: 한국스마트그리드협회 스마트그리드데이터센터(2016, 637쪽) 재인용

클라우드상에서 수집된 데이터를 소비자 등 다양한 이해관계자들에게 효과적으로
제공하는 유연성을 가진 이트론은 미터기 제조업체에만 머물지 않고 스마트미터 생
성 데이터에 더 관심을 가졌기 때문에 3.0에서 데이터를 자산으로 하는 타 산업 서비
스로 확장하고 있는 것이다. 예컨대 스마트미터에서 생성되는 데이터는 스마트홈과
연계되어 홈 PC, 스마트폰, 월패드 등 각종 디스플레이 장치로 소비자에게 전달되며,
소비자가 수요반응에 적극적으로 참여할 수 있는 유인을 제공한다. 이트론은 스마트
미터 제조업체인 실버스프링네트웍스(Silver Spring Networks)와 협력해 증가하는 관
련 장치들을 더 원활하게 사용하기 위한 소프트웨어 및 서비스 제공업체로 진화해 전
력, 열, 가스 스마트미터 데이터와 날씨, 위치 정보, 빌딩 관리 등 다양한 데이터와 믹
스하고, 이러한 상호 연계를 통해 보다 정확한 예측과 소비자가 필요로 하는 2차 데이
터를 생성할 수 있게 된다. 이트론의 에너지데이터 분석 솔루션은 운영 데이터, 거래
데이터, 재무 데이터를 통합 제공해 시장 참여자들이 비즈니스 제반 상황을 보다 잘

파악하고 대응할 수 있게 한다.

　이처럼 에너지데이터 분석 1.0에서 시작해 실제 비즈니스 가치와 연계시키기 위해 다양한 솔루션을 개발한 이트론은 '스마트그리드에 연계한 기업 네트워크(Enterprise Networking for the smart grid)'를 지향하였고, 2.0에서 세 가지 에너지 자원 데이터를 믹스해 공용 네트워크상에서 플러그앤플레이(plug & play) 기능을 통한 개방형 네트워크를 지향하였으며, 3.0에서는 마치 스마트폰 생태계처럼 비즈니스 플랫폼으로 진화하게 된 것이다.

　한국 기업이면서 글로벌 기업으로 성장해 이러한 단계를 밟는 기업은 인코어드이다. 이 기업은 에너지데이터 분석 1.0에서 시작해, 전기 사용량·패턴을 실시간(1초) 모니터링해 전력 사용량과 누진 단계를 미리 예측하는 IoT홈 기반 스마트미터 검침기인 '에너톡'을 서비스한다. '에너톡'은 가정, 공장, 빌딩 등의 전기 사용 및 신재생에너지 시설 전기 생산량을 거의 실시간(1초 단위) 모니터링할 수 있는 검침기 기능을 한다. 인코어드는 1.0에 머물지 않고 타 산업과의 시너지에 관심 갖는다. 즉, 인코어드는 스마트카와 스마트주차 등 e모빌리티 분야 대표 기업인 KST인텔리전스와 2019년 5월 제휴하여 '지능형 e－모빌리티' 에너지 효율화 사업에 협력한다. KST인텔리전스는 자사 모빌리티데이터 플랫폼인 '마카롱원'에서 이미 수집된 전기차(EV, 전기택시, 초소형 전기차) 및 충전소 에너지데이터를 인코어드에 제공하고, 인코어드는 모빌리티데이터를 활용해 충전소의 에너지 효율성을 강화하는 전력수요 관리 플랫폼 서비스를 개발하여 상호 원원하는 개념이다. KST인텔리전스는 자매회사인 KST모빌리티의 혁신형 택시 브랜드 '마카롱택시'와 KST파킹의 스마트주차 솔루션 등 서비스 기반이 되는 지능형 통합관제센터인 '마카롱원'을 통해 데이터를 수집하며, 이를 위해 마카롱 EV 충전소에는 인코어드의 스마트미터 서비스인 '에너톡'이 탑재된다.

참고문헌

강기범 외(2017). LTE와 IoT 기술을 이용한 스마트미터 데이터 전송장치와 전력 IT 시스템, Journal of the Korea Academia-Industrial cooperation Society Vol. 18, No. 10 pp. 117-124.

에너지경제연구원(2011). 해외 스마트그리드 추진 동향과 시사점, 찾아가는 세미나 발표 자료

연구개발특구진흥재단(2018). 스마트 미터 시장, 연구개발특구기술 글로벌 시장동향.

오도은(2014.11). 전력산업에서의 빅데이터 활용 현황 및 전망, Journal of the Electric World, Monthly Magazine.

오도은(2014.11). 전력산업에서의 빅데이터 활용 현황 및 전망, Journal of the Electric World, Monthly Magazine.

한국스마트그리드사업단(2016.2). IoT기반 에너지 데이터 생성 관리 · 활용방안 연구.

한국스마트그리드협회 스마트그리드데이터센터(2016). 2016전력신산업해외기업 조사분석 보고서.

Davenport, T. H.(2014), Big Data at Work: Dospelling the Myths, Uncovering the Opportunities, Harvard Business Review Press.

Davenport, Thomas H.(2013), Analytics 3.0, Harvard Business Review, pp.65~72

Gopalkrishnan, V., Steier, D., Lewis, H., Guszcza, J. and Lucker, J.(2013), Big Data 2.0, Deloitte Review, Issue 12.

Zheng, Zibin, Zhu, Jieming and Lyu, Michael R.(2013), Service-Generated Big Data and Big Data-as-a-Service: An Overview, 2013 IEEE International Congress on Big Data, Paper and Presentation Proceeding.

에너지데이터와 비즈니스

제9장

학습목표

에너지데이터 활용 비즈니스를 개관하고 가치사슬별로 구분하여 에너지 자원, 에너지 발전, 에
너지 송배전, 에너지 수요 비즈니스에 대해 살펴보고자 한다.

에너지데이터와 비즈니스

제1절 에너지데이터 비즈니스 개관

에너지데이터가 분석 툴을 통해 범용화된 플랫폼으로 연결되어 에너지 자원의 생산, 발전, 송배전, 수요자까지 에너지 산업 전체 가치사슬에 적용되면 에너지데이터 비즈니스가 가능해진다. 8장에서 언급한 에너지데이터 분석 3.0 단계에 이르면 데이터는 더욱 가치 있는 자산으로 인정되어 기업의 비즈니스 활동에서 데이터의 중요성은 더욱 강조된다. 기업은 그동안 축적해 온 내부 데이터에 외부 데이터를 추가해 가면서 더 깊은 통찰력과 정밀한 예측 결과를 얻을 수 있고, 이것이 데이터를 활용하는 비즈니스 경영 전반으로 확대된다. 데이터를 적용한 3대 비즈니스 경영의 원동력은 조망력, 인내력, 기술력이라고 언급했던 노무라연구소(2012)는 기업이 활용할 수 있는 데이터를 [그림 9-1]과 같이 유형화했다.

비즈니스 관점에서 데이터의 원천은 입수의 용이성(사내 vs. 사외)과 시장가치(핵심적 vs. 비핵심적)에따라 네 가지 유형으로 구분된다. 사내 핵심 데이터는 기업의 전략적 자산으로 활용 가치가 높으며, 기존에는 보호 대상으로 외부 제공이 없었으나 자사에 이득을 준다면 타사와의 제휴로 데이터를 공유하는 사례가 증가한다. 사내 비핵심 데이터는 재무 데이터처럼 정기적으로 외부에 공개할 의무가 있는 경우도 있고, 개인정보 데이터처럼 외부 유출이 허용되지 않는 경우도 있으므로 외부에 완전 공개하거나 엄격히 보호해야 하는 데이터 특성을 갖는다. 한편, 사외 비핵심 데이터는 일반인에

그림 9-1 기업이 활용 가능한 데이터 유형

[사내 핵심 데이터]	[사외 핵심 데이터]
· 자사가 보유한 독자적 데이터로 타사에게도 가치가 있으며 신규 고객 유지 등을 위해 시장에서 차별화가 가능한 데이터	· 타사가 독자적으로 보유한 데이터로 자사에서도 이용 가치가 높은 데이터
· 예: 고객의 구매 이력 및 부가서비스 이용 내역, 신용카드 가맹점의 POS(Point of Sales) 정보	· 예: 타사 고객의 구매 이력, 트위터의 파이어호스(Firehose) 등
[사내 비핵심 데이터]	[사외 비핵심 데이터]
· 자사가 보유한 독자적인 데이터이지만 기업 차별화로 연결되지 않는 데이터이며 외부 공개의 의무가 있거나 엄격히 보호해야 함	· 외부로부터 저렴한 비용으로 비교적 쉽게 입수 가능한 데이터
· 예: 재무 데이터, 직원의 개인정보 등	· 예: 지도 데이터, 정부의 공개 데이터, 페이스북 프로필 등

출처: 노무라연구소(2012)

게 공개된 데이터로 거의 무료에 가깝게 확보 가능해 기업이 적극 활용할 수 있는 데이터이다. 마지막으로, 사외 핵심 데이터는 공개되지 않아 입수가 어렵지만 시장가치는 매우 높아 사내 핵심 데이터처럼 필요시에 타사와의 제휴를 통해 확보 검토가 가능한 데이터를 말한다.

에너지 영역에서 사내 핵심 데이터는 스마트미터 및 전력 계통 운영 데이터를 말하며, 사외 핵심 데이터는 외부에서 독자적으로 수집된 스마트미터 및 신재생 에너지 데이터와 스마트 그리드를 추진하기 위해 필요한 통신 데이터를 말한다. 또한, 사내 비핵심 데이터는 에너지 기업의 재무 데이터와 소비자별 전력 데이터를, 사외 비핵심 데이터는 주로 정부가 제공하는 공공 데이터로 에너지 영역에서는 지역별 환경 데이터, 일조/일사/미세먼지 데이터를 말한다. 기업의 비즈니스 경영에 있어서 의사결정 속도가 빨라지고 복잡해지면 미래 예측 분석역량이 경쟁우위 요소가 된다. 하지만 외부 데이터의 규모가 워낙 방대하고 정형화 수준도 낮아 효율적 수집과 올바른 활용을 위해서 진화된 데이터 분석처리 기술과 이를 다룰 전문 인력이 필요하다. 기업은 데이터를 활용해 경영 의사결정을 내리고 비즈니스 모델을 혁신할 수 있는 환경을 맞이하였으나, 아직도 데이터 분석이 왜 필요한지에 대해 기업들은 질문한다.

시겔(Eric Siegel,2010)은 기업의 데이터 분석 필요 이유를 경쟁, 성장, 강화, 개선, (고객)만족, 학습, 행동 등 일곱 가지로 나열하였다. 첫 번째 이유인 경쟁(Competition) 의 핵심은 독보적인 경쟁 원천의 확보이다. 예측분석은 판매 및 고객 유지에 활용할 비즈니스 인텔리전스를 제공한다. 두 번째 이유인 성장(Growth)의 핵심은 매출 증대 이다. 예측분석 결과를 마케팅과 판매에 적용하는 것이다. 세 번째 이유인 강화 (Enforcement)의 핵심은 부정행위 등을 사전에 막는 안전 관리이다. 네 번째 이유인 개선(Improvement)의 핵심은 핵심역량의 강화이다. 예측분석이 가장 활발하게 적용 되는 영역이 생산성 증대를 통한 업무 개선이며, 예측분석 결과는 핵심역량 혁신에 도움이 된다. 다섯 번째 이유인 만족(Satisfaction)의 핵심은 고객 니즈의 충족이다. 예 측분석은 고객에게 더 나은 제품을 더 낮은 가격으로, 더 편리하게, 더 안심하게 구입 하게 하는 등 소비의 최적화를 도와준다. 여섯 번째 이유인 학습(Learning)의 핵심은 향상된 심층분석 기법을 채택하는 것이다. 마지막으로 일곱 번째 이유인 행동 (Action)의 핵심은 예측분석의 실천이다. 이때 새로운 비즈니스 모델이 예기치 않게 발굴된다.

기업이 예측분석을 필요로 하는 이유에서 보면 데이터 활용및 데이터 분석 적용을 통해 비즈니스 혁신이 가능한 주요 업무는 마케팅 및 영업, 부정 및 사기 방지, 핵심역 량 개선, 고객 대응 등이다. 시겔이 언급한 경쟁이란 경쟁사의 약점을 먼저 파악하는 등, 단위 목표가 아닌 기업경영 전반의 목표이며, 학습은 사업부서별로 수행된 다양 한 예측분석 모델들의 풀(Pool)을 최적화해 나가는 과정으로 이해된다. 커니(Kearney, 2013)도 기업이 데이터 분석을 적용하게 되는 일곱 가지 동인(Driver)을 더 빠른 결정 (Fasterdecision), 더 나은 결정(Better decision), 예방적 결정(Proactive decision), 역량의 개선(Improvecapabilities), 자동화의 향상(Increase automation), 데이터분석의정교화 (Eliminate redundant tools) 및 투명화(Streamlineprocesses)로 구분하였는데, 이는 시겔 이 제시한 일곱 가지 이유들과 맥을 같이한다. 이처럼 기업들이 데이터를 분석해 이를 기업 경영 및 의사결정에 적용하려는 이유나 동인은 산업을 불문하고 매우 유사하다.

[그림 9-2]와 같이, 이를 IoT 데이터 분석기반의 가치창출 영역인 운영 최적화, 리 스크 관리, 마케팅전략 고도화, 신규 비즈니스 모델 창출과 연계하면 삼정KPMG가 제 시한 에너지 시장 적용 분야인 에너지 자원, 에너지 발전, 에너지 송배전, 에너지 수요 자와 매칭될 수 있다.

그림 9-2 IoT 데이터 분석 가치창출 영역, 데이터 분석 이유, 에너지 시장 적용

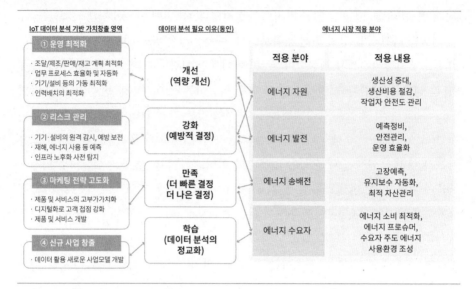

자료: 에너지경제연구원(2015), Siegel(2010), Kearney(2013), KPMG(2019) 내용 재구성

블룸버그 뉴에너지 파이낸스(Bloomberg New Energy Finance; BNEF)는 2018년 에너지산업의 디지털화 시장가치를 520억 달러로 파악했다. 화석연료 운영유지(Operation &Maintenance) 부문이 가장 높아 42.3%를 차지했고, 다음으로 스마트미터(36.5%), 배전자동화(9.6%), 홈에너지 관리시스템(HomeEnergy Management System; HEMS)(3.8%) 시장 순이다. 그 외는 유연성 설비, 풍력 운영유지, 태양광 운영유지 시장이다. 이처럼 2018년 화석연료 사업 중심이나 향후 에너지 프로슈머 개념을 접목할 수 있는 분산형 재생에너지원과 스마트에너지홈 중심으로 전환될 것으로 전망되었다. 다음에서는 [그림 9-2]에 나타난 적용 분야인 에너지 자원, 발전, 송배전, 수요자 시장별로 각 비즈니스 현황과 에너지데이터 기반의 비즈니스 가능성을 논의하고자 한다.

제2절 에너지 자원 비즈니스

시겔이 말한 데이터 분석 필요 이유인 '개선'은 역량 개선이고, '강화'는 예방적 결정

이다. 이는 모두 에너지의 생산성 증대, 생산비용 절감, 작업자의 안전도 관리와 관련된다. 먼저, 생산성 증대 측면에서 에너지 기업은 IT(ICT)를 활용해 화석 자원의 회수율을 높이고 생산 공정을 개선하며 비용을 줄이고 안전성을 향상시키고, 신재생 에너지의 발전 효율도 향상시킨다. 석유 및 가스 산업 영역은 오랜 동안 에너지 자원에서 IT(ICT)를 활용해 왔다. 즉, 데이터 분석을 통해 지표면에 대한 모델링이 향상되면 재고 자원, 내부의 지질학적 특성, 유체 분배 및 흐름을 정확히 묘사하여 생산성 증대를 꾀할 수 있다. IEA에 따르면, 지진 데이터 처리, 센서 사용 및 저장 효율을 포함해 기존보다 약 5분의 1 이상 생산 비용을 절감할 수 있으며, 채굴 가능한 석유 및 가스 자원을 약 5% 증가시킬 수 있다. 석유, 가스에너지 자원의 생산성 증대를 위해서는 드론 활용이나 지질학적 모델링 등도 가능해 데이터 분석은 자원의 생산 효율과 정비 개선에 기여한다. 한편, 석탄 부문의 경우, 지질 모델링, 공정 최적화, 자동화, 예측 유지 보수 및 작업자 건강과 안전 향상을 위해 제어실에서 조정되는 무인트럭, 원격 장비 등 IT(ICT) 활용이 확산되고는 있으나, 전반적인 디지털화 영향의 크기가 다른 에너지원보다 미약한 편이다.

석유가스 부문에서 석유가스 기업 중심으로 구분하면 상, 중, 하류 부문으로 나뉜다. 상류 부문에는 자원개발(Exploration & production; E&P) 기업으로 메이저, 독립계, 국영석유기업, 일반 자원개발 기업 등이 있고, 중류 부문에는 석유가스 파이프라인 운영사나 저장설비 운영사가, 하류부문에는 정유사나 가스 소매업자 등이 있다. 상류부문에서 저유가 등 국제유가 변동성 증가, 자원개발 기업의 IT(ICT) 활용 신규 비즈니스 모델 개발, 심해나 원격지 등 생산 환경 위협 요인 증가 등 요인으로 인해 데이터 관련 기술의 필요성이 커졌다. 생산 유정의 정두장치는 다양한 압력 밸브와 초크로 구성된다. 유정의 압력과잉 시 원유를 한 번에 많이 추출할 수는 있으나 최적이 아닐 수 있으며, 압력이 과도하게 낮은 것도 바람직하지 않다. 즉 압력이 매우 정밀하고 정확히 세팅되어야 하며, 이를 위해서는 정밀하면서 반복 가능한 제어가 필요하다. 데이터 분석을 통해 최적의 조건을 도출해 내고 이를 원격으로 정밀하게 조정함으로써 최적 생산 수준을 유지할 수 있다. 즉, 생산설비에 부착된 센서에서 수집된 산출 유동속도, 튜빙(Tubing) 및 케이싱(Casing) 압력, 물차단 동향, 모래 생산률 등의 데이터를 토대로 유사한 생산조건 하에서 최적의 입력 조건을 도출해 정밀한 조정을 통해 생산량 및 회수량 증진에 활용한다. 이러한 방식은 특히 초기 생산 개시 이후 고갈이 빠르게 진행되는 셰일 유전에서 재수압 파쇄 실시 여부나 시기를 결정하거나, 주입수의 양,

파쇄재의 투입량 등을 결정하는 데에 활용될 수 있다. 또한 센서를 통한 무인 기록, 송신, 데이터 분석을 함으로써 현장인력이 직접 유정을 방문하여 모니터링하는 데에 소요되는 비용과 시간, 안전사고에의 노출을 줄일 수 있다. 웨어러블 기기나 드론을 활용한 자산 모니터링 솔루션도 개발된다. 이는 작업자가 현장을 직접 모니터링하는 데 소요되는 시간과 직접 수작업 검사나 기록에서 발생할 수 있는 인재(Human error)를 줄여 주고, 실시간으로 다양한 정보를 제공하고, 작업자의 성과관리까지 실시간으로 측정된다. 설비에 전해지는 진동, 온도, 압력, 소리 등 데이터를 바탕으로 사고 또는 고장 직전 상태에 대해 머신러닝 기반 학습을 통해 생산설비의 폭발이나 고장을 사전에 감지하여 다운타임을 감소시키고 작업자의 안전성도 제고할 수 있다. 이는 고장이나 사고에 따른 비용을 감소시키고, 설비의 경제성을 개선하는 효과를 가져온다. 이처럼 AI 기반의 지능화로 최적화된 생산 활동을 함으로써 에너지 소비와 온실가스 배출을 감소시키고 생산정 주입용수 사용을 최적화해 물사용량도 절감하고, 원유가스 누출이나 유출을 사전 탐지하거나 유출 시 빠른 대처를 가능하게 하는 등의 환경적 효과도 기대할 수 있다.

중류 부문에서는 그동안 파이프라인을 통한 유가스류 수송업은 유사한 품질의 유류와 천연가스를 고정된 공급원으로부터 수요센터까지 수송하는 비교적 단순한 비즈니스였다가 셰일 자원 개발로 다양한 규격의 물량과 유류 및 가스를 다수 지점으로부터 소비자에게 수송하는 다이나믹한 사업으로 진화했다. 게다가 파이프라인 배관의 노후화와 수동형 방식의 모니터링 및 제어기기로 서비스 차별화가 어려워지고 있다. 파이프라인은 넓은 지역에 걸쳐 설치되어 있고 인적이 드문 황무지, 초원, 강, 숲 등을 관통하여 건설되는 경우가 많아서 모니터링하고 관리하는 데에 어려움이 많다. 이에 배관망을 이용한 수송사업을 하는 파이프라인 운영 기업에게 데이터 분석을 통한 최적 수송 루트 도출 등 수송 서비스 차별화가 필요해진다. 즉, 머신러닝 등 분석기법으로 최적 수송 노선을 도출하는 데 사용할 수 있으며, 파이프라인 이용계약에 수송 노선의 선택사양을 포함해서 차별화된 서비스와 요금을 제안할 수 있다. 또한, 과거 시간대/계절별 수송량과 혼잡도, 석유가스 수급 데이터 등을 함께 분석해 미래 수송량과 혼잡도를 예측해 이용료 차별화 등 기존의 단순한 계약구조를 벗어나 다양한 수송 옵션을 개발할 수 있다. 그 외에도 파이프라인에서 생성된 다양하고 방대한 데이터 분석을 통해 배관의 건전성을 제고하고, 센서를 통해 압력, 진동, 냄새, 소리 등 배관의 건전성을 실시간 모니터링하며, 수집된 데이터를 머신러닝으로 학습해 과거 파이프라인 균열, 누출 등 설비의 위험성이 커졌던 상황에 유사한 조건들을 감지할 수 있다.

하류 부문에서는 원유정제업에서 데이터 관련 기술이 활용될 수 있다. 원유 구매 비용이 석유제품 제조원가에서 차지하는 비중이 매우 높은데, 비전통 원유의 생산 증가로 과거에 고려하지 않았던 유종의 정제시설 투입을 고려해야 하는 경우가 증가해 설비의 적합성이나 산출물의 생산성에 대한 정밀한 평가가 필요하며, 공정의 무결성이 제품의 수율, 불량률, 계획한 산출물의 획득에 매우 중요하다. 정유소의 가동중단 방지는 정제제품 산출량 극대화 및 영업손실 최소화에 필수적인 조건이다. 또한 많은 정유소에서 '시간 기준'(time-based)의 비효과적 유지보수 관행을 갖고 있으며, 비계획적 가동중단으로 운영비의 손실을 겪기도 한다. 이러한 상황에 대응하기 위해 머신러닝 등이 활용될 수 있다. 수백 종의 세계 원유 샘플 데이터 분석을 통해 원유가치를 분석하고 수만 개 조합과 변수를 고려해 가장 상품성 높은 석유제품 믹스에 필요한 원유 조합비율을 산출하거나 설비조건, 원유성질, 재고현황, 석유제품 시장 전망 등을 함께 고려하면서 유종별 내재적 가치와 공정의 반응성을 정밀히 평가할 수 있다. 또한 실시간 모니터링을 통해 데이터를 수집하고 이를 과거 설비와 부품의 마모, 열화, 손상 당시의 데이터들을 학습하여 현재 해당 기기 상태에 기반해 정비에 가장 적절한 순간에 정비함으로써 부품이나 기계 잔존수명을 최대한 활용하여 낭비를 줄일 수 있고, 정비로 인한 유휴시간을 줄일 수 있다.

주요국의 석유 기업 사례들을 간단히 살펴보자. 석유 시추선 장애 예측 시스템을 2000년부터 운영 중인 코노코와 필립스석유가 합병해 개명한 미국의 다국적 정유기업인 코노코 필립스(Conoco Phillips)는 2006년 『포춘』 지가 선정한 '글로벌 500 대 기업' 6위를 차지했고, 북미에서 코노코, 필립스66, 유니언76 석유 브랜드를 판매하고, 유럽에서는 제트(Jet) 석유 브랜드를 판매 중이다. 석유 자원은 위험한 지역이나 유해한 환경에서 상황 변동이 심하고 인력 및 자산 리스크가 높아 생산비용 절감과 직원 건강 및 안전 보장 등이 고려 대상이다. 이에 코노코필립스는1999년 노르웨이 자회사의 금융, 구매, 자재 관리 시스템을 SAS로 교체해 작업 주문상 오류를 찾아내 본사에 통보하게 하고, 사용자는 이 데이터를 활용해 모든 업무를 수행하게 하여 관리 능률이 개선되었다. 원유나 가스를 연소시키는 플레어링도 관리 대상에 포함되었다. 또한, SAS 통계 툴 기반으로 2008년에는 'SAS전략 성과관리(SAS Strategic Performance Management;

SAS SPM)' 솔루션을 도입한 코노코필립스는 목표 리소스 설정과 비즈니스 관리를 본격 수행하기 시작한다. 2012년 코노코필립스는 북해 석유 시추선 장애 예측으로 유지보수 비용을 절감하였다. 기존에는 석유 시추선 고장으로 채굴 중단 후 문제가 된 부품을 파악해 교체 및 수리하는 데 약 일주일이 소요되어 약 7,000만 달러 손실이 발생하였다. 하지만 데이터분석 환경에서는 각 부품에서 장애 발생 전, 후 전송 데이터를 비교 분석해 장애발생 직후 나타난 패턴이 도출된다.

다국적 석유기업인 쉐브론도 지질학자, 데이터과학자와 협력해 보다 정밀하게 원유 매장지를 찾아내기 시작하며, 원유공정 과정에서 발생하는 데이터를 눈여겨보기 시작한다. 쉐브론이 하루 처리하는 네트워크 데이터 양은 1.5TB로 매일 도서 150만 권에 이르는 정보를 저장해 미국 국회도서관 보유 데이터 양보다 더 많다. 메인프레임을 통해 발생하는 데이터를 감당했던 쉐브론은 감당해야할 데이터 양이 급격하게 늘어나는 것을 경험한다. 이는 2차원에서 3차원 지진파로 바꿔 저장하였기 때문이다. 3차원 데이터는 2차원보다 집약적이어서 발생하는 데이터 양이 같아도 데이터 크기가 달라진다. 이에 쉐브론은 전 세계에 공장을 설비하고 각 공장에서 보내는 데이터를 수집하기 시작한다.

다국적 석유기업인 로열더치쉘피엘씨도 원유 매장지정보를 알기 위해 보다 집약적인 자료가 필요해지는 만큼 데이터 수집에 관심 갖는다. 굴착 작업에 최소 수백만 달러가 들어간다. 작업 끝에 원유가 없거나, 생각만큼 매장량이 많지 않다는 사실을 피하기 위해서라도 신중한 사전 조사가 선행돼야 한다. 단순히 매장지 위치를 파악하는 것만으론 부족해, 공장을 더 많이 세우고 탐사선을 더 많이 띄워 자료를 수집한다. 지난 수년 간 5,000명에 이르는 지질학자와 엔지니어를 투입해 전 세계 원유 매장지를 탐사했고 원유 공정 과정에서 어떤 데이터가 많이 발생하는지, 어떤 데이터를 활용해야 원유 공정 작업에 유용하게 쓰이는지를 분석하기 시작한다. 로열더치쉘피엘씨는 사용하는 정보들의 개별 데이터 사이즈는 크지 않지만 발생하는 데이터 종류가 많다는 사실을 알아내, 발생 데이터를 빠르게 처리하는 게 필요하다고 판단한다. 이에 여러 대 컴퓨터를 연결해 하나의 문제를 해결하도록 클러스터 컴퓨팅 시스템으로 재설계되면서, 네트워크상에서 여러 대의 컴퓨터가 1대의 컴퓨터로 보여 신뢰성과 처리 능력이 향상되기 시작한다.

한편, 한국 석유의 상류 부문에서는 극소수의 자원 개발 기업이 존재하나, 해외 자

원 개발에 따른 해외 광구 운영, 투자는 경험했지만, 다국적 상류 기업과 경쟁하기에
는 역부족이며 소수 해외 자원 개발 기업 중심으로 해외 유가스전에서 투자 파트너와
함께 현지 상류 부문에 속해서만 활동한다.

한국의 중류 부문은 천연가스 중심이다. 도매 부문은 한국가스공사(이후 KOGAS)
의 독점체제로 LNG를 도입, 저장, 재기화 및 도매 공급한다. 한국은 미국과 달리, 다
수의 배관운영사가 다수의 고객(상류기업, 하류기업)을 상대로 경쟁하는 구조가 아니
라 수송서비스 차별화나 최적노선 발굴 필요성이 상대적으로 낮은 편이다. 주배관망
(도매배관)의 총연장이 4,697km이고 전국 단일망으로 운영되어 KOGAS의 안정적 가
스공급과 안전성 확보 의무가 크며, 대량의 LNG를 액화상태로 저온 저장하고, 이를
재기화하여 송출하는 공정은 복잡하고 민감한 설비라 폭발 위험이 상존한다. 모니터
링-분석-의사결정-피드백-제어에 소요되는 시간을 단축하고, 보다 최적 시점
에 최적 제어명령을 내릴 수 있도록 알고리즘 개발이 요구된다. 데이터가 주배관망의
모니터링과 공급 안정성 강화에 활용될 수 있다. 또한 과거 온도, 압력, 거동, 진동 등
데이터를 통해 학습능력을 축적한 AI에 의해 어떤 온도, 어떤 압력에서 거동이 불안해
지는지를 보다 정확하게 예측하고, 사전적으로 대처할 수 있는 솔루션을 확보하여 생
산기지 LNG 저장-기화-송출관리 최적화 및 위험도 감소에 활용할 수 있다. 또한
시뮬레이션을 활용한 설비 개보수의 트러블 슈팅 최소화와 배관망의 건전성을 제고
하는 데에도 이용할 수 있다.

한국의 하류 부문은 원유 정제로, 전량 원유를 수입에 의존하는 정유사에게 원유
소싱 최적화가 절실하다. 원유 가격, 환율, 공장 가동률, 설비 조건, 원유 성질 및 수급,
제품 생산 규격, 제품 가격, 재고 현황, 출하 계획 등 데이터를 활용하여 원유 도입계약
의사결정을 지원하거나, 도입 유종의 선택에 기여할 수 있고, 과거의 유해가스 유출
사고 이력과 원인, 회전기계의 사고 등 데이터를 분석해 머신러닝 알고리즘을 구축하
여 사고 위험 높은 공정과 사고위험을 높이는 조건들을 사전에 파악할 수 있다.

이상에서는 석유 및 가스 자원에 대해 대표 글로벌 기업들의 데이터 활용과 함께 한
국 상황을 살펴보았다. [표 9-1]에서 보듯이, 대표 기업들 외의 다수 석유 및 가스자원
기업들이나 전략 컨설팅 기업들도 상류부문에서 생성 취득되는 방대한 데이터가 경영
의사결정에 충분히 활용되지 못하고 있다고 인식하고 있다. [표 9-1]은 주요 전략 컨
설팅사와 석유자원개발 기업들이 데이터 분석의 잠재효과에 대해 언급한 내용들이다.

표 9-1 석유가스 산업에서의 데이터 분석의 잠재효과

기업	데이터 분석의 효과에 대한 견해
매킨지 컨설팅	전 세계 석유가스 시추리그에서 생성된 데이터의 1% 미만만이 의사결정에 활용되고 있고, 나머지는 버려지고 있다.
베인앤컴퍼니	데이터 분석을 개선하여 생산량의 6~8% 증진 가능하다.
쉘	데이터 분석을 개선하여 세계의 모든 생산공정에서 1%씩만 생산이 늘어나도, 현 쉘 생산량의 3년치 생산량에 해당한다.
BHP	휴스턴의 분석센터에서 대용량 데이터의 처리를 신속하게 할 수 있다면 트리니다드 토바코 광구에서 생산 개시까지 걸리는 기간을 7년에서 3년으로 단축 가능할 것이다.

자료: Microsoft, 'Empowering Oil and Gas industry to Achieve More',2016.9,(2016 IoT in Oil and Gas Conference 발표자료), 2쪽; 자료: 에너지경제연구원(2017,17쪽) 재인용.

석유가스 자원의 데이터 활용이 저조한 이유는 인식 부족도 있지만, 한국에서는 특히 보다 근본적인 문제인 데이터 공유와 활용 문제, 활용에 따르는 사이버보안 문제, 데이터의 소유권 분쟁 우려, 데이터 및 관련 기술 표준화의 부재 등이 있다. 이에 대해서는 13장에서 다루기로 한다. 일부 사례에서 보면, 자원개발기업과 데이터 분석기업 간의 협력이 도움이 되고 있다. 석유 외의 사례로 풍력 터빈 제조기업인 베스타스는 IMB과 협력해 풍력 터빈의 최적 설치지역을 파악해 생산비용 절감과 작업자 안전도관리 효과를 거두고 있다. 베스타스에 대해서는 3장에서도 언급한 바 있다.

결론적으로, 데이터가 관건이다. 이에 한국에너지기술연구원 산하 신재생에너지 데이터센터가 지리정보시스템(GIS) 기반 분석도구를 이용한 자원지도시스템을 구축해 각 에너지원별로 정밀한 자원 현황을 제공하고, 사용자가 손쉽게 분석 데이터를 웹상에서 제공받을 수 있게 한다. 의사결정 시스템 서비스를 통해 잠재량, 적정성, 경제성 분석을 가능하게 하여 재생에너지 발전단지의 최적배치 설계를 위한 평가지표도 제공된다. 태양·풍력에너지 데이터 수집 관련해서는 국제 ISO, 국내 KS 규격과 국외 유관 연구기관, 국제기구 등의 기준을 따라 그 신뢰도가 확보되었고, 재생에너지 자원지도시스템과 연계해 참조 표준 데이터가 제공된다. 태양, 풍력, 수력, 바이오매스, 지열 에너지 데이터가 제공되며, 예로 태양에너지 경우 전국 16개 지역 대상으로 1982년부터 수평면 전일사량, 법선면 전일사량 등 10개 일사량에 대한 측정망을 구축해 측정 중이며, 측정 데이터는 양적 비교(연도별, 월별, 계절별 평균 데이터 비교), 분포 현황 분석(주요 지역의 경년변화)을 통해 한국 내 태양광 자원 평가가 가능하도록 하고 있으며, 원시 데이터는 저장되어 분석용 프로그램으로 검·보정 작업을 실시해 데이터 신뢰도를 제고하고, 측정 못하는 일부 지역에 대해 태양에너지 자원 예측기법을 적용해 태양에너지 이용 가능성을 분석한다. 데이터는 전산 시뮬레이션을 통해 용도별로 연구 분석용, 정책평가용, 산업용으로 구분된다.

제3절 에너지 발전 비즈니스

시겔이 언급한 개선의 핵심인 역량 개선과 강화의 핵심인 예방적 결정에서 본 에너지 발전 부문은 재생에너지 발전량 예측 정비와 안전한 발전자산 관리, 발전부문유지보수와 연관된다. 차례로 살펴보자. 먼저, 재생에너지 발전량 예측의 경우, 풍력, 태양광 등 재생에너지에 대한 정밀한 발전량 예측 정비는 재생에너지 자원 간 통합을 개선시키고, 화석 연료 사용의 효율화 내지 최적화를 꾀할 수 있게 하며, 에너지저장기술(ESS)의 발달로 운영 효율화도 가능하다. 이 경우, IoT 센서 및 통신을 활용해 풍력발전기 상황을 실시간 감지하고 분석하여 풍력발전단지의 발전량 예측 정확도를 향상시킬 수 있다. 예측 정확도 향상은 전력 계통 운영비용을 감소시키고 풍력발전단지의 수익성을 개선시킨다.

발전량 예측 정비를 위해 중국 국가전력망공사(SGCC)는 IBM의 재생에너지 발전량 예측 솔루션을 도입했다. 기상 데이터를 활용해 재생에너지 발전량을 예측하는 SGCC는 발전량 예측 정확성 개선을 위해 IBM의 데이터분석 솔루션인 하이레프(HyRef; HybridRenewable Energy Forecasting) 솔루션을 도입한 것이다. 이 솔루션은 개별 풍력발전소 데이터뿐만 아니라 풍속·풍향·온도 센서, 인근 지역 구름 움직임 분석 등 데이터분석을 통해 발전량 예측 정확도를 향상시킨다. 기상 모델링, 이미징소프트웨어, 구름 움직임 포착을 위한 카메라, 풍속·풍향·온도 모니터링 센서를 활용해 발전량 예측을 위한 데이터를 수집하고 풍력 단지 내 기상정보를 최소 15분 ~ 최대 1개월까지 예측 가능하게 한다. 이를 활용해 장베이 670MW 풍력단지를 실증하여 발전 리스크 감소와 전력 수급 안정 효과를 확인한 SGCC는 전력량이 10% 증가하는 것을 경험하였고, 풍력발전량 예측 정확도 향상으로 발전 스케줄링 및 발전원 간 수급 최적운영이 가능해 공급 가능한 발전량이 증가하였다. IBM 하이레프 운영방식은 [그림 9-3]과 같다.

그림 9-3 IBM HyRef 운영 방식

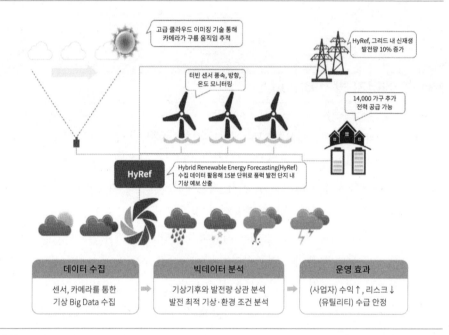

고급 클라우드 이미징 기술 통해 카메라가 구름 움직임 추적

HyRef, 그리드 내 신재생 발전량 10% 증가

터빈 센서 풍속, 방향, 온도 모니터링

14,000 가구 추가 전력 공급 가능

HyRef

Hybrid Renewable Energy Forecasting(HyRef)
수집 데이터 활용해 15분 단위로 풍력 발전 단지 내 기상 예보 산출

데이터 수집	빅데이터 분석	운영 효과
센서, 카메라를 통한 기상 Big Data 수집	기상기후와 발전량 상관 분석 발전 최적 기상·환경 조건 분석	(사업자) 수익↑, 리스크↓ (유틸리티) 수급 안정

출처: IBM Systems Magazine,2014.3

안전한 발전자산 관리의 경우는 IoT스타트업이나 IT 기업이 제공하는 범용의 IoT 플랫폼 기반에서 개별 발전 환경에 맞는 전력망 운영시스템을 구축하는 사례가 다수이다. 이미 여러 장들에서 언급한 GE의 프리딕스라는 범용 IoT 플랫폼을 활용해 발전소를 관리하는 대표 기업으로 미국 원자력사업자인 엑셀론(Exelon)과 아메리칸일렉트릭파워(American Electric Power) 등이 있다.

2015년 기준, 미국 에너지 정책에 따라 석탄화력 발전 비중 감소가 예상되면서, 발전자원의 적정성(Resource Adequacy, RA) 확보가 이슈가 된다. 전력사업의 자원 적정성은 사회적으로 최적 수준에서 전력수요를 안정적으로 충족시키기 위해 충분한 자원을 가능한 한 적은 비용을 들여 구축할 때에 달성된다. 따라서 전력산업 공급 측면에서 발전자원 적정성은 발전설비와 송전망의 안정적 구축 이외에 발전 비용 최소화를 위한 적정 전원 구성, 발전설비 및 송전망의 효율적 운영 및 배치 등도 포함하며, 에너지 저장이나 재생에너지 발전 자산에 관심 갖게 된다. 이에 엑셀론은 먼저 GE 프리딕스를 IoT 플랫폼으로 활용하여 발전 자산을 통합 관리하는 데 주력한다. 즉, 개별 발전소 관리와 함께 총 32.7GW의 자사 발전자산을 통합 관리해 원자력, 가스, 수력, 재생에너지 발전소 운영 효율 및 신뢰도를 향상시켰다. 그 솔루션 내용은 [표 9-2]와 같으며, 자사에 맞는 운영 앱도 개발했다.

표 9-2 프리딕스 기반, 엑셀론의 발전자산 관리 솔루션 내용

솔루션 명	역할
Asset Performance Management	• 자산 운영유지비 절감과 고장 예측 및 진단을 통한 신뢰도 향상 • 개별 발전소 및 전력 기기별 데이터 분석 기반 수명관리
Operation Optimization	• 발전소 운영 최적화로 전체 발전 자산의 생산성 향상의 목표 • 발전소 성능 이력 관리, 최적 급전 운영, 배출 가스 관리
Business Optimization	• 전력 거래에 대한 인사이트 제공 • 전력 시장 예측에 따른 발전 포트폴리오 운영, 수익 전망 제시

출처: Exelon, ExelonChooses GE Predix to Accelerate Digital Transformation, 2016.11

재생에너지 비중이 점차 커지면서 여유 전력을 저장했다 필요할 때 꺼내 쓸 수 있도록 만든 에너지 저장장치(Energy storage system; 이후 ESS)에 대한 투자가 시작된다. ESS는 원하는 시간에 전기를 생산할 수 없는 태양광, 풍력 등 재생에너지 발전에 필수적인 장비이다. 국가별로 정도는 다르지만 재생에너지와 연계될 수 있고 비상발전시 예비 전원으로 활용 가능하며, 특히 즉각적 충방전이 용이해 주파수 조정용으로 가능하며, 수요반응 시장에서의 소규모 전력거래로도 발전할 수 있는 ESS 보급을 적극 추진 중이다. 간단히 소개하면, 미국은 캘리포니아주에서 2010년 9월 최초로 ESS 설치를 의무화했고, 영국은 탄소 감축 차원에서 ESS 보급을 추진 중이며, 일본은 원전 사고 후 전력 부족 해소를 위해 태양광과 연계한 ESS 보급을 확대하고 있다. 이런 정책 환경에서 원자력 발전기업인 엑셀론은 발전자산 관리 차원에서 에너지저장 기술을 평가하고 테스트하는 스타트업인 볼타에너지테크놀로지(Volta Energy Technologies; 이후 볼타)에 투자한다. 볼타는 첨단 리튬이온, 나트륨이온, 바나듐흐름, 유황전지, 고체전지 및 리튬금속전지를 포함한 기타 소재를 모두 고려하기 시작했으며, 이러한 볼타의 전략이 엑셀론의 ESS 전략과 맞았던 것이다. 아메리칸일렉트릭파워도 2개 수력발전 댐에

ESS를 추가하고 에너지 저장 개발기업에 투자하기 시작한다.

한국에서도 2016년 207MWh ESS 용량에서 정부 지원으로 인해 2018년 기준 3,632 MWh로 급증했다. 대표 기업으로 개폐기, 수배전반, 철도용 전력부품 사업에서 시작한 광명그룹이 있다. 이 기업은 점차 태양광, ESS 등 재생에너지 및 저장 분야로 포트폴리오를 넓히고, 2004년 배전 자동화 단말장치(FRTU), 디지털보호 계전기, 원격감시제어시스템, 자동소화기장치 등 디지털 전력기기를 생산하는 피앤씨테크를 인수한다. 광명그룹의 계열사인 광명SG는 지진이 잦아지는 환경 변화를 반영해 내진 설계가 적용된 태양광 발전 시스템을 개발한다. ESS 설치 의무화로 관련 시장이 커지면서 ESS와 함께 배터리 시장이 커지고 있으며, 삼성, LG 독점 상황에서 중소기업들이 기술 경쟁력을 갖추기 시작한다. 2016년 74곳에 불과했던 ESS 사업장은 2018년 말 947곳으로 급증했다.

한편, 2017년 전북 고창 컨테이너 설치 ESS 폭발을 계기로 다중이용시설 ESS 가동 중단이 의무화된다. 고창 사건 이후 2019년 5월까지 23차례 ESS 화재가 발생한다. 이에, ESS 화재사고 원인조사위원회가 2018년 발족되어 2019년 6월 화재 원인 및 재발 방지 대책이 발표되는데, 화재 이유는 배터리 보호 시스템 결함, 수분·먼지 등 관리 미흡, 설치 때 결선 등 부주의, 부품 간 통합관리 부재 등 네 가지이며, 가장 큰 원인은 배터리보호 시스템 부재이다. 전류와 전압이 한꺼번에 흐르는 전기 충격이 가해졌을 때 보호체계가 단락 전류를 차단하지 못했고, 절연 성능이 저하된 직류 접촉기가 폭발하면 순식간에 불이 붙을 수 있다. 통합 관리 체계가 없는 것도 문제이다. 배터리 관리장치(BMS), 에너지 관리장치(EMS), 전력변환장치(PCS)의 제조사가 각각이라 유기적으로 운영되지 못해, 최초 불꽃이 튀었을 때 전체 시스템으로 불이 확산하는 걸 막기 어려웠다. 바닷가와 산에 설치된 ESS 경우, 온도와 습도를 조절하기도 어려웠다. 상주 관리인을 두는 곳도 거의 없었다. 이 밖에 설비 내 전선을 잘못 연결하는 등 설치 과정의 오·결선도 화재 원인으로 지목되었다.

이에 한국 산업통상자원부가 내놓은 화재 재발방지 대책은 ESS용 대용량 배터리 및 PCS를 안전관리 의무 대상에 포함하는 것과 ESS용 배터리가 정부 '안전인증'을 받게 하는 것이다. 설치 기준도 개선되어 건물 내 ESS 설치 시 용량은 600kWh로 제한되고 야외 설치 시 전용 건물이어야 한다. 배터리 완충 뒤 추가 충전도 금지된다. ESS 설비 법정 점검 주기도 1~2년으로 대폭 단축되었고, 화재 발생 시 즉시 진압할 수 있는 특수 소화약제를 비치하는 등 ESS 설비를 특정 소방대상물로 지정하였다. 이러한 대책으로 태양광, 풍력 등 재생에너지 운영 비용이 증가한다. 해가 떴을 때와 바람이 불때만 전력을 생산하는 간헐성 때문에 재생에너지 발전 시설엔 ESS 장비가 필수적이다. 이에 대한 데이터 활용이 시작되었고, 4장에서 카이스트 대학의 개발사례를 소개하였다.

[그림 9-4]에서 보듯이, 스마트미터기가 등장하면서 분산전원과 재생에너지가 발전하면서 스마트미터기를 중심으로 에너지시장이 FTM(Front of the Meter)와 BTM (Behind of the Meter)으로 구분된다. 후자에 대해서는 수요자 시장에서 다룰 것이다. 발전부문에 속한 FTM 시장은 전통적인 발전 시장과 송배전 시장 사이의 신시장으로서 전력거래 시장이다. 가상발전소(Virtual power plant; VPP)라는 테두리 안에 주로 재생에너지를 저장하는 ESS 구축을 통한 에너지를 중개하는 중개(Aggregator) 사업과 테슬라 같은 전기차(EV) 기업의 V2G(Vehicle to grid) 비즈니스 모델로 전력기업에 전력을 공급하는 전력거래 비즈니스로 구분되고 있다. 중개사업은 앞의 엑셀론처럼 기존 발전기업이 할 수도 있고, 새로운 중개거래 사업자가 등장할 수도 있다.

그림 9-4 FTM과 BTM 시장 비교

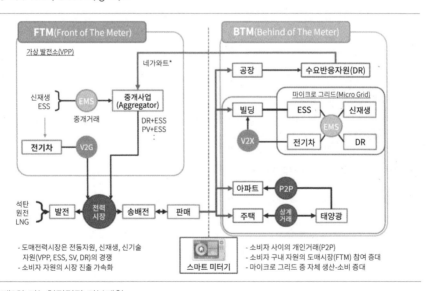

출처: 제2차 지능형전력망 기본계획
자료: 박종배(2019) 재인용
* 네가와트는 전력단위인 메가와트(MW)와 네거티브(Negative)의 합성어로 절전을 통해 얻어지는 '아낀 전기'를 의미함.

| 에너지데이터 경영론

EV 제조업체인 테슬라(Tesla)도 ESS를 제공하기 시작해 주택용 ESS인 파워월(Powerwall)
과 산업용 ESS인 파워팩(Powerpack)을 제조하였으며, V2G 비즈니스 모델로 확장
해 전력회사인 GMP와 2017년 ESS 공급 계약을 체결하였다. 테슬라에 대해서는 5장
에서 이미 언급하였다.

새롭게 등장한 기업도 있다. VPP는 다양한 유형의 분산자원(분산에너지자원; DER)
을 IT를 활용하여 통합 운영해 중앙급전발전기 역할을 하면서 동시에 제어 기능도 할
수 있다. 즉, 중앙 계통에서 관리가 불가능한 소규모 분산자원인 DER을 하나의 발전
프로파일로 통합한다. 수요자 시장의 마이크로그리드로 발전하기도 하는 VPP는 전
력거래 시장의 발전 비즈니스로 구분된다. 분산자원 기반 전력 거래 여건만 형성되면
분산자원 운영 효율화를 위한 VPP 비즈니스가 가능한데, 한국에는 아직 법적으로 불
가능하다.

VPP는 IoT로 분산자원을 연결해 제어함으로써 하나의 가상발전소 형태를 띠며, 전
력거래시장에 참여하는 분산자원 군집을 의미하며, IoT 센서와 데이터 분석 기술 발
전으로 소규모 신재생, 수요자원, 에너지 프로슈머 등 전력시장에 참여 가능한 VPP 자원
이 다양화되고, 실시간 제어도 가능하다. 하루 전 에너지 시장, 당일 밸런싱(Balancing)
시장 등 VPP 참여가 가능한 전력시장에서 분산자원 최적 운영이 가능하며, VPP 사업
참여자별 역할과 비즈니스 모델은 [표 9-3], [그림 9-5]와 같다.

표 9-3 VPP 사업 참여자별 역할

구분	주요 사업 내용
VPP 사업자	• 분산자원 제어를 통해 전력도매시장 참여 또는 판매사업자에게 전력판매, 판매 수익은 분산 자원 사업자와 공유 • 에너지 시장과 보조서비스 시장에 참여
분산전원 사업자	• VPP 사업자에게 분산자원 제어 위탁
시장운영기관 또는 유틸리티	• 발전 전력 구매 및 전력망 안정을 위한 VPP 제어 지시

출처: Siemens, VirtualPower Plants in Competitive Wholesale Electricity Markets, 2013.4

그림 9-5 VPP 사업 모델

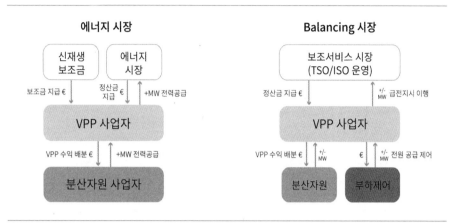

출처: Siemens, VirtualPower Plants in Competitive Wholesale Electricity Markets, 2013.4

대표적인 글로벌 VPP 기업으로 독일의 넥스트크라프트베르케(Next Kraftwerke; 이하 넥크베)가 있다. 넥크베는 유럽 내 최대 VPP로, 예측분석 기반 분산자원 제어와 함께 거래 중개 역할을 동시에 한다. 넥크베는 유럽 최대 규모 VPP 사업자로 4,076개 총 2.7GW 규모 분산자원을 제어하며, 유럽 3개국 6개 전력 시장에 참여한다. 등록된 분산자원에 통신 및 제어를 위한 단말기인 넥스트 박스(Next Box)를 설치하고 이 단말기를 중앙 시스템과 연결시킨다. 전력시장 신호에 따라 넥크베 서버에서 최적 발전 전략을 수립해 고객의 분산자원을 제어하는 역할을 한다.

소규모 재생에너지 분산자원을 모아 거래를 중개하는 넥크베의 2018년까지의 유럽 내 거래 중개된 에너지 양은 12TWh, 관리하는 전원 개수는 7,660여 개이다. 태양광뿐 아니라 풍력, 바이오가스 발전소 등 상업·산업용 발전소, ESS 등 모든 분산자원이 거래 대상이다. 신재생에너지 ESS 경우에는 분산전원이라 부르기도 한다. 독일에서 재생에너지가 하루 전에 시장에서 잘 조정되어 거래 가능한 주된 이유는 분산자원에서 생산될 전력을 데이터 분석으로 예측하고 이를 계통에 적용하기 때문이다. 따라서 하루 전 시장이나 일간 시장에서 예측분석 기반 전력거래가 일어나므로 재생에너지 양이 많아져도 계통이 안정되게 운영된다.

그림 9-6 넥스트크라프트베르케의 분산자원 제어 및 거래

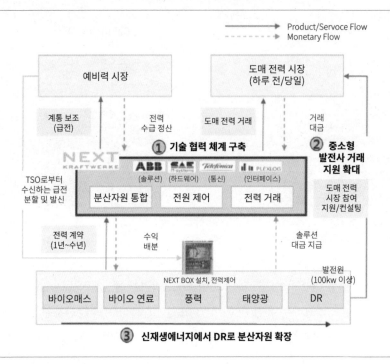

자료: KT 발표문, 2018

넥크베의 주요 역할은 분산자원 사업자와 송전사업자 간 전력수요 공급 균형을 맞추는 중개이다. 재생에너지 발전소가 많아지면서 이를 제어하고 거래하는 VPP의 역할이 커진 독일에서는 2017년 기준 전력수요의 7%를 태양광이 충족했고, 전체 전력소비 중 재생에너지 차지 비율이 38%였다. 독일의 VPP 역할은 분산된 재생에너지 자원을 연결하고 실시간 확인하면서 제어하는 것이다. 분산자원에서 에너지를 모아 전체 계통 시장 신호에 맞춰 최적화된 컨설팅을 하는 전 과정에서 분산자원 사업자는 거래를 맡고 계통 편익에 따른 수익을 배분시킨다. 넥크베는 전력 판매를 B2B로 제공하기 때문에 거래 책임이 따른다. 따라서 독일 에너지 거래에는 자격이 필요하며, 전력거래 자격증을 얻기 위한 2주 훈련과정이 있다. 2012년부터 중개 거래를 시작한 넥크베는 이러한 인력을 키우기 시작한다. 2019년 1월, 독일에는 약 150만 개 분산자원이 있다.

VPP는 더 보편화되고 파편화될 것이지만, 중개 거래가 인정되는 국가에서만 가능한 비즈니스로, 계통 안정화가 관건이라 데이터 분석이 필수이다. 그동안 석탄과 같

은 전통적 연료 발전의 공급과 예측 가능한 전력 수요를 매치하고 제어하는 건 어려운 일이 아니었으나, 재생에너지 자원이 발달할수록 공급과 수요를 맞추는 일은 더욱 어려워진다. 태양광 및 풍력 발전 등 재생에너지는 날씨 등 외생 변수에 의해 발전량 공급이 변동되기 때문에 데이터 분석을 통한 재생에너지 출력 예측 기술 개발이 필요하다. 이러한 이유로 일본의 간사이 전력이 개발한 일사량 예측 시스템인 '아폴론'은 기상 위성 이미지 데이터 기반으로 3분 간격의 일사량을 측정하며, 기상 상황과 전력 수요 예측 데이터를 활용해 공급 예측을 향상시킬 수 있고, 재생에너지 출력 억제와 이외의 전원 운영 최적화와 통합시킬 수 있으며, 수급 균형을 조절하는 VPP 구축실증도 진행되었다.

마지막으로 발전 부문의 유지보수 차원에서 데이터가 활용된 대표 사례로 프랑스의 원자력발전 기업인 EDF는 가상현실(VR), 3D 시각화를 통해 정전 관리 및 고장 예방을 하고 있으며, 예측 기반의 유지보수를 위해 기계학습을 활용하고, 운영 효율화 차원에서 모바일 환경과 증강현실(AR)을 활용하며, 통합 시뮬레이션 플랫폼을 가동해 자율을 모색 중이다.

제4절 **에너지 송배전 비즈니스**

시겔이 언급한 강화의 핵심인 예방적 결정과 (고객)만족의 핵심인 최적의 빠른 의사결정은 송배전 부문의 고장예측, 송배전 부문 유지보수와 연계된다. 기존 전력산업에 IT 기업, 통신기업 등 IoT, 데이터 기술력을 지닌 기업 진출이 확대되면서 데이터 수집 인프라도 확대되어 실시간 전력 데이터 교환이 가능해진다. 기존에는 감시, 제어 관련 기술로 일부 활용된 데이터 분석이 데이터의 다양화와 통합 정보 활용 가능성 증대로, 실시간 설비와 분산자원 통합 관리가 가능해진다.

고장예측의 경우, 실시간 전력계통 모니터링은 스마트그리드 내 측정, 계측 장비, 계통 제어 기술 발전으로 IoT 센서 데이터 분석을 통해 가능하다. 실시간 전력계통 모니터링에서 시작해 정전관리 자동화로 발전하는 고장 예측이 가능하다. 송배전 시설 관리를 위해서는 드론 등을 활용한 고압선 및 철탑 점검 관리도 가능하다. 산간지역 등 접근이 어려운 장소에서는 드론으로 이미지를 원격 촬영해 고압선 점검이 가능하고, 촬영 이미지를 AI로 분석해 송전선 이상 유무도 예측할 수 있다. 세계 1위인 스위스의 ABB는 사람이 직접 설비의 고장 여부를 판단해 온 기존 방식에서 벗어나 지능화된 디지털변전소로 전환시키는 비즈니스를 전 세계적으로 진행 중이며, 2018년『포춘』지가 선정한 세상을 바꾸는 10대 혁신 기업에 속했다. 미국의 AEP(American Electric Power)는 ABB와 협력해 변전설비 관리시스템인 벤틱스(Ventyx)를 개발한다. GE 프리딕스 기반에서 통합 배전망 플랫폼(IDOP, Integrated Distribution Operation Platform)을 구축한 AEP는 스마트미터와 전력망 센서, 현장의 직원(모바일 기기)을 연결시키는 네트워크를 구축해 운영하며, 운영과 고장 관리를 프리딕스로 통합해 실시간 전력망 정보를 시각화해 표준화된 데이터로 제공하고 있다. IDOP 솔루션 구성은 [표 9-4]와 같다.

표 9-4 IDOP 솔루션 구성

솔루션 명	주요 사업 내용
Smallword Office	• 지형공간 정보 시스템(Geospatial Information Systems) • 지형공간 정보활용 전력망 설계 및 계획 수립, 자산 관리
PowrOn Advantage	• 차세대 배전망 관리 시스템(Advanced Distribution Management System) • 실시간 전력망 최적 운영 솔루션, 고장관리, 전력망 운영정보 시각화 제공

출처: UtilityDive, AEPtaps for GE Software for New Distribution Management System, 2017

송배전 부문 유지보수의 대표 사례로는 일본 도쿄전력(TEPCO)이 데이터 분석 기업인 테크노스(Technos)와 협력하여 송전선로 진단 자동화 기술을 개발하고, AI, 클라우드, 드론 등을 활용해 화면 분석에서 보고서 작성에 이르는 전 과정을 자동화하기 시작했다. 이를 통해 평소 필드 작업자의 접근이 제한적이고, 조사에 장시간이 소요된 송전선로 점검과정이 개선되어 작업 효율을 향상시키고, 비용 절감 효과를 거둘수 있다.

[그림 9-7]에서 보면, 한국의 전력산업구조 개편 전에는 한국전력(KEPCO)이 발전과 송배전을 모두 맡았으며, 발전부문에서 전력을 300V 정도로 생산하고, 송전 부문에서 생산전력을 76만 5,000~34만 5,000V로 올려 도심 주변 변전소로 보내고, 배전 부문인 변전소에서는 6,600V로 바꾸어 각 가정 근처에 있는 전신주 변압기로 보내

고, 변압기인 전신주에서 220V로 바꾸어 각 가정으로 공급되는 형태였다. 개편 이후에 발전 부문은 경쟁시장으로 바뀌고 송배전과 수요자 부문은 기존대로 유지되고 있다. 한때, 한국 정부는 배전 부문도 분할하려 했으나, 미국 캘리포니아 대정전 등으로 인해 더 이상의 개편을 하지 않기로 2004년 6월 결정하였다.

그림 9-7 한국 전력산업 구조 개편 이전과 이후 비교

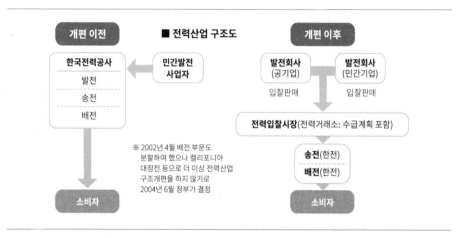

2008년 IMF 이후 한국 전력산업의 경쟁체제 도입이 필요해, 발전 부문의 6개 발전 자회사와 10여 개의 대형 민간 발전사업자로 구성되어 전력거래소를 통한 전력 거래 가격 경쟁체제가 도입되었다. 하지만 사실상 한국전력(한전, KEPCO)이 100% 지분을 보유하고 있는 발전 자회사들이 발전량 대부분을 담당하며, 송배전 전력망 전체를 한전이 독점하고 있다. 앞의 발전 비즈니스에서는 한국 사례로 ESS만 언급하였다. 한국 발전연료는 원자력, 석탄, LNG 등의 비중이 높으며 최근 태양광으로 대표되는 재생에너지 비중이 확대되고 있다. 2000년 시장이 민간에 개방되면서 한전의 6개 자회사로 사업이 분할되고, 민간 발전사업자(Independent power plant; IPP) 12개사 등이 참여하고 있다. IPP는 2018년 말 기준 12개 사업자가 총 991MW 규모의 발전용량을 운영한다. 송배전 부문은 송전 및 배전 케이블 설치 및 망 관리 등이 주요 사업으로 현재 한전의 독점하에 있다. 송배전 비즈니스는 한전 자산과 매출 부문에서 절반 이상을 차지한다. 송배전 부문에서 데이터가 활용되고 있어서 2019년 기준 한국 전력산업 가치사슬 구조를 소개하면, [그림 9−8]과 같다. 판매 부문은 수요자 비즈니스에서 언

급하겠다.

그림 9-8 한국 전력산업의 가치사슬

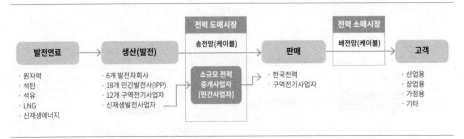

주: 신재생에너지 공급인증서(REC) 거래는 전력산업 벨류체인 상에서는 제외

자료: 우리금융경영연구소 산업 · 글로벌센터(2019.4.5)

한전은 데이터 분석 기반 스마트그리드 종합운영 시스템을 구축해 전기 품질이 취약한 곳을 자동 추출해 정전 예방에 필요한 조치를 취하며, 선로부하 평준화 및 손실 최소화 등 최적화된 계통 운영을 하려는 노력을 보이고 있다. 2019년 한전은 스위스의 ABB와 협력하여 완도−동제주 간 초고압 직류 송전망(HVDC) 건설 계약을 체결했다. 150kV, 200MW HVDC 전압형 변환소와 해저 송전선로를 제주와 완도에 구축하며, 변환 설비 설계와 제작, 운송, 설치, 시운전 등 전 과정을 ABB가 수행한다. 제주는 제1 · 2 해저 송전선로를 통해 육지에서 700MW 전력을 끌어 쓰고 있으며, 제주도 전체 전력 공급량의 40%에 해당한다.

제5절 에너지 수요자 비즈니스

시겔이 언급한 고객만족의 핵심인 최적의 빠른 의사결정과 학습의 핵심인 데이터 분석의 정교화는 에너지 수요자 비즈니스의 에너지 소비 최적화, 수요자 주도 에너지 사용 환경 조성, 에너지 프로슈머와 연계된다. 재생에너지 및 ESS 분산전원 보급으로 수요자 비즈니스는 스마트미터 설치 이후인 BTM(Behind of the Meter) 비즈니스를 말한다. [그림 9−9]는 전통적 전력시장과 구분되는 신시장으로 FTM과 BTM 시장을 보여준다. 신시장 비즈니스인 가상발전소(VPP)에 대해서는 이미 발전 비즈니스에서 언급하였다. 수요자 비즈니스에 속하는 BTM 비즈니스는 스마트미터 기반 수요반응 (DR), 전기자동차(EV) 충전기 및 서비스, ESS, 재생에너지, DR 등을 모두 포함하는 마이크로그리드(Microgrid), 그리고 P2P 및 상계거래로 대별된다. DR은 공장, 홈, 시티의 에너지 소비 최적화를, 마이크로그리드는 수요자 주도 에너지 사용환경 조성을, 그리고 P2P 및 상계거래는 에너지 프로슈머를 말한다. 각각에 대해 살펴보자.

그림 9-9 전력시장의 변화: FTM과 BTM의 출현

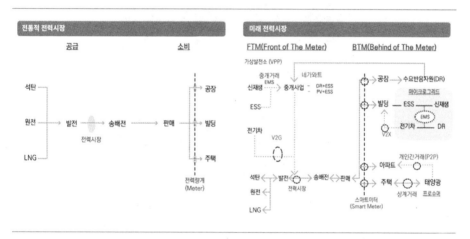

자료: 산업통상자원부(2019)

고객의 에너지 소비 최적화에서는 IoT, 데이터 분석 기반으로 스마트공장, 스마트 농장, 스마트홈, 스마트카, 스마트시티 등 영역에서 BTM 비즈니스 모델 개발이 활발하다. 스마트에너지홈, 스마트에너지카, 스마트에너지시티에 대해서는 5장에서 언급하였다. 일례로 스마트홈 산업에 뛰어든 에너지 기업으로 이탈리아 국영 전기회사인 에넬(Enel)과 독일 에너지기업인 이노지(Innogy)는 가정 수요자에게 전력 사용량 요금을 받는 비즈니스에서 스마트에너지홈 솔루션 및 기기 판매 서비스로 확장을 시도하였다. 스마트에너지홈의 핵심은 댁내 전력사용량 정보를 취득한 IoT 센서와 이를 분석해 고객에게 인사이트를 제공하는 데이터 분석기술이다. BTM 데이터를 활용해 에너지 요금 절감, 보안, 라이프스타일 서비스 등 토털 솔루션 제공이 가능하다.

스마트공장 개념으로는 프랑스 에너지 기업인 엥기(Engie)가 B2B 모델로 에너지 사용관리 플랫폼인 '블루에(Blu.e)'를 제공한다. 이는 산업공정 데이터를 활용해 에너지 성능 지표를 만들고 에너지 사용 최적화를 위한 관리방안을 공장별로 도출해 수요자 맞춤 서비스를 제공해 준다. 한 예로 PSA그룹은 산업장의 에너지 사용 최적화를 위해 2017년부터 이 솔루션을 채택하고 있다.

그림 9-10 Engie의 Blu.e

내부외부
데이터
통합

에너지
데이터
시각화,
KPI 작성

에너지
KPI 분석,
최적안
제시

최적안
선택,
실시간
업데이트

데이터의
디지털화

실시간
오류 알람

에너지
성능
보고서
작성

On-demand
서비스
제공

출처: 삼정KPMG, 2019

수요자 주도 에너지 사용환경 조성에서는 마이크로그리드가 있다. VPP가 마이크로그리드로 발전하기도 한다. 마이크로그리드는 [표 9−5]에서 보듯이, 계통 연계형과 독립형으로 구분된다.

표 9-5 마이크로그리드: 계통 연계형과 독립형

구분	계통 연계형 마이크로그리드	독립형 마이크로그리드
차이점	상시 계통 연계 (비상시 독립운전으로 변환)	상시 독립 운전 (계통 미연계 지역)
특징	무정전, 전력 거래	신재생 최적 조합
대상 지역	빌딩, 캠퍼스, 군부대 공장	섬, 산간오지 등

구축 목적	공급신뢰도 향상, 이윤추구	공급비용 절감, 환경문제
운영 제약	계약전력, 전력판매	전압/주파수 유지, 예비력
에너지원	전기, 가스, 태양광	태양광, 풍력, 디젤
규모	통상 10MW 이내	규모에 따른(수백~수천kW)

자료: 문승일(2018.11)

　에너지를 소비하고 생산하는 각 가정 및 시설의 잉여 에너지를 다른 곳으로 돌리는 마이크로그리드는 한마디로 소규모 전력 공동체를 결성해 자체전력망 내에서 전기수요를 전부 충당할 수 있도록 한 것이다. 따라서 마이크로그리드는 스마트그리드보다 훨씬 까다로운 구성 요건을 갖춰야 하며, 효율적 시스템 유지를 위해 규모가 너무 크지 않게 대도시보다는 오지, 사막, 도서지역 등 전력망 시설을 갖추기 어려운 지역에서 주로 추진된다. 독립형 마이크로그리드를 구축한다면 재생에너지 생산시설 및 에너지 저장장치(ESS)가 전제되어야 한다. 국가별로는 마이크로그리드 활용 목적에 차이가 있다. 유럽은 환경 개선을 위한 재생에너지 시설 구축을, 일본은 지진 등 각종 자연재해가 발생해 전력 공급이 중단되었을 때를 대비한 소규모 전력 공동체 구축을, 미국은 에너지의 효율적 사용을 위해 대학교 캠퍼스나 군대 등 커뮤니티 중심 구축을, 중국은 송배전 설비를 설치하기 어려운 도서지역 중심 구축을 선호한다. 한국은 중국 쪽에 가장 가까워 전력공급이 어려운 섬 지역을 마이크로그리드를 활용한 '에너지 자립섬'으로 이름 짓고 가파도, 가사도 등에서 에너지 자립에 성공한 상태이다. 그 외에도 2015년 국내 최초로 서울대에 마이크로그리드가 구축되었다.

　마지막으로 에너지 프로슈머(Energy Prosumer) 등장으로 단방향에서 양방향으로, 계층적 에너지 구조에서 네트워크 에너지 구조로 변화하기 시작한다. 에너지 프로슈머란 에너지를 직접 생산하면서 소비하는 주체이며, 기존의 태양광(PV) 자가발전 소비자에서 진화한 개념이다. 즉, 특정시간에 에너지 생산량이 소비량보다 많으면 생산자 모드로, 에너지 소비량이 생산량보다 많으면 소비자 모드로 전환하는 구조를 가진다. 이에 에너지 프로슈머 비즈니스 모델은 우선 요금 정책과 관련된다. 요금 정책은 요금상계제(Net metering)와 가상요금상계제(Virtual net metering)로 구분된다. 전자는 잉여전력을 전력망에 공급해 재판매하는 것이고, 후자는 임의 지역 VPP에서 생산한 에너지를 재판매하는 것이다. [그림 9-11]을 보면, 요금상계제 소비자는 자가 발

전설비를 통해 전기를 생산하고 남은 잉여전력을 전력망에 공급하여 재판매해 전력
회사가 소비자로부터 공급받은 전력량을 상계해 요금을 청구한다. 이는 미국 재생에
너지 보급 수단으로 활용되면서, 참여자와 비참여자 간 전기요금 형평성 이슈와 특정
유형 재생 전원 편중 이슈가 대두된다. 이를 극복하기 위해 등장한 가상요금상계제는
임의의 지역에 위치한 태양광(PV) 발전설비에서 생산한 발전량을 타 지역 소비자가
자신의 전기소비량을 상계하는 데 이용한다.

그림 9-11 요금상계제와 가상요금상계제 개념 비교

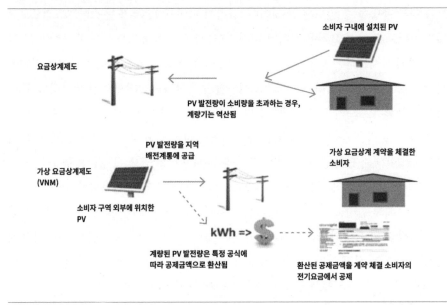

출처: blog.clean-footprint.com

　요금상계제의 변화에도 불구하고 계속되는 전력회사의 수익성 저하와 에너지 소
비자 간 형평성 문제 해결을 위해 상계제도를 통한 P2P 에너지 거래와 함께 ESS 보급이
확산되면서 태양광 ESS 발전으로 이어진다. 태양광 ESS는 앞서 VPP에서 언급했듯이
발전 비즈니스이면서 수요자 비즈니스로 확대된다. 배터리 없는 태양광 저장 솔루션
도 등장해 ESS 설치 없이 자가 발전된 잉여 전력을 가상계정으로 계통에 송전하고 필
요시 가상계정을 통해 저장된 전력을 사용할 수 있다. 이의 대표 기업으로 에온(E.ON)
의 솔라클라우드(SolarCloud)가 있다. 이의 비즈니스 모델은 가정용 태양광과 ESS 발

전 계정 서비스의 결합이다. 태양광을 설치하고 태양광 발전량을 '솔라클라우드'라는 가상계정에 적립해 원하는 소비자가 사용하게 하는 월정료 기반 서비스이다. 적립된 태양광 발전량은 전기요금 납부, 전기차 충전, ESS 충전 등 고객이 원하는 시점에 공간 제약 없이 사용 가능해, 클라우드 인프라, 태양광+ESS 설치, 설비 관리 앱, 솔라클라우드 서비스를 패키지로 제공한다. 솔라클라우드 서비스는 [그림 9-12]와 같다.

그림 9-12 E.ON SolarCloud 개요

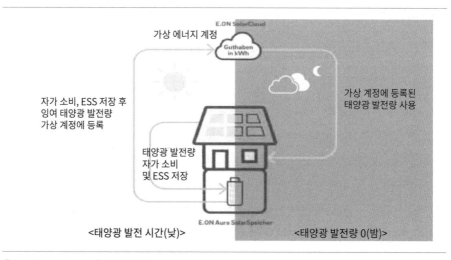

출처: E.ONSolarCloud 홈페이지 번역

에온(E.ON)은 태양광+ESS 설치, 관리, 서비스 전 영역에서 데이터 분석 예측 솔루션, IoT, 클라우드 인프라를 활용한다. 고객은 사전에 구글의 발전량 예측 솔루션인 프로젝트선루프(Project sunroof)를 통해 태양광 발전 잠재량을 확인한다. 설치가 완료되면 자가학습(self-learning) 알고리즘이 적용되어 태양광+ESS 설비를 최적 효율로 운영 관리한다. 서비스는 모바일 앱으로 제공되며 태양광 발전, ESS 충전 및 방전, 전력사용량, 가상계정 현황을 실시간 확인 가능하다. 사업 구조는 [그림 9-13]과 같다.

그림 9-13 E.ON SolarCloud 사업 구조

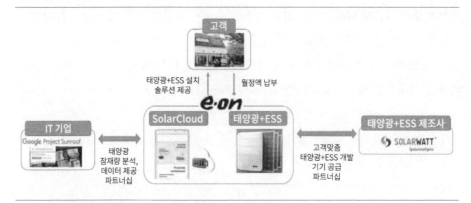

출처: 한전경제경영연구원(2017.7.10)

　영국의 오픈유틸리티(OpenUtility)와 굿에너지(Good Energy)가 협력해 만든 전력 거래 플랫폼인 필코(Piclo)는 계량기, 발전 비용, 소비자 데이터 등을 바탕으로 수요자와 공급자를 30분 간격 연결하고, 각자 제시된 가격과 조건이 맞으면 곧바로 전력거래가 성사된다. 독일에도 소규모 재생에너지 발전설비 소유자가 발전 전력량을 통해 전력을 사고 팔 수 있도록 개발된 플랫폼인 태양광 커뮤니티(Sonnen Community) 플랫폼이 있다. 이 플랫폼에서 태양광 발전설비 소유주들을 연결해 잉여전력을 온라인 공유하는 구조로 만들어 누구나 가입, 이용이 가능하다. 재생에너지 발전 설비 소유주는 고정수익과 전력 판매대금 수익을, 전력소비자는 합리적이고 저렴한 가격으로 전력을 구매한다.

　에너지 프로슈머 비즈니스인 전력중개업은 에너지 컨설팅, 전력공급 안정화, 전력 수요 감축 등의 비즈니스 모델로 확대될 수 있다. 에너지 컨설팅이란 기상관측과 발전 데이터 분석을 토대로 고객의 발전 설비가 안정적인 환경에서 발전효율을 높일 수 있도록 컨설팅 서비스를 제공하는 사업모델로, 주로 기상 변화에 따른 재생에너지 자원 발전량을 예측하고, 발전소별 설비 효율성을 높여 판매마진을 개선할 수 있는 방안 등을 자문한다. 미국 캘리포니아 전력중개사업자들은 고객 발전설비에 대해 발전량을 예측하고 발전 스케줄을 관리해 주는 컨설팅 서비스를 제공한다. 2015년 도입된 분산자원공급자(Distributed Energy Resource Provider; DERP)인 쉘에너지(Shell Energy), 실리콘밸리 클린에너지, 샌디에고 가느앤일렉트릭, 제3자 락시스템즈앤테크놀로지,

Apparent 에너지, Galt 파워, Olivine 등 7개 전력중개 사업자들은 전력판매 중개 외에 발전량 계량, 정산 등 서비스를 제공한다.

전력공급 안정화란 변동성이 큰 개별 발전자원을 출력이 안정적인 발전자원으로 전환함으로써 그리드 안정화에 기여한 가치를 인정받아 수익을 창출하는 사업 모델이다. 전력중개 사업자가 개별 발전설비의 발전 패턴을 파악해, 상호 보완성이 높아지도록 운영 모델을 구성하여 전력을 공급해 국가전력망 입장에서는 안정적으로 전력을 생산하는 대용량 발전설비를 확보한 것과 마찬가지이다. 이에 독일 정부는 그리드 안정화에 기여한 전력중개 사업자들에게 정산금을 지급한다. 발전 비즈니스에서 언급한 넥크베는 재생에너지 설비를 모아 6GW에 달하는 VPP를 구성하고 효과적인 포트폴리오 운영에 성공하면서 독일 전력시장 내에서 출력이 항상 일정한 발전원으로 인정받고 있다.

한국에서도 태양광 발전으로 에너지 프로슈머 시장에 대한 관심이 고조되면서 2016년 3월 10일부터 산업부와 한전이 "프로슈머 이웃간 전력거래" 실증사업을 실시하였다. 이상적 거래조건을 실현할 수 있는 후보지 중에서 기대효과를 감안해 2개 지역을 선정하였다. 또한, 2018년 전기사업법 개정을 통해 1MW 이하 소규모 분산전원에서 생산, 저장한 전력 대상으로 전력거래 중개사업이 2019년부터 허용된다. 이에 판매 부문은 발전소와 한전 간 거래인 도매시장과 한전과 최종 소비자 간의 거래인 소매시장으로 구분된다. 즉, 소규모 전력중개 제도의 도입으로 한전 이외에 민간 사업자가 등장하게 된 것이다.

2018년 전기사업법 개정안 통과로 중개사업자의 법적 지위가 마련되면서, 한국의 에너지 프로슈머 시장은 온전한 형태는 아니지만 '소규모 전력 중개시장'과 동격으로 보기 시작한다. 소규모 전력 중개시장은 [그림 9–14]와 같다. '소규모 신재생에너지 발전전력 등의 거래에 관한 지침(제19조)' 개정에 의해 소규모 전력거래 근거가 마련되었고, 전기판매사업자 중개를 통해 1,000kW 이하 태양광 전력 거래가 가능하다.

그림 9-14 한국의 소규모 전력중개시장 개념도

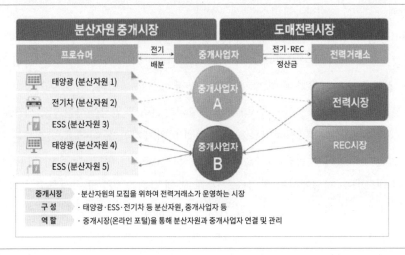

출처: 전력거래소 사이트

법적으로 '소규모 전력 중개사업'은 1메가와트(MW) 이하의 신재생에너지와 에너지 저장장치(ESS), 전기차 같은 소규모 발전자원을 물리적 결합 없이 네트워크상에 모아서 전력과 신재생에너지 공급인증서(REC)를 판매하는 사업'으로 정의된다. 1MW 용량은 시간당 1MW의 전력을 생산할 수 있는 설비로, 한국 전기사업자의 경우 용량 규모가 3MW 미만인 경우 산업통상부 장관의 승인 없이 해당 지방자치단체 허가로 전기사업자 등록이 가능하다. 가정용 태양광 모듈의 경우 3~5kW 용량이 일반적이고, 석탄 및 LNG 등 대규모 발전소 용량은 500MW~1GW 수준이다. '소규모 전력중개 거래'의 구조는 [그림 9-15]와 같이 변화하였다.

그림 9-15 소규모 전력중개 거래'의 구조

자료: 전력거래소(KPX)
자원: 우리금융경영연구소 산업·글로벌센터(2019.4.5).

　한국의 소규모 전력중개사업은 태양광 등 소규모 재생에너지 발전자원의 급증에 따른 부작용을 완화하고 분산된 전력 자원의 효율적 관리를 통해 전력 계통의 안정성에 기여할 것으로 기대했으나, 2019년 2월 허용된 전력중개사업은 중개수수료 수취에 그치는 단순한 구조이다. 위에서 제시된 에너지 컨설팅, 전력공급 안정화, 전력수요 감축 등으로 확장되는 사례와는 비교된다. 수익원이 제한적인 상황에서 전력중개사업자는 꾸준히 발전설비를 모집하여 포트폴리오를 키우고 매출을 확대하는 것 이외에 신규로 부가가치를 창출할 수 있는 방법이 제한적이라 전력중개 시장이 확대될 유인이 부족한 상황이다. 게다가 전기차(EV)와 ESS가 수요자원에 포함되지 않고 EV 보급률이 낮아 규모의 경제를 실현하기도 어렵다. ESS 화재 문제가 해결되고, EV 보급이 확산되면 에너지 프로슈머 비즈니스 모델이 성장할 것이다. 입찰방식으로 거래가 성사되는 구조에서 응찰 시 제출한 발전량을 이행하지 못하면 정산 단계에서 불이익이 발생하기 때문에 발전량을 정확하게 예측하는 것도 필요하나. 따라서 데이터 분석 기반이 마련되는 것이 필요하며, 이에 데이터 분석, AI, 블록체인 등의 기술 기업들이 참여할 유인이 높다. 기술 인프라에 대해서는 10장에서 후속으로 다룰 것이다.

참고문헌

각 회사 홈페이지(Enel, Innogy, E.ON, Exelon, AEP, Constellation, Bidgely,NextKraftwerke)
국제에너지기구(IEA)(2014). 디지털화와 에너지, 해외보고서 번역본, 한국환경산업기술원
매일경제(2019.6.21). [빅데이터로 본 재테크] `ESS 화재` 악재 일단락…2차전지株 반등
매일경제(2019.4.23). 180억 들었는데… '친환경 서울대' 올스톱
문승일(2018.11). "전기공사 업계 젊은 CEO의 역할" 강연 자료
박종배(2019.4.4). 에너지 전환이 방향성, 전력/IT융복합 기술워크숍 세미나 발표문, 한국통
　　　신학회.
블로터(2012.5.16). 정유회사가 빅데이터 품는 법
산업통상자원부(2016.3.11). 프로슈머 이웃간 전력거래 실증사업 실시, 보도자료
삼정KPMG(2019.1). 에너지 산업이 디지털화(Digitalization)가가져올 미래
에너지경제신문(2019.6.14). 한전·ABB, 완도-동제주 HVDC 건설 '맞손'
에너지경제연구원(2015.7.3). 미국 전력산업 현황 및 정책, 세계 에너지시장인사이트,
　　　15-25호
에너지경제연구원(2017). 석유·가스 부문 지능형 기술 도입 요인 조사 연구
에너지경제연구원(2017). 전력산업 미래 전망을 위한 빅데이터 활용 방안 연구, 보고서,
　　　17-24
에너지설비관리(2018.12.31). 일본 에너지 분야의 디지털화 진행 현황
우리금융경영연구소 산업·글로벌센터(2019.4.5). 소규모 전력중개시장의 향후 발전방향
이투뉴스(2018.5.17). [창간특집] "에너지 빅데이터, 질과 양 모두 중요"
전기신문(2019.6.10). "가상발전소(VPP), 분산된 재생에너지 연결·제어에 핵심 역할해요"
전기저널(2017.11.10). 전력산업 IoT, 빅데이터 기반 비즈니스 모델및 적용 사례 분석
전기저널(2019.6.10). 국내 전력에너지 산업이 가야할 방향
전력거래소(KPX)(2017. 11) 미국 전력시장 종합
전영환(2019.1.17). 신재생 에너지 확대를 위한 전력시장제도, 홍익대학교 발표문
컴퓨터월드(2008.12.27). 미국 정유 회사 '코노코 필립스사'의 성과관리 사례
투데이에너지(2017.11.14). 美 엑셀론 등 전력기업 배터리부문투자 확대

한국경제(2019.6.11). ESS 화재는 설치·관리 부실 탓"…정부 '태양광 과속'이 화 불렀다

한국수출입은행 해외경제연구소(2018). 석유·가스 등 에너지 시장 분기보고서, Vol.17, 11
      월12일

한국에너지기술연구원 신재생에너지데이터센터(2015). 신재생에너지 자원 지도 맵북.

한국에너지신문(2019.5.13). 국내 소규모 전력중개사업의 현주소

IDC(2015). Energy Insights

Kearney, A.T.(2013), Big Data and the CreativeDestruction of Today's Business
      Models, http://www.atkearney.com/strategic-it/ideas-insights/article/-/asset
      _publisher/LCcgOeS4t85g/content/big-data-and-the-creative-destruction-of-
      today-s-business-models/10192#sthash.wNrYGAeD.dpuf/.

P. Nillesen and M. Pollitt(2016). Future of Utilities : New BusinessModels for Utilities to
      Meet the challenge and the Energy Transition

Siegel, Eric(2010),Seven Reasons You Need Predictive Analytics Today, Prediction
      Impact Inc.

에너지데이터와
IT(ICT) 인프라

제10장

학습목표

에너지데이터 활용을 위한 물리적 기반이 되는 IT(ICT) 인프라에 대해 학습한다. 이미 다양한 에너지 분야에서 활용되고 있는 사물인터넷(IoT) 개념을 정의하고 에너지 IoT가 어떤 시너지를 발휘할 수 있는지 탐구한다. 그 다음에는 클라우드 컴퓨팅을 정의하고, 에너지 클라우드에서의 분산전원에 대해 고찰한다. 인공지능 개념을 정의하고, 에너지 AI에 대해 이해한다. 마지막으로 새롭게 떠오르는 블록체인을 정의하고, 에너지 블록체인에 대해 살펴본다.

에너지데이터와 IT(ICT) 인프라

에너지 IT(ICT) 인프라 개관

에너지 산업에서의 IT(ICT)의 역할이 중요해지고 있다. 수요자 비즈니스에서만 보면, 클라우드 컴퓨팅 기반에서는 다양한 분산 에너지 자원(Distributed Energy Resource; DER) 및 수요자를 하나의 시스템으로 통합해 유연한 분산형 에너지 공급망을 구축해 효율적인 재생에너지 연계 및 안정적인 에너지 공급체계 구현이 가능하고, 전반적인 에너지 흐름의 최적화를 통해 에너지 소비의 효율화를 실현할 수 있다. [그림 10-1]은 에너지데이터와 관련 인프라를 기반으로 한 공용플랫폼을 도식화한 것이다. 먼저, 에너지데이터는 2장에서 그 개념을 설명했듯이, 주요 에너지 자원에서 수집되는 정보와 발전, 송배전 시설에서 수집되는 정보, 그리고 고객 수요 및 소비 패턴 데이터 등을 의미하며, 수집 방법은 주로 IoT 인프라를 통한 센서 데이터이다. 이를 수집, 저장, 처리하기 위해 클라우드 인프라가 필요하고, 다양한 분석 툴로 다른 데이터와 믹스되어 빅데이터 분석이 이루어진다. 또한, 기계가 스스로 학습하면서 인공지능(AI)이 발달하고 증강현실(AR), 가상현실(VR) 등의 기술을 이용해 시각화된다. 이 외에도 신뢰 네트워크 개념의 블록체인(Blockchain)도 에너지 IT 인프라가 되고 있다.

그림 10-1 에너지데이터 기반의 플랫폼과 IT

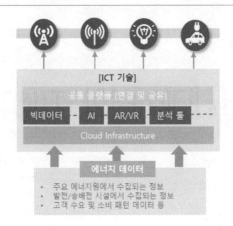

출처: 삼정KPMG(2019.1). 에너지 산업이 디지털화(Digitalization)가 가져올 미래

먼저, IoT 인프라를 소개한다. 이를 기반으로 전력 공급, 소비 관련 방대한 IoT 데이터 수집이 가능하고 관련 통신 인프라가 구축된다. 전력 부문에서는 스마트미터 보급으로 스마트그리드 형성을 위해 IoT가 기초 인프라가 되고 있다. 이에 대해서는 8장에서 자세히 언급하였다. 여기서는 IoT 자체를 살펴보자. IoT는 'Internet of things'의 약자로 생활 속 사물들을 유무선 네트워크로 연결해 정보를 공유하는 환경으로, 일상에서 접하는 가전제품, 전자기기, 건물, 차량, 더 나아가 센서, 기계장치, 기반 시설 등 다양한 물리적 기기들이 정보통신 네트워크를 통해 인터넷에 연결되어 각종 센서 데이터를 수집하고, 이용자 또는 기기들 간에 서로 양방향으로 커뮤니케이션하는 것을 의미한다. 또한, 기반시설이 포함되면 단순한 정보 교환에 머무는 것이 아니라 물리적인 시스템과 융합된다. 에너지 분야의 예로 지능형 전력망이라 부르는 스마트그리드, 가상발전소(VPP), 스마트에너지홈, 스마트에너지카, 스마트에너지시티를 구축하고 운용하는 데 매우 중요한 구성 요소이다.

이러한 IoT를 인프라로 이용해서 가장 크게, 먼저 성공한 사례가 미국의 네스트랩스이며, 구글이 2014년 32억 달러에 인수하여 스마트에너지홈의 기기와 서비스로 정착되었다. 네스트에 대해서는 3장과 5장, 9장에서 여러 번 언급하였다. 상기하면, 네스트랩스가 생산하는 온도조절기는 단순 온도조절기가 아니라 '자가학습'이라는 독특한 방법으로 에너지를 아끼게 해준다. 일주일간 사용자의 사용 패턴을 학습해서 온도 설정 시점을 자동 스케줄링하고 동작 인식 센서가 내장되어 있어 사람의 움직임이 없을 때는 외출로 인식해 온도를 낮추고 집집마다 다른 온도, 습도, 외부 날씨를 자동으로 분석해 온도를 조절한다. 이런 스마트한 온도조절기로 가정에서 에너지 절약을 자동으로 할 수 있으며, 기본 인프라가 IoT이다. IoT가 전력산업에 본격 적용된 것은 스마트그리드 시스템이다. 이 시스템이 활성화되면 수요관리, 고객정보관리, 에너지 관리시스템 등을 통합적으로 관리하고 최적의 전력운영 방법을 찾을 수 있다. 사람이 일일이 체크하던 것을 IoT 데이터가 기상변화, 전력수요 변화를 예측하고 운영할 수 있게 한다. 또한, 비중이 커지고 있는 재생에너지 분야에서도 개별적으로 IoT가 결합된 사례들이 있다. 예로 태양광 발전에서 태양광 인버터에 IoT를 접목시켜서 외부에서 스마트폰을 통해 원하는 정보를 모니터링할 수 있다.

다음은 클라우드 컴퓨팅 인프라이다. 데이터 양의 급증으로 데이터로 가득 찬 세상이 되면 데이터센터의 전력 소비 또한 증대한다는 연속적 우려가 클라우드 컴퓨팅 인프라와 관련된다. 왜냐하면 데이터를 보관, 관리, 추출하는 데 많은 에너지를 소비하기 때문이다. 다시 말해, 데이터가 많아져 클라우드가 필요하고 클라우드 서버가 있는 데이터센터의 에너지 소비 증대로 이어진다. 클라우드 컴퓨팅은 유틸리티 컴퓨팅과 서비스(SaaS) 모델 같은 기존 모델에서 시작되며, 이의 핵심은 탄력적인 형태로 즉각적 확장성을 제공하도록 되어 있는 설계이며, 이러한 탄력성과 편리성이라는 장점에 비해 비용이 저렴하다. 이러한 장점 이면에 존재하는 우려는 컴퓨팅 수요 증가에 따른 에너지 비용의 급증 및 이에 따른 자원 문제를 해결해야 한다는 점이다. 아이러니하게도 이 두 파급 요소는 서로 상충된다. 한편에서는 클라우드 인프라를 사용해서 비용을 줄이고, 다른 한편에서는 늘어난 컴퓨팅 수요를 관리해야 한다. 이미 미국 기업들이 IT(ICT) 에너지 소비 문제에 대응하기 위해 독자적 계획을 세워 나날이 급증하는 전력 문제를 해결하려 노력하고 있다. 사용자 친화적인 클라우드가 초기 인기를 끌면서 원동력을 얻었고, 점차 기업들은 에너지 비용을 의미 있는 수준으로 줄일 수 있는 솔루션을 갈망해 왔다. 그리고 이 둘은 만나게 된다. 클라우드 인프라를 제공하는 기업들은 이제 비용 효율성을 넘어 클라우드 컴퓨팅 인프라 활용에 대한 이슈가 왜 에너지 효율성과 연계되는지, 클라우드 제공자들이 왜 에너지 효율성이 뛰어난 서버 솔루션을 도입해야 하는지에 대한 설명을 제공해야 한다.

에너지 위기가 이슈가 되기 이전의 데이터경제 시대에 클라우드 기업들은 수천 대

서버로 구성된 서버 팜을 구축하기 원하는 자들로서 고객에게 적절한 앱 성능을 제공하는 것이 중요했다. 하지만 이제는 이와 동시에 이런 서버들의 에너지 효율성도 높여야 한다. 가격과 성능, 전력 같은 요소들을 최적으로 혼합하는 방법을 찾는 것이다. 이는 마치 스마트폰에서 초전력 프로세서를 갈망하는 것과 같다. 에너지 효율적인 클라우드 컴퓨팅 인프라를 구축하려면 프로세서 문제 해결 외에도 전력 관리를 위해 지능적인 서버 플랫폼과 프로세스를 만드는 것이 중요하다. 에너지 이슈가 데이터센터 설계와 입지에도 변화를 준다. 프로세서 외에, 데이터센터 설계, 입지에 대한 총체적인 전략을 개선해야 한다. IT 인프라에서 가장 많은 비용을 초래하는 분야가 전력과 냉각인데, 데이터센터가 이런 문제들을 다루려면 어떤 방향으로 진화를 해야 할까 고민이 필요하다. 단기적으로는 발전소 인근에 데이터센터를 구축하는 방법을 기대할 수 있다. 현재 곳곳에 흩어져 있는 많은 소형 데이터센터들이 전 세계의 전략적 입지에 구축된 소수의 클라우드 데이터센터에 의해 대체된다고 가정하면, 이들 입지를 최적화하는 방법을 강구할 시점이 오고 있다. 미래에는 메가 데이터센터들이 전 세계의 특정 지역에 클러스터를 이뤄 발전할 전망이고, 이미 시작되었다. 미국 버지니아주 애시번의 코로케이션 시설들이 바로 그 예이다. 클라우드 컴퓨팅은 에너지 인프라로서 중요하다. 또한, 클라우드 시설의 에너지 소비는 IT가 직면한 큰 문제이다.

다음은 인공지능(AI) 인프라이다. 개별 전력 설비와 고객의 전력 사용 패턴 분석 기법은 점차 고도화되어 기계학습을 통해 보다 효율적인 에너지 소비를 유인하고 기존에는 예측하지 못했던 다양한 부분에서의 에너지 절감 달성이 가능해진다. AI를 활용한 에너지 효율화 및 기존 시스템 연계, 에너지 진단－예측－최적제어 등의 솔루션이 시장에 소개되며 에너지 산업의 미래가 열리고 있다. 예를 들어, AI를 빌딩·공장관리에 적용해 에너지 소비 패턴을 분석하고, 시간대별 에너지 관리를 통해 에너지 효율 및 생산성과 안정성을 제고한다. 또한, 계절과 특정 시간대에 따라 전기요금 차이가 발생하므로 이를 AI로 분석해 시간대에 따라 에너지 사용량을 제어하면, 산업계의 에너지 사용량 감축에 도움을 준다.

또한, IT 기업 중심으로 AI가 접목되어 자사 에너지 절감에도 활용한다. 예로 구글이 인수한 영국 AI 개발사인 딥마인드(DeepMind)는 2016년 AI를 통해 구글 운영 데이터센터의 냉각 전력 사용료 40%를 절감시켰다. 딥마인드는 센서에서 수집한 데이터센터의 온도와 전력, 냉각수 유속 등의 데이터를 AI를 통해 분석해 냉각 시스템 소비

전력을 줄이는 데 성공했고, 데이터센터를 효율적으로 운영하기 위한 전력 사용 지표인 PUE(Power Usage Effectiveness)를 15%나 개선했다. IBM도 2013년 미국 정부 지원으로 개발한 AI인 '왓슨(Watson)'을 재생에너지 분야에 적용해 에너지 효율을 향상시켰다. 이에 대해서는 4장에서도 언급했는데, IBM은 기상정보업체인 웨더컴퍼니를 인수해 날씨에 AI 왓슨을 적용하고, 15분마다 약 22억 개 예측 시나리오와 162개 기후 모델을 예측했다. 이 솔루션은 일사량, 풍속, 온도 등을 예측하며 재생에너지 가용 범위, 발전기 가동 여부를 판단해 전력 에너지 생산 효율을 향상시킨다.

한국에서는 통신기업인 KT가 2017년 AI 기반 데이터 분석엔진 '이브레인(E-Brain)'을 활용한 에너지 관리 플랫폼을 출시해 에너지 소비·생산을 실시간 분석 및 예측하는 솔루션을 제공한다. KT는 전국 1만 1,000여 곳의 에너지 생산·소비·거래 상황을 실시간 관제하며 AI를 활용해 에너지 진단-예측-최적 제어의 3단 메커니즘을 제공한다. 이를 통해 공장, 대형건물, 아파트 등의 에너지 데이터를 해석하고 에너지 과소비 요인의 솔루션을 제공해 설비 최적 운전제어를 통한 에너지 절감에 기여한다.

마지막으로 블록체인 인프라이다. 블록체인과 에너지의 관계도 위의 클라우드와 에너지의 관계와 유사하다. 즉, 블록체인이 에너지 산업에 잘 활용될 수 있지만, 해당 기술은 전기를 많이 낭비하므로 대규모 사용 시 지구 온난화를 심각한 수준으로 야기한다는 것이다. 활용 차원에서 보면, 에너지 거래에서 마이크로그리드, 분산된 렛저 등에 이르기까지 그 사용은 거래의 범위를 넓혀 준다. 소액 상인들이 발 빠르고 손쉬운 결제를 받게 하는 블록체인은 에너지 산업의 탈중앙화에 도움을 주며 소비자들이 직접 블록체인 인프라 기반의 에너지 거래 시장에 진입하면서 전기세 및 공과금이 더 저렴해진다. 블록체인 활용 사례의 대표는 마이크로그리드이다. 블록체인 및 분산된 렛저 기술로 인해 향후 이 분야가 성장할 것으로 보인다. 마이크로그리드 비즈니스에 대해서는 9장의 수요자 비즈니스에서 언급하였다. 블록체인 인프라는 마이크로그리드를 이루는 다양한 에너지 원천, 공급업체, 소비자들 간의 정보처리 상호운영성을 증진시킨다. 블록체인이 사이버 보안과 탈중앙화라는 장점을 가지고 있기 때문이다. 이미 세계적으로 에너지는 대규모 발전소를 갖춘 중앙화된 그리드에서 수십억 개 IoT 디바이스를 갖춘 탈중앙화된 그리드로 변화하고 있다. 블록체인은 효율성 및 투명성 증진 외에도 소규모 에너지 생산업체의 편리하고 빠른 결제를 가능하게 하며, 거래의 안전한 기록을 제공하고 생산업체에게 보상을 주는 것과 에너지 자원이 거래되는 환경도 제공한다.

　이처럼 에너지 산업에서 블록체인이 촉망받는 인프라로서 부상 중이지만, 분산된 렛저가 산업 내에서 통합되기 위해 극복해야 할 기술 및 법적 문제가 있다. 확장성, 상호 정보 교환성, 에너지 효율성 등 상호 기술 부문의 문제와 관련 시장 내 규제 및 법적 프레임워크도 수정되어야 한다. 다음에서는 에너지데이터와 연계하여 IoT, 클라우드 컴퓨팅, AI, 블록체인 인프라에 좀 더 깊게 들어가 보자.

제2절 에너지데이터와 사물인터넷(IoT)

　사물인터넷(IoT)은 데이터 수집이 가능하게 사물에 센서와 인터넷을 연결한 기술로, 이의 전신은 RFID(Radio−Frequency Identification)이다. 1999년 MIT에서 RFID 전문가인 케빈 애쉬톤(Kevin Ashiton)이 "RFID 및 기타 센서를 일상생활 속 사물에 탑재함으로써 사물인터넷이 구축될 것"이라고 언급하였다. 2014년을 IoT 원년으로 인식한다. 그 이유는 네 가지 기술이 뒷받침되기 때문이다. 첫째는 센싱 기술로 온도, 습도, 열, 가스, 조도, 위치, 모션 등 개별 정보를 생산해 내는 센서가 아니라, 프로세서가 내장되어 스스로 판단하고 정보를 처리할 수 있는 스마트 센서들이 등장했다. 둘째는 통신 모듈이 다양한 기기에 탑재되고 네트워크 기술 표준이 정착 단계에 있으며, 대역폭의 확대, 대용량 데이터 통신비용 하락 등으로 가격, 연결속도, 호환성, 연결복잡성 등 문제가 해결되고 있다. 셋째는 IoT 인터페이스 기술로 웨어러블 등 다양한 기기가 등장하면서 사물간 정보를 최적으로 저장, 처리하고, 서비스 목적별로 직관적으로 사용하기 위한 인터페이스 기술이 발전하고 있다. 마지막으로 배터리 기술인데, 사물이 센싱, 통신 및 연산을 하기 위해 필수적인 배터리의 효율성, 작업시간, 크기, 형태, 원가 등이 크게 개선되었다.

　IoT 스택은 RFID나 바코드, 센서, 내장(Embedded) 소프트웨어, 무선 인터넷 연결 등의 추적 기술로 구성된다. 다양한 물리적 대상에 부착된 '자동 무선 노드(Transponder node)'는 온라인상의 신원 증명서 역할을 한다. 운송 수단, 건축 설비, 가스 및 전기 계량기, 전자기기, 자판기 등 어떤 유형의 제품이든 웹에 연결할 수 있게 되면서 비즈니스는 네트워크를 통해 생활 속 수많은 데이터를 수집해 다양한 비즈니스에 활용할 수 있게 되었다.

  에너지 분야는 IoT를 이용해 원격 점검, 에너지 자산 추적, 최적화된 제어, 예측 정비 등에서 부가가치를 창출할 수 있다. GE는 IoT 활용으로 비용 항목의 1%를 절감할 경우에 2011~2025년의 15년 간 에너지 분야에 해당하는 전력 및 석유·가스 부문의 IoT 활용 시 경제적 가치가 900억 달러 수준에 이를 것으로 전망한 바 있다. 개방형 API 기반 인터페이스를 통해 전 세계 IoT 기기로부터 데이터를 수집하여 사용자와 사물 간 정보 공유를 통해 지능형 서비스를 제공하는 방향으로 비즈니스 모델을 정립하는 추세이며, 인텔, 구글, MS, ARM, GE 등의 글로벌 기업들이 이미 개방형 IoT 플랫폼을 통해 IoT 생태계 구축에 노력하고 있다. GE의 프리딕스가 대표적이다. 이에 대해서는 앞서 여러 장에서 언급하였다.

  광범위한 산업 분야에서 IoT가 확산되면서 초소형 및 저전력의 IoT 기기 시장이 폭발적으로 성장할 것으로 예상되지만, IoT 기기 배터리 교체나 전원코드 연결 등의 전원 공급방식 문제 등이 IoT 확산의 걸림돌로 대두된다. 즉, IoT 기기 연결성 확보를 위해 전력선을 연결해야 하는데, 이는 IoT 기기의 구축비용 및 유지보수 비용 증가로 이어진다. 이를 해결하는 IoT 디바이스 전원 공급 기술로 에너지 하베스팅(Energy Harvesting) 기술이 등장한다. 이에 대해서는 6장의 주거환경에서 언급한 바 있다. 나노 기술 발전이 에너지 변환소자 효율 향상과 소형화를 이끌면서 이 기술의 활용도가 높아진다. 에너지 하베스팅이란 생활 속에 버려지는 압력, 진동, 정전기, 열, 자기장 형태의 다양한 에너지를 수집해 전원으로 재사용할 수 있게 한 기술이다. 이는 온도차 발생 시 전류가 흐르는 열전 효과, 압력을 주면 전류가 흐르는 압전 효과, 빛에너지로 전기가 발생되는 광전 효과 등을 기반으로 에너지를 생산할 수 있는 기술이다.

  IoT 센서에 에너지 하베스팅 기술을 적용하면 센서가 직접 에너지를 조달해 배터리 교체나 유선 접속 없이 구동이 가능하다. 즉, IoT용 저전력 센싱 및 통신 기술, 경량 SoC(System on chip)와 OS 등 저전력 기술과 에너지 하베스팅 기술이 만나 에너지 자립 IoT 기술이 된다. 이처럼 IoT 기기에 에너지를 직접 공급하는 에너지 자립 기술은 IoT 기기 전원 공급 방식을 다양화하여 IoT 기기 및 서비스 확산을 촉진시킨다. 한 예로, 2015년부터 독일 인오션(EnOcean)이 선보인 스마트홈 솔루션은 에너지 하베스팅 기술을 적용한 스위치와 센서를 기반으로 구현되었다.

이렇게 발달하고 있는 IoT 및 에너지 하베스팅 기술이 에너지 비즈니스에 활용되는 주요 영역은 발전 자산의 안전 관리와 전력망의 지능화, 수요자의 에너지 소비 최적화 등이다. 발전 자산의 안전 관리를 위해 IoT 데이터 분석으로 발전설비의 실시간 원격 모니터링, 고장 및 성능 효율 진단이 가능하다. GE 프리딕스를 활용한 엑셀론의 개별 발전소 및 발전자산 통합 관리가 대표적이다.

전력망의 지능화 부문에서는 시스템 간 연계 방식인 스마트그리드에서 단말 간 연계 방식인 IoT 그리드로 진화해 실시간 설비와 분산자원 통합 관리가 용이하다. 전력 설비 상태 분석 기반 전력망 예지정비 사례로 에넬은 에너지 IoT 플랫폼 스타트업인 C3 IoT의 예측적 유지보수 솔루션을 활용해 전력 설비 데이터를 분석하여 전력망 설비 수명 및 정비기록 관리, 자산 손상 위험 예측·사고 방지를 위해 노력한다. 배전망 운영 최적화에서 AEP도 프리딕스 기반 통합 배전망 플랫폼(IDOP)을 구축했다. 이에 대해서는 9장에서 언급하였다. 한국 사례로, 옴니시스템은 1997년 디지털 전력량계를 생산하기 시작해, 스마트미터, 중앙관제장치, 통신모뎀, 검침 소프트웨어를 갖추고 IoT 플랫폼 기반에서 데이터 분석을 하여 IoT 기반 가스 및 검침 서비스, IoT 기반 가스관망 설비안전 관리 서비스, 공동주택용 데이터 기반 에너지서비스와 스마트물 사용량 측정 시스템, 물관리 운영시스템, 데이터 기반 상수관망 관리 시스템 등의 솔루션을 개발해 스마트그리드 사업을 주력으로 수행한다.

그림 10-2 옴니시스템의 에너지 관리 통합 솔루션

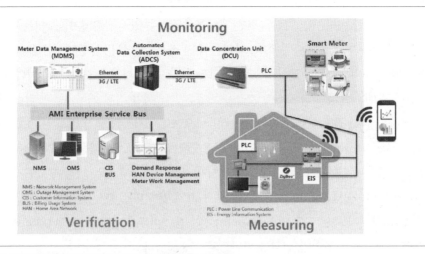

출처: 한국IR협의회(2018.6.28). 기술분석보고서, 옴니시스템

수요자의 에너지 소비 최적화에서는 실시간 수집 데이터로 솔루션 제공이 가능해 타 산업 비즈니스 모델 개발에 도움을 준다. 스마트에너지홈에 많이 적용되며, 모니터링 기능에 예측 및 최적화 기능이 추가되어 에너지 효율이 향상되며, 가정용 배터리와 태양광, EV 충전 등이 결합되어 스마트에너지카로 확장된다. 스마트에너지홈 기업인 에넬과 이노지는 스마트홈 솔루션과 기기를 판매하는 동시에 타사 스마트가전과 기기를 활용할 수 있게 하는 개방형 플랫폼을 제공한다. 댁내 IoT 센서 보급 확대로 에너지 요금 절감 서비스에서 점차 보안, 라이프스타일 서비스를 결합한 토탈 솔루션 제공으로 확대하고, 스마트홈, EV, 분산전원을 연결한 통합 에너지 솔루션으로도 확장된다. 에넬은 스마트홈 기기 판매와 고객 솔루션을 제공하고, 통신과 데이터 저장은 IT 업체 솔루션을 활용하며, 이노지는 자회사를 통해 IoT 통신 네트워크 개발, 유료 모바일 앱 기반 프리미엄 서비스를 제공한다. 스마트에너지홈과 스마트에너지카에 대해서는 5장에서 언급하였다.

제3절 에너지데이터와 클라우드 컴퓨팅

클라우드 컴퓨팅(Cloud Computing)의 클라우드(Cloud)는 컴퓨터 네트워크상 숨겨진 복잡한 인프라 구조인 인터넷을 말한다. 따라서 클라우드 컴퓨팅은 인터넷 기반 컴퓨팅으로 인터넷상의 유틸리티 데이터 서버에 프로그램을 두고 때마다 컴퓨터, 휴대폰 등 디지털 기기에 불러와 사용하는 웹 기반 소프트웨어이다. 컴퓨팅은 1980년대 클라이언트-서버(Client-Server) 시대를 거쳐 1990년대 웹서비스 활성화로 클라우드컴퓨팅으로 진화한다. 대략 10년 주기로 전산전문가 중심, 운영자 중심, 그리고 사용자 중심의 컴퓨팅 환경으로 진화했고, 사용자 중심이 클라우드 컴퓨팅 환경이 된다. [표 10-1]을 보면, 컴퓨팅 환경은 개인용, 서버-클라이언트, 클라우드 컴퓨팅 환경으로 구분된다. 데이터 소유 및 관리 차원에서 클라우드 컴퓨팅 환경에서는 소유와 관리가 완전히 분류된다.

표 10-1 컴퓨팅 환경의 구분

컴퓨팅 환경	개인용 컴퓨팅 환경	서버-클라이언트 환경	클라우드 컴퓨팅 환경
데이터 위치 및 컴퓨팅 주체	개인용 PC, 노트북	서버/클라이언트	클라우드 서버(온라인)
자원 구매/폐기	이용자	이용자	서비스 제공자
사용자 컴퓨터 설치 S/W	OS, 응용 S/W	OS, 응용 S/W, 클라이언트	클라이언트(웹브라우저)
데이터의 소유 및 관리	소유와 관리가 동일	소유와 관리가 일부 분리	• 소유와 관리 분리 −소유: 이용자 −관리: 서비스 제공자
제공 서비스	오프라인 컴퓨팅 서비스 * 문서작성, 통계 계산, 그래픽 작업 등	• 기본 인터넷 서비스 −웹, FTP, 이메일 등 • 응용인터넷 서비스 −웹하드, SBC, ASP 등 • IT 융합서비스 −VoIP, IPTV 등	• 가상 서버/데스크탑 서비스 • 스토리지 제공 서비스 • S/W 임대서비스 등

출처: 강원영(2013)

　　클라우드컴퓨팅 기술이 발전하고 활성화되면서 클라우드 컴퓨팅 기술과 클라우드 서비스 개념이 혼재되어 사용되는데, 한국정보통신기술협회(TTA)(2011)가 이들을 구분한다. 클라우드 컴퓨팅은 가상화와 분산처리 기술 기반으로 인터넷을 통해 대규모 IT 자원을 임대하고 사용한 만큼 요금을 지불하게 하는 컴퓨팅 환경이다. 가상화는 하드웨어 자원을 논리적 단위로 나누어 통합해 자원을 활용할 수 있게 해 운영체계나 중앙처리장치, 스토리지 등의 하드웨어 의존성을 배제하고 통합을 위한 수단으로 이용되며, 분산처리는 중앙처리장치의 처리 또는 제어 기능을 여러 개 처리장치에 분산시켜, 지점이나 영업소, 공장 등 데이터 발생 장소에서 직접 처리하게 한다. 한편, 클라우드 서비스는 사용자 중심으로 클라우드 컴퓨팅 환경을 제공하는 주문형(On−Demand)의 아웃소싱 IT 서비스를 말한다.

　　클라우드 컴퓨팅은 인프라, 플랫폼, 서비스/응용, 클라이언트로 구분된다. 서비스/응용은 클라우드 컴퓨팅의 다양한 서비스가 앱으로 제공되게 하기 위한 기술이며, 클라이언트는 클라우드 경량 단말 플랫폼 기술, 클라우드−모바일 동기화 기술, 클라우드 푸시(push) 에이전트 등 클라우드 컴퓨팅 서비스 활용을 위한 클라이언트 기술이다. 클라우드 플랫폼은 사용자가 쉽게 서비스를 만들 수 있도록 필요한 기능을 제공하는 플랫폼을 범용 서비스 형태로 제공하는 기술을 말한다.

클라우드 컴퓨팅 인프라가 에너지데이터와 연결되는 점은 분산처리이다. 클라우드의 분산처리 기술은 분산에너지자원(DER; 분산자원)을 위한 새로운 기회로서 '에너지 클라우드(Energy cloud)'라 칭한다. 9장에서 언급했듯이, 에너지 발전은 화력, 수력, 원자력 발전 같은 대규모 발전소 기반의 중앙집중형 공급구조에서 분산형 에너지 사용으로 변모하고 있다. 이에, 분산자원은 고도화되는 탄소배출 규제와 에너지 프로슈머의 등장으로 더욱 확대되며, 분산자원 설치 가격도 하락해 기존 발전원에 비해 가격 경쟁력을 갖는다. 에너지가 클라우드 컴퓨팅 인프라와 융합해 분산자원으로 발전함에 따라 에너지 저장, 에너지 효율 향상 수요반응(DR), 응용소프트웨어, 하드웨어 기술이 다양한 전력망을 상호 운용하게 하고 제어 가능하게 하는 에너지클라우드로 발전하게 된 것이다. 에너지 클라우드는 중앙집중형 발전의 장점인 '규모의 경제'와 분산형 자원의 장점인 유연성과 회복성을 겸비하고 있어서, 전력네트워크는 전력망의 디지털화에 의한 양방향 전력흐름을 바탕으로 많은 변화가 일어난다. 에너지 클라우드가 발전하면서 이산화탄소 배출 저감 논의도 진행된다. 미국 에너지보호청의 탄소 배출 제한 규제가 한 예이다. 분산전원 증가에 따라 계통에 연결되지 않은 전력망 구조가 증가해 소비자들은 자신들의 전력 소비 패턴을 분석하고 이를 제어할 수 있으며, 어떤 종류의 전력을 언제 구매할지 스스로 결정하고 스스로 전력을 생산하고 전력망에 생산한 전력을 판매해 수익을 얻는다. 클라우드 인프라에서 전력공급 소비 데이터의 활용성도 증가해 스마트그리드 시장도 같이 성장한다. 발전저장 소비방식까지 재구축되어 에너지 클라우드는 양방향 에너지 흐름을 지원하는 네트워크이면서 그리드까지도 영향을 미치게 된다.

분산전원을 실천하는 구글은 구글클라우드를 포함한 모든 운영에 쓰이는 전기 사용량에 해당하는 총 재생에너지 구매 목표를 2016년에 정하고 2018년에 그 목표를 달성했다. 에너지 클라우드 덕택이다. 2018년 3월까지 구글이 구매한 재생에너지 총량은 약 3기가와트인데, 구매한 재생에너지가 운영에 모두 사용되는 것은 아니며, 구글 데이터센터가 100% 재생에너지로 구동되는 것도 아니다. 에너지 획득 장소 및 전력 전송 문제로, 구매한 에너지를 직접 모든 데이터센터에서 활용하기에 제약이 따른다. 따라서 구글은 구매한 재생에너지를 전력망에 공급해 어디선가 이 에너지를 활용할 수 있도록 하는 것을 목표로 삼은 것이다. 태양광과 풍력 발전을 통해 구글은 사용하는 전기 에너지 100%를 충당하게 된다.

데이터센터 구축이 고민인데, MS는 GE와 아일랜드에 37메가와트(MW) 풍력발전 시설에서 생산되는 전력 전량을 15년간 구매한다는 계약을 해, 확보 전력을 아일랜드 운영 MS 클라우드 서비스에 활용한다. MS와 GE는 전기를 생산하는 터빈에 충전 배터리를 장착, IoT를 이용해 초과 에너지 감지 시 배터리 충전에 활용해, 추후 전력망에 재공급하는 기술도 개발한다. 아마존도 2016년 자사 시스템에서 활용한 에너지의 40%를 재생에너지를 통해 달성했다. 이처럼 에너지 클라우드는 화석연료 기반 중앙집중형 발전에서 벗어나 재생에너지 사용 증가 및 효율 향상을 가져오고, 태양광 및 ESS 등 분산에너지자원 기술 비용 하락으로 분산발전 시설 구축에 기여하며 생산과 소비를 동시에 하는 에너지 프로슈머 등장 및 에너지원에 대한 소비자 선택권 확대에 기여하고, 전력망의 디지털 전환에 기여하게 된다.

신기술로는 '엣지 컴퓨팅(Edge computing)'이 등장했다. 이는 클라우드 컴퓨팅의 데이터센터 한계를 극복하기 위한 것이다. 클라우드 컴퓨팅의 사용자 기기 통제가 중앙 데이터센터에서 이뤄지는 반면에, 엣지 컴퓨팅 기술은 사용자 기기(혹은 로컬 지점)에서 직접 컴퓨팅이 이뤄지는 기술로서, 기기 자체에서 컴퓨팅이 가능해 로컬 영역에서 직접 IoT, AI 등 컴퓨팅이 수행되어 네트워크 의존도를 상대적으로 낮출 수 있다. 가트너(Gartner)는 2018년 10대 전략 기술 트렌드 다섯 번째로 엣지 컴퓨팅을 선정하였다. 클라우드 컴퓨팅에 비해 지연시간(Latency)이 짧고 해킹 가능성이 낮으며 광범위한 이동성을 지원하는 엣지 컴퓨팅은 IoT에서 직접 데이터 처리가 가능해 클라우드 컴퓨팅에 비해 연산능력은 떨어져도 응답속도가 빠르고 광대역 통신도 불필요하다. 이는 지연시간 없이 상황에 대응할 수 있는 기술을 제공해, 빠른 응답속도가 요구되는 환경에 효과적이라 특히 자율주행, 증강현실(AR), 가상현실(VR), IoT, 스마트팩토리, 스마트시티 등의 기술을 지원하는 데 유용하다. 기존 클라우드컴퓨팅 시장에서는 아마존, 구글, MS와 같은 인터넷 기업들에게 주도되었으나, 하드웨어 제조기업들도 엣지 컴퓨팅 시장에 적극 진출하고 있다. 프리딕스가 대표적인 엣지 컴퓨팅 플랫폼이다. 기계학습 엔진과 이벤트 처리 기능을 제공해 엣지에서 시간 지연 없이 데이터 분석을 하게 해, 에너지 등 다양한 산업에서 적용이 가능하다.

에너지 클라우드는 IoT, 인공지능, 블록체인 등의 기능과 지속적으로 융합되며 전 산업의 혁신을 유발하는 인프라가 된다. 이에, 한국도 산업 성장 모멘텀 확보를 위한 법제도적 기반을 마련하였다. 2015년 3월 클라우드 컴퓨팅법이 제정되었고, 2018년까지 전체 공공기관의 40% 이상이 민간 클라우드를 이용하는 것을 목표로 하며, 공공기관의 민간 클라우드 이용 지원을 위해 정보보호 기준을 고시하고 가이드라인도 마련되었다. 2018년 6월 기준, 총 5개 인프라 서비스(IaaS) 분야 인증사업자로 KT, NBP, 가비아, NHN 엔터, LG CNS 등이 배출되었으나 중요 정보 유출에 대한 우려는 아직 존재한다. 한국의 클라우드 컴퓨팅 활성화를 위한 규제 혁신에 대해서는 13장에서 다루기로 한다.

제4절 **에너지데이터와 인공지능**

인간을 닮은 기술, 인공지능(AI)은 사전적 의미로는 인간의 지성을 갖춘 존재 또는 시스템에 의해 만들어진 인공적 지능으로, 1956년 영국 다트머스회의에서 존 매커시(John McCarthy)에 의해 처음 사용되었고, 이제는 기호 처리를 이용한 지능 기술 중심으로 정보처리 및 연구방법으로 사용되며, 컴퓨터에 인간과 같은 지능을 실현하기 위한 시도 및 기술을 말한다. AI 관련 기술분야는 매우 광범위하며, [표 10−2]에서 보듯이 전(全) 기술 분야에서 인공지능적 처리가 요구되고 있는 상황이다.

표 10-2 2010년 기준으로 본 AI 기술 분야 및 내용

관련 기술 분야	주요 내용
패턴 인식 (Pattern recognition)	• 기계에 의하여 도형·문자·음성 등을 식별시키는 것 • 현재로서는 제한된 분야에서 실용화되고 있고, 본격적인 패턴 인식은 아직 연구단계
자연어처리 (Natural language processing	• 인간이 보통 쓰는 언어를 컴퓨터에 인식시켜서 처리하는 일 • 정보검색·질의응답 시스템·자동번역 및 통역 등이 포함
자동제어 Automatic Control	• 제어 대상에 미리 설정한 목푯값과 검출된 되먹임(feedback) 신호를 비교하여 그 오차를 자동적으로 조정하는 제어
로봇틱스 (Robotics) 인지로봇공학 (Automactc Control)	• 로봇에 관한 과학이자 기술학으로 로봇의 설계, 제조, 응용분야를 다룸 • 인지로봇공학은 제한된 계산자원을 사용해 복잡한 환경의 복잡한 목표를 달성하도록 하는 인식능력을 로봇에게 부여하는 기술

컴퓨터비전 (Computer vision)	• 컴퓨터 비전은 로봇의 눈을 만드는 연구분야로 컴퓨터가 실세계 정보를 취득하는 모든 과정을 다룸
가상현실 (Virtual Reality)	• 어떤 특정한 환경이나 상황을 컴퓨터로 만들어서, 그것을 사용하는 사람이 마치 실제 주변 상황환경과 상호작용을 하고 있는 것처럼 만들어 주는 인간-컴퓨터 사이의 인터페이스
양자컴퓨터 (Quantum computer)	• 양자역학의 원리에 따라 작동되는 미래형 첨단 컴퓨터 • 양자역학의 특징을 살려 병렬처리가 가능해지면 기존의 방식으로 해결할 수 없었던 다양한 문제를 해결 가능
자동추론 (Automated Reesoning)	• 계산기과학의 한 분야로 추론의 다양한 측면을 이해함으로써 컴퓨터에 의한 완전한 자동추론을 가능하게 하는 소프트웨어 개발을 목표로 함 • 인공지능연구의 일부로 이론계산기과학 및 철학과도 깊은 관계가 있음
사이버네틱스 (Cybernetics)	• 생물 및 기계를 포함하는 계(係)에서 제어와 통신 문제를 종합적으로 연구하는 학문
데이터마이닝 (Data mining)	• 많은 데이터 가운데 숨겨져 있는 유용한 상관관계를 발견하여, 미래에 실행 가능한 정보를 추출해 내고 의사결정에 이용하는 과정
지능엔진 (Intelligent Engine)	• 인공지능적 기능을 가진 소프트웨어 엔진 • 사용자를 보조하고 반복된 컴퓨터 관련 업무를 인간을 대신하여 실시하는 엔진
시멘틱웹 (Sementic web)	• 컴퓨터가 정보자원의 뜻을 이해하고, 논리적 추론까지 할 수 있는 차세대 지능형 웹

자료: 한국정보화진흥원(2010)

초기 AI는 이와 유사한 뜻을 지닌 사이버네틱스(Cybernetics)와 구분할 목적으로 만들어졌지만, 단어 그 자체가 지닌 오묘한 생명력으로 많은 영화인들과 과학자, 엔지니어들에게 끝없는 영감을 주었다. 협의의 AI는 바둑, 체스, 장기 게임처럼 결과가 정해진 특정 과업을 인간처럼 수행하는 기계의 능력이라고 정의할 수 있어서, 기계학습(Machine Learning; ML), 자연어 처리, 컴퓨터 비전, 대화인식 등의 기법들이 여기에 해당한다. 특히, 기계학습은 딥러닝(Deep Learning)으로 발전한다. 아서 사무엘(Arthur Samuel)이 1959년 처음 사용한 ML은 프로그램 없이 배우는 능력으로 AI의 기술적 하위 개념으로서 알고리즘을 활용해 대용량 데이터를 섭취한 다음, 학습을 통해 패턴을 인식하고 이러한 패턴을 바탕으로 의사결정이나 예측하는 기법을 말한다. 딥러닝은 최근 AI가 가장 많은 성과를 내고 있는 분야이며, 기계학습의 하위 개념으로 인간 두뇌를 모방한 신경망(Neural networks)을 활용하는 방식이며, 스스로 훈련시키기 위해서는 대규모 데이터를 필요로 한다. 구조는 각 뉴런이 각각 별개의 계층(Layer)

을 가지고 다른 뉴런들과 연결되어 있는 형태이다. 안면인식을 예로 들면, 각 뉴런은 얼굴의 특성(턱, 눈, 코, 입, 귀)을 구분 가능한 세부적인 각 계층(Discrete layer), 즉 커브나 모서리, 직선 같은 구체적인 특성으로 나타내는 것이다. 여기에서 딥(Deep)은 다중 레이어를 쓴다는 것을 의미한다.

ML을 전제로 하는 AI 성능은 다양한 환경에서 수집된 방대한 데이터의 활용에 의해 좌우된다. ML을 통해 데이터 기반의 의사결정과 고객서비스의 지능화, 사이버 보안의 강화가 가능하고, 특히 모니터링, 제어 기능에서 최적화, 자율화 기능으로의 확장이 가능하다. AI가 에너지 분야에 적용될 경우, IoT 기반에서 공급단과 수요단의 정보가 실시간으로 공유된다면 지역에 맞는 에너지 자원 생산성 증대와 작업자의 안전도 관리, 발전의 예측정비 및 운영 효율화, 송배전 유지보수 자동화가 가능해지며, 에너지 프로슈머의 전력 거래시 잉여전력 관리 효율성을 제고하는 데도 큰 역할을 한다. 먼저, 에너지 자원 생산성 증대 측면에서 2016년 지멘스는 가스터빈 연료밸브를 자율적으로 조절하는 프로그램인 GT-ACO(Gas Turbine Autonomous Control Optimizer)를 활용해 질소산화물 배출량을 20%를 감소시켰고, 2017년 미국 쉐브론(Chevron)은 유전의 시추 위치를 파악하는 AI 기반의 프로그램을 활용해 기본 방법 대비 생산량을 30%를 늘렸다.

에너지 자원 작업자의 안전도 관리에서는 1986년 체르노빌 사고 이후 주요 원자력 발전소 사고 중 절반 넘게 미국에서 발생함에 따라 퍼듀 대학이 비디오 이미지를 빠르게 판독해 원자로의 미세한 균열을 식별하는 플랫폼을 개발했다. 기존의 균열 판독 작업은 시간이 걸리고 힘들기로 악명 높은데, 원자로의 많은 부문이 수면 아래에 있어서 모니터링이 어렵기 때문이다. 퍼듀 대학에서 개발한 이 프로그램은 원자로 외벽 균열의 98.3%를 판별하는 성과를 거두었고, 사람보다 월등히 높은 수준의 적중률을 보이며 플랫폼으로서 기업들에 의해 활용된다. 2017년 미국 에너지부의 지원을 받은 스파르크코그니션(Sparkcognition)은 석탄화력 발전소 성능 강화와 함께 작업자 안전도를 관리해 사고를 예방하기 위해 각종 센서 데이터와 운영 데이터 및 다양한 분석 기법을 활용한 AI 기반 플랫폼을 개발했다. 세계 1위 석유기업인 미국의 엑손모빌은 전 세계 80개 대학, MIT와 함께 2021년까지 해양탐사 AI로봇을 설계 중이고, NASA의 큐리오서티 개발자인 윌리엄스(Brian Williams)가 멤버로 참여한다.

프랑스 석유회사인 토탈(Total)은 2013년 석유·가스 시추 현장에서 사람이 수행하는 설비 점검업무를 24시간 쉬지 않고 수행할 수 있는 능력을 가진 자율로봇(ARGOS, Autonomous Robot for Gas and Oil Sites) 경진대회를 개최했고, 2017년에 오스트리아 타우롭(Taurob), 독일 담슈타트기술대학(Technische Universitaet Darmstadt) 협력의 로봇인 '아르고나우츠(Argonauts)'가 우승했다. 이 로봇은 실시간 데이터 전송이 가능하며, 설비의 비정상 작동 확인 및 가스 누출과 같은 긴급 사태 시 일정한 조치도 가능하다. 2018년 토탈은 오스트리아/독일팀과 협력해 영국 북해의 알진(Algyn) 플랫폼 주변 해양을 검사하는 데 이 자율화 로봇을 최초로 배치했다. 또한, 오일&가스기술센터(Oil & Gas Technology Center), 토탈(Total)E&P, 오스트리아의 타우롭(Taurob), 독일 담슈타트기술대학(Technische Universitaet Darmstadt)이 모두 협력하여 알진 플랫폼과 라간토모어(Laggan-Tormore) 유전으로부터 생산물을 받아 육상 가스 플랜트인 쉐트랜드(Shetland)를 위한 로봇을 개발하게 된다. 로봇은 가스 환경에서 점화 위험 없는 작동을 인증하는 아텍스(ATEX)를 획득했고, 시각적 검사로 다이얼, 레벨 게이지, 밸브 위치를 판독해 좁은 통로나 계단 탐색이 가능하며, 온도, 가스농도를 측정해 장애물, 사람을 감지하고 탐색한다.

에너지 발전의 예측정비 및 운영 효율화에서는 특히 환경 변화에 따른 재생에너지의 발전량을 예측함으로써, 발전기의 실시간 조정을 통해 계통 내 안전성을 극대화하는 데 AI 기술이 필요하게 되었다. 예로 GE의 디지털윈드팜(Digital Wind Farm)은 터빈 운전의 감시·최적화를 통해 발전량을 20% 증가시키는 것을 목표로 한다. ML 기반 디지털 트윈(Digital Twin)은 지속적으로 실제와 가상의 센서를 통해 데이터를 수집하고, 데이터 분석을 통해 기계의 성능과 운영에 대한 통찰을 얻을 수 있다. 미국 전력기업인 듀크파워(Duke Power)의 풍력 발전 사업에도 이 AI가 활용된다. 실제 풍력단지와 동일한 디지털 트윈은 실제 풍력 발전단지 운영데이터를 분석하여 최적의 운영전략을 수립하는데, 100MW 풍력발전기 경우 수명기간 동안 1억 달러의 추가 수입이 발생할 것으로 예상된다. 태양광과 풍력의 경우에는 AI를 기상예측에도 활용할 수 있다. 지능형 튜닝 메커니즘을 태양광·풍력 발전기에 통합해 기상 변화에 따른 운영 최적화를 추구할 수 있다. 발전량 증대와 함께 중요한 것이 예측 정비(Predictive maintenance)이다. 자연재해에 취약한 전력설비와 오지에 위치한 전력설비 경우엔 시간 절약과 근로자 사고위험 감소를 위해 드론이나 각종 센서 등을 활용해서 설비를 점검할 수 있는데, 딥러닝 알고리즘으로 무장한 드론은 문제를 자동적으로 파악하고 전력망 운영을 방해하지 않으면서 고장 예측이 가능한 수준에 와 있다. 예측 정비는 사소한 사고가 큰 사고로 이어지는 것을 사전에 예방해 AI 활용 효과가 가장 큰 분야 가운데 하나이다. 미국 ESRI는 ArcGIS와 인공지능을 결합해 실시간으로 현장 상황을 파악하고 설비 예방정비에 활용하고 있다.

송배전 부문의 최적의 에너지자산 관리의 예로 영국의 내셔널그리드(National Grid)와 구글 딥마인드가 협업 중이며 국가 에너지 사용량 10% 감축을 목표로 한다. ML로 전력망 관리 자동화가 가능해 영국 업사이드에너지(Upside Energy)는 전력망 관리를 위해 ML과 ESS를 활용하고, 오픈에너지(Open Energy)는 전기소비에 유연성이 있는 장치들의 전력 수요를 ML을 통해 실시간으로 관리해 수요 측에서 약 6GW 전력이 활용 가능한 것으로 추정하고 있다. 도전(盜電)방지도 소비 최적화 분야 중 하나이다. 예컨대 브라질 전력 판매량의 20~40%가 도전된다고 하고, 2016년 캐나다 비씨하이드로(BC Hydro)는 10년 전인 2006년 도전량 500GWh에서 850GWh로 증가했다고 발표했다. 미국에서도 약 60억 달러 규모 도전이 발생하고 있는데, 도난 재화 순위 기준 3위(1위 신용정보 2위 카드정보)이며 전 세계적으로는 약 1,000억 달러 손실이 추정되고 있다. 도전 방지에 효과적일 것으로 알려진 스마트미터의 한계가 드러나면서 AI가 새로운 대안으로 부상하고 있다. 즉, ML을 통해 의심스러운 전력사용을 추정할 수 있다. 브라질 파일럿 프로젝트의 경우 65% 적중률을 보이고 있는데 기존 제품보다 성능이 우수한 것으로 알려져 있다. 보조서비스 시장으로 불리는 **밸런싱** 시장의 경우 ESS 관리를 통해 수급 균형 유지에 기여할 수 있는데, 미국 에너지부, 싱가포르 테마섹, GE벤처 등이 투자한 STEM사는 AI 아테나(Athena)를 활용해서 ESS를 통해 전력시장에 참여하고 있다. 2016~2017년 동안 스위스 솔로그리드(Sologrid) 프로젝트는 AI에게 송배전망 운영을 아예 위임하였다. 미국 스탠퍼드 대학의 입자가속연구소가 미국 에너지부 전력망 현대화 사업(Grid Modernization Initiative; GMI)의 일부 프로그램으로 진행하는 SLAC GRIP(Grid Resilience and Intelligence Platform)이 그것이다. 이 사업의 목적은 사이버테러, 자연재해 등 극단적 상황에 대비해 이러한 이벤트를 스스로 예측·대응·복구하는 데 AI를 활용해 도움을 주는 자율 그리드(Autonomous Grid) 플랫폼 개발이다. 다양한 데이터 소스를 ML에 활용해 극단적 기후와 배전망 사고에 따른 전력망 고장을 예측하는 사업을 실증하고 전력망 고장을 흡수하기 위한 분산전원 제어를 실증하며, 통신망에 영향을 주는 사이버 공격 시에도 분산전원를 제어하여 복구 시간을 단축하는 것이 주요 목표이다. 이 프로젝트에 참여 중인 버클리 대학에서 개발한 알고리즘은 기본적으로 플러그 앤 플레이 방식으로, 이벤트 발생 시 자동적으로 망이 재구성되었다. 신뢰도 극대화를 위해 분산전원을 활용해 스스로를 자동적으로 재구성할 수 있는 전력망을 개발하는 것이 목표이다. 이 프로젝트는 2020년에 완료될 예정이다.

에너지 송배전 유지보수 자동화 사례로 2019년 쉘(Shell)의 자회사가 된 영국 VPP 기업인 라임점프(Limejump)는 에너지 AI 플랫폼을 바탕으로 많은 혁신상을 수상한 벤처기업으로서, 2018년 기준 대규모 전기 저장장치를 중심으로 약 1.5GW 용량을 보유 중이고, 영국의 VPP 밸런싱 시장(Balancing mechanism)에도 참여 중이다. 일본의 하자마안도(Hazama Ando Corporation)는 수요예측, 분산전원, ESS를 결합해 빌딩이나 특정 지역의 에너지 흐름을 자율 통제할 수 있는, 인간에 유사한 스마트 에너지관리 시스템(AHSES, Adjusting to Human Smart Energy System)을 개발했다.

에너지 수요자 비즈니스 측면에서 보면, 에너지 소비 최적화, EV 등 친환경차 확산 등에 AI가 기여할 것이다. 에너지 기업에게 AI는 운영비용 절감과 예측정비에 따른 운영 최적화, 최적의 자산 정보 확보, 자본 및 운영 투자 최적화, 비효율적 지출 최소화, 설비 상태 정보 보유 등의 효과를 가져올 수 있을 것으로 예상된다. 하지만 AI 하나로는 안 되고, 지속적으로 데이터를 축적해 온 결과의 알고리즘이어야 하며, 무엇보다도 실시간 제어를 위해 클라우드 기반에서의 IoT가 전제되어야 한다.

제5절 에너지데이터와 블록체인

블록체인(Blockchain)은 클라우드 컴퓨팅 기술의 응용에 해당된다. 네트워크상에서 이에 연결된 시장 참여자들이 발생되는 거래를 공동 검증하는 특성 때문에 블록체인을 '분산원장'이라 부르며, 중앙 공증기관의 모니터링 비용 및 공증 비용이 크게 감소하면서 거래비용을 획기적으로 절감할 수 있다는 장점을 갖는다. 참여자들에 의해 거래 기록이 남고 거래내역은 암호화되어 공유되므로 특정 참여자가 혼자 시스템을 통제할 수 없다. 기술적으로 설명하면, 블록체인은 분산 컴퓨팅 기반의 데이터 위변조 방지 기술이다. 관리 대상 데이터를 하나의 덩어리(Block)로 구성하고 이를 차례로 연결(Chain)한다. 네트워크상의 참여자는 관리 대상이 되는 모든 데이터를 분산 저장 하고 특정 참여자의 임의적 조작이 어렵도록 설계된다. 이렇게 설계된 분산형 데이터 저장 플랫폼을 분산원장 내지 공공 거래장부라고 한다. [그림 10−3]은 블록체인을 통한 금융거래 프로세스를 보여 주는 것이다.

그림 10-3 블록체인 통한 금융거래 프로세스

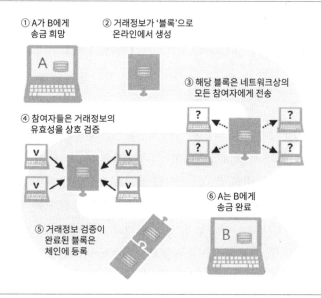

① A가 B에게 송금 희망
② 거래정보가 '블록'으로 온라인에서 생성
③ 해당 블록은 네트워크상의 모든 참여자에게 전송
④ 참여자들은 거래정보의 유효성을 상호 검증
⑤ 거래정보 검증이 완료된 블록은 체인에 등록
⑥ A는 B에게 송금 완료

출처: Financial Tines, 금융보안원

이러한 거래 프로세스를 밟게 하는 블록체인 기술의 주요 특징은 공인된 제3자 공 증 없이 개인 간 거래가 가능한 탈중개성, 다수가 공동으로 정보를 소유하기 때문에 해킹이 불가능한 보안성, 거래 승인 및 기록을 위해 다수 참여가 자동 실행되게 하는 신속성, 공개 소스에 의해 쉽게 구축 및 연결이 가능한 확장성, 그리고 모든 거래 기록 에 공개적 접근이 가능하게 하는 투명성 등이다. [그림 10−4]에서 보듯이, 블록체인 기술에 의해 거래구조가 중앙집중형에서 분산형으로 변화하는 것이다.

그림 10-4 블록체인 기술에 의한 거래구조 변화구도

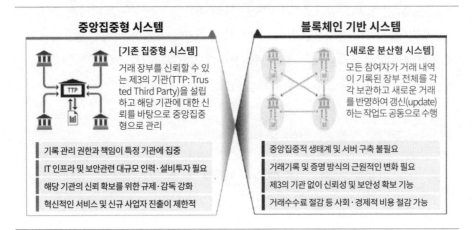

출처: 삼정 KPMG

    블록체인이 화두가 된 초기에는 가상화폐 지불이나 뱅킹, 청산 등의 암호장부 기능으로 쓰이기 시작했는데, 다양한 장점들 중 하나인 보안성이 특히 부각된다. 점차 투명성, 신속성, 프로세스 비용 절감으로 인한 경제적 효용성 등의 장점들로 인해, 데이터저장소, 자율주행차, 유전자 분석, IoT 등 시스템이 필요한 모든 분야에 두루 쓰이기 시작한다. 따라서 블록체인에 대한 보다 광의의 개념화가 필요하게 된다. 한국의 금융결제원에 따르면, 블록체인은 분산된 네트워크의 컴퓨팅 자원을 모아 거대한 연산 능력을 확보하고, 이를 기반으로 중앙 서버 없이 모든 작업을 처리하고 검증하는 기술이다. 시기적으로 2000년대 고정 컴퓨터와 2010년대 스마트폰에 이어 블록체인 컴퓨터가 등장한다. 이에 2018년 10월 핀니(Finney)라는 브랜드의 블록체인폰이 시린랩스(Sirin Labs)에 의해 상용화된다.

    [그림 10-5]처럼, 블록체인 인프라가 에너지에 적용되면 수요자 부문에서 에너지 프로슈머 P2P 거래, 전력공급 결제, EV 충전 관리, 재생에너지 인증 관리, 에너지데이터 활용 등이 가능하다. 관련 기업은 기존의 전력 기업군, 스타트업 기업군, 기타 기업군 등 3개로 구분된다. 여기서는 블록체인 인프라를 자체 구축한 스타트업 중심으로 서비스 사례들을 살펴보자.

그림 10-5 블록체인에너지 비즈니스모델 유형 및 기업

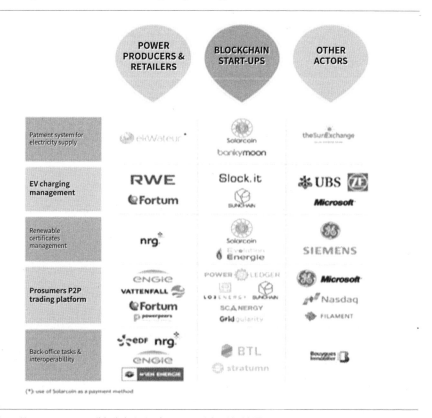

출처: http://www.emerton.co/blockchain-in-the-energy/ Oct.18, 2017

블록체인을 이용한 P2P 전력거래 구현 방법은 아래 [그림 10−6]과 같다. 전력거래용 블록체인 플랫폼에 연결된 전력거래 장치를 통해 자동으로 거래가 수행되고 에너지 프로슈머 및 소비자의 거래 의향을 전력거래 운영시스템에 전달하면 수집된 거래 의향을 토대로 스마트계약이 체결되며, 체결된 거래정보를 거래 주체에 통보 및 분산 저장한다. 분산네트워크를 마이크로그리드라고 한다. 블록체인 기술도입의 장점은 스마트계약을 사용해 생산과 재생에너지 분배를 효율적으로 모니터링할 수 있다는 점이다. 예로 풍력 농장이나 태양열 농장 같은 대규모 재생에너지 발전소가 청정에너지를 시간당 메가와트급으로 생산한다면 재생에너지 증명서(REC)를 자동적으로 맞추어 발급받을 수 있고, 사용자 간에 이에 대한 직접 거래가 이루어지는 플랫폼의 구축이 가능하다.

그림 10-6 블록체인을 이용한 P2P 전력거래

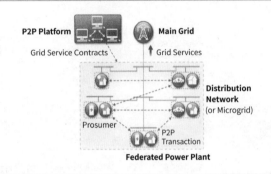

출처: University of Oxford

에너지 프로슈머 P2P 전력 거래 사례로 중국벤처인 에너고랩스(Energo Labs)는 2014년 시작한 블록체인 스타트업으로 블록체인 인프라와 태양전지, 에너지축전 시스템를 결합해 '분산형자율에너지(DAE: Decentralized autonomous energy)'를 탄생시킨다. 이는 퀀텀(Quantum; Qtum) 블록체인 기반 디앱(DApp), 태양광, ESS를 연결해 P2P 전력 거래를 가능하게 하며, 분산원장 기술을 활용해 중개 없이 에너지 생산과 거래를 할 수 있게 한다. DAE에서 스마트미터와 공공 저장설비 사용권만 있으면 발전설비 없이도 시장가보다 싼값에 전력 거래가 가능하며, 거래 수단은 암호화폐인 자체코인(TSL)이다. 첫 사업은 필리핀 에너지 기업을 지원한 빌딩 5개 규모 DAE 커뮤니티이다. 에너지 기업들은 소규모 지역에 전력 자급자족을 위한 마이크로그리드를 만들고, 에너고랩스는 P2P 전력거래 플랫폼을 제공한다. 태양광 빌딩이 자체적으로 전력을 생산하고, 잉여 전력은 에너고랩스 플랫폼에서 P2P 거래되며, 모든 거래는 퀀텀 블록체인 기반 스마트계약상에서 이뤄진다. 에너고랩스가 제공하는 자체 디앱이 에너지 거래 플랫폼 역할을 하며, 사용자는 디앱에서 에너지 사용 상태를 수시로 볼 수 있다.

LO3에너지는 독일 지멘스와 협력해 2016년 뉴욕 브루클린 마이크로그리드를 시작한다. 이는 기존 전력회사에 대한 의존 없이 이웃간 전력거래가 가능한 시스템이다. 가정집 지붕에서 생산된 태양광 전기를 이웃에 파는 에너지 프로슈머가 있고, LO3에너지는 거래 플랫폼을 제공하며 전력회사에 마이크로그리드를 연결해, 자사 시스템에 블록체인을 활용해 P2P시스템을 구축하게 한다. LO3에너지와 콘센시스(ConsenSys)의 합작사인 트랜즈액티브그리드(Trans Active Grid)가 시스템을 구축했고, 5개의 태양광 패널 보유가구가 전력을 생산해 다른 사람들이 이에 대한 잉여전력을 구입할 수 있다. 이후 지멘스는 2017년 LO3에너지와 합병하게 된다.

호주의 블록체인 벤처기업인 파워렛저(Powerledger)는 발전, 송전의 수직적 독점 구조로 전기요금이 매우 비싼 호주에서 이더리움 기반 에너지 블록체인 플랫폼으로 재생에너지를 교환하게 한다. 2017년 기준, 파워렛저는 이미 듀얼토큰 시스템(Dual-token system)을 도입했고, ICO 규모로 세계 14위권이다. 호주 정부가 2017년 프리맨틀시에서 진행하는 블록체인프로젝트에 800만 호주달러(66억 원)를 지원하고 대학, 기술 기업, 인프라 업체가 참여하는데, 파워렛저도 가담한다. 블록체인으로 태양광 공장, 가정 지붕 태양광 패널, 배터리, EV 충전소 등을 연결해 전기를 주고받는 스마트시티 구축이 목표이며, 파워렛저의 역할은 거래 플랫폼 제공이다. 2018년 9월, 비시니티센터(Vicinity Centres)는 자사가 호주 내 쇼핑몰 운영을 할 때 쓰는 소규모 에너지 네트워크를 위해 블록체인 기반 배달 플랫폼을 사용하기 시작했고, 이 플랫폼은 파워레저(Power Ledger)에 의해 구축된다. 따라서 비시니티의 상점들이 인근 주민 및 소비자들에게 에너지 판매를 할 수 있다.

다음은 전력공급 결제이다. 블록체인 기반의 전력공급 결제 스타트업으로 솔라코인(Solarcoin)과 뱅키문(bankymoon)이 있다. 미국에서 태양광 발전 장려 차원에서 암호화폐인 솔라코인(SolarCoin)이 제공된다. 인증 받은 태양광 발전 주택만 받을 수 있는 이 코인은 1MWh당 1코인을 지급해 다른 암호화폐나 신용화폐로 교환할 수 있다. 2014년 설립된 솔라코인재단(Solarcoin Foundation)은 이더리움 블록체인 기반으로 태양광 발전분에 가상화폐를 지급해 거래 투명성을 높이는 태양광 에너지 생산 보상 프로그램을 구축해 최대 규모의 보상 프로그램이 되었다. 재단 지분은 커뮤니티 회원들이 보유하고, 총 40여 년간 9만 7,500TWh 규모 전력 생산 및 인센티브 제공이 가능하게 설계되었으며, 비즈니스 모델은 태양광 패널 시설 보급과 발전량에 따른 솔라코인 지급이며, 1메가와트(MWh)가 1솔라코인이다. 지급된 코인은 온/오프라인 화폐로 사용 가능한 매장이나 전력요금 결제 및 커뮤니티 내 태양광 에너지 거래에 사용된다. 거래 현황은 웹페이지에서 확인 가능하며, 코인 지급 프로세스는 [그림 10-7]과 같다. 태양열 발전 생산자는 솔라코인재단을 통해 솔라코인을 받는다. 솔라코인이 개인에게 전달되는 과정을 보면, 청구인은 솔라코인재단이나 제휴사에 태양광 시설을 등록하고, 솔라코인재단은 승인 과정을 거쳐 예금계좌에서 청구자에게 코인을 보내고, 청구자는 지갑 등을 사용해 동전을 소비·유통할 수 있다.

그림 10-7 솔라코인 지급 프로세스

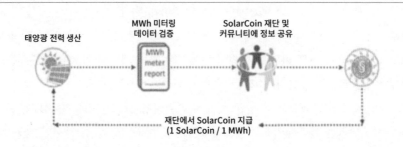

출처: 한전경제경영연구원, 2017.4.12.

2018년 7월, 솔라코인은 태양광 재생에너지확인서를 제시하면 교환해 주는 암호화폐 '솔라코인(SLR)'이 되어 63개국에 부여된 상태이며, 전년 대비 40배 증가했다. 예로 2018년 1월, 사우디국영기업인 아쿠아파워(ACWA Power)가 대규모 발전소로는 최초로 솔라코인을 도입했다. 이를 통해 에너지 기업은 재생에너지 관련한 새로운 가치창출 기회를 확보하고, 비용절감 효과도 갖는다. 태양열 장치에서 1MWh가 생산될 때 지급되는 1솔라코인은 2018년 7월, 0.21달러 가치를 지니고 있었다.

비트코인을 활용한 남아프리카공화국의 블록체인 스타트업으로 뱅키문이 있다. 뱅키문은 전력 부족을 겪는 학교들에게 비트코인을 기부해 전력 및 가스 에너지를 공급받을 수 있게 하며, 선불 유심(Pre-paid airtime) 방식이다. [그림 10-8]에서 보면, 기부자가 지정한 비트코인 주소로 전력 크레딧(Credit)이 전송되면 학교 스마트미터에 전력이 추가된다. 학교, 병원 및 공공기관 공과금(전기, 수도 등) 결제 시스템으로의 확장이 가능해 스마트미터를 이용한 크라우드펀딩 결제플랫폼이다. 뱅키문은 결제 플랫폼이면서 동시에 기부 플랫폼이 된다.

그림 10-8 뱅키문의 결제시스템 구조

출처: 한전경제경영연구원, 2017.4.12.

영국의 블록체인 에너지 벤처기업인 에너지마인(EnergiMine)은 에너지토큰(Energi Token; ETK)을 해외 거래소인 코인베네(CoinBene)와 코인슈퍼(CoinSuper)에 동시 상장한다. 에너지마인은 에너지 효율이 높은 가전제품을 사거나 대중교통을 이용하는 등 에너지 절약 시 ETK를 제공하는 에너지 보상 토큰 플랫폼이라, 전력공급 결제 플랫폼으로 분류되지는 않으나, 코인베네가 150여 개국 이상에서 사용되는 동남아 최대 암호화폐 거래소라 결제 플랫폼 기능을 갖는다. 코인슈퍼는 글로벌 상위 20위권 거래소 중 하나이다. 에너지마인은 에너지 토큰 보상 앱을 한국어 버전으로도 출시했다.

에너지마인은 한국 최초 공유가치 친환경 호텔인 호텔카푸치노(Hotel Cappuccino)와 2018년 8월 제휴해 에너지 절약을 통한 친환경 생태계 구축을 도모한다. 호텔 사용자들에게 에너지 절약 시 토큰을 지급하는 등 프로그램을 진행해, 호텔 투숙객은 에너지 절약 시 에너지마인 발행 ETK을 지급받는다. 이는 에너지 요금 결제 및 전기차 충전에 활용되거나 실물화폐로 교환해 사용할 수도 있다. 금전적 보상을 통해 에너지마인은 보다 많은 사람들이 자연스럽게 에너지 절약을 실천하고 더 환경 친화적이 될 수 있도록 독려하며, 호텔카푸치노는 환경 친화적 기업으로 2015년 설립된 국내 최초 공유가치 창출 지향 어반라이프스타일 호텔로서 사회적 공유가치를 실천한다. E&G(Earn&Giveaway)프로그램의 경우, 객실에 비치된 여분의 어메니티를 사용하지 않을시 지급되는 엔젤 쿠폰(Angel Coupon)은 물 부족 국가를 돕는 비영리기관인 워터닷오알지(Water.org)에 기부하거나 카페에서 무료 음료로 교환할 수 있다. 또한, 입지 않는 옷을 박스에 넣으면 도움이 필요한 곳으로 지원되는 '쉐어유어클로즈(Share your cloths)', 엘리베이터 이용 시 카드를 대면 매회 500원이 누적되어 누적 금액으로 'Water.org'에 기부할 수 있는 '엔젤 엘리베이터,' 카페와 레스토랑에서 엔젤스 메뉴(Angel's Menu)를 주문하면 수익금 중 일부가 'Water.org'에 기부되는 '엔젤스 메뉴,' 반려견 관련 다양한 서비스를 통해 얻어진 수익을 동물보호단체 '카라(KARA)'에 기부하는 '바크룸' 등 다양한 공유가치 프로그램들이 운영되고 있다.

EV 충전관리의 경우, 에너지 기업과 제휴해 이를 개척한 블록체인 스타트업으로 슬록잇(Slock.it)과 썬체인(Sunchain)이 있다. 먼저, EV 충전방식을 살펴보자. 이는 댁내 전기 인프라나 빌딩 주변 인프라에서 충전하거나 배터리를 아예 교체하는 방식으로 나뉜다. 급속 충전 및 IoT 기반 무선 충전도 발전했다. 한국을 예로 들면, EV 보급 초기엔 가정용 충전 방식이라 수면 시간을 활용했다. 2009년 가정용 전원 220V 사용시

EV 충전 시간은 약 6~8시간이었으며, 문제는 요금인데, 누진세 적용 시 가정용 전기로 EV를 충전하기 부담스러워 심야전력이나 별도 EV용 요금제를 위한 미터기를 이용한다. 충전 시간이 길어서, 그 대안으로 배터리 교체 방식이 등장한다. 배터리 교체소에서 다 쓴 배터리를 교체 시 5분이 걸리는데, 관건은 자동차회사와의 협력 및 배터리의 표준화이다. 자동차 배터리 크기와 무게에 따라 교체기기가 달라지고, 교체소가 다양한 종류의 배터리 여분을 가지고 있어야 할 경우 재고 부담이 크기 때문이다.

급속 충전은 높은 전압과 전류를 공급할 수 있는 충전설비를 갖춤으로써 EV 충전 시간을 30분 이내로 단축시키며 전력량이 많고 배터리에서 전력을 받아들이는 속도가 빠를수록 빨라진다. 이의 관건은 높은 전압과 전류에 잘 견디고 전력 전달 효율을 높인 급속 충전 기술이다. 2017년 4월, 한국 정부가 전기차 급속충전 방식을 기존 세 종류에서 한 종류인 DC 콤보로 표준화한다. DC 콤보로 통일된 이유는 충전 시간이 비교적 짧고 자동차 통신에 유리하고 미국 표준으로 채택되었기 때문이다.

IoT 기반 무선 프로토콜도 발전해, 비접촉식 충전이 무선 충전으로 진화 중이다. 비접촉식 예로 충전기에 해당하는 코일을 지정된 주차장 바닥에 깔아 두면, 바닥에 코일을 붙인 자동차가 그 위에 주차해 비접촉식 충전이 가능하다. 거리가 관건이라 무선전력 전송 기술은 에너지를 주고받는 송신기와 수신기 거리에 따라 근거리와 원거리로 구분된다. 근거리는 다시 에너지 전달 방식과 전송거리에 따라 초단거리인 자기유도방식과 단거리 전송의 자기공진 방식으로 구분되며, 원거리는 전자기파를 안테나로 전송하는 전자기파 방식을 이용하는데, 낮은 전송효율과 인체 안정성 확보가 주요 관건이다.

블록체인으로 돌아오면, 슬록잇은 독일 에너지 기업인 RWE(Rheinisch−Westfaelisches Elektrizitaetswerk)와의 협력으로 EV 충전결제 시스템을 만든다. 이의 배경을 살펴보면, 2020년까지 원자력 전기 가동 중단이 발표되면서 2011년 RWE는 독일 정부를 상대로 원자력 발전 중단에 대한 취소 소송을 제기했고, 법원은 RWE 손을 들어 줬다. 한편, 독일 연방상원에서 원전 폐쇄 법안이 최종 확정되어 대체전력의 공급 및 신규 발전소 건설 관련해 논란은 지속되고, 에너지 기업들은 전력 공급이 부족할 것을 전망했다.

이러한 환경에서 유럽연합(EU)은 2020년까지 자유로운 EV 여행이 가능하도록 하며, 자동차 10대당 충전기 하나를 설치하는 것이 적당하다고 발표하였고, 독일은 EV R&D, 시장 구축을 실행해 2020년까지 100만 대 EV 보급 계획을 내놓는다. 이를 위해 독일 정부는 2014년 9월 'e모빌리티(Electromobility: E−mobility) 법'을 통과시켜 도시들이 EV 제도 채택에 유연성을 갖게 되었고, 도시들은 EV 무료주차, 충전공간 지정, 버스 전용차선 이용, 제한구역 접근 가능 등 조치들을 선택한다. 독일정부도 2016년 4월 12억 유로 기금을 통해 EV에 4,000유로, 플러그인하이브리드/하이브리드 차량에 3,000유로 구매 보조금을 시행해 2020년까지 약 40만 대 차량에 지급할 예정이라 충전 인프라는 시급한 과제가 된다.

이에 RWE는 블록체인을 에너지 비즈니스에 도입해야 할 새로운 필수 인프라로 보고 IoT 기반 거래를 최적화하여 EV 충전을 어떻게 변환할지 고민하기 시작한다. 첫 번째 프로젝트가 자동충전 스테이션으로, 사용자가 역을 임대하고 예금을 입금하고 자동차를 충전한 다음 보증금을 돌려받을 수 있게 하는 스마트계약이다. 슬록잇은 블록체인 IoT 시스템을 운영하고, RWE는 EV 충전 네트워크를 운영한다. 블록충전 (Block Charge) 프로젝트의 목적은 중개인을 통한 어떤 계약도 필요 없는 충전결제 시스템 구축이다. RWE과 슬록잇이 함께 내놓은 EV 충전결제 시스템은 [그림 10−9]와 같다. 디앱(DApp)으로 동작하는 스마트플러그를 이용해 재충전이 가능하다. 충전 및 거래는 이 시스템에서 관리된다. 충전소는 RWE를 대신해 사용자 인증, 지불 처리 및 충성도 포인트 할당을 처리하고, RWE는 공유 자원을 활용하고 사용하는 용도로만 비용을 지불함으로써 퍼블릭 블록체인을 사용한다. 이더리움에 대한 접속 권한을 임대하며, 모든 거래가 블록체인에서 이루어지므로 완전한 투명성을 확보하고, 오픈 API를 활용해 파트너를 쉽게 만들 수 있다. 판매 시점에서 통계 분석에 이르기까지 객체와

그림 10-9 RWE와 슬록잇(Slock.it) 간 구축한 EV 충전결제 시스템 구조

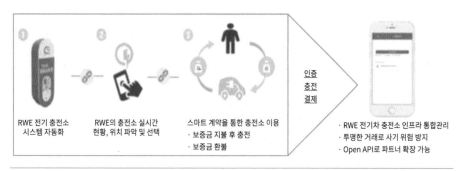

RWE 전기 충전소 시스템 자동화

RWE의 충전소 실시간 현황, 위치 파악 및 선택

스마트 계약을 통한 충전소 이용
· 보증금 지불 후 충전
· 보증금 환불

인증 충전 결제

· RWE 전기차 충전소 인프라 통합관리
· 투명한 거래로 사기 위험 방지
· Open API로 파트너 확장 가능

출처: 한전경제경영연구원(2017.4.12.)

서비스는 공통의 블록체인 상태에서 동기화될 수 있다.

프랑스 벤처기업인 썬체인의 EV 충전 서비스를 설명하기 전에 독일과 마찬가지로 프랑스 EV 정책에 대한 이해가 필요하다. 2015년 에너지이행법은 2030년까지 700만 대 EV 충전기 설치를 포함한다. 개별 주차 공간을 갖는 거주지와 상업용 건물, 공공기관 건물, 쇼핑 극장 등에는 EV 충전 인프라를 갖는 주차공간을 마련해야 한다. 개별적으로 EV 충전기를 설치하면 30%의 세금 공제가 제공된다. EV 보조금 정책인 '보너스 −말러스(Bonus−Malus)' 제도는 이산화탄소 저배출 차량 구매에 보조금을 지급하고, 오염 배출 차량 구매에 벌금을 부과한다. 보조금 지급 기준은 이산화탄소 배출량에 따른다. 이산화탄소 배출량이 0~20g/km인 EV에 대해서는 6,300유로, 배출량이 21~60g/km 인 PHEV에 대해서는 1,000유로, 배출량 110g/km 미만 하이브리드에 대해서는 750유로를 지급하지만, 131~135g/km인 차량에 대해서는 등록 벌금 150유로, 201g/km인 차량에 대해서는 8,000유로의 벌금을 부과하게 된다.

[그림 10−10]에서 보듯이, 썬체인은 2016년 시작된 태양에너지 프로슈머를 위한 블록체인 벤처기업으로 프랑스 프레미앙(Prémian)지역 태양광 시설인 텍솔(TECSOL)에서 분사(spin−off)한 기업이다. 썬체인은 블록체인과 태양에너지를 결합한 기술을 개발했고, 500명이 거주하는 프레미앙의 마을회관은 여러 건물에 재분배될 에너지를 생산하기 위해 시립건물에 광전지 모듈을 설치했다. 썬체인이 제공하는 기술은 생산된 에너지와 소비된 에너지 사이의 분배를 보장하기 위해 블록체인을 인프라를 사용하며, EV 충전 에너지 공유도 포함된다. 프랑스 전역에서 유사한 프로젝트가 진행되고 있다.

그림 10-10 프랑스 텍솔 태양광에서 분사된 벤처, 썬체인의 전기차 충전 비즈니스

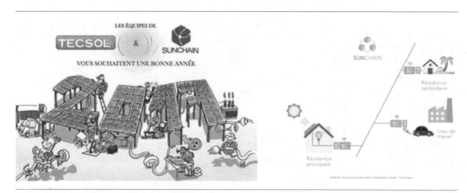

출처: Greenunivers(Nov. 19, 2016)

한국에서는 2017년 중반, 한전과 전력연구원 공동으로 '블록체인 서비스 플랫폼 기반 구축' 사업을 시작했고, EV 충전소 데이터 관리와 충전 서비스 대외 업무 처리, 충전 이용 고객 지원 서비스 등 전 분야에 블록체인을 적용된다. 공동주택이 많아 주차 상면을 거주자들이 공유하고 있는 한국 상황에서 EV 소유자가 충전을 위해 전기를 전유하는 데 한계가 생기면서 이동형 충전기도 등장한다. 공동주택 주차장에 RFID(Radio Frequency Identification) 판독기가 장착된 220V 콘센트를 설치하고 이동형 충전기를 이용해 EV와 연결해 충전하는 방식이다. RFID를 통해 사용자 신원이 확인되면, 이동형 충전기를 통해 사용자의 전기 소비량이 추적되고, EV 충전 서비스 기업이 해당 정보를 한전(KEPCO)에 통보해 사용자에게 과금된다.

에너지데이터 관리 및 활용에서는 오스트리아 블록체인 벤처기업인 그리드싱귤러리티(Grid Singularity)가 개인, 가정, 기업의 에너지데이터를 분산원장에 기록해 소비자의 에너지 소비 패턴을 분석하고, 이를 기반으로 수요 예측, 스마트그리드 경영, 에너지 투자 결정 및 에너지 거래 등을 제공하는 것을 목표로 하여 주요 사업으로 에너지데이터 분석, 스마트그리드 관리, 그린인증 거래 등이 등장한다. 이더리움 기반으로 소비자 에너지 사용 데이터를 수집 및 저장하며, 수집된 데이터를 분산원장에 기록하고 공유해 에너지 시장 중개자(Intermediaries)를 대체하는 플랫폼이다. 이는 발전기업과 소비자 간 에너지 거래내역을 빠르고 정확하게 기록 및 공유하게 하고, IoT를 활용해 일조량, 전력사용량 등 다양한 에너지데이터를 수집하고 활용해서 에너지 수요관리 서비스를 제공하게 한다. 데이터 수집을 위해 바텐폴(Vattenfall) 등 에너지 P2P 업체와 다양한 IT 기업들과 협력한 그리드싱귤러리티는 에너지웹재단(Energy Web Foundation: EWF)에 소속되어 있다. EWF는 분산, 민주화, 탈탄소화 및 탄력적 에너지 시스템으로의 전환을 가속화할 수 있는 글로벌 비영리단체로 에너지 규제, 운영 및 시장 요구에 맞춰 특별히 설계된 개방형 소스, 확장 가능한 블록체인 플랫폼인 공유 디지털 인프라를 구축하고 있으며, 록키마운틴 연구소(Rocky Mountain Institute)와 그리드싱귤러리티가 공동 창립해 70개 이상의 계열사를 가지고 있다.

참고문헌

강원영(2013), 최근 클라우드 컴퓨팅 서비스 동향, Net Term, 한국인터넷진흥원.

과학기술정책연구권(2018.4). 에너지블록체인 도입방안 연구, STEPI Insight, Vol.222.

관계부처 합동(2014), 사물인터넷 기본계획, 미래창조과학부, 안전행정부 등.

관계부처 합동(2018.12). 4차 산업혁명 체감을 위한 체감을 위한 클라우드 컴퓨팅 실행 클라우드 컴퓨팅 실행(ACT)(ACT) 전략 - 제2차 클라우드 컴퓨팅 발전 기본계획(2019~2021년)

관계부처합동(2019.1.16). 데이터 · AI경제 활성화 계획(2019~2023).

권승문(2018.1.12). 블록체인과 한국전력, 이들의 조합이 가능한가, http://www.redian.org/archive/118076?author=89

노컷뉴스(2018.2.14), 에너지 보상 블록체인 플랫폼 '에너지마인' 해외 거래소 첫 동시 상장.

바이라인네트워크(2018.7.20). 블록체인 시대, 블록체인 기반 스마트폰 핀니, https://byline.network/2018/07/20-20/

박성준(2018.8.3). 블록체인 기반의 P2P 전력 거래망, 에너지IT워크숍, 한국통신학회 세미나 발표문.

벤처스퀘어(2018. 6.12). 에너지와 블록체인이 만나면, http://www.venturesquare.net/764344.

벤처창업신문(2018.8.3). 우리가 참여하는 새로운 에너지 시장, 산업이 만들어진다.

블록인프레스(2018.7.3). [인사이트] 파워렛저에 대하여 제1부, https://www.blockinpress.com/archives/6529

블록인프레스(2018.7.4). [인사이트] 파워렛저에 대하여 제2부, https://www.blockinpress.com/archives/6584

빅데이터뉴스(2018.1.12), 암호화폐 '솔라코인', 친환경 에너지 생산 촉진.

사이언스타임즈(2018.6.5). 빅데이터와 에너지의 만남, 지구 온난화 문제 해결의 열쇠.

산업통상자원부(2016). IoT 기반 에너지 데이터 생성 및 관리 · 활용방안 연구

삼정KPMG(2019.1). 에너지 산업이 디지털화(Digitalization)가 가져올 미래

삼정KPMG 경제연구원(2018). 미래 자동차 권력의 이동, Vol. 56.

송민정(2018.12). 블록체인에너지 비즈니스모델 탐색: 에너지데이터 관리(활용), 자동인식 비전

송민정(2018.9) 블록체인에너지 비즈니스모델 탐색: P2P 거래 플랫폼, 자동인식비전

아시아투데이(2018.7.18), 태양광 업계에도 암호화폐가? '솔라코인'으로 청정에너지 사용 촉진.

에너지경제연구원(2014). 에너지 부문 빅데이터 활용사례 조사연구.

에너지경제연구원(2018.12). 4차 산업혁명과 전력산업의 변화 전망

이슈엠(M)(2018.8.15), 英 블록체인 기업 에너지마인, '호텔 카푸치노'와 파트너십 맺어.

이승문/김재경(2016). 네트워크 기반의 전기자동차 충전인프라 구축방안 연구, 에너지경제 연구원

전자신문(2017.6.29). 한전, 세계 최초 블록체인 EV(전기차)충전소 만든다

조선비즈(2018.38). 에너지 산업 파고드는 '블록체인'…한국·호주·영국 기술 도입 확산

케이비(KB)금융지주경영연구소(2018.3.28). 전선 없이 무선으로 전기를 이용한다 – 무선전 력전송, KB지식비타민.

하이투자증권(2017.4.10). 제4차 산업혁명과 블록체인 혁명, 제4차 산업혁명 제2의 인터넷 블록체인.

한겨레신문(2017.3.20). 전기차 급속충전 방식 '3종류→1종류' 4월 확정고시

한국경제(2017.7.9), 탈원전의 그늘…독일, 신재생 에너지 키우려 연 30조원 소비자에 부담.

한국에너지(2018.5.21), 에너지, 블록체인을 만나면 새로운 세상이 열린다.

한국전기연구원(2017). 에너지 IoT, IT기술 등을 활용한 에너지신산업 비즈니스 모델 개발 연구

한국정보통신기술협회(TTA)(2011), 클라우드 컴퓨팅, in: IT 중점기술 표준화 전략 맵, pp.437~508.

한국정보화진흥원(2010), 모바일 시대를 넘어 AI 시대로, IT & Future Strategy, 제7호.

한국정보화진흥원(2018.6). 정부 클라우드 컴퓨팅 전략의 최신 동향, 클라우드이슈리포트, Vol.4

한국해양대학교(2018.4.). Total사, 북해 플랫폼의 로봇 연구 승인, Weekly Offshore.

한전경제경영연구원(2017.4.3). KEMRI 전력경제 REVIEW, 제7호

홍일선(2009.9.23). 전기차 충전에서 다양한 사업모델 나온다, LG Business Insight, LG경 제연구원.

Dumbill, Edd(2012), Big Data in the Cloud, O'reilly Radar, http://radar.oreilly.com/print?
    print_bc=47852.

EBC(Energy Blockchain Consortium(2018.10.29). Energy Web Foundation(EWF)
    and Energy Blockchain Consortium(EBC) to Explore Opportunities, Benefits,
    Challenges of Blockchain. https://www.pr.com/press-release/768195

Energy and blockchain, https://medium.com/cryptics/energy-and-blockchain-6a47
    03dbcf5e

Energy Revolution and Block Chain Technology, https://steemit.com/blockchain/@
    yoon/4hunaf

Ernst & Young(2016). Beyond the plug: finding value in the emerging electric vehicle
    charging ecosystem, Global Automotive Center Business strategy analysis:
    Advanced Powertrain.

Gartner(2013), Future of Smart Devices, Gartner Symposium, IT Expo 2013, Barcelona
    in Spain, Gartner Group.

Greentechmedia(2017.10. 27). 15 Firms Leading the Way on Energy Blockchain,

Greenunivers(Nov. 19, 2016), Sunchain boucle une première levée de fonds,
    https://www.greenunivers.com/2016/11/sunchain-boucle-une-premiere-levee-
    de-fonds-153322/

Grid Singularity 홈페이지, http://gridsingularity.com/#/1(2017.11.9.)

Grid Singularity 홈페이지, http://gridsingularity.com/#/2(2017.11.9.)

https://www.greentechmedia.com/articles/read/leading-energy-blockchain-firms#gs
    .mSbVNX0

Impact(2017.5.5). Grid Singularity transforms the energy market with blockchain,
    https://goo.gl/RQCSV5

KB금융지주경영연구소(2018.11.26). 클라우드 컴퓨팅을 넘어서… 엣지 컴퓨팅의 개념과 사
    례, KB지식비타민, 18-92호.

LG경제연구원(2015.6.10). 에너지 하베스팅 IoT를 만나 탄력받는다, LG비즈니스인사이트.

R. Bonenfant, S. Plessis and S. Zimmer(Oct.18, 2017). Rewiring energy markets: an
    opportunity for blockchain technologies? http://www.emerton.co/blockchain-in-
    the-energy/

S. Tual(Feb. 11, 2016). Partnering with RWE to explore the future of the Energy Sector,
https://blog.slock.it/partnering-with-rwe-to-explore-the-future-of-the-energy
-sector-1cc89b9993e6

The Navigant Research(2015). The energy cloud: Emerging opportunities on the
decentralized grid.

PART 04

에너지데이터 관리

에너지데이터와 인력양성

제11장

데이터 인력양성 전반에 걸쳐 개관하고, 데이터 전문가 역량에 대해 분야별로 이해한 후, 일반적인 데이터 교육과정의 국내외 현황에 대해 탐색하고, 에너지데이터 교육과정을 제시해 보고자 한다.

제11장

에너지데이터와 인력양성

데이터 인력양성 개관

한국에서는 청년 실업 문제가 대두되면서 고용정책을 위한 현황 정보의 개인별 적시 제공을 하고 있다. 한국고용정보원이 고용정보통합분석 시스템 구축을 통해 고용보험전산망, 워크넷, 직업훈련전산망, 외국인고용관리전산망 등 11개 전산망을 통합 관리하고, 다양한 분석을 통해 고용 정보를 적시 제공하는 데 초점을 두고 있다.

데이터 경제 시대가 시작되어 데이터 분석이 진화해 AI로 발달하면서 미래 직업세계가 어떤 영향을 받을 것인지 논의가 활발하다. 마쓰오 유타카(2015)는 이러한 논의를 암시하는 상황을 [그림 11-1]처럼 네 가지로 제시한다. AI 기반의 데이터 시대가 되었을 때 수직축은 생산성 증감을, 수평축은 인간 개입 여부를 구분하면, 인간 개입을 불문하고 생산성은 증가하거나 감소할 수 있는 상황이며 AI가 이끌어가는 모습은 C와 D이다. 또한, 인간 개입에 따라 생산성이 높아지거나 낮아질 수 있는데, 이러한 상황은 인간에 의해서만 주도되는 사회이다. A와 B의 상황이다. 인간 개입과 생산성이 낮았던 B 단계에서 생산성이 높아진 A 단계로 진입하는 것을 지난 20세기에 경험했고, 이제 AI를 활용해 인간 개입을 하면서 생산성을 높이는 A 단계에서 인간 개입을 하지 않으면서 생산성을 높이는 C 단계로 진입하려는 상황에 놓여 있다. 또는, AI가 덜 발달해서 생산성 향상에 큰 도움이 되지 않은 D 단계에서 C 단계로 이동하는 것으로도 볼 수 있다. 이 두 가지 모두 인간 개입이 필요 없는, 그래도 생산성은 높아지는 상황을 보이게 된다.

그림 11-1 인간 개입 여부와 생산성 증감

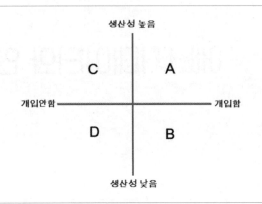

출처: 마쓰오 유타카(2015); 한국고용정보원(2016) 재인용.

OECD는 2008년부터 국제표준직업분류(the 2008 International Standard Classification of Occupations: ISCO – 08)를 이용해 IT 전문가 내에 데이터 전문가 범위를 규정하고 있다. 데이터베이스 및 네트워크 전문가 같은 IT 전문가, 수학자, 보험계리사, 통계분석가 등 IT 고급사용자까지를 포함한다. 데이터 전문인력은 데이터 수집, 처리 중심이던 기존 데이터베이스 업무에서 확장되어, 빅데이터 분석과 이를 통한 문제해결 능력, 프로젝트 관리 등 데이터 활용을 위한 복합 업무를 수행하는 데이터과학자, 빅데이터 분석가, 데이터 관리자 등 전문인력을 포함하고 있으며, 빅데이터 활용 증가에 따라 '데이터' 업무의 명칭을 '빅데이터'(개발자, 아키텍트, 분석가 등)로 대체해 분류하였다. 최근에는 빅데이터와 데이터 용어가 혼재되어 사용되는 추세이다.

빅데이터가 핫 이슈가 된 2012년에 하버드비즈니스스쿨(Harvard Business School)에서 발표한 '데이터 사이언티스트: 21세기 가장 멋진 직업(Data Scientist: The Sexiest Job of the 21st Century)'에서는 데이터 과학자의 역량을 정의하였다. 즉, 데이터 과학자는 복잡하고 수많은 데이터를 구조화해서 분석이 가능하게 만들며, 필요한 데이터를 찾고 서로 연결하기도 하면서 데이터에서 인사이트를 찾아내며, 이렇게 새롭게 찾아낸 인사이트를 비즈니스에 적용해 회사가 나아갈 방향까지도 제시하는 사람들이며, 의사결정권자의 이해를 돕기 위해 시각화 기술도 활용할 줄 알아야 한다는 것이다.

한편, 한국의 데이터 인력양성은 정부기관 주도로 과학기술정보통신부(구 미래창조과학부)를 주무부처로 한국데이터진흥원을 전담기관으로 하며, 주로 재직자 대상의 전문 인력양성 교육을 추진하고 있다. 이에 반해, 고용노동부는 구직자 대상으로 직업 능력개발을 통한 취업 목적 교육을 담당하여 정부기관의 이원화된 구조를 보여준다. 2015년 데이터산업 현황 조사에 따르면, 한국 데이터 인력은 2014년 9만여 명에서 2015년 10만여 명으로 약 11% 증가했지만, 빅데이터 개발자, 빅데이터 엔지니어, 데이터 과학자, 데이터 분석가 등 데이터 인력이 급속도로 증가해 일반 데이터 인력 중 빅데이터 인력 비중이 2014년 7.3%에서 2015년 11.8%로 1.6배 증가했고, 빅데이터 인력 1만 1,891명 가운데 중·고급인력이 약 80%를 차지해 전문인력 수준이 높다. 또한, 빅데이터 개발자에는 초·중·고급 인력이 비교적 골고루 분포되어 있으며, 데이터 구축에 가장 많은 인력이 근무하고, 빅데이터 엔지니어 중급인력은 1,295명으로 초급 및 고급인력에 비해 월등히 많았고, 데이터 과학자의 고급인력 비중이 가장 높았다. 데이터 분석가에는 데이터 과학자 다음으로 고급인력 비중이 높았고, 중·고급 인력 비중이 전체의 약 86%를 차지하며, 일반 기업에서 가장 많은 인력 분포를 보였다.

2015년 한국 기업에서 필요로 하는 데이터 인력 2만 1,333명 중 데이터 분석가 수요는 1,782명으로 41.7%를 차지해 가장 높았고, 빅데이터 개발자는 1,255명(29.4%)으로 두 번째로 많은 인력 수요를 보였다. 데이터 분석가 경우 일반기업이 전체 수요의 절반 이상을 차지하고 있어 빅데이터 활용 증가에 따라 데이터 분석 전문인력을 많이 필요로 하고 있음을 알 수 있다. 하지만 현재 인력 대비 필요인력 비중을 살펴보면 데이터 과학자가 46.8%로 가장 필요한 직무인력으로 나타나, 데이터 과학자 양성이 가장 시급한 인력양성 과제가 되었다. 특히 일반기업에서 빅데이터 개발자와 데이터 과학자의 현재인력 대비 필요인력 비중은 각각 221.3%, 151.8%로 새롭게 빅데이터 활용을 준비하고 있는 기업이 많은 것으로 보이며, 향후 빅데이터 도입 기업 확산에 따라 그 수요는 더욱 증가할 것으로 예상되었다.

이후 2018년 한국 정부는 관계 부처 합동으로 '데이터 경제 활성화 방안'을 제시하면서 2019년 1조 원 예산을 투입하며 전문인력 양성에 예산 절반을 투입해 2022년까지 5만 명을 양성하겠다는 방안을 내놓았다. 특히 데이터 과학자를 2022년까지 8,000명 집중 양성해, 소프트웨어 중심대학에서 운영 중인 데이터 분석 전공교수나 강사에 대한 연수 등 운영을 지원하고, 아직 한국에 단 한 곳만 있는 빅데이터 전문연구센터

(ITRC·ERC)도 2022년까지 6개로 확대하며, 데이터 분석 국가기술자격제도를 만들고 2022년까지 신규 자격 소지자 3만여 명을 배출한다는 계획이다.

제2절 데이터 전문가 역량

데이터 전문가 중 데이터 분석에 가장 필요한 전문가를 데이터 과학자라 부른다. 이의 역량에 대해 콘웨이(Conway, 2010)는 2010년에 세 가지로 구분한다. 첫째인 해킹 스킬(Hacking skill)은 대규모 데이터베이스 구축과 관리 기술, 하둡 및 클라우드 시스템 기술, 가시화 기술 지식이며, 둘째인 수학과 통계 지식(Math & statistics knowledge) 은 데이터 분석에 필요한 통계 모델링 기술과 분석 결과 해석 등에 관한 배경 지식이며, 셋째인 현업 전문가 역량(Substantive expertise)은 데이터가 발생하는 비즈니스(생산, 마케팅, 의료, 생명공학 등) 업무 지식이다. 콘웨이에 의하면, 기술과 업무 지식만 갖춘 전문가는 데이터 과학자 역량을 갖춘 인력이 아니며, 오히려 위험한 역량이라고 경고한다. 섣불리 수학 및 통계지식이 결여된 분석 결과를 중요한 의사결정에 사용하면 더 큰 위험에 빠지게 될 수도 있기 때문이다. 또한, 데이터 과학자는 호기심, 창의성, 객관성, 논리적 및 구조적 사고, 인내심, 상식, 그리고 세부 사항에 대한 이해력 등의 자질을 함께 갖추어야 한다고 콘웨이는 주장한다.

가트너(Gartner, 2012)도 2012년 데이터 과학자의 역량을 세 가지로 구분한다. 첫째인 데이터 관리(Data management)는 데이터를 통합하고 조작하는 데이터 이해 역량이고, 둘째인 분석 모델링(Analytics modeling)은 분석 기술과 데이터를 해석하고 모델을 만들어 내는 비즈니스 요구에 부합하는 역량이며, 비즈니스 분석(Business analysis)은 비즈니스에 초점을 두고 목표를 설정하고 의사 결정하며 결과를 소통시키는 역량이다. 이 외에 커뮤니케이션(Communication), 협력(Collaboration), 리더십(Leadership), 창의력(Creativity), 훈련(Discipline), 열정(Passion) 역량들이 아울러 필요하다고 가트너는 보고 있다.

이처럼 데이터 과학자 수요 니즈가 높아지면서 역량이 정의되지만, 사실상 시간이 흐르면서 현실적으로 이러한 역량을 갖추기가 쉽지 않음을 깨닫기 시작한다. 단기간 내에 데이터 과학자를 양성한다는 건 더욱 어렵다. 최소한의 프로그래밍, 수학, 통계학, 비즈니스에 대해 가르쳐도 이것만 공부하는 데 5년 이상 걸린다. 게다가 프로그래밍 기술과 비즈니스 교육, 스토리텔링(Storytelling), 시각화, 분석 기술까지 배워야 한다면 정말로 오랜 시간이 필요하다. 데이터 분석과 비즈니스 역량을 함께 겸비한다는 것은 쉽지 않다. 데이터 분석 역량의 경우, 기업 내·외부 다양한 유형의 데이터를 분석하여 숨겨진 패턴을 찾아내어 인사이트를 도출해 내기 위해 기본적으로 요구되는 컴퓨터 기술과 데이터 저장 기술들이 요구된다. 또한, 다각적 측면에서 데이터를 분석하기 위해 소프트웨어공학과 수학, 경제학, 사회학 등의 다양한 학문을 겸비해야 한다. 비즈니스 역량의 경우, 해당 산업과 기업에 속해져 있는 비즈니스 구조와 조직에 대해 잘 알아야 하고 비즈니스 요구사항을 제때 파악해 비즈니스 모델로 발전시킬 수 있어야 하므로 한 기업 내에서 경륜을 갖춘 사람이어야 한다. 산업 분야에 대한 경험 없이 가설을 세울 수는 없는 일이다.

따라서 기업들은 모든 것을 다 갖춘 전인적인 데이터 과학자 역량을 구하기보다는 각 분야에서 전문가들을 모아 데이터 과학 조직을 구성하는 방안을 대안으로 모색한다. 데이터 웨어하우스(Data Warehouse) 전문가는 데이터 플랫폼을 구축하고, 비즈니스 인텔리전스(Business intelligence) 전문가는 대시보드를 만들며, 다양한 전공의 데이터 분석가들은 의사결정에 필요한 데이터를 뽑아 분석해 가치를 찾아내는 등 각 역할을 분담하고 협력하는 것이다. 여러 능력을 갖춘 구성원들이 한 팀을 꾸려 효율성을 증대시키는 것도 필요하다. 즉, 전인적 인력보다는 역할별로 세분화해 인력을 양성해 협력하게 하는 것이 좀 더 현실적이다. 먼저 데이터 개발자를 양성하면 데이터 웨어하우스(DW)나 비즈니스 인텔리전스(BI) 개발자가 이 영역으로 이동할 수 있고, 기술 분야별 개발자를 양성할 수도 있다. 예컨대, 하둡(Hadoop), NoSQL, R, CEP(Complex Event Processing) 등 개발 언어나 플랫폼에 따라 개발자들을 늘려 나갈 수 있다.

데이터 개발자들이 확보되면 한 단계 더 나아가 데이터 분석가 인력 양성이 필요하다. 데이터 개발자가 데이터를 가지고 프로그램을 직접 만든다면, 데이터 분석가는 여러 데이터들을 활용해 각종 비즈니스 질문에 대한 해답을 제시해야 한다. 데이터 개발자는 사용하는 툴이나 언어, 플랫폼에 따라 다양한 분야로 나뉘지만, 데이터 분석 전문 인력은 네 가지 분야로 구분된다. 첫째인 비즈니스 분석 전문가는 비즈니스를 이해하고 사업계획을 세우며 목표 도달 여부를 평가하기 위해 엑셀 같은 툴을 활용하며 최고경영진 질문에 대답하는 인력으로서 주로 영업, 마케팅, 회계 인력들이다. 둘째인 데이터 분석 전문가는 비즈니스와 IT 중간 영역으로 데이터 개발자에게 프로그래밍에 대한 방향을 제시하고, 비즈니스 분석가와 함께 도출된 인사이트에 대해 협의하며, 데이터를 문서화하고 정리해 현업에서 필요 정보를 빨리 찾고 활용할 수 있게 한다. 데이터 분석가는 데이터 포맷, 저장, 삭제, 보안 등을 담당하며, 개인정보보호 정책도 이들을 통해 구성할 수 있다. 셋째인 통계 전문가는 수학과 통계학을 이해하고 데이터마이닝 방법을 알고 SQL이나 R을 사용해 데이터를 다룰 수 있고 데이터 모델링을 통해 비즈니스 인사이트를 도출하고 데이터 간 상관관계 분석을 위한 알고리즘을 제시한다. 데이터 분석에서 언급하는 수많은 데이터에서 놓칠 수 있는 정보를 찾아 주는 것이 바로 통계 전문가이며, 이들에겐 데이터 분석 전문가가 모아둔 데이터에 대한 모델링을 할 수 있는 수학적, 통계학적 능력이 필요하다. 마지막인 데이터 과학자는 오케스트라 지휘자처럼 데이터 개발자, 비즈니스 분석가, 통계 전문가를 지휘한다. 한 명의 데이터 과학자 지휘하에 개발자, 비즈니스 분석가, 데이터 분석가, 통계 전문가가 한 팀을 이루면 된다. 데이터 과학자가 사내에 아직 없다면 다른 개발자나 분석 전문가들 중 가장 창의력이 뛰어난 인재 중심으로 팀을 구성하면 된다. 데이터 분석이 중요할수록 데이터 과학자를 얼마나 보유하고 있는지가 향후 데이터 분석의 경쟁력이 된다. 이처럼 인력을 세분화해 양성하고 팀을 구성하면 데이터 분석을 좀 더 빨리 수행할 수 있고, 각 담당자가 상호 협력하면서 점차 데이터과학자 역량을 겸비하게 될 것이다.

한국정보화진흥원은 2014년, 데이터 교육과정(커리큘럼) 참조 모델을 개발하기 위해 데이터 과학자 역량 및 요구 기술을 분석하였다. [표 11 – 1]과 같이, 데이터 과학자 요구 역량은 기반 역량, 기술 역량, 분석 역량, 사업 역량 등 네 가지 영역으로 분류되었다.

표 11-1 데이터 과학자 요구 역량

출처: 한국정보화진흥원(2014.3).

한국데이터진흥원이 2016년 국내외 데이터 직무 역량을 비교한 결과를 보면, 한국에는 데이터 분석 직무를 데이터 분석가와 데이터 과학자로 구분하지만, 네덜란드와 미국 SAS는 이에 더해 데이터 비주얼라이저(Data Visualizer), 데이터 디자이너(Data Designer), 데이터 연구원(Data Researcher) 등으로 더 세분화한다. 또한, 한국에는 관리 업무가 별도 직무로 구분되지 않지만, 비교된 주요 국에서는 데이터 총괄 책임자(Chief Data Officer), 데이터 관리자(Data Administrator), 빅데이터 매니저(Big Data Manager), 빅데이터 프로젝트 매니저(Big Data Project Manager) 등으로 세분화된다. 한편, 해외기관에는 데이터 마케팅·영업 등 판매 영역 직무는 별도로 분류하지 않고 있다.

표 11-2 국내외 데이터 직무 구분 비교표

구분		한국 데이터 진흥원	한국 정보화 진흥원	고용 노동부	노규성· 박성택· 박경혜	DATA FLOQ	SAS
데이터 설계		데이터 아키텍트	하둡/NoSQL /Map Reduce엔지 니어	DB엔지니 어링	빅데이터 관리 및 기술(지원)	빅데이터 솔루션 아키텍트	빅데이터 아키텍트
데이터 개발		데이터 개발자				빅데이터 엔지니어	빅데이터 개발자
데이터 운영관리		데이터 엔지니어					
데이터 활용	데이터 분석	데이터 분석가/ 데이터 과학자	빅데이터 분석가	빅데이터 분석	빅데이터 분석	빅데이터 분석가/빅데 이터 과학자	빅데이터 분석가/빅데 이터 과학자
	데이터 시작화					빅데이터 비주얼라이저	빅데이터 디자이너
	데이터 연구					빅데이터 연구원	데이터 과학자
데이터 관리		데이터 과학자/DBA	–		빅데이터 활용/빅데이 터 관리 및 기술(지원)	총괄책임자/ 빅데이터 매니저/ 빅데이터 과학자	프로젝트 매니저/데이터 과학자/빅데 이터 관리자
데이터 판매		데이터 마케터	빅데이터 기술영업/ 마케터	–	–	–	–
데이터 컨설팅		데이터 컨설턴트	빅데이터 컨설턴트	–	빅데이터 기획	빅데이터 컨설턴트	–

출처: 한국데이터진흥원(2016.9)

제3절 **데이터 교육과정 개관**

　　데이터 전문가가 필요해지면서 IT 기업 중심으로 데이터 교육과정이 생겨나기 시작한다. IBM은 'IBM 빅데이터 대학(IBM Big Data University)'을 개설했고, 구글은 '구글 분석 아카데미(Google Analytics Academy)'를 시작했다. EMC도 '비즈니스 전환을 위한 데이터 과학과 빅데이터 분석(Data Science and Big Data Analytics for Business Transformation)' 단기 과정을 만들어 경영진을 위한 90분 과정과 비즈니스 부문 리더를 위한 하루 과정으로 구분했고, 대상은 데이터 과학을 이해하려는 전문가, 기초 통계학, 자바나 R 컴퓨터 언어를 다룰 수 있고 SQL 사용 경력자, BI, 데이터 분석가, 데이터 분석을 접목시키고자 하는 비즈니스 전문가 등이며, 총 40시간, 5일 과정이다. EMC 과정 개요 및 목적은 [표 11–3]과 같다. EMC는 전 세계 300여 교육기관 대상으로 산학협력 프로그램인 'EMC대학제휴(EMC Academic Alliance; EAA)'를 실시 중이며, 한국에서는 2011년부터 숭실대학교, 카이스트, 충남대학교, 금오공과대학교 등과 산학협력 양해각서(MOU)를 체결했다. EMC 외에 딜로이트와 카이스트가 '비즈니스 애널리틱스 아카데미'를 개설했다.

표 11-3 EMC의 데이터 과학 과정

과정	내용
빅데이터 분석 개론	빅데이터 전반적 이해, 데이터 과학, 분야별 산업의 빅데이터 등
데이터 분석의 라이프사이클	데이터 준비, 모델링, 의사소통, 운영 등
R활용의 빅데이터 분석 복습	R소개, 데이터 분석 및 탐구, 모델 빌딩과 평가의 통계 등
고급 분석-이론 및 방법	K.Mearrs 클러스터링, 선형회기, 로지스틱회기, 시계열 분석, 텍스트 분석, 의사결정트리 등
고급 분석-기술과 툴	하둡 에코시스템, 하둡과 맵리듀스 등
종합	데이터 시각화 기술 빅데이터 분석, 분석과 구조화 프로젝트

출처: https://education.emc.com; 한국정보화진흥원(2014)

　　2014년 한국정보화진흥원이 언급한 4대 데이터 과학자 요구 역량은 기반 역량, 기술 역량, 분석 역량, 사업 역량 등인데, [표 11–4]에서 보면, 해외 대학(원) 과정은 4개

역량 영역을 모두 아우르는 커리큘럼으로 구성된 반면, 국내는 기술, 분석 등 특정 역량 영역을 중심으로 커리큘럼이 구성되어 있다.

표 11-4 국내 · 외 주요 교육기관 커리큘럼 구성 현황

역량 구분	역량 강화를 위한 표준 커리큘럼	교육 기관별 표준 커리큘럼 커버리지 비율				
		해외 A 대학	해외 B 사설 교육	국내 A 대학	국내 B 사설 교육	국내 C 사설 교육
기반 역량 (Foundation)	산업별 빅데이터 활용 사례, 빅데이터와 Creative Thinking, 빅데이터 보안 분석, 데이터 과학자의 역할 등	40%	0%	25%	20%	20%
기술 역량 (Platform Technique)	하둡 Core 및 Eco System의 이해, HDFS와 MapReduce의 활용, NoSQL(Monggo DB, Network Analysis 등)	100%	16.7%	50%	83.5%	16.7%
분석 기술 역량 (Analysis Technique)	분석모형의 이해, R분석 및 Visualization, 상용 Tool 활용법, 데이터 마이닝 프로세스, 텍스트 마이닝, Social Network Analysis 등	100%	100%	12%	20%	100%
사업 분석 역량 (Business Analytics)	산업별(제조, 유통, 통신, 금융, 공공, 소매 등) 핵심 업무의 이해, 산업/업부별(Risk, Social, CRM 등) Analytics 방법 및 적용 등	62.5%	37.5%	13%	12.5%	12.5%

출처: 한국정보화진흥원(2014.3). 빅데이터 커리큘럼 참조 모델 Ver 1.0.

이에 4개 역량 영역과 기존 빅데이터 교육과정을 결합해 데이터 과학자 양성에 필요한 교육과정 분석이 진행되었다. 2014년 당시 한국 대학(원) 과정 15개, 사설 과정 30개, 해외 대학(원) 과정 29개, 사설 과정 11개, 총 85개 과정 1,000여 개 커리큘럼을 4개 역량 영역과 결합해 분석한 결과, [표 11 – 5]와 같이 데이터 핵심역량이 도출되었고, 이를 기반으로 교육과정 개발이 가능하다.

표 11-5 기존 빅데이터 교육과정 분석을 통한 빅데이터 역량 도출 예시

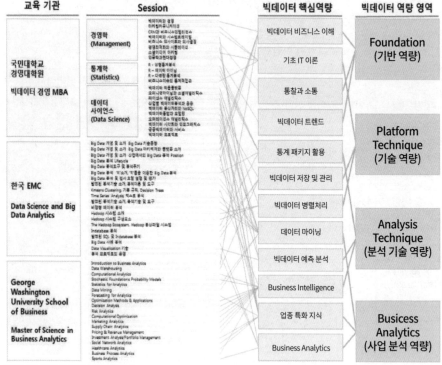

출처: 한국정보화진흥원(2014.3).

4대 역량 영역별 핵심역량을 제시하는 빅데이터 역량 모델(BCM: Bigdata Competency Model)은 [표 11-6]과 같다. 34개 필요 역량이 도출되었고, 초급은 학부 1~2학년, 중급은 학부 3~4학년, 고급/전문가는 대학원 석사 이상이며, ASK(Attitude, Skill, Knowledge)는 직무 수행에 필요한 역량 요소로 태도는 전문인력이 가져야 하는 기본 자세(정성적 역량, 예; 세밀함, 인내 등), 기술(Skill)은 전문인력이 습득 및 활용해야 하는 기술, 지식(Knowledge)은 전문인력이 보유해야 하는 지식이다.

그 이후 공공기관, 대학, 민간 등 3개 유형으로 구분되어 데이터 교육과정이 개발된다. 공공기관으로 한국데이터진흥원의 '빅데이터 아카데미'는 재직자 대상 과정으로, 빅데이터 기술전문가 과정, 빅데이터 분석전문가 과정, 빅데이터 기획전문가 과정, 전문 산업분야에 초점 둔 빅데이터 융합전문가 과정, 지역별 빅데이터 전문인재 양성을 위한 지역별 맞춤형 전문가 과정 등 5개를 운영하며, 온·오프라인 수업을 통한 사

표 11-6 4대 역량 영역별 핵심역량을 제시하는 데이터 역량모델(BCM: Bigdata Competency Model)

- · 빅데이터 역량모델은 4개 역량 영역, 4개 수준(등급)으로 구분
- · 각 영역 및 수준별 총 34개의 요구 역량 도출

A Attitude
S Skill
K Knowledge

핵심역량	Foundation Coverage (기반 역량)	Technology Coverage (기술 역량)	Analysis Coverage (분석 역량)	Business Coverage (사업 역량)
전문가	F1 통찰과 소통	T1 빅데이터 아키텍처	A1 빅데이터 예측 분석	B1 빅데이터 리더십 B2 의사결정 및 성과관리 B3 빅데이터 정책
고급	F2 설득과 협상 F3 논리적 자기표현	T2 빅데이터 플랫폼 구축 및 활용 T3 빅데이터 처리 및 분석	A2 데이터 마이닝 A3 비정형 데이터 마이닝 A4 Business Intelligence	B4 프로젝트 매니지먼트 B5 분석 모형 및 성과 평가 B6 Business Analytics
중급	F4 빅데이터 윤리의식 F5 창의적 문제해결	T4 빅데이터 저장 및 관리 T5 빅데이터 수집 T6 빅데이터 플랫폼 이론	A5 분석적 마인드 A6 통계 패키지 활용	B7 전략적 사고방식 B8 빅데이터 최적화 모델링 B9 업무 프로세스 지식
초급	F6 빅데이터 트렌드 F7 빅데이터 비즈니스 이해	T7 빅데이터 프로그래밍 T8 기초 IT 이론	A7 수리적 정량적 사고방식 A8 기초 통계 이론	B10 업종 특화 지식 B11 기초 경영 경제관련 지식

출처: 한국정보화진흥원(2014.3).

전 교육, 이론·실습교육, 프로젝트 등으로 구성되는데, 교육비는 무료이나 대기업 재직자는 일부 프로그램 교육비를 부담한다.

고용노동부의 프로그램은 다수 존재한다. '청년취업아카데미'는 한국생산성본부, 한국표준협회, 한국경제TV 등 교육기관에 위탁 실시하는 국비 지원 프로그램으로, 청년들에게 산업 현장 수요에 적합한 교육과정을 제공하여 취업 역량 제고 및 고용 활성화를 꾀한다. 취업을 앞둔 대학 졸업예정자 및 미취업 졸업생을 대상으로 과정당 20~45명을 모집하여 2~6개월 정도의 장·단기 과정으로 운영되고 있는데 빅데이터 과정을 포함한다. '국가기간·전략산업 직종훈련 과정'은 구직자에게 비용부담 없이 직업훈련을 받게 하며, 기업에서 필요로 하는 전문 기술인력으로 양성한다.

대학은 전문인력 교육과정을 신설한다. 충북대학교가 한국 최초 석사과정으로 신설한 '비즈니스 데이터 융합학과' 이후 타 대학들의 교육과정 개설로 이어진다. 빅데이터 관련 학과는 경영학, 통계학, 수학 및 IT, 공학, 자연과학 등 다양하며, 학제 간 융합 필요성이 대두되면서 국민대학교는 2013년 빅데이터 분석 기반 교육을 경영대학

경영학부에 둔다. 예로 '비즈니스 분석·통계' 전공은 경영학과 통계학에 빅데이터 분석학을 융합해 만들어져 비즈니스 및 분석 마인드를 바탕으로 생산·가공·유통되는 방대한 데이터를 보다 효과적으로 분석하고 평가하여 미래를 예측할 수 있는 분석 경영학자, 데이터 과학자 등의 전문인력 양성을 목표로 한다. 2016년 조사에 의하면, 충북대, 국민대를 시작으로 많은 대학에서 데이터 관련 학부과정을 개설하기 시작해 대부분 기존 학과 내 세부 전공 또는 연계 전공으로 운영되고, 소속 단과대는 경영대학, IT대학, 문과대학 등 다양하며, 학과 및 학위명도 학교별로 차이를 보이게 된다. 이를 시작으로 대학원 과정이 더욱 발전해 2016년 10개 이상 대학원에서 데이터 교육과정을 운영하는데, 정보대학원이나 일반대학원 내에 있으며, 경영대학원 내 MBA 과정으로도 개설된다. 대부분 20명 이하 소수 인원 대상이며 졸업 시 공학이나 경영학 학위가 수여되지만, 일부 대학원에서는 데이터분석학 또는 데이터사이언스학 학위를 수여하기도 한다.

대학별로 다양한 커리큘럼과 교육방법이 도입되었다. 고용계약형 과정, 재직자 대상 계약학과, 인턴십, 실습위주 교육, 산업현장 연구 등 다양한데, 예로 충북대 비즈니스 데이터 융합학과는 학사학위 이상 소지자 중 입학원서 접수 전 사업 참여 기업체와 고용협약을 체결한 재직자를 대상으로 한다. 수업은 오프라인 강의·인턴십·연구과제 등이며 대용량 데이터베이스, 기업 프로세스의 통합적 분석, 대용량 멀티미디어 자료처리, 분산병렬처리, 빅데이터 세미나, 정보검색과 활용, IT산업과 빅데이터 컴퓨팅, 기업정보 시스템 구축, 비즈니스 인텔리전스, R-데이터마이닝, 클라우드 시스템 등 과목을 학습한다. 학업장려금으로 매월 30만 원이 지급되며 우수학생에게는 해외연수 기회도 제공된다.

이상의 공공기관 단기과정이나 대학 및 대학원 내 교과과정 외에 재직자 교육 프로그램도 활성화되어, 민간 기업에서 운영 중인 데이터 전문인력 양성과정은 주로 IT분야 대기업이나 서비스 공급기업에서 기업부설 교육센터나 교육 전문기관을 통해서 운영된다. 민간 교육기관은 정부지원 교육사업을 위탁 운영하며, 단기간 내 업무수행에 필요한 직무역량을 습득하기 위한 프로그램 중심이다. 커리큘럼은 기술을 익히는 과정이 대부분으로 데이터 활용을 위한 소프트웨어 중심 실무역량을 강화하기 위한 교육이 이루어지고, 데이터 과학자 등 데이터 관련 특정 직무에 초점이 맞춰진 교육은 드물어, 교육생들은 직무별로 필요한 과목을 직접 선택해 수강해야 한다. 교육과정은 삼성SDS 멀티캠퍼스의 빅데이터 아카데미 과정처럼 입문, 핵심, 고급과정의 3단계로 구분해 선택할 수 있도록 하고 있다.

제4절 에너지데이터 교육과정

이상에서는 공공기관, 대학, 민간기업 중심으로 진행되는 일반적인 데이터 교육과 정을 살펴보았다. 한편, 정작 특정 산업군에 이러한 교육과정을 적용하고 관련 전문 인력을 투입하려면 어려움이 따른다. 이에 특정 산업분야와 연계된 데이터 교육과정 개발이 필요하며, 에너지데이터 교육과정에 대해 제시해 보고자 한다.

데이터 경제 시대는 에너지 분야에 혁신을 일으켜 에너지와 IT를 융합한다. 이러한 기술 변화에 대해 10장에서 소개하였다. IoT 센서를 활용해 에너지 생활공간의 물리 적 현상을 분석하고 제어함으로써 사람, 건물, 설비 등의 네트워크 통합으로 **스마트그 리드**가 가능하다. 이는 차세대 에너지시스템 구축의 핵심 기술이며, EV, 재생에너지 등의 필수 인프라이다. 에너지데이터를 활용해 에너지 흐름과 사용에 대한 효율화를 달성하게 하는 에너지 관리 솔루션 기반의 **에너지 수요관리**도 가능하다. 분산화된 에 너지 수급, 유연하고 지능화된 소비자 수요반응, 분산형 그리드인 마이크로그리드, 분산전원, 송배전망 관리시스템 등에 적용하는 광의의 스마트시티, 스마트홈, 스마트 카, 스마트빌딩, 스마트공장, 스마트농장 등이 모두 포함된다.

이에 스마트홈 관련 HEMS, 스마트빌딩 관련 BEMS, 스마트농장 관련 FEMS 관리자 및 건물 에너지 컨설턴트들이 증가하고, 스마트시티 내 에너지 통합관리자가 출현하 며, 전력망과 스마트기기 연동에 따른 각종 법적·제도적 분쟁을 조정하는 컨설턴트, 법률 전문가도 출현한다. 구체적으로 스마트카를 보면, EV 충전 대행 및 배터리 교환 서비스 직업이 출현하며, 요금정산, 지불, 전력량 계측 등 시스템 관리 직업도 출현한 다. 또한, 재생에너지 기술로 태양광, 조력, 풍력, 지열 등 연구·개발 관련 직업들이 출현하고, 전력 재판매에 따른 법적·제도적 분쟁과 관련된 에너지 법 컨설턴트, 법률 전문가가 출현하며, 장치·부품소재 생산, 배송, 판매 등 직·간접적인 부가 직업들도 증가한다.

에너지 자립이 촉진되고 분산전원과 마이크로그리드 등으로 인해 에너지 프로슈머라는 직업도 등장한다. 에너지 저장장치가 상용화되고, 분산전원을 하나의 발전소처럼 운영하는 가상발전소(VPP) 관련 직업도 생긴다. 데이터 분석과 AI가 분산전원 현황을 실시간 확인하고, 분석한다. 그뿐 아니라, 드론을 통해서도 태양광 발전 이상 유무를 모니터링하고 광범위한 데이터를 수집하게 한다. 무선통신 기능이 탑재된 드론을 통해 탐사선에 직접 타지 않고도 풍력 발전 현장을 원격 운영한다. 또한, 기후변화 시대를 직면하면서 스마트에너지 관리 프로그램이 효율적 에너지 사용과 재생에너지 보급을 도와준다. 블록체인, 에너지 플랫폼 사업 등 다양한 비즈니스 모델 등장으로 관련 직업도 증가한다. 최근에는 초미세먼지로 야기된 환경문제가 직업세계 전체를 흔들고 있다. 초미세먼지 문제는 각국의 경제·사회·외교안보 분야와도 협력을 필요로 하기 때문에 IT 인력 외에도 금융경제분석가, 국제변호사, 외교관, 군인 등의 직업에도 지각변동을 일으킨다. 이처럼 다양한 에너지 관련 유망 직업들에게서 요구되는 공통점은 빅데이터와 IoT, AI 등의 첨단 기술을 응용해 인간의 한계 상황을 타계하고 극복하는 창의성이 요구된다는 점이다.

에너지데이터 교육과정 개발을 위해 주요국들이 특정 산업군에 맞춘 데이터 교육과정들에서 진행되는 프로그램들을 먼저 살펴보자. 첫 번째는 특정 산업군에 초점을 둔 민관합력 파트너십(Public – Private – Partnership)이다. 이의 예로 유럽연합(EU)의 다중 이해관계자 파트너십이 있다. EU는 '데이터 주도 경제' 정책의 일환으로 고급 데이터 전문인력 양성을 위한 '유럽 경쟁력 네트워크 조성'에 초점을 두고 민관협력 파트너십을 통해 전략적 빅데이터 가치 연구를 지휘하고 혁신 프로젝트를 실행하기 위한 빅데이터 가치연합을 구축하였고, IT 관련 일자리를 해결하기 위한 디지털 일자리 대연합을 조성해 EU 내 인력양성 기반을 마련했다. '호라이즌2020(Horizon 2020)'같은 프로젝트 자금 지원 활동을 통해 빅데이터 교육과정 개발, 기술플랫폼 운영, 포털 등 데이터 인력양성 인프라 구축 등을 지원해 인력양성 주체들이 자유롭게 활용할 수 있는 기반을 제공하고, 민관협력 프로젝트에 대기업 외에 중소기업, 교육기관, NGO 등 다양한 이해관계자를 포함시켰다.

한국에서 이와 유사한 다중 이해관계자 파트너십을 통한 에너지데이터 교육과정 예로는 2018년 10월, 한전(KEPCO)이 에너지데이터 인력양성을 위해 한국데이터진흥원과 업무 협약을 체결했다. 데이터 유통과 활용 증진, 데이터 인재육성 교육, 기술

교류와 컨설팅 사업을 함께하기로 한 한전은 2018년 2월 빅데이터 플랫폼을 구축하고 지속적으로 개별 시스템에서 전력데이터를 수집하고 이를 개방한 상태이며, 이의 후속 조치로 인력양성에 눈을 돌린 것이다.

두 번째는 **특정 산업군에 맞는 훈련캠프**이다. 이의 예로 영국 데이터센터연합(Data Centre Alliance; DCA)의 훈련캠프(bootcamp)는 2013년부터 미취업 졸업자들이 데이터산업 분야 취업역량 강화를 목적으로 10일간 추진된다. 참가자는 동런던 대학교(University of East London), 퀸 메리 대학교(University of Queen Mary), 미들섹스 대학교(Middlesex University) 등 런던 소재 대학 졸업생 중 미취업자나 실직자이며, 박사과정생도 있다. 데이터센터 분야 이익을 대표하는 국제 비영리산업협의회인 데이터센터연합과 훈련회사인 시넷(C-Net), 데이터센터 회사인 텔레시티(Telecity) 및 텔레하우스(Telehouse)로부터 후원을 받아 동런던 대학교(University of East London) 도클랜드 캠퍼스에서 무료 교육을 제공한다. 교육은 기업, 방송매체, 정부 및 공공에 데이터센터 산업에 대한 인식을 고취시키고 데이터센터 발전을 도모하며, 산업 연구 및 발전 안건을 선도하고, 데이터센터 분야 기술적 차이를 환기시키고, 산업 이해당사자들과의 협력체계 구축 환경을 위한 프로그램을 개발하며, 신시장 및 성장 시장에 대한 참여 확대 등을 위한 내용으로 구성되며, 훈련 종료 시 참가자들에게 데이터센터 면접 기회를 제공한다.

한국에서의 에너지 관련 훈련캠프 예로 2011년부터 매년 에너지기술평가원(이후 에기평)이 에너지 인력양성 취업 페스티벌을 개최하고 있다. 에너지 분야 학생들의 연구성과를 산학연 전문가들과 공유한다. 2018년에는 서울대학교 글로벌공학교육센터에서 개최되었는데, 학생들의 진로상담을 위해 에너지 분야 강소기업, 대기업, 공기업, 연구소 전문가들이 '1대1 맞춤형 취업상담소'를 함께 운영했고, 에너지데이터 훈련캠프의 성격은 아니며, 일회성 행사에 그치는 한계를 갖는다. 이러한 한계를 극복하지는 못하지만, 국내가 아닌 국외에서의 교육과정을 정보통신기획평가원에서 개설했다. 미국 카네기멜론대 AI 심화교육과정으로 2019년 12월부터 6개월간 진행된다. 선발인원은 35명 수준이고 AI, 머신러닝, 자연어처리, 데이터사이언스 과목을 수강한 후 최종팀 프로젝트 코스를 이수하는 커리큘럼이다.

세 번째는 데이터 인큐베이팅이다. 코넬 대학에서 투자한 데이터 인큐베이터(Data Incubator)는 데이터 과학교육 전문조직으로 재직자 대상 맞춤형 교육을 하면서 고용

지원과 전공학생 대상 기술교육을 통해 데이터 과학자를 양성하며, 혁신기업인 링크드인(LinkedIn), 진테크(Genentech), 캐피탈원(Capital One), 화이자(Pfizer) 등과의 협업을 통해 데이터 인큐베이터 부트캠프(Data Incubator Bootcamp)를 운영한다. 이는 데이터 사이언스 펠로우십(Fellowship) 프로그램, 데이터 분석가 프로그램, 데이터 과학자 고용지원 프로그램, 데이터 사이언스 트레이닝 프로그램 등 다양한 양성프로그램을 제공한다. [표 11-7]과 같이, 데이터 분석가 프로그램은 박사과정생들을 데이터과학자로 양성하는 것을 목표로 한다. 수학, 통계학, 컴퓨터 공학 박사 등 90% 전문가 수준 데이터 기술을 가진 인력 대상으로 마지막 10%의 기술을 향상시키도록 돕는 과정을 운영한다. 고용주가 수업료를 지불하며 박사과정생 중 졸업 전 취업자는 무료 훈련이 가능하다. 펠로우(Fellow)들은 뉴욕, 워싱턴, 샌프란시스코의 지정된 교육장이나 온라인 프로그램에 참가할 수 있으며, 동문회와 시니어 데이터 과학자로부터 멘토링받거나, 산업계 전문가들과 네트워크를 형성한다. 데이터 사이언스 트레이닝은 특정 산업 재직자 대상으로 기업체 맞춤형 교육 훈련이다. 데이터 과학자 고용지원 프로그램은 관심 기업에게 만남의 기회를 제공한다.

표 11-7 특정 산업 겨냥 데이터 인큐베이터의 교육 프로그램

프로그램명	세부 내용
데이터 분석가 프로그램	• 재직자 대상의 4주 온라인 과정으로 기초 데이터 과학 기술의 실제 사례를 체험할 수 있는 프로그램 제공 • 커리큘럼은 수백 명의 산업별 파트너의 피드백을 거쳤으며 펠로우십 프로그램과 동일한 엄격한 방법론에 따라 개발
데이터 사이언스 트레이닝	• 기업체 재직자 대상 프로그램으로 관심있는 기업들은 직원을 8주간의 데이터 사이언스 펠로우십 프로그램에 등록시키거나 기업체 맞춤형 교육훈련 프로그램을 요청할 수 있음 • 데이터 인큐베이터에서는 수주간의 커리큘럼 모듈을 2~3일간의 워크숍을 통해 콤팩트하게 제공하면서 초보 데이터 분석가를 유능한 실무자로 양성 • 기계학습부터 하둡과 스파크까지 최신 기술을 학습하며, 학습도구를 실무에서 바로 사용할 수 있도록 프로그램 설치를 통해 클라우드 환경을 만들어 주고 있음
데이터 과학자 고용지원 프로그램	• 데이터 사이언스 펠로우십 졸업 후 고용을 지원하는 프로그램 • 관심 있는 기업에게 △이력서 열람 △코드 리뷰 △프로젝트 검토 △이벤트 참석 △펠로우와의 만남 및 인터뷰 등을 무료로 지원

출처: 데이터 인큐베이터 홈페이지(https://www.thedataincubator.com)

에너지 산업의 데이터 인큐베이터 사례로 한국의 국민대학교가 처음으로 인터넷에

너지데이터 인력양성 프로그램을 2018년 6월부터 운영 중이다. 지능형 인터넷 에너지데이터(Internet of Energy Data; 이후 IoED) 연구센터가 2018년도 대학IT연구센터(ITRC) 지원사업 대상으로 선정되었다. 과학기술정보통신부가 주관하고 정보통신기술진흥센터가 시행하는 ITRC 지원사업은 기업 수요 기반 산학협력 과제 수행을 통해 IT 분야에 있어서 창의성·문제 해결 능력 및 R&D 역량을 갖춘 창의·융합형 고급인재 양성을 목표로 진행되며, 인큐베이터 교육이 가능하다.

이 연구센터는 14명의 다양한 전공을 가진 교수진과 대학(6개), 중소·벤처기업(7개), 국공립 연구소(3개)가 컨소시엄을 구성해 4+2년간 지원받는다. 데이터 인큐베이터는 기존 전력망 인프라에 IT 융·복합기술을 적용해 신재생에너지, ESS, 스마트빌딩 같은 차세대 에너지 생태계를 지능화하고 에너지 생산·유통·소비 패턴을 분석해 신규 에너지 비즈니스 모델을 발굴하는 것을 목표로 한다. 이에 따라 차세대 인터넷에너지 네트워크, 에너지데이터 플랫폼, 에너지데이터 수집 및 응용 기술, 에너지데이터 보안 기술, 에너지 공유경제 비즈니스 모델 개발 등 5개 주제로 진행된다. 이 연구센터는 원천기술 확보 및 연구의 응용·확장을 위해 특허 기반 표준화 플랫폼을 개발하고 KT와 MOU 체결을 통해 BEMS 및 EV 충전 인프라를 활용해 중소기업의 비즈니스 모델 검증을 위한 테스트베드를 구축하고 인큐베이팅하는 데 주력하는 중소·벤처기업 친화형 컨소시엄으로 대학이 수행 중인 LINC+사업, BK21+사업을 연계해 실무 인재양성을 위해 노력하고 있다.

이 외에 한국스마트그리드협회가 단기적인 에너지 교육과정에 에너지데이터 교육과정을 한 과정으로 속해 운영 중이다. 교육과정 1은 미래 에너지 비즈니스 개관(18시간), 교육과정 2는 태양광 발전사업 기획 및 운영실무(16시간), 교육과정 3은 AMI와 미터링 기술 및 구축실무(16시간), 교육과정 4는 스마트에너지관리 시스템과 에너지효율 사업(16시간), 교육과정 5는 ESS 사업기회 및 구축 실무(18시간), 교육과정 6은 ESS 시험인증과 안전(16시간), 교육과정 7은 EV 충전설비 및 서비스 비즈니스(16시간), 교육과정 8은 분산자원을 활용한 전력거래와 수요관리 비즈니스(16시간), 교육과정 9는 지능형 송배전망과 시스템 구축 실무(16시간), 교육과정 10은 에너지 빅데이터와 AI 기회 및 활용(16시간), 마지막으로 교육과정 11은 스마트시티와 마이크로그리드 기회(16시간)이다. 이 중 데이터 관련 교육은 교육과정 10 전체와 교육과정 1의 일부 개관수업(3시간)으로 총 19시간뿐이다.

참고문헌

뉴스원(2018.8.31). 데이터 전문인력 5만명 양성한다…국가기술자격증 신설

산업연구원(2018). 4차 산업혁명 시대의 에너지정책조완섭(2013), 빅데이터시대, 데이터과
　　학자 양성방안, 과학기술정책, 정책초점 제23권 제3호, 한국과학기술정보연구원,
　　pp.44~55.

정보통신기획평가원(2019). 2019년도 글로벌 핵심인재 양성 사업 하반기 미국 카네기멜론
　　대학 AI 교육과정 교육생 모집, 공고 제2019-3호

한국고용정보원(2014.1). 공개SW포털

한국고용정보원(2016). 2030 미래 직업세계 연구(Ⅱ)

한국데이터진흥원(2016.9). 데이터 전문인력 양성 방안 연구 결과 보고서

한국데이터진흥원(2019). 2018 데이터산업백서.

한국산업인력공단(2018). 4차 산업혁명 대비 주요국 동향과 직업능력개발 훈련의 방향

한국정보화진흥원(2010) 新산업과 일자리 창출의 플랫폼, 스마트 그리드

한국정보화진흥원(2012), 빅데이터 시대의 인재, 데이터 사이언티스트의 역할과 가능성, IT
　　& Future Strategy, 제8호.

한국정보화진흥원(2014.3). 빅데이터 커리큘럼 참조 모델 Ver 1.0.

Davenport, Thomas H. and Patil, D.J.(2012), Data Scientist: The Sexiest Job of the 21st
　　Century, Harvard Business Review.

EMC(2011), Data Science and Big Data Analytics, http://education.EMC.com/Data
　　Science.

Gartner(2012), Defining and Differentiating the Role of the Data Scientist.

Loukides, Mike(2010), What is Data Science? An O'Reilly Radar Report.

Rappa, Michael(2012), Master of Science in Analytics, Goals, Learning, Outcomes,
　　North Carolina State University, Institute for Advanced Analytics Report.

SAS(2012), Big data meet big data analytics, SAS Whitepaper.

에너지데이터와
투자

학습목표

주요국의 에너지데이터 전략에 대해 논의하고 난 후, 에너지데이터 제공 지원에 의해 접근이 가능해진 에너지데이터가 기업들에 의해 어떻게 활용되고 있는지에 대해 살펴보고자 한다. 또한, 에너지데이터를 활용하는 수준에서 한 발 더 나아가 기업들이 어떻게 자산화하고 개방화해 산업 생태계 발전을 꾀하는지 살피기 위해 선두 기업들의 데이터 관련 기술 개발 및 자산화와 개방화 투자에 대해 살펴보고자 한다.

제12장

에너지데이터와 투자

국가의 에너지데이터 전략

　당면과제 해결방안 모색을 위해 데이터의 가능성을 확인한 미국 대통령 과학기술 자문위원회(PCAST)가 데이터 기술 투자 필요성을 대통령에게 건의하였고, 2012년 3월 대통령실 내 과학기술정책실(OSTP)이 범부처 참여의 2억 달러 규모 '빅데이터 연구개발 이니셔티브(Big Data R&D Initiative)'를 발표하였다. 이에 데이터 핵심 기술 확보 및 사회 각 영역에의 활용, 관련 인력양성이 추진된다. 기술 측면에서는 방대한 데이터 수집·저장·분석·공유를 위한 핵심 기술의 최첨단화를 추진하고, 활용 측면에서는 과학기술의 가속화, 국가안보 강화, 교육 변화를 위한 기술로 활용하며, 인력양성 측면에서는 데이터 기술의 개발 및 활용에 필요한 전문인력을 양성하는 내용이다. OSTP가 구성한 데이터 연구개발 조정, 이니셔티브 목표 확인 등을 위한 빅데이터 협의체인 '빅데이터 고위운영그룹(BDSSG)'은 데이터 기반 과학기술 발전 및 관련 기관 협조 및 서비스 발굴, 연방정부 데이터 관리, 인력 및 인프라 개발을 추진하고, 데이터 수집·저장·보존·관리·분석·공유 관련 핵심 기술의 최신성을 유지하기 위해 노력하며, 8개 연방부처 및 기관이 BDSSG와 함께 프로젝트를 진행하고 지속적으로 확대하게 된다.

　이러한 빅데이터 이니셔티브를 기점으로 하여 미국 에너지부(DoE)는 바이오 및 환경 연구 프로그램(The Biological and Environmental Research Program; BER)과 대기

방사선 측정(Atmospheric Radiation Measurement; ARM) 연구를 통해 대기 데이터를 연구자들에게 개방하기 시작한다. 데이터베이스는 연간 100개 이상 연구 논문에서 활용되는 등 에너지 연구 자료로, 개방형 데이터베이스인 '케이베이스(KBase)'를 통해 미생물학·식물학 등과 관련 연구 데이터가 제공되고 연구 설계에 따른 향후 결과 예측치도 제시된다.

DoE의 산하기관들은 에너지데이터 관련 기술 전략을 추진한다. DoE 고등과학컴퓨터연구소는 대용량 데이터 관리 및 접근·보존·시각화·분석 기술 개발을 목표로 IBM과 공동으로 대규모 데이터 관리를 위한 고성능 스토리지 시스템 SW를 개발하고, 스트리밍 데이터의 실시간 분석 기법, 비선형 데이터(요소 간 상호 관계가 불규칙한 데이터셋)에 대한 통계 분석 기법 등을 고안하며, 대용량 데이터의 탐색·활용을 위한 차세대 네트워킹 프로그램인 '고성능 스토리지 시스템(High Performance Storage System; HPSS)'을 제공한다. DoE 소속 기초에너지과학사무소도 대용량 데이터 관리 및 분석 연구 시설을 지원하여 'ADARA(Accelerating Data Acquisition, Reduction and Analysis)' 프로젝트를 통해 중성자 연구에서 발생하는 대용량 데이터의 실시간 수집 및 분석시스템을 제공한다. 또한, DoE 융합에너지과학사무소는 고등과학컴퓨터연구소와 협력해 데이터 기술 개발, 융합 에너지데이터 연산 및 분석 작업을 공동 추진한다. DoE 핵물리학연구소는 7개국 연구 시설과 2개 대학 실험 결과 데이터를 관리해 연관성 있는 실험 결과를 상호 분석해 보다 정확한 결과치가 제시될 수 있게 한다. DoE 과학기술정보국은 과학기술 정보 관련 글로벌 컨소시엄인 '데이터사이트(Data-Cite)'의 핵심 멤버로 활약하면서 데이터 활용 및 효율적인 재사용과 검증 방법 정책을 수립한다. DoE는 '확장형 데이터 관리·분석 및 시각화 연구소(Scalable Data Management, Analysis and Visualization; SDAVI)'를 별도 설립하여 내부 슈퍼컴퓨터에 저장되어 있는 데이터를 관리하고 시각화할 수 있는 툴을 개발하고, DoE 산하 로렌스 버클리 국립연구소 주도하에 6개 국립연구소, 7개 대학들이 이 연구소 설립에 참여한다.

한편, 2012년 미국 IT저널인 『인포메이션위크(Information week)』는 정부의 데이터 관련 프로젝트가 지나치게 분산되어 예산 낭비 가능성이 있다고 보았다. 국가의 데이터 전략이 성공하려면 부처별 활동도 중요하나 중복 투자 방지를 위한 부처 간 공조도 중요하다고 본 미국은 중복 투자 위험을 고려해 2015년까지 전국 데이터센터를 통합하는 '연방데이터센터 강화' 계획을 추진한다. 오바마 행정부의 데이터 접근성 전략과 기후 변화 이슈, 에너지안보 정책의 일환으로 오픈 데이터 이니셔티브(Open Data Initiative)와 마이 데이터 이니셔티브(My Data Initiative)가 진행된다. 전자는 기업의 신성장 동력, 신제품 및 서비스, 일자리 창출 목적으로 국가 데이터 자원 접근성을 높이고 전산 활용이 용이한 형태로 제공하고, 후자는 소비자의 안전한 보건, 에너지, 교육 데이터 접근을 가능하게 한다. 보건에서는 블루버튼(Blue Button)이, 에너지에서는 그린버튼(Green Button)이 추진된다. 그린버튼 표준을 통해 에너지데이터를 안전하고 사용하기 쉬운 포맷으로 통합해 에너지 소비 관리 역량을 강화하고, 온실가스 배출 감축 목표로 기후액션플랜(Climate Action Plan)이 2013년 추진되고, 대통령 메모랜덤 섹션3(Presidential Memorandum section 3)를 통해 건물 성능 및 에너지관리부 기관들이 그린버튼을 포함하도록 규정한다.

그린버튼은 2018년 기준 미국 26개 주 및 캐나다의 6,000만 고객 대상으로 운영 중이며 유틸리티 및 서비스 공급업체들이 참여한다. [그림 12-1]과 같이 에너지 관련업체가 결성한 그린버튼연합(Green Button Alliance)이 주도한다. 이에 대해서는 1장에서도 언급했다. 상기하면, 그린버튼은 소비자가 전기, 가스, 수도 사용량을 손쉽게 온라인을 통해 확인하고, 원하는 경우 자신의 데이터를 신뢰할 수 있는 제3자와 공유하여 새로운 부가가치 서비스를 창출하는 프로그램이다. 소비자의 개인정보를 보호하고 데

그림 12-1 그린버튼 관리 시스템(2018년 현재)

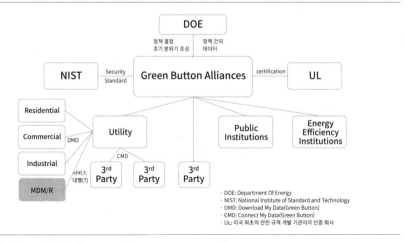

자료: 가천대학교 산학협력단(2018.3. 8쪽).

이터의 안전한 전송을 보장하기 위해 표준화된 데이터 수집 형식은 데이터의 수동 입력 오류를 차단해 데이터의 일관성 및 정확성을 확보한다. 북미 에너지표준위원회(NAESB)의 ESPI(Energy Service Provider Interface)를 기반으로 에너지 사용 정보에 대한 공통 xml 형식과 유틸리티에서 제3자에게 자동으로 데이터를 전송할 수 있는 데이터 교환 프로토콜로 운영되고 있다.

그린버튼의 보급으로 단일 플랫폼 인터페이스가 확립되면서 미국 기업들은 자신들의 역량을 다양한 부가가치를 창출하는 앱이나 서비스 개발에 집중하고 에너지 산업생태계의 선순환 구조가 가능해진다. 소비자는 에너지 사용량 확인 외에 서비스업체가 제공하는 절약 노하우, 사용량 예측, 사용행태 개선 등 서비스를 통해 자발적 에너지 절약을 하고, 서비스 기업은 에너지데이터 자원을 활용해 효과적으로 사업을 운영하고 사업영역을 확장하며, 정책 입안자는 에너지 소비패턴과 피드백을 파악해 에너지 정책 수립 자료로 활용하며, 데이터 표준화, 시험방법 및 인증기준 등이 데이터 산업생태계 촉매제가 된다.

유럽은 미국보다 먼저 유럽연합(European Union, 이하 EU)의 유럽위원회(European Commission, 이하 EC) 중심으로 공공데이터를 수집, 공유, 활용하기 시작했다. 2003년, EU는 '공공정보 재활용 지침(Directive on the re-use of public sector information; PSI 지침)'을 통해 공공정보 재활용을 추진하는데, 이는 1996년 유럽정보산업협회의 '공공부문 데이터베이스 상업적 접근 권한을 위한 지침'의 후속이다. 1996년 공공정보 재활용 전략을 수립했으나 강제성이 없어 효과가 미약하자, 2003년 PSI 지침 제정으로 민간기업이 공공정보를 재활용해 상업적으로 활용할 수 있는 법적 근거를 마련한 것이다. 이의 실행을 위해 2011년 EU 회원국은 '공공데이터 전략(Open Data Strategy; 이하 ODS)'을 수립해 공공정보 개방을 의무화한다. 이는 EU의 핵심 전략인 '유럽 2020'의 유럽 디지털 아젠다(Digital Agenda for Europe)를 기반으로 수립되어 개인의 공공정보 활용 및 재사용 촉진을 위해 보안 및 저작권, 개인정보 등 예외를 제외한 공공정보에 대한 개인 접근권을 보장하게 된다.

2013년에는 공공정보 재활용 기반 경제적 부가가치 창출을 위해 공공기관의 데이터 개방 및 활용 폭을 확장할 목적으로 5개 부문에서 PSI 지침이 개정되는데, 그 내용을 보면, 첫째, 모든 공공기관이 생산하는 문서는 제3자의 저작권 보호 등 극히 예외적 상황을 제외하고 상업적·비상업적 목적에 관계없이 단순한 접근권을 넘어 재활용될 수 있도록 하는 보편적 규범을 정립해야 한다. 둘째, 공공기관은 정보의 개별적 청구로 발생하는 비용(한계비용)을 초과하는 수수료 부과를 금지해야 한다. 셋째, 정보가 효과적으로 재사용될 수 있도록 관련 정보는 보편적으로 사용되어야 하며, 기계 판독이 가능한 포맷으로 제공할 의무를 부여해야 한다. 넷째, 본 원칙 이행에 대한 감독 규정을 도입해야 한다. 다섯째, PSI 지침의 적용대상을 도서관, 박물관 및 기록물 보관소 등으로 확대해야 한다. 이처럼 EU는 데이터를 경제 사회 발전에 필요한 핵심 자산으로 본다. 데이터 자산은 인간뿐 아니라 다양한 정보를 수집하는 센서를 비롯해 인공위성, 디지털 사진 및 동영상, GPS 신호 등 각종 기기와 기술의 부산물을 포함한다. 다양한 유형의 데이터를 관리하고 공개하기 위한 전략을 세운 것이 2011년 ODS이며, 이와 보조를 맞추기 위해 2003년 PSI 지침이 2013년에 개정되었고, 개정된 PSI 지침에서 데이터 통합 포털을 만들기 위해 EU 내 공공정보 관리 기관 및 27개 회원국의 부처, 공립대학, 도서관, 박물관 등은 문서자료, 지도 등의 공간정보, 이미지, 동영상, 웹앱 등의 공공정보를 온라인에 게재토록 하며, 공유된 공공정보를 개인과 기업이 상업적으로 재사용 하는 것을 허용하기에 이른다.

이러한 과정을 통해 형성된 EU의 공공정보 통합 접근 플랫폼인 '유럽 데이터 포털 (European Data Portal)'은 유럽 국가에서 생성된 데이터에 대한 접근을 제공한다. 이는 범유럽 차원의 오픈 데이터 구조를 바탕으로 유럽 국가에서 생산된 데이터 접근을 가능하게 하는 게이트웨이로 각 회원국의 오픈 데이터 출판 사업을 지원하고 재이용을 촉진한다. 포털은 농업, 에너지, 교통, 과학, 법률, 의료 등 총 13개 영역으로 구성되고 오픈 데이터의 메타데이터 표준화 방식인 DCAT−AP에 기반을 두어 다양한 국가의 오픈 데이터를 제공한다. DCAT−AP는 기계가 읽을 수 있는 수준의 데이터셋 구조의 메타데이터 표준인 DCAT 기반으로 개발한 유럽전용 메타데이터 표준이다. 메타데이터는 클래스 다이어그램으로 도식화해 정의한 표준으로, 관리자는 객체 지향 언어에서 프로그래밍하듯이 DCAT−AP를 준수하여 표준 메타데이터를 생성하고, 포털 소속 국가는 오픈 데이터 등록 시 DCAT−AP 준수 표준 메타데이터 생성을 통해 등록한다. 메타데이터 표준화로 사용자는 오픈 데이터 접근 및 활용, 관리자의 오픈 데이터 관리가 수월해진다. 2018년 기준 총 34개국이 참여하고 있는데, 아일랜드, 리히텐슈타인, 몰도바공화국, 노르웨이, 세르비아, 스위스는 EU 소속은 아니나 이에 소속되어 표준 메타데이터를 생성, 등록하고 있다.

EU는 범국가 차원의 데이터 개방에 초점을 맞추어 전략을 추진한다. EU 지침을 따르는 주요국들의 데이터 전략이 어떻게 진행되는지 살펴보면, 선두인 영국은 데이터 활용 기반이 되는 공공부문의 정보공유 및 활용에 따른 가치창출을 위한 데이터 공개·공유 중심의 정책을 추진한다. 2012년 영국 정부는 데이터를 '사회와 경제 성장을 위한 21세기 새로운 원자재 및 연료'로 정의하고, '영국 역사상 가장 투명한 정부'를 목표로 오픈 데이터 전략을 추진하기 시작한다. 이를 위해 기업혁신기술부(BIS)가 2012년 3월 설립한 '데이터 전략위원회(Data Strategy Board)'는 각 부처의 '오픈 데이터 전략(Open Data Strategy)'에 대한 의견 제시와 전략 수정을 할 수 있고, 데이터 공개 여부 판단, 데이터 활용을 통한 비즈니스 모델 가능성 등을 검토해 공개 및 활용 등에 대한 제언을 하며, 공공 데이터의 접근 개선과 활용을 위해 일관성 있는 데이터 제공 및 접근 방식을 고려한다. 데이터 전략위원회는 오픈 데이터 사용자 그룹, 기상 및 지리정보 사용자 그룹 등으로 구성되어 공공 데이터 그룹(Public Data Group)과의 협력 체계로서 데이터 전략위원회 의장 및 데이터 재사용자, 기상 및 지리정보 사용자 그룹 대표, 지역정보협회 등의 전문가들이 활동하는 위원회이다.

영국은 데이터전략위원회 구성과 함께 내각사무처(Cabinet Office) 중심으로 데이터 접근성 강화 및 데이터 개방지침, 향후 개방·공개 데이터 목록 등에 관한 '오픈 데이터 백서(Open Data White Paper)'를 발표하고, 이어서 2012년 6월에 기업혁신기술부(BIS)를 비롯한 총 16개 부처가 각 특성에 맞는 '오픈 데이터 전략(Open Data Strategy)'을 발표하면서 데이터 전략이 부처별로 활성화된다. 각 부처는 데이터 공유 플랫폼(data.gov.uk)의 재정비를 통한 데이터 접근성 강화 및 서비스 활성화 방안을 모색하고, 오픈 데이터 평가 방법을 도입하며, 검색 기능 개선, 정보 이용 방법의 단순화, GIS 데이터의 시각화, 보유 목록에 대한 접근성을 확대한다. 각 부처는 수집된 데이터를 데이터, 개인정보와 관련된 마이데이터(My Data), 서비스에 대한 이용자 경험 데이터로 구분하며, 2015년까지 의료, 교육, 세금, 고용, 기상 및 지리 데이터 등에 대해 순차적으로 개방하게 된다. 이외에도 데이터 활용 기회 증대를 위해 내각사무처가 2012년 9월 설립한 '오픈 데이터 연구소(Open Data Institute)'는 오픈 데이터 활용 기업의 배양 및 육성, 새로운 비즈니스 모델 개발, 신생 기업 지원 등 산업생태계 구축을 지원하게 된다.

범유럽 및 소속 국가들의 에너지데이터 전략도 이 경로상에 있다. 각국별 추진전략은 중앙집중형과 분산형으로 구분된다. 유럽의 미터 데이터 관리 추진에 대해서는 1장에서 언급했는데, 상기하면 2015년 유럽 에너지 규제기관인 CEER이 전기 및 가스 분야 소매시장 기능(C14−RMF−68−03)을 위한 고객 데이터 관리 연구에서 유럽 내 계량 데이터 관리 모델에 대한 기반을 형성하는 5대 기본 원칙인 개인정보 보호 및 보안, 투명성, 정확성, 접근성, 차별 금지를 발표하면서, 유럽 소매 에너지 시장 내 고객 데이터 관리 용이성을 위해 권고안을 함께 제시한다. 이를 통해 유럽집행위원회(European Commission; EC)는 유럽 청정에너지 패키지 시장 활성화에 에너지데이터 관리가 진입장벽임을 확인한다. 거래 당사자 간 정보 교환시 데이터에 대한 접근이 효과적이고 차별이 없어야 하며, 데이터를 처리하는 개체의 중립성이 중요하고, 에너지의 디지털화로 소비자를 위한 보안, 개인정보 보호 및 데이터 보호가 중요하다.

2015년 유럽 시민 에너지 포럼(Citizens' Energy Forum)은 CEER에게 고객 데이터 관리에 대한 권고 원칙 및 권고 사항을 따르고 데이터 사용에 대해 포럼에 보고하도록 요청하였으며, 소비자가 관련 정보에 접근할 수 있는지 여부와 권한이 부여된 제3자가 관련 정보에 정보할 수 있는지 여부를 검토한다. CEER는 이 포럼의 요청에 따라 유럽위원회가 데이터 관리 주제에 대해 특별히 주의를 기울이도록 지원하며, CEER 회원국의 실제 데이터 관리모델 사례를 제시한다. 2018년 회원국의 미터 데이터 관리 모델이 운영 중이거나 개발 및 구현 단계에 있다.

3개 유형의 데이터 관리모델은 분산형, 부분적 중앙집중형, 완전 중앙집중형 DEP(Data Exchange Platform)로 구분되며, 궁극적으로 중앙집중형 DEP로 전환하는 계획이 지배적이다. 노르웨이, 스웨덴 및 핀란드는 중앙집중형 솔루션을 구현하는 과정에 있고, 벨기에, 스페인, 네덜란드는 기존 데이터 교환을 더욱 중앙집중화하고 있으며, 덴마크, 스페인, 영국은 중앙집중형 DEP를 실시했거나 추진 중이며, 아일랜드와 아이슬란드는 예전부터 중앙 DEP를 운영 중이다. [표 12−1]은 2018년 기준 유럽 미터 데이터 관리의 현재와 미래모델이다. 노르웨이, 이탈리아가 데이터 저장 기능을 갖춘 중앙집중화된 데이터 허브를, 벨기에, 스페인은 DSO에 데이터 저장 기능을 갖춘 부분적 중앙집중화된 통신 허브를, 독일은 기존 분산형에서 스마트미터 게이트웨이를 추가하는 데이터허브를, 영국은 스마트미터링 기능의 중앙 통신 라우터(DCC)를 기존의 분산 모델에 추가한 허브를 제공 중이며 중앙집중형 허브를 목표로 한다.

표 12-1 유럽 미터 데이터 관리 모델: 현재와 미래 모델

국가	현재 모델	미래 모델	미래 모델의 장점
노르웨이 (NO)	DSO 중심 분산형 데이터 저장 및 액세스	중앙집중형 모델/스마트미터보급(Elhub)	효율성 증가, 공정경쟁보장, 소비자 및 참여자의 데이터접근 편의성
이탈리아 (IT)	DSO 중심 분산형 데이터 저장 및 액세스	중앙집중형 모델/2nd스마트미터보급(SII)	공정경쟁과 투명성 강화, 참여자 간의 데이터 통신상의 일관성과 효율성 증대, 소비자 참여증대(실시간 데이터 액세스)
독일 (DE)	DSO 중심 분산형 데이터 저장 및 액세스	현재 모델과 동일, 스마트미터 및 스마트MG	–
덴마크 (DK)	TSO 중심 중앙집중형 데이터 허브, 데이터 저장 및 관리	현재 모델, 업데이트	처리 가능한 데이터 양의 증대, 새로운 시장규칙 지원 및 소비자 참여 증대
네덜란드 (NL)	DSO 소유의 중앙집중형 모델, 데이터 저장 및 액세스	현재 모델, 업데이트	소비자의 직접적인 데이터 액세스, DSO의 데이터 수집의 용이성
스페인 (ES)	DSO 중심 분산형 데이터 저장 및 액세스	중앙집중형 모델, DSO데이터저장/스마트미터보급(SIMEL)	소비자 참여/수요반응성 증대, 혁신 기반, 표준화된 절차 및 포맷에 따른 단일접속지점 제공을 통한 DSO 접근성 용이
영국 (GB)	분산형 모델, 공급자/DSO 수집 전까지 미터에만 데이터 저장	현재 모델, 중앙통신라우터(DCC) 추가	스마트미터 보급 촉진, 데이터 보안성 강화 및 데이터 활용성 증대
벨기에 (BE)	4DSO 소유의 부분적 중앙집중형 모델	DSO 소유의 완전중앙집중형 모델(CMS)	스마트미터 보급 촉진, 소비자, 프로슈머, 제3자의 시장참여 기회 증대

자료: 가천대학교 산학협력단(2018.3, 17쪽).

덴마크 모델을 보면, 국영송전사업자인 에너지넷(ENERGINET.DK)은 전력시장 참여자들이 시장 운영 및 미터 데이터를 교환할 수 있는 데이터허브(Data Hub) 플랫폼을 2013년 구축하여 관리를 총괄하고 있다. 전력 데이터를 교환하는 중앙IT 시스템인 데이터허브는 전력 데이터 표준화, 신사업자의 진입장벽 완화, 송배전 사업자(TSO, DSO)와 수요자 사업자(Retailer) 등 전력시장 참여자 간 역할 구분을 목적으로 한다. 덴마크 전력망 운영 관련 데이터는 모두 데이터허브를 통해 공유되며, 이 허브의 사용료 및 운영비용은 송전망 요금에 포함된다. 데이터 표준화, 신사업자 진입장벽 완화, 전력시장 참여자 간 역할의 구분을 목적으로 구축된 허브이기 때문에 특히 분산자원, 스마트미터, 전력망 감시·제어 설비의 확대로 증가하는 데이터 처리를 원활하게 하기 위한 프로세스 표준화에 주력하며, 에너지 프로슈머, 신재생 사업자 등 신규 사업자의 전력 데이터 사용을 지원하는 등 전력시장 진입장벽 완화를 위해 노력한다.

TSO, DSO, 판매사업자 등 전력시장 참여자간 역할이 명확하게 구분되어 있다. 이 허브를 통한 전력 데이터 흐름은 [그림 12-2]와 같다. 이를 설명하면 ① DSO가 고객 미터 데이터를 수집해서 데이터허브에 전송하고, ② 판매사업자가 데이터허브에서 고객의 전력 사용량을 수령하여, 고객에게 요금을 청구하고, ③ 고객이 직접 데이터 허브에 접속해 미터 데이터를 확인할 수 있고, 마지막으로 ④ 승인받은 서비스 사업자는 데이터허브를 통해 고객 정보를 확인할 수 있다.

그림 12-2 DataHub를 통한 전력 데이터 흐름

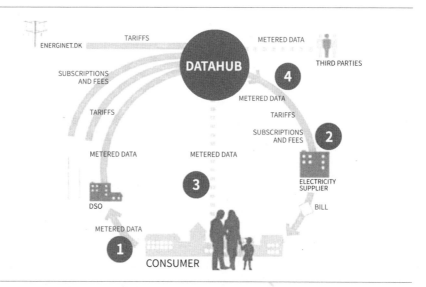

출처: Energinet.dk, Danish Electricity Retail Market: Introduction to DataHub and the Danish Supplier-Centric Model, 2016.10

덴마크의 데이터허브는 정보 교환 시스템 구축과 공개 데이터별 보안 기준 마련에서 의미를 가진다. 안전한 데이터 공유 및 개방 환경이 조성되면 에너지 프로슈머 등 P2P 비즈니스모델 개발이 가능하다. 데이터허브의 전력데이터 개방 단계는 [그림 12-3]과 같다.

그림 12-3 DataHub의 전력데이터 개방 단계

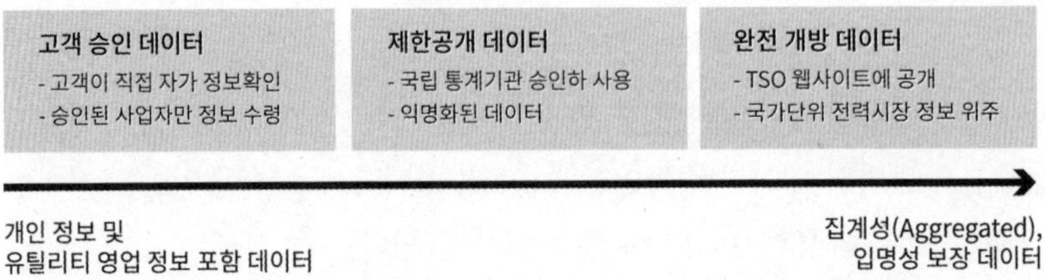

고객 승인 데이터	제한공개 데이터	완전 개방 데이터
- 고객이 직접 자가 정보확인 - 승인된 사업자만 정보 수령	- 국립 통계기관 승인하 사용 - 익명화된 데이터	- TSO 웹사이트에 공개 - 국가단위 전력시장 정보 위주

개인 정보 및
유틸리티 영업 정보 포함 데이터

집계성(Aggregated),
입명성 보장 데이터

출처: Energinet.dk, Danish Electricity Retail Market: Introduction to DataHub and the Danish Supplier-Centric Model, 2016.10

궁극적으로는 유럽 주요국들이 중앙집중형 DEP으로의 전환을 원하는 이유는 첫째, 데이터 관리의 효율성 향상에 도움을 주어 모든 이해관계자에게 더 나은 데이터 품질, 투명성 및 규모의 경제 기반의 제공 시장 진입 기회를 주기 때문이고, 둘째, 소비자의 시장 참여 역량 강화에 도움을 주어 시장 참여 기회를 강화하고 고객 및 공인된 제3자에 대해 데이터 액세스를 허용하고 스마트 미터의 잠재력을 실현하고 수요 대응을 용이하게 하기 때문이다.

영국을 보면, 스마트DCC(SmartDCC) 인프라를 2020년까지 5,300만 개 전기 및 가스 미터를 보급하려는 정부 계획에 따라, 비용 절감 및 탄소 배출 저감을 위한 에너지 관리가 가능해지고 정확한 계량기 판독 및 실시간 정보 제공이 가능하여 소비자에게 정확한 정보를 제공함으로써 소비자의 에너지 서비스 공급자 선택권 확대에 도움을 주며, 저렴하고 안정적이며 지속 가능한 에너지 공급을 보장해 저탄소 경제로의 전이를 지원한다. 스마트DCC는 스마트미터 통신 라이선스(Smart Meter Communication License)를 통해 스마트미터 데이터 및 통신 인프라를 구축, 관리하고 SEC(Smart Energy Code) 당사자가 되어 SEC를 준수한다. DCC는 Ofgem에 의해 규제되며 면허는 2013년 9월 발효되었고 라이선스 기간은 12년, 최대 6년 연장 가능하다. DCC 비용 조사를 위한 실수익 통제제도가 운영되며, 면허는 Ofgem에 의해 수정된다. DCC네트워크는 스마트미터를 에너지 공급자, 네트워크 운영자 및 승인된 제3자의 비즈니스 시스템에 연결해 에너지 공급자 및 소비자에게 안전하고 일관된 서비스를 제공해야 한다. 이에, 에너지 공급자는 네트워크 구축 및 관리 비용을 절감하고, 제3자 서비스제공자는 제공되는 정보를 이용해 혁신적 서비스 및 제품을 개발하고, 스마트DCC는 에너지공급자가 영국 모든 가정과 소규모 비즈니스에 스마트미터를 설치하게 하는 데이터통신 인프라를 구축한다. 2018년 스마트DCC 사업계획은 [표 12-2]와 같다.

표 12-2 영국 SmartDCC 사업계획

	2017/18	2018/19	2019/20	2020/21
Ofgem의 Switching Programme 지원	• 새로운 스위칭 장치 디자인에 기여 • 중앙집중형 등록 서비스(CRS) 기능을 위한 조달 계획 개발 • 미래의 서비스 발전에 대비한 가격 통제 약정의 원칙과 필요한 세부사항 개발(Ofgem과 협의)	• CRS 기술 사양 개발 • CRS 기능 조달을 위한 준비 완료	• CRS 기능 조달 • 디자인, 구축, 테스트 단계를 위한 가용 자원 동원	• CRS 구현(추가적인 라이선스 개정 대상)
3rd party (User)의 참여확대	• DCC의 의사결정 과정에 이해관계자의 참여 강화 • 변화하는 환경에 맞춰 새로운 요구사항을 개발할 때 3rd party 사용자의 참여 강화	• 변화하는 요구사항에 대한 사용자 참여	• 변화하는 요구사항에 대한 사용자 참여	• 변화하는 요구사항에 대한 사용자 참여
서비스 가치 향상	• 서비스 제공업체와의 파트너십 강화 • 지속 가능한 DCC 규제 약정 수립 추진 • DCC 비용을 줄이기 위한 기존 요금의 리파이낸싱 시작 • 실적 보고 제공	• 성과보고의 개선을 위해 사용자 및 Ofgem과 협력 • 커뮤니케이션 허브에 대한 차기 분할을 위한 파이낸싱 계약 합의	• 데이터 서비스공급자를 다시 조달하는 방법을 포함하여 향후 상용 전략 고려	• 데이터 서비스공급자의 재조달 준비

자료: 가천대학교 산학협력단(2018.3, 21쪽).

영국 스마트DCC 모델은 장단점을 갖는다. 장점을 살펴보면, 중앙집중화에 따른 비용 효율성이 있다는 점이 특장점이고, 보편적 서비스로서 기능하기 때문에 통신이 어렵거나 비용 효율적이지 않은 소비자에 대해서도 스마트미터링 적용이 가능하다는 점과 데이터 접근 등의 연관 프로세스를 간소화하고 효율적으로 관리하므로 효율적인 연관 산업 절차가 수월하다는 점, 일관적이고 높은 수준의 보안 조치 보장이 용이한 점, 스마트그리드 연계 활성화가 가능하다는 점, 그리고 타산업과의 부가가치 서비스와 연계되어 에너지 산업의 비용 절감에 기여한다는 점이다. 단점은 통신 솔루션을 독점적으로 제공할 수 있음에 따른 부정적 영향력이 우려된다는 점이다. 즉 더 비싼 통신 서비스를 제공할 수도 있다. 또한, 독점적 DCC 구조로 인해 사용자의 서비스 요구에 덜 민감하게 반응한다는 점과 DCC 규제 체제를 수립하고 DCC 및 서비스 제공 업체의 승인 프로세스 운영에 따른 비용이 든다는 점, 그리고 해킹에 대한 단일 소스가 존재해 단점일 수 있다. 물론 이는 단일 통신경로에 따른 보안상의 장점이기도 하다.

한국은 미국의 2012년 빅데이터 이니셔티브를 계기로 같은 해 '빅데이터 마스터플랜'을 통해 국가의 데이터전략 추진이 본격화된다. 전략적 연구개발 및 투자로 5년 내 데이터 분야 최고 수준의 기술력을 확보한다는 계획하에 2017년까지 데이터 산업 기반조성을 위해 4개 영역 12개 세부과제들이 선정되었다. 2013년 미래창조과학부는 중복 투자를 방지하기 위해 연구자 정보를 통합할 목표로 '국가연구개발사업의 관리 등에 관한 규정'을 개정하고, 사업 공고, 과제 신청, 사후 관리 등 원스톱 서비스를 구축하고, 과제 절차 표준화 및 서식 간소화 가이드라인을 마련한다. [표 12−3]은 조사된 과거 5년간의 정부의 데이터 관련 R&D 투자 금액인데, 2008년과 2009년에는 투자액이 없으며, 2012년 244억 원이 투입되었다.

표 12-3 빅데이터 관련 최근 5년간 정부 R&D 투자 현황(억 원; 2008~2012년)

구분	2008	2009	2010	2011	2012
R&D 예산	–	–	1.59	45.38	243.74

출처: 국가과학기술지식정보서비스(NTIS); 이희정(2013) 재인용

한국은 2012년부터 '정부 3.0 추진 기본계획'과 '공공데이터의 제공 및 이용 활성화 기본계획(13 년~17년)' 등을 수립해 공공데이터 개방을 위한 추진 기반도 '공공데이터의 제공 및 이용 활성화에 관한 법률'의 제정(2013.6.27.)을 통해 제도적으로 마련했다. 공공데이터 개방과 민간의 데이터 활용을 지원할 목적으로 2013년 11월 '공공데이터활용 지원센터'가 한국정보화진흥원에 설치되었고, 공공데이터 개방·활용에 관한 기본계획 및 시행계획 수립에 대한 사항을 심의·조정하는 역할을 수행하는 '공공데이터 전략위원회'도 같은 해에 구성되었다. 이후, 2018년 행정안전부(이후 행안부), 과학기술정보통신부, 통계청 중심으로 공공 데이터 활성화, 데이터 산업 경쟁력 강화 및 기술 개발 등 역할이 분담되기 시작한다. 행안부가 데이터 전략 및 정책을 총괄하고, 데이터정책에 대한 검토 및 심의를 위한 위원회를 설치 및 운영한다. 행안부의 공공빅데이터센터 구축 목적은 데이터의 공동 활용 및 다각적 분석, 국가 주요정책결정

및 국가전략수립 지원, 국가 및 민간 빅데이터 허브 기능 수행이며, 기존 '국가정보자원관리원'의 빅데이터 분석을 확대 개편하고 범정부 데이터플랫폼을 구축하는 것이다.

한국 데이터전략의 장애요인으로 개인정보에 대해 지나친 보호 이슈가 존재한다. 13장에서 논의할 것인데, 2018년 한국 개인정보 보호 규제 수준은 높다. 데이터 관리 수준, 마케팅 이용 가능성, 데이터 수출 통제, 법규 준수 등 보호요소로 평가하면, 한국 개인정보 보호 수준은 일본, 홍콩, 싱가포르에 비해 매우 엄격하다. 2014년 <'빅데이터 개인정보보호 가이드라인'으로 동의를 요하지 않는 비식별정보 유형을 마련, 유권해석을 통해 상위법에 저촉되지 않는다고 공표했지만, 단지 가이드라인이라는 점이다. 2019년 12월, 한국정부가 '인공지능(AI)국가전략'을 내놓았는데, AI 생태계 구축과 인재양성, 사람중심 AI 구현이라는 3대 분야가 핵심이다. AI 분야에서도 개인정보보호 이슈가 부각될 것이다.

제2절 **기업의 에너지데이터 활용**

각 국가의 데이터전략은 데이터 활용과 관련 기술 투자로 이어진다. 기업의 데이터 활용을 위해 꼭 필요한 3대 요소는 데이터 소스, 기술, 인력이다. 데이터 소스는 활용할 수 있는 데이터를 발견하는 것부터 주어진 데이터를 저장, 처리하는 것 외에 활용할 수 있는 외부 데이터 소스를 발견하고 확보하는 것까지 포함한다. 기술은 데이터 프로세스와 신기술을 이해하는 것과 조직과 기업의 혁신 전략으로 적용할 수 있도록 데이터 분석 기술 및 분석 기법에 대한 이해를 포함한다. 인력은 데이터 전문가 역량 키우기와 인재 확보를 위해 내부역량을 강화하고 외부와의 협력전략을 추진하는 것을 포함한다. 이 세 가지 요소를 기반으로 에너지 산업 생태계가 성장할 수 있는 터전이 마련될 수 있다. 자원이 되는 데이터를 확보하는 데 있어서 위험 요소는 기업 간 내지 기업 내 조직원 간에 데이터가 공유되지 못하는 환경이다. 이를 해결하려는 노력으로 국가의 공공데이터 개방 정책 붐이 일기 시작했는데, 문제는 민간기업들의 데이터 공유 마인드 부족이다. 기업으로서 데이터 공유 마인드를 가진 구글은 '구글공공데이터

(Google Public Data)' 등 오픈 데이터 서비스를 제공하고 있다. 물가, CO_2 배출량, 질병, 교육, 소득, 야생동물 개체수, 환경, 인구, 실업률 등 다양한 데이터를 시간별, 나라별로 비교 가능하게 제공 중이다. 에너지데이터와 관련해서는 앞서 언급한 GE의 플랫폼 개방이 있다.

한국의 경우, 데이터 소스에 대해서는 한국전력(KEPCO) 대상으로 정부의 '규제 샌드박스' 덕택으로 2019년 4월 '전력빅데이터융합센터'가 개소되어 데이터 소스가 일부 개방되기 시작했다. 규제 혁신에 대해서는 13장에서 논할 것이다. 한전은 261개 전력시스템을 운영하여, 이를 통해 매년 3조 건 이상 전력데이터가 나오는데, 전력 계량데이터는 국민 삶과 직결되어 기업 보유 데이터와 융합할 경우 고부가가치 산업을 창출할 수 있다. 그동안 데이터를 제공하기 전 개인정보를 알 수 없게 비식별 처리하는 것에 대한 명확한 규정이 없는 게 걸림돌이었는데 '규제 샌드박스'를 통해 해결된 것이다. 개인정보 보호정책에 대해서는 13장에서 다루기로 한다. 센터의 업무는 전력데이터를 분석하는 데이터사이언스연구소, 데이터를 활용하도록 개방하는 전력데이터공유센터, 데이터서비스를 유통하는 에너지마켓플레이스로 구성된다. 에너지마켓플레이스는 에너지 거래 중개 플랫폼이다. 에너지 효율 개선, 전력 수요관리 등 다양한 서비스 공급자와 수요자를 연결한다. 기술에서는 데이터 기술 개발 및 활용을 통해 정확한 정보 제공, 정책 수립, 민간 신규사업 창출 지원 효과를 목표로 한다. 인력은 11장에서 다루었는데, 데이터 과학자로 대표되는 데이터를 관리하고 분석할 수 있는 인력의 중요성이 높아지고 있다. 21세기 유망직업 중 하나로 부각된 데이터 처리와 분석 능력을 갖춘 인력은 IT 분야뿐만 아니라 대부분의 기업과 조직에서 필수적으로 확보해야 할 핵심 인력들이다. 이베이에는 고객 데이터를 분석하고 가공하는 일을 맡은 직원만 5,000명에 이르고 있다.

한편, 데이터 활용성과 함께 논의되는 이슈는 개인정보 이슈이다. 2012년 세계경제포럼(WEF)에서 발표된 '빅데이터 영향: 국제 개발을 위한 새로운 가능성(Big Data, Big Impact: New Possibilities for International Development)'에서 공공자원인 데이터 활성화를 위한 정부 역할이 기대되면서 데이터가 공공자원으로서 활용될 수 있도록 정부 영역, 민간 영역, 개인 영역의 데이터 수집 및 분석을 지원하고, 개인의 사생활 및 보안을 보호할 수 있는 균형적인 제도개선 추진이 제안되었다. WEF에서는 데이터 공유 환경을 만들어 상호이익을 실현하려면 모든 주체들이 개방적으로 참여해야 함을 강조하였다. 정부는 개인을 보호하고 데이터 공개원칙 및 법적 프레임워크 등을 설정하고 민간은 대중이 혜택을 받을 수 있도록 데이터 공유를 위한 메커니즘을 바르게 작동시켜야 하며, 개발기구는 데이터 사회 공헌에 대한 정부 지원과 공익 및 비즈니스 가치가 원활하게 공유될 수 있도록 환경을 조성해야 한다. WEF는 데이터 생태계의 공공자원을 활용하기 위해 몇 가지 생태계 요건들이 마련되어 있어야 한다고 주장했다. 데이터 공유를 위해서는 먼저 개인에 의해 생산되는 데이터에 대한 합법적 활용 방안을 모색해야 한다. 이러한 내용으로는 프라이버시와 보안, 데이터 개인화, 데이터 공유에 대한 보상, 인적 자원 확보 이슈가 있는데, 이에 대해서는 13장에서 다룰 것이다.

국가의 에너지데이터 전략에 따라 미터 데이터를 기업들이 어떻게 활용하는지 살펴보자. 2장에서 에너지데이터 개념에 대해 설명했는데, 미터 데이터는 전력기업의 자원이고 데이터 개방 요구가 증대하면서 플랫폼 비즈니스로도 발전한다. 개인정보 관련 규제 수준은 국가마다 다르지만, 기업들이 데이터를 활용할 수 있는 환경을 마련하려는 국가의 움직임은 지속된다. 미국의 그린버튼 미터 데이터에는 개인 식별 정보가 포함되지 않는다. NIST(National Institute of Standards and Technology) 사이버 보안팀이 데이터의 적절성을 검토한다. 기업의 에너지데이터 활용이 용이해진다. 그린버튼은 미국 26개 주와 캐나다 6,000만 고객 대상으로 운영되며 그린버튼 참여자는 [그림 12−4]와 같이, 소매고객(Retail Customer), 데이터관리자(Data Custodian), 제3자(Third

그림 12-4 그린버튼 정보 제공 형태

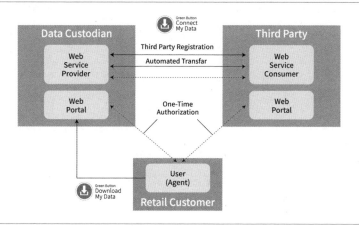

자료: 가천대학교 산학협력단(2018.3, 27쪽).

Party)이다. 소매 고객은 유틸리티 서비스를 받는 개인 또는 기관으로 주거(Residential), 상업(Commercial), 산업(Industrial)으로 구분된다. 데이터관리자는 유틸리티 서비스 제공자로 소매고객의 사용 데이터를 보유하며, 소매고객의 승인이 있을 시 그 데이터를 제3자와 공유한다. 제3자는 데이터관리자가 보유하고 있는 데이터 접근을 허락받은 서비스제공자로 유틸리티 데이터를 활용해 다양한 서비스를 제공할 수 있다.

미국 기업들은 그린버튼의 에너지데이터 제공 서비스를 이용할 수 있다. 그린버튼 DMD(Green Button Download My Data)는 소비자로 하여금 유틸리티 서비스 제공자의 웹 사이트에서 자신의 사용 데이터를 직접 다운로드받아 확인할 수 있게 하는 서비스이다. 그린버튼 CMD(Green Button Connect My Data)는 소비자의 승인 하에 제3자 서비스 제공자가 소비자의 유틸리티 데이터에 접근하여 다양한 정보를 제공하는 서비스이다. 서비스 제공자는 IETF(Internet Engineering Task Force) 오쓰2.0(Auth 2.0) 권한 부여 프레임크를 사용해 사용자 승인을 득하고, 제3자 서비스 제공자는 소비자의 유틸리티 서비스 제공자의 웹 사이트에서 소비자의 사용 데이터를 자동으로 가져와서 분석한다. 테스트한 서비스 제공자의 경우에는 소비자에게 별도 비용을 청구하지 않는다. 2018년 1월, 그린버튼 서비스공급업체는 유틸리티당 20~40여 개(중복 포함)로 추정되며, 그린버튼 앱 수는 252개이다. 이 중에 에너지 효율화 48개, 건물 에너지 관리 53개, 산업 에너지 9개 등이 있다. DMD와 CMD 서비스는 미국 유틸리티기업에 의해 제공된다.

미국의 제3자 서비스제공자 대표 기업 사례로 오파워(OPower)는 전력 데이터 외에 날씨, 전력소비 패턴 데이터까지 통합 분석해 소비자에게 최적의 에너지 사용에 대한 정보를 2012년부터 제공 중이다. 70여 개 유틸리티를 확보하고 있으며, 에너지데이터 처리를 위한 하둡(Hadoop) 기반 플랫폼을 구축하였다. [그림 12-5]는 오파워의 전력 데이터 활용 사례를 도식화한 것이다.

유럽 주요국의 기업들도 미터 데이터를 활용해 비즈니스모델들을 개발하고 있다. 영국의 경우, 2012년 센트리카(Centrica)는 전기 및 가스회사로서 스마트미터를 통해 수집한 30분 단위 에너지 소비량을 근거로 하여 피크시간대의 실시간 전력수요 동향 분석, 시간대와 전력수요에 따라 동적으로 변하는 전기요금 설계, 이에 근거한 전력 수요 관리 및 사용시간대 분산 등에 활용하고 있다. 2015년 프랑스 EDF는 앱 서비스인 E.quilibre를 출시했는데, 유로(€) 및 킬로와트(kWh) 단위의 소비 정보 대시 보드

그림 12-5 오파워의 전력 데이터 활용 사례

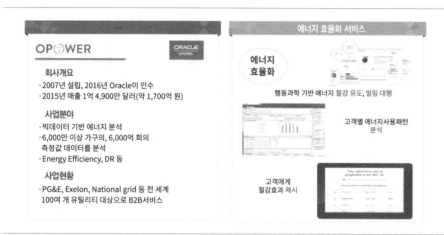

자료: 한국전력, 2019. 4.4

가 제공되며, 유사한 가구 프로파일과의 비교, 주요 기기의 소비량 평가가 가능하고, 시간대별 에너지 사용 정보와 알람, 시뮬레이션, 에너지 조언 등과 같은 새로운 서비스가 제공되는데, 링키(Linky) 스마트미터와 연결 시에 보다 다양한 정보가 제공되며, 난방 시스템에서 가전에 이르는 홈에너지 관리 서비스로 확장 중이다.

한국의 에너지데이터전략은 한국전력공사(한전)에게 위임되어 진행 중이다. 따라서, 앞서 국가의 에너지데이터 전략 관련해 한국에서는 그린버튼 같은 에너지전략 추진의 필요성만 언급되었다. 기업이 에너지데이터를 활용하면 에너지 수요를 줄이고, 신재생에너지 사용 비중을 높일 수 있다. 4층 규모 중소형 건물에서 설비 등 에너지 사용과 관련한 데이터를 수집만 해도 한 달에 15GB가량 모인다. 너무나 많은 양이다. 따라서 한 도시에서 수십 수백여 개 건물에서 수년간 모은 데이터를 분석해야 한다면 분석 기술이 필요하다. 다양한 데이터가 수집되어야 하므로 날씨 정보, 전등과 같은 건물 설비 등 건물 내부와 외부정보가 함께 수집되어 분석되어야 한다. 2014년 에너지경제연구원, 2016년 산업통상자원부에서 조사된 국내외 에너지데이터 활용 및 IoT 에너지 데이터 활용 사례 조사 결과, 데이터 활용 주체는 둘로 구분된다. 생산 영역에서는 한전 등 에너지 기관이고, 수요 영역과 일부 신재생에너지 생산 영역을 아우르는 주체는 통신기업과 한전 등 에너지기관이다.

생산영역에서 한전은 2014년 '스마트그리드종합운영시스템'을 통해 송변전, 배전,

영업, 스마트그리드 등 업무 영역별 운영시스템 데이터를 종합해 계통운영, 고객, 에너지관리, 분산자원 데이터를 관리한다. 2015년 2월, 에너지관리공단도 건물, 공장 등에 설치된 에너지관리시스템(Energy Management System; 이후 EMS)의 에너지 및 운영 데이터를 실시간 네트워크로 수집하여 통합적으로 모니터링하기 위한 '에너지데이터 분석센터(EDAC:Energy Data Analysis Center)'를 설립하였다. 이는 건물에너지관리시스템(Building Energy Management System; 이후 BEMS)이 설치된 건물 등 10개 건물의 에너지데이터를 실시간 수집하며, 에너지 소비 원단위, 시스템 효율, 부하 및 운용 특성 분석 등을 통해 건물별 에너지 효율 및 소비행태를 비교할 수 있다. 이처럼 민간 기업의 성과가 아니라, 정부 기관 주도의 데이터 분석센터 정도가 마련된 정도이다. 다양한 이해관계자 간 협의를 통한 미터 데이터 서비스 제공이 성공적 시장 안착을 위해 필수이므로 정부와 한전 등 전력업계, 스마트미터 제조사, 솔루션 제공자, 통신서비스 제공자 등의 이해관계자간 협의체 구성이 필요하다. 협의체가 구성되면 기술 표준(데이터 형식, 인증 기술 등), 프로세스 표준(인증 절차, 서비스 제공 절차 등), 로드맵 등을 결정하고 이해관계자 간 공유하는 작업이 필요하다. 현재 한국에서는 크게 세 가지 형태로 미터 데이터 관리가 이루어진다. 첫째는 한전 직접 관리로 미터기 설치, 관리, 데이터 수집 및 과금 직접 수행한다. 둘째는 한전 간접 관여로 미터기 설치/관리는 관리사무소, 요금 계산은 한전이 담당한다. 한전 지역본부는 관리사무소로부터 엑셀 데이터를 받아 요금을 계산해 주면, 공동주택에서 지속적인 증가 추세를 보이는 형태이다. 셋째는 한전 총액 관리로 미터기 설치/관리 및 과금을 관리사무소에서 수행하고, 한전은 총 사용량 및 총량에 대한 과금만 수령하는데, 대다수 일반 건물과 공동주택에서 채택 중이다. 데이터 서비스 플랫폼 제공이 한전 중심으로 시작되어, 플랫폼상에서 수용가 동의를 받는 경우 데이터 제공이 된다. 개별 고객별 정보 제공과 서비스 사업자별 가입 고객 정보 제공 모두 가능하다. 한국의 에너지데이터도 미국 같은 그린버튼 방식을 도입할 수 있지만, 우선은 한전과 소수 사업자가 운영하는 아파트 중심으로 보급되고 점진적으로 확대할 수 있을 것으로 보인다.

한전은 한국 에너지데이터 시장에서 자사 고객 서비스 제공자 및 데이터 서비스 제공자라는 두 가지 역할을 모두 취하며, 미터 데이터 활용의 대표적 공기업이다. 먼저, 자체 고객 서비스를 위해 확보된 정보를 활용한다. 파워플래너는 AMI 설치 가구 고객에게 실시간 전기사용 내역 및 통계정보를 실시간 제공하여 고객의 계획적 전기사용 및 전기요금 절약에 도움을 주기 위한 정보 서비스이고, 아이스마트(iSmart)는 고압 사용 고객에서 15분 단위 실시간 전기 사용 정보를 제공하는 서비스이다. 최근에는 확보된 에너지데이터를 제3자 사업자가 활용할 수 있게 하는 데이터 플랫폼을 개방하기 시작한다. 수요반응(DR) 사업자는 고객 동의를 얻어 아이스마트 데이터를 활용해 고객사가 DR 지시에 적절히 대응할 수 있도록 하며, 전력 관련 다양한 에너지데이터를 제공한다. 하지만 대부분 데이터를 획득하는 데 짧게는 1주, 길게는 약 8주가 소요되며, 거래, 판매, 발전, 설비 관련 각종 에너지데이터를 제공한다고 하지만, 쓸 수 있는 데이터인지는 여전히 의문이다. AMI 구축이 확대되고 신재생/ESS/전기자동차(EV) 보급 확대 등 방대한 에너지데이터 소스가 전력망에 지속적으로 추가되고 있고, 고객을 포함한 다양한 이해관계자의 데이터 접속 요구가 커지고 있어서 데이터 플랫폼 기업의 입지를 강화할 필요가 있다.

기업이 데이터를 활용해 DR 서비스를 제공하려면 표준화가 요구된다. 미국 수요반응연구소(Demand Response Research Center; DRRC)가 캘리포니아 주, 연방정부와 개발한 OpenADR 적용을 위한 개방형 통신 사양은 2010년 5월 미국 에너지부(DoE) 및 표준기술연구소(National Institute of Standards and Technology; NIST)의 16가지 스마트그리드 표준 중 하나로 채택되었다. OpenADR은 공용 언어와 인터넷 같은 기존 통신망을 이용해 전력회사가 고객과 직접 DR 신호를 이용해 정보교환할 수 있는 개방된 표준 DR 인터페이스를 제공한다. 개방된 표준은 기술 비용을 낮추고 제어회사가 최소비용으로 제어 프로그램을 통신 시스템에 적용시키는 것을 허용한다. 따라서 OpenADR은 제어기기와 에너지 신시장에서 고객선택권과 상호운용성을 가능하도록 DR 신호를 바탕으로 통신하기 위한 많은 편익을 제공한다.

제3절 **에너지데이터의 자산화 투자**

인터넷 서비스 분야 데이터 자산화를 시작으로 금융 및 보험, 공공분야 등 수직 산업(Vertical industry) 영역의 데이터 자산화가 시작된다. 가트너가 2012년 은행과 보험, 통신, 미디어, 정부, 제조, 천연자원 등 데이터량 증대로 데이터 기회를 예측하면서 기업의 데이터전략에 대해 설문조사한 결과, [그림 12−6]에서처럼 데이터 관련 기술 투자를 했다고 응답한 산업은 교육으로 39%를 나타냈고, 다음으로 헬스와 통신 36%, 에너지 및 유틸리티 31%, 통신 및 미디어 서비스가 25% 순으로 나타났다.

그림 12-6 2012년 산업별로 본 데이터 기술 투자 설문 결과

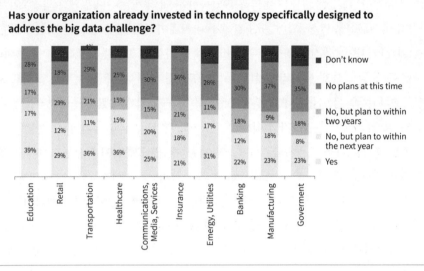

Has your organization already invested in technology specifically designed to address the big data challenge?

출처: Gartner(2012)

미국의 상위 500대 기업들은 2008년에 무형자산 비율 80%를 넘어섰다. 무형자산이 기업 가치를 좌우하며, 핵심인 지식자산이 데이터이다. 데이터 자원이 기업 경쟁력을 결정하는 자산이다. 미국은 국가 차원에서 데이터를 자산화하는 데에 많은 투자를 했으며, 기업 차원에서 데이터 자산화가 가능하지만 오랜 준비기간이 필요하다. 데이터 자산화를 위한 기술 투자에 가장 선두적이고 적극적인 글로벌 기업은 IBM으로 2005년 코그노스(Cognos)를 시작으로 ILOG, SPSS, 네티자 등의 데이터 분석 전문 업체 인수에 140억 달러 이상을 투자했으며, 1만 명 이상 전문 인력을 확보하여 내부적으로도 적극 활용하고 있으며, 영업, 재무, HR, 서비스 딜리버리 등 다양한 내부 비즈니스 영역에서 비즈니스 성과를 향상시키기 위해 자체 분석하고 있다.

한국 기업도 포털, 통신 기업, SI 기업 중심으로 데이터 자산화 관련 기술 투자를 시작했다. 포털 1위인 네이버가 가장 많은 데이터를 가지고 있으면서 이를 분석해 활용

중이고, 2006년부터 하둡 기술을 이용해 음악추천 기능, 자동완성, 연관 검색어 등 서비스를 제공하며 그 활용 범위를 확대 중이다. SK텔레콤도 자사 이용자 정보 분석을 위해 2013년 1조 3,000억 원 투자계획을 발표한 후 자사 데이터를 한데 모은 '빅데이터허브(Big Data Hub)'를 개방해 소상공인 비즈니스 콜데이터 분석, 중소 자영업자를 위한 중국집/치킨집 등 배달 업종 이용 분석, 베이커리/영화관 등 멤버십 이용 분석 등을 추진했고, 공공기관이 공개한 데이터를 API로 제공, SKT 데이터와 공공기관 데이터를 융합해 활용할 수 있는 편의도 제공한다. KT는 넥스알(NexR) 인수를 계기로 클라우드 컴퓨팅 기반 데이터 분석에 주력해, 2012년부터 KCB, 서울시와 제휴를 맺고, 초기 하둡 선택 후에 온라인 분석 처리(OLAP)처럼 빠른 응답성을 요구하는 쿼리를 효과적으로 지원하지 못한다는 단점을 보완하기 위해 KT NexR의 NDAP 기반 하이브리드 DW 모델을 채택해 용량이 큰 원시 데이터와 계산량이 많은 배치 작업을 하둡에서 처리하고, 작고 중요한 데이터와 BI 도구 연동 작업은 기존 DW에서 처리하게 하는 하이브리드 DW 모델의 대표 사례가 된다. LG CNS는 2012년 데이터 통합 솔루션인 '스마트 빅데이터 플랫폼'을 출시해 오라클과 협약을 맺고, 삼성SDS는 삼성전자 등 그룹사들의 파일럿 프로젝트를 통해 데이터 사업을 전개 중이며, SK C&C는 BI 중심 데이터 솔루션을 자체 개발하였다.

전력 기업은 아니지만 자체적으로 에너지데이터를 자산화하려는 기업들이 있다. 물론, 이들도 전력 기업이 제공하는 미터 데이터 제공 서비스를 이용할 수 있다. 예로 구글은 딥마인드(DeepMind) AI 알고리즘을 기반으로 온도와 전력 데이터를 실시간으로 반영해 팬, 냉각시스템, 창문 등 약 120개 변수를 조정하는 적응형 시스템을 개발했다. 이를 통해 데이터센터에서 가장 많은 전기를 소모하는 냉각시스템의 전기 사용량 중 약 40%를 절감하게 된다. 이는 에너지 지표인 PUE(Power Usage Effectiveness)로는 15% 개선에 해당한다. 딥마인드 알고리즘은 다양한 변수의 분석을 통해 전통적 접근 방식에 큰 변화를 가져왔다. 즉, 기존의 전력 소모 최소화 접근 방식은 최소한의 냉각시스템을 가동하는 것이었으나, 새로운 접근 방식은 모든 시스템을 더 낮은 전력 레벨로 가동시키는 것이며, 점차 대형건물, 대단위 제조시설 등으로 확장 추진 중이다.

이 외에도 구글은 네스트를 통해서도 에너지데이터를 자산화한다. 네스트의 사례는 5장에서 설명한 바 있다. 주력 상품은 학습형 온도조절기(Learning Thermostat)와 연기탐지기(Smoke detector)이다. 전자는 스마트폰과 연동해 원격으로 조작 가능하고, 동작인식, 센서, 알람 등을 통해 기기가 스스로 학습하고, 자동으로 실내온도 및 대기환경을 조절하며, 후자는 연기 중 포함된 일산화탄소 양을 측정하여 발생된 연기가 담배연기인지 수증기인지 혹은 화재연기인지를 분별하고 스마트폰 앱으로 경고 메시지를 전송하는 기능을 갖는다. 구글의 지배구조 조정으로 네스트는 구글홈에 활용되어 홈 IoT 솔루션으로 변신 중이며, 감시 카메라, 도어벨, 알람 시스템 등으로 확장 중이다.

　기후데이터를 자산화한 벤처기업 사례로 2006년 구글 출신들이 세운 웨더빌(Weatherbill)이 개명된 클라이밋코퍼레이션(The Climate Corporation)은 이상 기후 발생 시 농가에 보험금을 지급하는 '토털 웨더 인슈런스(Total Weather Insurance)'를 시작했다. 과거 60년간 지역별 작물 수확량, 2제곱마일 단위로 제공되는 토양성분, 미국 전역 100만 개 지점에 설치된 도플러 레이더로 스캔하여 데이터 기반으로 기후와 곡물 수확량을 예측하는 이 기업은 미국 전역을 세분화해 기온과 강수량 등 날씨 관련 요소들을 분석해 제공하는 보험 상품 가입 농민은 보상받고 싶은 기온과 강수량 범위를 설정하고, 이후 실제 강수량이 지정한 수준에 도달할 경우 피해 상황에 관련한 증거자료를 제출하지 않아도 자동적으로 보험금이 지급된다. 최대 종자기업인 몬산토가 2013년 9억 3,000만 달러(약 1조 원)에 이 기업을 인수했다.

　한국에서도 자체적으로 에너지데이터를 자산화하고 기술에 투자하는 주도 기업으로 KT, SK텔레콤 등의 통신기업이 있다. KT는 다양한 에너지원의 소비-생산-거래를 통합 관제하기 위한 에너지 전문 관제센터인 KT-MEG(Micro Energy Grid)를 기반으로 에너지 효율화, 신재생에너지, 수요관리, 전기자동차 충전 서비스 등을 제공하고 있다. 신재생에너지가 확대되면서 태양광 에너지데이터를 자원화하는 움직임도 있다. 해줌은 데이터 기반의 신재생에너지 서비스를 제공하는 벤처기업으로 햇빛지도라는 툴을 제공한다. 이는 태양광 자재 가격을 투명하게 제공하고, 지도정보를 통한 수익성 정보까지 제공해 해당 위치에 태양광을 설치할 경우 얼마나 많은 전기를 발전할 수 있는지, 얼마나 많은 양의 태양광을 설치해야 최적의 수익을 올릴 수 있을지 분석해 줄 수 있다. 미터 데이터를 자원화해 서비스하는 인코어드는 에너톡이라는 전용기기와 앱을 동시에 제공한다. 한국 내 약 50여 가지 형태의 가정용 분전반에 설치가 가능한 전용 기기 및 앱을 함께 판매한다.

제4절 에너지데이터의 개방화 투자

데이터의 자산화는 개방화 투자로 이어진다. 특히 공적 자산의 경우에는 API 개방을 통해 데이터 접근이 가능하게 한다. 미국은 2011년 데이터닷거브(data.gov)에 수십만 데이터셋을 다양한 형태로 제공하기 시작했다. EU는 미국보다 먼저 공공정보 개방포털(PublicData.eu)에서 EU 회원국에서 생산되는 공공정보와 데이터를 의무적으로 공개토록 하고 있다. 영국은 2010년부터 데이터 포털(data.gov.uk)을 개설했다. 또한, 공공데이터 개방 정책에 그치지 않고 플랫폼까지도 오픈소스로 개방해 이를 활용한 다른 플랫폼과 데이터를 자유롭고 긴밀히 연동할 수 있게 지원한다. 2010년, 영국은 모든 데이터를 보관하는 플랫폼인 'CKAN'을 오픈소스로 공개했고, 데이터 플랫폼 기반으로 창업한 소크라타는 미국 데이터닷거브(data.gov)를 비롯해 미국 공공 데이터 개방을 위한 플랫폼으로 활용된다.

한국도 2013년부터 정부3.0 정책하에 공공데이터를 개방하기 시작했다. 공공데이터 분쟁조정원회가 공공데이터법 명시를 통해 2013년부터 운영되기 시작한다. 공공데이터제공책임관은 공공데이터 시책의 총괄조정을 지원한다. 한국정보화진흥원의 공공데이터활용지원센터도 공공데이터법 시행령에 의해 2013년 개소했다. 또한, 한국지역정보개발원은 공공데이터법 시행령에 의해 행정자치부 장관의 업무를 위탁받아 지방자치단체 공공데이터 제공 이용 활성화 업무를 지원한다. 행정자치부에서는 공공데이터법 제11조에 근거하여 효율적인 공공데이터 제공 정책 시행을 위해 공공데이터의 관리에 관한 지침을 정하여 고시하고 공공기관장은 이를 준수하도록 규정하고 있다.

성공적인 공공데이터 개방 사례로 기상청 데이터가 있다. 개방 전에는 공적 영역에만 한정되어 각종 기상 정보를 분석했던 기상청은 각 언론사에 정보를 제공하면 기상캐스터가 이를 국민에 예보하는 정도였다. 하지만 위성정보, 레이더정보, 해양관측정보 등이 민간에 개방되어 제공되기 시작하고, 장기예보정보, 항공자료정보, 초단기예측정보 등이 추가로 제공되면서 [그림 12−7]에서 보듯이, 기상 데이터가 재해·의료·에너지데이터와 연계되고, 농업·건설·레저·유통 등 다양한 산업과 융합해 재해보험 컨설팅과 맞춤형 날씨 정보 등 서비스로 응용되고, 기상 컨설턴트, 기상 감정기사 등 새로운 일자리도 만들어진다. 실제로 공공데이터 개방 지원 정책 이후 기상청

▌에너지데이터 경영론

데이터를 활용한 다양한 앱들이 출현했는데, 예로 '레인보우(Rainbow)', '오늘의 출퇴근' 앱 등이 대표적이다.

그림 12-7 기상청이 제시한 공공데이터 활용 방법

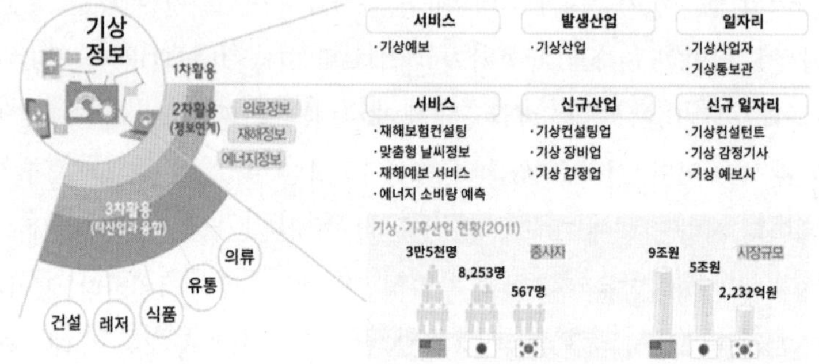

출처: 기상청 홈페이지; 모스파블로그(2013) 재인용

　　정부3.0하에 민간이 어떤 공공데이터를 필요로 하는지 파악하기 위해 공공데이터 전수 조사로 '개방 5개년 로드맵'이 수립되었고, 2013년 2,000여 종 정도였던 공공데이터 개방 건수가 2017년 6,000여 종으로 확대되면서, 한국도 미국처럼 공공데이터 개방 창구를 데이터닷고오닷케이알(data.go.kr)로 일원화해 데이터뿐만 아니라 프로그램 개발자를 위한 서비스 개발 가이드와 활용 사례를 제공한다. 정부3.0하에 각 중앙 부처도 정보 개방 폭을 확대하여, 기획재정부는 국가재정정보, 국고보조금정보, 국유재산 현황정보 등을 공개하고, 과학기술정보통신부는 연구장비정보, 기술산업 정보 등을 개방하고, 국토교통부는 건물에너지 사용량정보, 하천지리정보 등을 공개한다. 서울시를 비롯한 각 지방자치단체도 물가정보, 체육시설관리정보 등을 민간에 공개한다. 특허청도 특허, 실용신안, 상표, 디자인 등의 기본 특허정보를 포함한 11종의 데이터베이스뿐만 아니라, 대민 보급 라이선스를 획득한 유럽, 미국 등의 해외 특허정보로 개방을 확대했다. 또한, 공공데이터의 후속 조치로 플랫폼 개방이 중요하다. 한국도 2011년 데이터닷지오닷케이알(Data.go.kr)을 개방해 CKAN 카달로그 등을 활용하며 데이터 원본, 데이터셋, API 등의 프로그램을 제공하고, 공공데이터 활용을 지원하며, 데이터 발행 신청을 받고 승인하며, 서울시 등 다른 포털들과 연계 가능하게 하며, 민간 활용도가 높은 실시간 데이터를 오픈 API로 공개하고 있다.

한국의 데이터닷지오닷케이알(Data.go.kr)에 공개된 한전(KEPCO)이 제공하는 EV 충전소 운영정보를 활용해 자동차 정비 등의 서비스에 활용될 수 있고, 발전기별 발전량 통계 데이터를 활용해 이상 탐지, 이상 징후를 감지하는 서비스가 개발될 수 있으며, IoT와 결합해 스마트홈 서비스에도 활용될 수 있다. 하지만 데이터의 활용은 아직 활발하지 못하다. 2015년 한전 데이터 개방 현황 조사 결과, 54건이 개방되었고, 파일 데이터는 50건, 개방API(OpenAPI)는 4건이다. 개방 데이터 목록은 [표 12-4]와 같다. 개방 현황을 정량분석해 다운로드 횟수로 상위 10위권을 분석한 결과, 전국 거래 분석 정보와 발전원별 발전량 통계 데이터 수요가 상대적으로 높았고, 다음으로 전국 송전탑 위치별 풍속관측 정보, 영업 판매 분야 통계, 원자재 가격조사 정보, 배전설비 진단 실적 통계, 전주전산화 번호(대구경북), 변전소 운전 실적 관리 정보, 전주전산화 번호(전남), 전주전산화 번호(부산) 순이다.

표 12-4 2015년 기준 한국전력공사 개방 데이터 목록

번호	대표 파일명	세부 파일명	파일형태	업데이트주기	번호	대표 파일명	세부 파일명	파일형태	업데이트주기
1	e배전정보 내선계기	배전 내선계기 및	link	년가	39	송전탑위치별	전국 송전탑	CSV	월가
2	e배전정보 회선정보	배전 주요수용가 현	link	년가	40	수전설비교체	연인일반접수	link	주기없음
3	e영업통계 정보	영업판매부야 주요	CSV	년가	41	수전설비교체	연인일반접수	CSV	주기없음
4	SRM 공급자 등록공	공급자관리 정보(13	CSV	주기없	42	아저관리 정	아저관리 정	CSV	주기없음
5	UAE 원전 공급 물료	UAE 원전 공급 물료	CSV	년가	43	외부 공동활	외부 공동활	CSV	년가
6	가격조사 정보	원자재 가격조사 정	CSV	주기없	44	원별 신재생	신재생에너지	CSV	주기없음
7	개방연구과제 아이	i-OASIS(개방연구과	link	주기없	45	일자별 시가	전력거래부석	CSV	주기없음
8	고객 사언 부료 현	통합시스템 정보(13	link	주기없	46	장비차량 보	장비관리 정	link	주기없음
9	기술정보 노문관리	TIMS(기술정보관리	link	주기없	47	전국 전전전	전주전산화번	CSV	수시
10	기술정보 노문관리	TIMS(기술정보관리	link	주기없	48	전국 전전전	전주전산화번	CSV	수시
11	낙뢰관측 정보	경도위도별 낙뢰관	xls	년가	49	전국 전전전	전주전산화번	CSV	수시
12	낙뢰관측 정보	경도위도별 낙뢰관	xlsx	년가	50	전국 전전전	전주전산화번	CSV	수시
13	낙뢰관측 정보	경도위도별 낙뢰관	xls	년가	51	전국 전전전	전주전산화번	CSV	수시
14	낙뢰관측 정보	경도위도별 낙뢰관	xlsx	년가	52	전국 전전전	전주전산화번	CSV	수시
15	낙뢰관측 정보	경도위도별 낙뢰관	xls	년가	53	전국 전전전	전주전산화번	CSV	수시
16	낙뢰관측 정보	경도위도별 낙뢰관	xlsx	년가	54	전국 전전전	전주전산화번	CSV	수시
17	낙뢰관측 정보	경도위도별 낙뢰관	xls	년가	55	전국 전전전	전주전산화번	CSV	수시
18	낙뢰관측 정보	경도위도별 낙뢰관	xlsx	년가	56	전국 전전전	전주전산화번	CSV	수시
19	낙뢰관측 정보	경도위도별 낙뢰관	xls	년가	57	전국 전전전	전주전산화번	CSV	수시
20	낙뢰관측 정보	경도위도별 낙뢰관	xlsx	년가	58	전국 전전전	전주전산화번	CSV	수시
21	낙뢰관측 정보	경도위도별 낙뢰관	xls	년가	59	전국 전전전	전주전산화번	CSV	수시
22	낙뢰관측 정보	경도위도별 낙뢰관	xlsx	년가	60	전국 지역별	배전소유전실	CSV	주기없음
23	낙뢰관측 정보	경도위도별 낙뢰관	xls	년가	61	전기차 충전	배전 충전소	link	주기없음
24	도서지역 배전 현황	도서 전력시설요약	link	년가	62	전력 관련 요	지식경영정보	link	주기없음
25	발전기별 발전량 통	발전원별 발전량 통	CSV	년가	63	전력관련 요	이너넷홈페이	link	주기없음
26	배전 고압부하 정보	배전 고압부하 정보	link	년가	64	전력판매 통	전력판매 통	link	년가
27	배전 고압부하 정보	배전 고압부하 정보	link	년가	65	지역별 배전	장기 배전계	link	주기없음
28	배전 자료물료 관리	배전 자료물료 현황	CSV	주기없	66	지역부변	e배전정보 전	link	주기없음
29	배전 정전물료종합	지역별 정전발생혐	link	년가	67	지자체별 구	지자체별 구	link	주기없음
30	배전 지하시설물탐	배전 지하시설물 혐	link	년가	68	지자체별 구청	지자체 구청	link	주기없음
31	배전부야 고용기관	배전 기능인형관리	CSV	주기없	69	통합 송배전	통합 송배전	link	주기없음
32	배전설비 진단실적	배전설비 진단실적	CSV	년가	70	통합 송배전	통합 송배전	link	주기없음
33	배전설비 진단실적	배전설비 진단실적	CSV	년가	71	한국전력 사	에너지포탈	link	주기없음
34	사이버지적 정보(13	한국전력공사 전국	link	주기없	72	한국전력 사	에너지포탈	link	주기없음
35	송배전 계통접수 정	계통계획 정보(13년	CSV	주기없	73	한국전력 전	자료정보디지	link	주기없음
36	송배전 물지 보산	송배전 물지보산관	CSV	주기없	74	한국전력 전	자료정보디지	link	주기없음
37	송배전설비 점검현	Power Partner	CSV	주기없	75	행정구역별	송배전지리	CSV	주기없음
38	송배전설비 점검현	Power Partner	CSV	주기없	76	행정구역별	송배전지리	CSV	주기없음

출처: 산업통상자원부(2015.3, 45쪽)

또한, 상위 10개의 한전 메타데이터를 살펴본 결과, [표 12-5]처럼 최대 3개의 메타데이터 단어로 한 개의 데이터를 설명하고 있다. 즉, 메타데이터가 단순히 구성(예로 가격조사, 입찰 등)되어 검색 시 다른 데이터와 함께 검색되어 민간 수요를 저해할 수 있는 것으로 분석되었다.

표 12-5 2015년 조사된 상위 10개의 한전 메타데이터 목록

데이터명	메타데이터
일자별 시간대별 전력 한계가격정보	한국전력공사, 입찰, 가격조사
발전기별 발전량 통계	한국전력공사, 발전, 발전량
송전탑위치별 풍속관측 정보	한국전력공사, 풍속, 송전탑
e영업통계 정보	한국전력공사, 영업정보, 통계관리
가격조사 정보	한국전력공사, 입찰, 가격조사
배전설비 진단실적 통계	한국전력공사, 연구개발, 국제공인시험
전국 전주전산화변화(전주번호)	한국전력공사, 전주, 번호
전국 지역별 변전소 월별 최대부하 정보	한국전력공사, 변전소운전실적, 변전소 실적
도서	한국전력공사, 전주, 번호
전기차 충전소 운영정보	한국전력공사, 전기충전소

출처: 산업통상자원부(2015.3, 46쪽)

2015년 실시된 한전 데이터를 절실히 필요로 하는 기업 대상으로 전문가 인터뷰를 실시한 결과, 한 사례로 LG전자는 데이터베이스로 기계에 대한 전력 사용량 정보를 바탕으로 전자기기를 제어하는 기술에 대해 특허를 이미 출원했으며, LG전자의 스마트홈 서비스 제공을 위해 시간대별 전력 정보를 사용하여 가전기기를 제어하는 기술과 한전의 한계정보, 발전기별 발전량, 송전 및 변전 설비, 전력 사용 데이터가 반드시 필요하다고 답변하였다.

좀 더 자세히 설명하면, LG전자가 제공하는 스마트홈 기술 분야는 스마트홈 플랫폼, 스마트그리드, 홈미들웨어, 유선 네트워킹, 융합정보가전, 무선네트워킹, IT 연동 등이다. 이 중 한전 데이터의 사용과 일치되는 기술을 살펴보면, 스마트홈 플랫폼 기술은 인터넷으로 냉난방 기기나 방범 기기 등을 제어하는 기술인데, 신축 아파트 중심으로 확산되고 있으나 기기 간 통신방식 차이로 호환성이 떨어져 스마트홈 시장이 성

장하지 못하고 있는 상황에서, 스마트홈 규제 개혁으로 2015년 스마트홈 기기 간 호환성을 실증하는 오픈랩이 구축되었고, 한전의 발전량, 사용량 데이터는 전력시스템 개인 환경 서비스 제어에 필수이다. 발전량, 사용량 데이터로 디바이스 전력량 확인을 통해 전자기기들을 식별하고 전력 제어 기술에 쓰인다.

스마트그리드의 경우, 홈에너지 관리시스템(HEMS) 기술은 댁내 전력, 가스, 온수 등 에너지 소비원이 되는 조명, 전자기기를 IT로 네트워크화하고 자동 제어하는 기술이다. HEMS 정보처리 기술은 홈 내 에너지 소비량과 CO_2 배출량 저감이 목표이므로 개인별 전력 사용량 데이터를 실시간 수집하여 에너지 효율 최적 패턴을 설정해 전자기기를 제어한다. 각종 전자기기를 일정하게 제어하기 위해서는 최적화 연산을 통해 전자기기를 제어해야 하며, 이러한 연산을 위해 필요한 것이 한전의 전력량 데이터이다. 이 데이터는 에너지 사용 패턴을 분석하고 각종 전자기기의 최적 효율을 설정한 뒤 제어하는 기본 데이터로 사용되는데, 2015년 당시 이 데이터는 데이터 파일 형식으로 제공하고 있으나, 데이터를 정규화하여 오픈 API로 제공되고 있지는 못한 상황이었다.

융합정보가전 기술은 감성융합 상황인지 실감 사용자 인터랙션 기술로 MPEG-V에서 실감효과에 의한 국제표준화를 주도하고 오감 정보를 처리하기 위해 많은 연구소가 기술 개발 중이다. 인간의 오감 서비스를 제공하기 위해서는 인간의 행동 패턴, 날씨와 주변 환경 변화, 시간에 따른 변화에 대한 정보를 종합 분석하여 인간이 실감할 수 있도록 다양한 전자기기를 제어해야 되며, 이러한 제어를 위해서는 생활 공간에 센싱을 설치해 행동 패턴을 분석한 뒤 시간별, 날씨별 조명기기에 관한 정보를 종합 분석해야 하고, 이를 위해 시간대별 전력 사용량(한계정보, 발기전별 발전량, 송변전 설비 등) 데이터를 사용하여 실감형 서비스를 위한 기본 데이터로 사용해야 한다.

한편, 한전의 주요 데이터를 실사한 결과, 활용 가이드, 데이터닷지오닷케이알(Data.go.kr)과 데이터 명칭이 상이하여 사용자들에게 혼동을 초래할 수 있기 때문에 데이터 명칭이 선결되어야 한다. 또한, 한계정보의 경우 엑셀 데이터로 공개되는데 데이터가 미정리된 상태로 개방되어 사용자들의 데이터 가공이 힘든 상태이다. 게다가 전력량에 대한 분류가 전혀 되어 있지 않는 등 전반적으로 데이터에 대한 보완이 필요한 것으로 결론 내렸다. 또한 한전 데이터의 개방 활용 상황에 대해 2015년 조사한 결과에서 보면, 에너지데이터의 개방화 투자를 위해서는 단순히 다듬지 않은 에너지데이터를 정부 포털에 탑재하는 것에 머물러서는 안 되고, 데이터 명칭의 표준화와 어느 정도의 정제화 과정이 필요하며, 특히 오픈 API를 통해 개방화가 완결되어야 하며, 데이터 정규화 등 전체적인 관리 로드맵이 필요하다.

앞서 언급했듯이 국가 에너지데이터 전략 차원에서 한전 미터 데이터가 2019년부터 개방되기 시작한다. [그림 12-8]과 같이 전력 데이터 수집 영역의 플랫폼화가 진행된다. 이에 대해서는 앞에서도 언급했는데, 한전은 전력데이터 개방 포털, 전력데이터공유센터, 다른 에너지데이터도 공유하고 거래 가능한 에너지마켓플레이스를 순차적으로 진행한다는 계획이다. 전력데이터공유센터에서는 기본적인 분석기술이 한전에 의해 개발되어 제공되고, 에너지기업들은 한전 데이터를 분석할 수 있는데, 데이터 유출은 안 되고 물리적으로 폐쇄된 공간에서만 분석이 가능하다는 한계를 가진다. 2019년 4월 기준, 법적 제한 때문에 외부에서 데이터를 요청하면 한전 내부에서는 활용 가능하나, 나가는 데이터가 제한되어 있어서 아직 민간기업의 비즈니스 모델에는 도움이 되지 못하는 실정이다.

그림 12-8 한국전력의 전력데이터 개방 프로세스

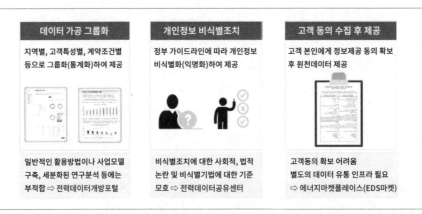

자료: 한국전력, 2019. 4.4

이처럼 한전은 [그림 12-9]와 같이 전력데이터공유센터를 2019년 4월 개방했는데, 보안이 확보되어야 한다는 이유로 제한된 공간에서 외부와의 소통이 없는 상태에서 분석 작업을 할 수 있는 센터이다. 즉, 보안이 확보된 공간에서 연구소, 공공기관 및 민간 서비스 개발자들은 스마트폰 등의 사용이 금지된 폐쇄된 공간에서 한전이 제공

하는 전력데이터를 분석할 수 있고, 서비스 및 분석 모델을 검증할 수 있도록 한전은
분석 환경을 제공하고, 전력데이터를 열람할 수 있게 한다.

그림 12-9 한국 한국전력이 제공하는 데이터공유센터 개념도

자료: 한국전력, 2019. 4.4

전력데이터공유센터의 관련 시설 및 설비는 [그림 12−10]과 같다.

그림 12-10 한국전력이 제공하는 전력데이터공유센터(물리적 공간)

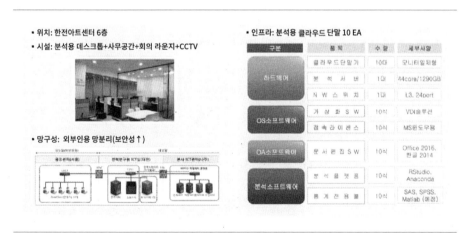

자료: 한국전력, 2019. 4.4

한국전력이 제공하는 데이터공유센터의 이용 흐름도는 [그림 12−11]과 같다. 보
안관리가 철저하여 출입 대장 관리를 하며, 이용자 요청 시 전력데이터 추출이 가능하

나 일반 통계데이터와 비식별데이터를 분류하고, 개인식별정보를 제거해 비식별화된 데이터가 제공된다.

그림 12-11 데이터공유센터의 이용 흐름도

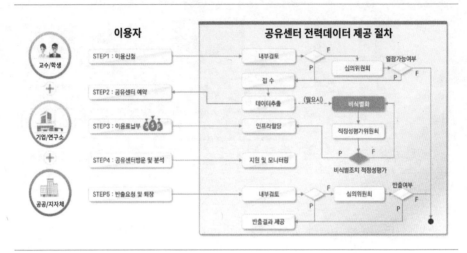

자료: 한국전력, 2019. 4.4

　　한전 중심으로 시작된 데이터 서비스를 시작으로 남동, 남부, 동서, 서부, 중부발전 등 발전 5사가 2019년 6월 발족한 '발전 5사 공공데이터 개방·활용협의체'가 공공데이터 활용 활성화를 위한 협업과제를 공동으로 발굴하기로 하고, 민간의 니즈를 반영하기 시작했다.

참고문헌

가천대학교 산학협력단(2018.3). 한국형 그린버튼 제도 도입 방안 연구.

교육과학기술부, 행정안전부, 지식경제부, 방송통신위원회, 국가과학기술위원회(2012), 스
　　　마트 국가 구현을 위한 빅데이터 마스터플랜.

국가정보화전략위원회(2011), 지식정보 개방과 협력으로 스마트 정부 구현.

국토연구원/한국교통연구원(2018). 국토교통 빅데이터 추진전략 및 변화관리 방안 연구

김정현(2016). 유럽연합의 빅데이터 관련 법제에 관한 고찰, 법제 2016권, 6호: 102-125.

매일경제(2019.4.16). 규제 샌드박스 2호, 한전 전력빅데이터 센터 개소

모스파블로그(2013), [정부3.0] '공공데이터 포털'로 개방창구 일원화, http://www.mospa
　　　blog.net/11810946.

미래창조과학부(2013), 정부3.0을 통한 창조경제 기반 조성계획, 보도자료.

법제처(2017). 빅데이터 관련 개인정보 보호 법제 개선 방안 연구, 법제처.

산업통상자원부(2015.3), 고수요·고가치 공공데이터 발굴 및 활용 방안 연구

아이티월드CIO(2013), 분석역량을 내부 비즈니스에 활용한 IBM 혁신사례, IDG Summary,
　　　Analytics in IBM, sponsored by IBM.

아이티월드CIO(2014), 빅데이터와 DW의 조합, 하이브리드 DW 성공가이드, IDG Tech
　　　Focus, sponsored by kt NexR.

안전행정부/한국정보화진흥원(2013), 공공 데이터 활용과 일자리 창출.

에너지신문(2019.6.20). 공공데이터 개방·활용 확대 위한 협의체 가동

에스케이티(SKT)(2013), SKT, 온라인 개방과 지원 위한 'T developers', 'Big data hub'구축,
　　　보도자료.

윤미영(2013), 주요국의 빅데이터 추진전략 분석 및 시사점, 과학기술정책 제 23권 제 3호,
　　　과학기술정책연구원.

이주열(2013), '빅데이터' 플랫폼의 미래, Technology Inside, LG CNS R&D Journal, LG
　　　CNS 정보기술연구원.

이코노믹리뷰(2013), 미국, 날씨 관련 빅데이터 벤처기업, 1조에 넘어가, http://www.eco
　　　novill.com/archives/125028.

한국기상산업진흥원(2013), 빅데이터 관점에서의 기상 정보와 타 산업 간이 융합방안, Issue paper.

한국데이터진흥원(2019). 2018 데이터산업 백서.

한국전력(2019.4.4). 전력 빅데이터 기반 신 비즈니스 활성화 전략, 전력/IT 융복합 기술워크숍 세미나 발표문, 한국통신학회

한국전자통신연구원(2016). 데이터 캐피탈리즘: 데이터 자본화 이슈, ETRI Insight.

한국정보화진흥원(2012). 주요국의 빅데이터 추진전략 분석 및 시사점

행정안전부(2013). 공공데이터 개방·활용 성과측정을 위한 평가모델 연구.

행정안전부(2018. 1. 17). 공공빅데이터센터 구축 본격 추진, 보도자료.

European Parliament legislative resolution of 13 June 2013 on the proposal for a directive of the European Parliament and of the Council amending Directive 2003/98/EC on re-use of public sector information(COM(2011)0877-C7-0502 /2011 -2011/0430(COD))

Fehrenbacher, Katie(2011), Weatherbill Morphs Brand to Focus on Climate, http://gigaom.com/2011/10/10/weatherbill-morphs-brand-to-focus-on-climate/.

Gartner(2012), Market trends: Big Data Opportunities in Vertical Industries.

Green Button Alliance(2016.11.11.) Green Button Brochure

http://genomicscience.energy.gov/compbio/

IDG(2014), CEOs Call for Big Data and IT Continues to Lead Investment Decisions, Newsroom, Big Data Enterprise Survey.

Ifpress(2017.6.19.). Smart meters customers get new tools to save money

Information week(2012), White House Shares $200 Million Big Data Plan.

National Institute of Standards and Technology(2012.2.20.). An Introduction to Green Button

NEM(Networked & Electronic Media)(2013). Big and Open data Position Paper.

White House(2012), OBAMA ADMINISTRATION UNVEILS 'BIG DATA' INITIATIVE, Office of Science and Technology Policy Executive Office of the President, Press Release.

White House(2013), Managing Information as an Asset.

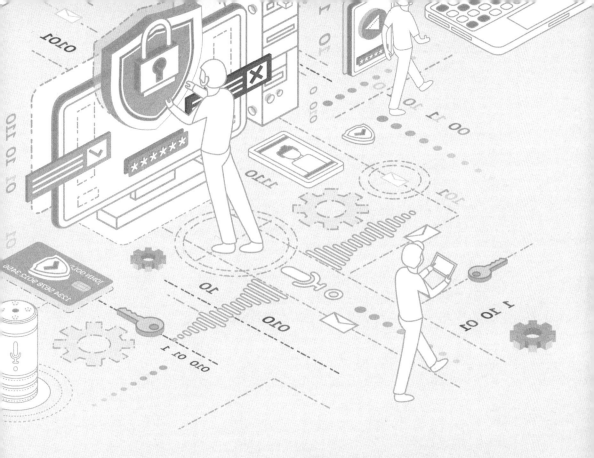

에너지데이터와
규제혁신

학습목표

데이터의 구축과 유통, 활용 등에 걸쳐 데이터가 턱없이 부족한 현재의 상황과 아직도 폐쇄적인 가치사슬 구조로 인해 산업적 활용도가 저조하며 엄격한 수준의 개인정보 규제로 데이터 활용이 위축되어 있고, 기업이 실제로 필요로 하는 데이터분석 환경이 미비한 상황에서 한국의 데이터 규제혁신 이슈를 개관하고, 양질의 데이터 활용, 클라우드 활성화, 개인정보의 안전 활용 등 3대 규제혁신에 대해 에너지데이터 중심으로 논의하고자 한다.

제13장

에너지데이터와 규제혁신

데이터거버넌스 규제혁신 개관

4장에서 데이터 경제 시대 패러다임 변화에 대해 언급하였다. 상기하면, 2011년 데이비드 뉴먼(David Newman)이 쓴 가트너(Gartner) 보고서(How to Plan, Participate and Prosper in the Data Economy)에서 처음으로 '데이터 경제(Data Economy)'라는 개념이 등장하고, 2014년부터 유럽집행위원회(EC)가 경제성장과 일자리 창출 동력으로 이 개념을 사용한다. 또한, 4차 산업혁명 진전으로 데이터는 사람, 자본 등 기존 생산요소를 능가하는 핵심자원으로 더욱 부상 중이며, 전체 산업의 혁신성장(기존산업 혁신, 신산업 창출 등)을 가속화한다. 패러다임 변화로 에너지 산업생태계에서도 에너지 데이터의 수집·저장·유통·활용 기반으로 공급과 수요를 연결하는 중개자인 플랫폼 기업의 역할이 중요해진다.

과거 산업혁명시대에 원유를 많이 확보하고 잘 사용하는 국가가 강력한 힘을 발휘했듯이, 데이터를 얼마나 잘 활용하는가에 따라 4차 산업혁명 시대 국가 위상이 바뀌기 때문에 데이터를 원유로 비유한다. IDC에 따르면, 2018년 세계 데이터 시장규모는 1,660억 달러로 2022년 2,600억 달러로 성장하고, 세계 데이터량은 2025년 163ZB로 현재보다 약 10배 증가할 것으로 전망된다. 데이터를 잘 활용하면 생산성이 높아지고 새로운 서비스와 일자리가 생긴다. 데이터는 맞춤형 정밀진단, 최첨단 스마트공장, 자율주행차, 스마트팜 등 지능화 기반의 산업 혁신뿐만 아니라, 최적의 교통신호 제어, 치매 예측, 인공지능 기반 범죄분석, 합리적인 신용 대출 등 광범위한 분야에 활용된다.

10장에서 에너지데이터 IT 인프라에 대해 언급하였다. 에너지산업에 IoT와 AI가 이용되어 데이터분석으로 원격검침, 자산 추적, 첨단 제어, 예측적 유지보수 등의 기능을 할 수 있다. 하지만 IoT 데이터가 급증하면 이의 축적·유통·관리가 매우 중요하며 핵심 인프라는 클라우드이다.

12장에서는 주요국의 에너지데이터 전략과 기업의 에너지데이터 활용에 대해 언급하였다. 미국은 데이터에 대한 선제적 전략 추진과 투자로 기업들의 최고 경쟁력 보유에 기여하였다. EU도 일찍부터 공공데이터를 개방하였고, 개인데이터 보호제도를 정비함과 동시에 데이터 경제 육성 전략을 추진한다. 한편에서는 지나친 보호라는 우려도 유발시키는 개인정보보호규정(GDPR)을 시행해 데이터 접근권·이전권·삭제권을 강화하고 법적 책임을 명시하였고, 다른 한편에서는 2020년까지 AI 산업육성에 민·관 합동 200억 유로(26조 원)를 투자하는 등 균형 잡힌 데이터 전략을 추진 중이다. 한편, 중소기업, 스타트업, IT 기업들은 여전히 데이터에 목말라 있으며, 글로벌 IT 기업들의 관련 기술 투자를 통한 데이터 자산화가 진행된다. 또한, 일부 기업의 IoT 데이터 분석 플랫폼의 개방화에 힘입어 범용화된 개방형 API 기반에서 다양한 IoT 에너지 비즈니스 모델 개발이 가능하기 시작한다.

한국의 규제혁신이 진행 중이지만, 더 활발한 혁신 유인이 필요하다. 2017년 기준, 한국에는 각종 규제로 막혀 있는 클라우드 컴퓨팅의 공공·민간에서의 활용도가 상당히 낮아, OECD 국가 중 27위이고, 기업 활용도는 12.9%이다. IITP에 의하면, 2018년 한국 데이터 관련 기술력은 미국 100점 경우 79점이다. IMD에 따르면, 2018년 한국의 데이터 활용도는 63개국 중 31위로 글로벌 경쟁력을 높이기 위한 국가 차원의 전략이 요구된다. 개인정보 규제가 OECD 국가 중 가장 높은 수준이라지만, 개인정보 보호도 잘 안 되고 지나친 규제 덕에 데이터 활용도 잘 안 되는 상황이다.

이에 한국에서는 2018년 6월 '데이터 산업 활성화 전략', 2019년 1월 '데이터·AI 경제 활성화 계획'이 발표된다. 계획이 발표되었지만, 걸림돌이 존재한다. 2019년 7월 한국경제연구원의 조사에 따르면, 이 계획에 대해 한편에서는 부처 간 합의가 안 되거나 사회적 파장이 있는 규제는 개선 대상에서 제외되어 기업 체감도가 낮고, 인권 보호를 주장하는 다른 한편에서는 2018년 개인정보보호 관련 3법의 개정안이 시민의 정보 인권을 보호해 온 핵심 장치들을 무력화하고 기업 이윤 극대화에만 몰입한다는 것이다. 3법은 행정안전부가 소관부처인 '개인정보보호법,' 과학기술정보통신부(과기정통부)가 소관부처인 '정보통신망 이용촉진 및 정보보호 등에 관한 법률,' 금융위원회가 소관부처인 '신용정보의 이용 및 보호에 관한 법률' 등을 말한다.

2018년 6월 발표된 '데이터 산업 활성화 전략'의 3대 규제혁신 이슈는 양질의 데이터 축적, 클라우드 활성화, 개인정보의 안전한 활용이다. 양질의 데이터 축적의 경우, 공공데이터 활용 관련 설문조사에서 보았듯이 데이터 명칭의 표준화나 개방화 등의 이슈가 존재한다. 클라우드 활성화의 경우, 양질의 방대한 공공데이터를 보유한 국가기관의 민간 클라우드 활용에 대한 이슈가 존재한다. 마지막으로, 개인정보의 안전한 활용의 경우, 개인정보보호법, 정보통신망법, 신용정보법, 위치정보법 등으로 분산되어 중복되어 있는 데다가 일반법과 특별법 간 관계가 모호한 상황이라는 이슈가 존재한다. 다음에서는 이 세 가지 이슈에 대해 각각 살펴보고 에너지데이터와 관련해 논의하겠다.

제2절 양질의 에너지데이터 활용

양질의 데이터 활용의 경우, 데이터 명칭의 표준화나 개방화 등의 이슈가 존재한다. 물론 기업들에게 중요한 데이터 활용의 전제조건은 관련 투자 대비 원하는 만큼의 효과를 거둘 수 있는지 여부이다. 하지만 투자 대비 효용성보다 더 중요한 것은 데이터 자체의 품질이다. 데이터를 활용하기에 앞서 우선은 의미가 별로 없고 양만 많은 다크(Dark) 데이터와 가치 있는 데이터를 구분할 수 있어야 한다. 즉, 보유한 데이터 중 가치 있는 부분을 발견하고 분석하는 것에 집중하는 것이 더 중요하다는 의미이다.

따라서 데이터 활용의 전제조건은 품질 요구이며, 이를 데이터거버넌스(Data governance)라고 부른다. 점점 실시간 데이터가 폭증함에 따라 노이즈(Noise)는 증대되어 의미 있는 패턴(Pattern)을 찾는 것이 더욱 힘들어지면서 데이터 품질의 중요성은 더해지고 있다. 기업은 빠르게 변화하는 경영 환경에서 적절하고 시의적절한 결정을 내리기 위해 의미 있는 데이터를 필요로 하고, 특히 데이터와 노이즈(Noise)로부터 장애를 극복하고 더욱 스마트한 결정을 필요로 한다. 실시간 서비스가 가능해지지 않으면 그 효용이 떨어지기 때문에, 데이터는 선별되어 저장되어야 한다. 따라서 기업은 조직의 경영목표를 이해하기 위해 부서 간 협력을 촉진하여 부서 간 사일로(Silo) 체제를 타파하는 거대한 데이터거버넌스 전략을 수립해야 하며, 전략 주체들도 개별 부서의 목표가 잘 표현되도록 보장하기 위해 여러 부서 및 사업 부서에서 참여해야 한다.

데이터거버넌스는 데이터 관리로 데이터 품질 관리 외에 메타데이터 관리, 데이터 인벤토리, 데이터 수명주기 관리, 데이터 액세스 및 권한 부여, 데이터 통합 등의 관리 및 통제 기능들을 포함한다. 이러한 기능들을 통해 획득한 데이터라면 분석에도 가장 적합한 형식으로 제공되고 얻은 통찰력에 높은 수준의 확신을 부여할 수 있다. 2017년, 리서치회사인 오범(OVUM)은 데이터거버넌스의 필요성을 강조하면서 특히 데이터를 많이 가진 기업군 중 하나인 통신기업들에게 데이터거버넌스 시스템을 갖추어 나갈 것을 제안한다. 데이터거버넌스는 대용량 데이터가 잘 구성되고 보안과 프라이버시를 유지하면서 가능한 한 적은 수의 오류로 정확한 접근을 보장하는 것이다. 이러한 기능을 통해 획득한 모든 데이터는 분석을 위해 가장 적합한 형식으로 제공된다. 오범에서 제시된 데이터거버넌스의 주요 기능은 [그림 13-1]과 같이, 데이터품질 관리, 메타데이터 관리, 데이터주기 관리, 데이터 보안 및 프라이버시 유지 등 네 가지로 구

그림 13-1 데이터거버넌스의 주요 기능

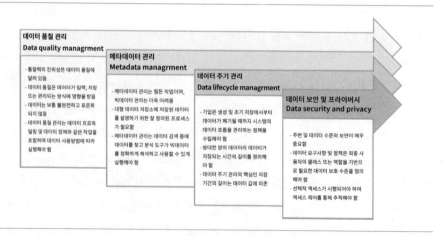

자료: OVUM(2017.9.8) 번역

분된다. 중요한 것은 보다 광범위하게 사용하기 위해 우선시되는 데이터 유형을 보는 것과 프라이버시와 투명성을 확보하는 방법, 각 비즈니스 니즈에 맞춰 이에 대한 책임 수행자들이 참여하여 전사적 전략을 수립하고 실천에 옮기는 것 등이다. 이러한 데이터거버넌스하에 전략을 수립하면, 사용자들은 데이터를 더 신뢰하게 되고, 기업 내에서의 비즈니스 인사이트, 경영 의사결정, 경쟁력 제고 등에 데이터가 잘 활용될 수 있다.

기업은 데이터거버넌스를 통해 숨겨진 힘의 잠재력을 확인해야 한다. 이는 관련 규제의 준수와 이슈 해결도 물론 포함한다. 위의 네 가지 기능에서 확인되듯이, 이는 기업이 가진 핵심 자산인 데이터를 제때에 정확히, 신뢰성 높게 활용할 수 있도록 접근성과 소유권을 부여하는 시스템을 구축하는 것이다. 따라서 기업은 경쟁력 획득에 필요한 데이터를 찾고, 이해하고, 신뢰할 수 있도록 기업 내·외의 이해관계자 모두에게 힘을 주는 것을 우선 고려해야 하며, 그렇게 되면 데이터거버넌스는 기업들에게 혜택을 줄 것이다. 먼저, 데이터를 문서화하고 그 시스템을 제시하면 적절한 정책을 수립해 실천하게 되고, 데이터를 다루는 모든 이들의 책임과 역할에 도움을 주고 전사적 협력을 유도하게 될 것이다.

오범 보고서에는 데이터거버넌스가 기업에 주는 혜택 여섯 가지가 제시된다. 첫째는 데이터 자산에 대한 투명성 제공이다. 데이터거버넌스는 데이터에 대한 전반적 시각을 제공하고 데이터 접근을 향상시켜 이전에 이용할 수 없었던 통찰력을 얻을 수 있게 한다. 둘째는 보다 신속한 분석이다. 데이터 자산에 대한 집중되고 세밀한 정보와 이를 사용하는 방법을 통해 분석 사례들을 개발하고 구현하는 것이 더 쉬워진다. 셋째는 더욱 향상된 데이터 품질 생성이다. 데이터 중복을 최소화하면 데이터 소유자는 한 버전의 진실(Single version of truth) 데이터를 생성할 수 있으며, 부정확한 결론 및 불량 분석은 자연히 감소된다. 넷째는 보안 유지이다. 보다 세분화된 접근제어 정책은 데이터 수준에도 사용되어 일관된 역할 기반(Role-based)의 접근제어가 활성화되므로, 데이터 유출(Data breach)에 대한 신속한 탐지 및 대응이 가능해진다. 다섯째는 규정 준수(Regulatory compliance)의 향상이다. 비즈니스 전반에서의 데이터 사용에 일관되게 적용되는 데이터 정책은 관련 산업계의 규정을 준수할 수 있게 한다. 마지막 여섯째는 비용절감 효과의 달성이다. 데이터거버넌스가 제공하는 보안 기능들은 데이터 프라이버시 및 보안 침해로 인한 배상금 및 벌금과 관련된 비용을 줄여 준다.

에너지데이터로 돌아와 보면 먼저 한전(KEPCO) 보유 데이터에서 데이터거버넌스가 시작되어야 한다. 2018년 기준 한전이 보유한 데이터는 용량 기준으로 127테라바이트, 건수 기준으로 4,207억 건이다. 따라서 에너지데이터 활성화 규제혁신이 시작되는 영역은 한전의 에너지데이터센터 구축이다. 2019년 2월, 한국 정부는 산업융합 분야 규제 샌드박스 2호로 전력데이터 민간 활용을 돕는 전력데이터공유센터 구축을 허용했고, 에너지 분야 상품·서비스 거래를 중개하는 온라인 플랫폼 사업도 승인했다. 이러한 규제 할러데이(Regulation holiday) 조치를 예상하여, 한전은 [그림 13-2]와 같이 261개의 한전 시스템에서 매일 나오는 약 3조 개의 데이터를 서로 연계하는 작업을 2018년에 완료했고, 2019년 4월에 설비와 고객불만(Voice of customer; VOC) 데이터를 개방하였다. 전력데이터공유센터의 개념도와 시설과 이용 흐름도는 12장에서 이미 언급하였다.

그림 13-2 한국전력(KEPCO) 플랫폼 아키텍처 개념도

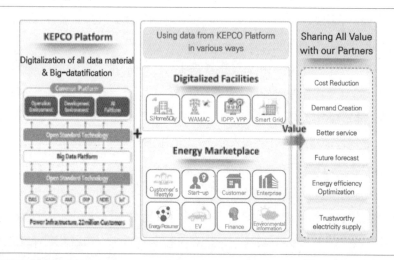

출처: 동아일보, 2019.2.26.

규제 샌드박스에 힘입은 한전은 2019년 8월 에너지 서비스 중개플랫폼인 '엔터(EN:TER)'를 통해 비즈니스 매칭 서비스를 제공하며, 대상은 에너지 절약 전문기업(Energy Service Company), 전력수요관리(Demand Response) 마켓, 전력데이터 서비스(Electric Power Data Service) 마켓이다. 고객은 에너지 절약 전문기업을 통해 초기 투자비 부담 없이 회사·공장·빌딩 내 노후화된 에너지 시설과 저효율에너지 시설을

고효율 시설로 대체하고, 전력수요관리 마켓을 통해 절약한 전기를 전력시장에 판매하고, 전력데이터 서비스 마켓을 통해 전기사용량을 확인할 수 있다. 이 외에 회원들이 에너지데이터에 쉽게 접근할 수 있도록 한전 모바일 앱, 우리동네 전기공사업체 안내, 분산전원 연계정보 안내, 전력통계, 한전 특허검색 등 고객편의 서비스와 에너지데이터를 제공한다.

그림 13-3 KEPCO의 에너지마켓플레이스 개념도

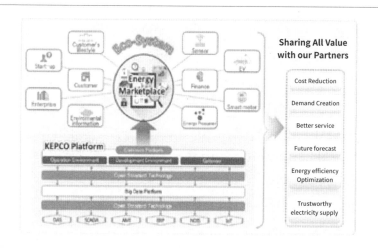

출처: 동아일보, 2019.2.26

　2019년 과학기술정보통신부의 데이터경제 활성화 정책으로 우선시되는 사업은 앞서 언급한 데이터 플랫폼 및 센터 지원이고, 이를 기반으로 데이터 활용 과제를 지원하며 데이터 소유 기업의 데이터 판로를 열어 주어, 데이터가 필요한 중소·스타트업에 데이터의 구매, 활용, 가공이 필요한 기업에게 데이터 바우처를 매칭 형태로 지원하고, 인공지능 학습용 데이터를 단계적 구축·보급하는 내용이 추진될 것이다. 여기에는 정보주체의 동의를 얻어야 하는 개인데이터의 안전활용도 포함된다. 개인정보와 연관된 개인데이터 안전 활용에 대해서는 뒤에서 따로 다룬다.

제3절 **에너지데이터 클라우드 활성화**

클라우드 활성화의 경우, 양질의 방대한 공공데이터를 보유한 국가기관의 민간 클라우드 활용에 대한 이슈가 존재한다. 클라우드 인프라에 대해서는 10장에서 언급했는데, 상기하면 이는 IoT 데이터, AI 등의 기능이 지속적으로 융합되며 전산업, 전분야의 혁신을 유발한다. 이슈는 공공부문의 클라우드 도입인데 주요국의 경우 클라우드로의 빠른 전환을 국가 차원에서 지원하고 있다. 미국은 2016년 연방정부 정보화 예산의 8.5%(8.6조 원)를 클라우드에 활용하고, 보안정책(FedRAMP)으로 92개 서비스 보안 인증을 하여 연방정부에서 이용하고, 2017년 5월, 트럼프 대통령은 '클라우드 Only 행정명령'으로 클라우드 전환을 의무화하면서, 특히 높은 보안을 요구하는 기관(CIA 등)에서도 민간의 퍼블릭(Public) 클라우드 서비스를 이용하는 데 규제상의 문제가 없게 된다. 유럽의 경우, 영국은 더 먼저인 2011년 공공조달 거버넌스를 구축하고, 이어 2012년 클라우드 스토어를 개설하는데, 등록된 2만여 개 클라우드 서비스 중 90%를 중소기업이 제공한다. 또한, 2016년 정부 정보화 예산의 10%(1.1조 원)를 클라우드에 활용하여, 미국처럼 공공 데이터의 90% 이상을 민간의 퍼블릭 클라우드 이용이 가능하도록 규제를 개편한다.

이에 한국도 2015년 3월 클라우드 컴퓨팅법 제정과 같은 해의 11월 범정부 기본계획 수립을 통해 클라우드 산업 육성을 위한 법제도 기반을 마련한다. 기본계획의 목표는 2018년까지 전체 공공기관의 40% 이상이 민간 제공의 퍼블릭 클라우드를 이용하게 한다는 것이며, 공공기관의 민간 클라우드 이용을 지원하기 위해 2016년 4월에 정보보호 기준을 고시하고, 5월부터 인증제도를 시행하고, 7월 가이드라인을 마련한다. 인증제도의 목표는 2018년 6월까지 총 5개 IaaS 분야 인증사업자(KT, NBP, 가비아, NHN 엔터, LG CNS)를 배출하는 것인데, 그동안 정보 유출 우려와 클라우드 도입을 저해하는 개별 법령상의 각종 규제 제도 등으로 활성화가 못 되고 있다. 산업 분야별로 정보의 처리 및 시스템 구축에 관한 별도규정이 존재해 클라우드 도입에 저해요인으로 작용한다.

이에 클라우드 활용 인식 개선, 원천 및 응용 기술개발, 민간 및 공공 도입 지원 등 업무용 중심 클라우드 R&D 및 이용확산에 중점을 두겠다는 클라우드 컴퓨팅 실행전략이 2018년 말에 관계부처 합동으로 발표된다. 법제도와 비협조적인 관련 부처의 입장차도 문제지만, 국내 IT 기업의 경쟁력도 문제이다. 클라우드 기업 구성 비율은 2016년 기준 3% 수준인 데다가 전문인력도 부족하고 기술 격차도 선진국 대비 최소 1년 이상 뒤처져 있다. 이에 관계부처 합동으로 첫째, 데이터 접근성 전략으로 공공부문의 민간 클라우드 이용 확대와 제도 개선, 보안인증 방안이, 둘째, 플랫폼 경쟁우위 전략으로 전자정부 클라우드 플랫폼 구축과 특화 플랫폼 구축, 글로벌 진출 방안이, 셋째, 생태계 신뢰성 전략으로 기술력 확보, 인력양성, 보안산업 육성 방안이 제시되었다. 간단히 소개한다.

먼저, 첫째, 데이터 접근성 전략으로 공공부문의 민간 클라우드 이용 확대와 제도 개선, 보안인증 방안이다. 중앙행정기관, 지자체, 공공기관 등 구분 없이 안보, 민감 개인정보 등 외에 민간 클라우드 이용을 허용하고, 기존 '공공기관의 민간 클라우드 이용 가이드라인'을 폐지하고 민간 클라우드 이용 근거와 요건을 법령으로 재정립하며, 탄력적인 클라우드 서비스를 수요자가 쉽고 빠르게 이용할 수 있도록 서비스 계약 제도 및 서비스 전문 유통 플랫폼을 개선하고, 마지막으로 '클라우드 보안인증제'를 운영해 검증된 클라우드 서비스를 활용하게 하는 내용이다. 에너지데이터 접근 관련해서 한전의 클라우드에 대해 10장에서 언급했다. 한전은 자체 클라우드 컴퓨팅 서비스인 K-Cloud의 생산성 고도화를 위해 알티베이스(Altibase)를 도입하였다. 2014년 프로스트앤설리반(Frost&Sulivan) 조사에 의하면, 글로벌 기관이나 기업들의 클라우드 서비스 업체 선정의 기준은 소프트웨어 개발을 위한 통합형 PaaS 제공 여부이다. 이는 아마존 AWS나 MS의 애저 수준이 되어야 클라우드 PaaS로의 경쟁력이 있음을 의미한다.

PaaS는 클라우드 인프라를 손쉽게 사용할 수 있도록 지원하며, 다양한 개발·운영 환경 제공 및 AI, IoT 등 추가적 서비스 제공을 가능하게 하므로 AWS, MS 등 글로벌 선도 기업의 경쟁력이 강해지고 있다. 또한, 개방형 PaaS란 오픈소스 기반 클라우드 플랫폼으로서 다양한 서비스사업자 간 표준화된 연계 방법 및 환경을 제공하며, 소스 코드가 공개되어 서비스사업자, 개발자 모두 쉽게 산업생태계에 참여해, 특정 사업자에의 종속(Lock-In)을 방지하게 한다. 이는 독점이 우려되는 아마존, 구글, MS에 대한 견제이며, 예로 클라우드파운드리(CloudFoundry of CloudFoundry Foundation), 오픈시프트(OpenShift of RedHat), 클라우드파이(Cloudfy of Cloudfy), 추루(Tsuru of Globo)

등 다양한 기업·재단에서 다양한 오픈소스 클라우드 플랫폼을 개발·공개 중이다.

한편, 한전 자체 보도에 의하면, 2006~2017년 AI를 융합한 재생에너지 특허를 총 15건 출원했고, [그림 13-4]와 같이 2017년부터 개발되기 시작한 팝허브(POP Hub)라는 자체 AI 플랫폼을 가지고 있는데, 이를 개방형 PaaS로 발전시키려면 클라우드 상호 호환되는 산업생태계 조성이 요구된다. 이러한 역할은 통신기업들이 조성중인 에너지데이터 플랫폼에도 동일하게 적용된다.

그림 13-4 한전(KEPCO)의 AI 플랫폼 개념도

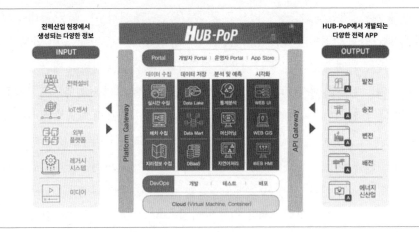

출처: 한국전력 블로그, https://blog.kepco.co.kr/1446, 2019.1

둘째, 플랫폼 경쟁우위 전략으로 전자정부 클라우드(G-클라우드) 플랫폼 구축과 산업 특화 플랫폼 구축, 글로벌 진출 방안이다. 현재 각 부처에서 클라우드 자원을 문서로 신청하면 관리자가 가상머신의 생성, 배포를 수작업으로 처리하는 비효율적인 서버 가상화 수준의 G-클라우드를 운영 중이다. 하지만 혁신을 통해 서버 가상화 외에 네트워킹, 스토리지 등 모든 자원을 가상화하여 품질을 개선하고, 기존의 IaaS 수준에서 SaaS로 시스템 환경을 전환한다는 내용이다. 즉, 첨단화된 민간 클라우드를 전자정부 서비스에 활용하고, 클라우드 기업 간 협업을 통해 AI, 데이터, 블록체인을 융합한 산업 특화 플랫폼을 구축하게 지원하고, 국내 IaaS 기업들과 AI, 데이터, SaaS 등 다양한 중소 소프트웨어 기업 간의 협업을 통한 글로벌 진출을 지원하는 내용이다.

공공 부문의 기관 내부에 구축된 전용 클라우드 시스템과 외부의 클라우드 서비스 제공자의 민간 클라우드를 유기적으로 연계하는 모델은 크게 세 가지이다. 먼저, 하이브리드 클라우드 모델에서는 공공부문의 높은 보안성을 요구하는 정보를 별도로 저장하되, 민간의 우수한 기술은 손쉽게 사용할 수 있도록 연계하여 보완한다. 멀티 클라우드 모델에서는 2개 이상의 민간 클라우드 서비스를 연계하여 장점을 모두 활용한다. 마지막인 민관협력형(PPP; Public Private Partnership) 클라우드 모델에서는 클라우드 서비스 제공자 서버를 공공기관 내부에 설치하고 AI, 블록체인 등 신기술을 기관 전용으로 제공하게 하면서, 기관은 이용료만 납부한다.

위에서 한전의 PaaS화에 대해 언급하였는데, 한 단계 더 나아가 AI, 데이터, 블록체인이 접목된 신모델의 클라우드 시스템화와 SaaS로의 진화가 한전에게도 필요하다. 정부의 혁신 내용은 글로벌 클라우드 선도 기업과의 협력을 통해 각 산업 분야별 경쟁력 있는 SaaS를 개발하게 하는 것이다. 글로벌 선도기업은 AWS, MS, 알리바바 등의 외국 기업 외에도 KT 등의 통신기업 인프라(IaaS, PaaS)도 있다.

2019년 클라우드 IaaS 및 PaaS만 보면, 글로벌 3위권자(아마존, MS, 구글)의 강세가 지속되고 있으며(세계시장 57% 점유), IBM, 알리바바 등이 추격 중이다. 한편, IDC에 의하면 2017년 11월 기준 글로벌 클라우드 시장은 연평균 21.9% 급성장이 예상되며, 주로 SaaS 중심의 시장이 형성, 미국·서유럽 국가와 기업이 글로벌 시장을 주도 중인 것으로 확인되었다. 2016년 122.3조 원에서 2021년 328.8조 원으로 성장할 것으로 예측되며, SaaS 비중은 67.4%이다.

2018년 기준 클라우드 SaaS만 보면, MS가 전통 강자인 세일즈포스를 제치고 1위를 기록했으며, 어도비, 오라클 등이 추격 중이다. SaaS는 현재 엔터프라이즈 소프트웨어(SW) 시장 규모의 약 15% 정도이나, 전통적 SW기업의 클라우드 기반 비즈니스 모델 전환 등으로 고성장 추세에 있어 향후 SW시장에서의 SaaS 비중은 점차 높아질 것으로 예상된다. MS는 기존 패키지형 SW기업의 클라우드 기업화로, AWS는 클라우드 기업의 인공지능 기업화로 빠른 변신을 하고 있다. MS는 클라우드/모바일 퍼스트 전략을 추구하면서 클라우드 컴퓨팅 사업(Azure, Office365 등)에 총력을 기울이고 있고, AWS는 AI 기술/인력이 없어도 누구나 쉽게 서비스를 구현할 수 있는 클라우드 기반 AI 솔루션(AI as a Service(AIaaS)) 제공을 확대하고 있다. 한국에서는 IaaS인 KT, 중소 SaaS인 NBP·더존비즈온, 영림원소프트랩 등 클라우드 비즈니스 경쟁력 확보를 위해 노력 중이다. 앞서 언급한 한전의 AI PaaS 플랫폼도 SaaS로 가기 위해 이러한

SaaS 기업들과의 협력을 필요로 할 것이다.

마지막으로 셋째, 생태계 신뢰성 전략으로 기술력 확보, 인력양성, 보안산업 육성 방안이다. 한국클라우드산업협회, 한국클라우드컴퓨팅연구조합, 한국IT서비스산업 협회 등 관계 기관을 중심으로 교류 협력을 위한 'K-Cloud Alliance'가 2019년 발족 되었다. 아울러 부족한 클라우드 인력양성 전문기관을 확대하고 클라우드 기반 교육 환경을 구축하는 등 기반 강화를 추진 중이다. 이에 11장에서 언급된 에너지데이터 교육과정도 클라우드 전문가 양성을 위한 노력을 함께 하여야 할 것이다.

제4절 개인 에너지데이터 안전 활용

개인정보의 안전 활용의 경우, 개인정보보호법, 정보통신망법, 신용정보법, 위치정 보법 등으로 분산, 중복되어 있고 일반법과 특별법 간 관계가 모호하다. 2014년 오범 (OVUM)에 의하면, 개인데이터(Personal data) 내지 개인정보는 가장 기본적인 개인의 이름, 성, 연령, 주소, 사진, 직업에 대한 정보는 물론이고, 건강 및 의료 관련 정보, 은 행 정보, 정부 기관 보유 정보와 이메일, 전화번호, 스카이프나 메시징 서비스의 계정, 모바일 위치정보, 여행정보, 쇼핑 구매 기록, 전화 청구서, 신용카드 청구서, 인터넷 검색 및 소셜 네트워킹 활동, 통화 내역, 개인적 선호도나 관심사, 그리고 주변 친구들 과 가족의 선호도나 관심사 등 무궁무진하다. [그림 13-5]에서 보듯이, 개인 데이터 는 서비스 제공자의 프라이버시 정책하에 법적으로 허용된 트래킹 기술을 통해 인터 넷 디바이스와 브라우저에서 수집된 정보들이다. 개인은 이러한 데이터가 트래킹되 는 것을 허용하는 대가로 디지털미디어 및 서비스를 제공받는다. 그런데 문제는 이러 한 데이터가 수집되어 분석될 수 있다는 점이고, 이러한 분석의 결과가 타깃광고나 광 고주 내지 제3자가 제공하는 서비스에 이용될 수 있다는 점이다.

유럽연합의 개인정보보호법(GDPR: General Data Protection Regulation)이 2018년 5월 25일 발효되었는데, 이는 데이터 주체를 보호하는 법이다. 이 규제를 위반하면 최 고 2,000만 유로 또는 매출액의 4%의 벌금이 부과된다. 여기에는 데이터 수집 통보를 받을 권리, 접근할 권리, 수정할 권리, 처리를 제한할 권리, 데이터를 옮길 권리와 이

그림 13-5 상업적 활용이 가능한 개인 데이터

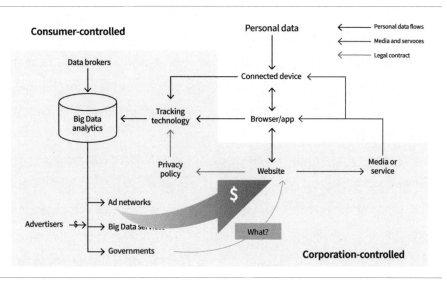

출처: 오범(OVUM)(2014.2)

의 신청 권리, 자동화된 의사 결정 대상이 되지 않을 권리, 삭제 권리 등이 모두 포함된다. 이 규제는 그동안 데이터 레이크(Data Lake) 이니셔티브를 통해 가능한 한 많은 데이터에 접속 가능하게 하자는 데이터 공개 및 활용 취지를 한순간에 물거품화할 수도 있는 강력한 조치이다.

기업들은 데이터에 목말라 있어서 가능한 한 많은 데이터를 수집하기를 원한다. 이러한 데이터 수집의 중요성을 먼저 인식한 일부 IT 기업들은 수익이 나지 않아도 데이터 소유권을 갖기 위해 관련 비즈니스를 확장한다. 최근 경쟁적으로 제공되는 AI 스피커는 당장 수익이 나지 않지만 데이터 수집을 위해 제공되는 미끼이다. 여기에 보다 고도화된 데이터 분석 역량과 클라우드 컴퓨팅을 함께 보유한 IT 기업은 수집된 데이터를 당장의 사업 확장에만 활용하지 않고 보다 나은 AI 개발에 사용한다. 이처럼 데이터의 중요성이 더해 갈수록 데이터거버넌스가 전제조건이 된다. 데이터거버넌스는 먼저 각 기업이 가진 데이터 자산의 구조화된 통합 및 관리를 가능하게 하는 프레임워크에서 시작되어야 한다. 즉, 무결성이 높고 법적 표준을 준수하는 쉽고 효과적인 전사적 데이터 액세스를 가능하게 하여야 한다. 이에 대해서는 앞에서 언급하였다.

유럽연합과 한국은 프라이버시를 수호해야 하는 기본 인권으로 인정하여 강력한 개인정보 보호 규정을 갖는 반면, 미국은 프라이버시를 상품으로 보는 관점이 상대적으로 강하다. 미국의 프라이버시 정책 방향은 개인이 정보주체로서 권리 행사를 편리하게 하도록 기업의 책임과 의무를 강조한다. 한편, 미국에 비해 유럽과 한국의 이러한 접근방법은 현실적인 효과성에 한계를 갖게 한다. 즉, 데이터 분석 이전에 개인데이터를 통해 어떠한 결과가 도출될지 사용자에게 적절히 고지하기가 어렵기 때문에 사용자는 자연히 자신의 데이터가 데이터 분석에서 어떻게 사용되는지에 대해 동의하기가 쉽지 않다.

기업의 개인정보 활용이 더 증가함에 따라 프라이버시 침해에 대한 '불안감'도 커진다. 애플이나 구글 등의 위치정보 수집 의혹이 불거진 이후, 어디까지 개인정보로 볼 것인가 논란은 현재진행형이다. 한편에서는 개인을 식별할 수 있는 내용이 담겨 있지 않은 단순 위치정보를 개인정보로 보고 수사하는 것은 무리라는 입장이지만, 다른 한편에서는 단순 위치정보라고 해도 2차, 3차 가공을 통해 개인정보를 추출해 낼 수 있고 해킹을 통해 유출될 우려가 있기 때문에 이를 수집해서는 안 된다는 입장이다.

개인데이터는 특히 페이스북과 같은 SNS와 밀접한 관련이 있다. 예전에 기업들은 고객 반응을 모으기 위해 자사 웹 사이트를 만들고 그 위에 정해진 절차(로그인 프로세스, 이벤트나 설문 조사 등의 정보 수집 활동 등)를 통해 데이터를 수집했다. 하지만 페이스북이나 트위터는 오픈 API 형태이므로, 기업은 특정 앱이나 위젯(Widget), 자사 웹 사이트, 페이스북, 트위터 등을 통해 고객 동의만 거치면 다양한 고객 정보를 수집할 수 있다. 조사 번거로움을 줄이면서 쉽게 소비자 개인 데이터에 접근할 수 있다. 더구나 정형 데이터 외에도 반(半)정형 데이터(HTML 등 메타데이터), 비(非)정형 데이터(GPS 등 실시간의 스트림 데이터) 수집이 모두 가능하게 된 것이다.

이러한 개인데이터의 소유권, 프라이버시 등과 관련해 그 부정적 파장을 가장 먼저 이슈화한 국가는 독일이다. 2010년 '소비자센터총연맹(Verbraucherzentrale Bundes verband; VZBV)'은 페이스북 운용법에 대해 문제를 제기하고 법정에 고소한다. 페이스북이 개인정보 사용권을 남용해 독일, 유럽의 '데이터보호법(Data Protection Act)'을 위반했고, '친구검색' 기능이 이메일 주소록에 등록된 연락처를 통해 온라인상의 친구를 찾도록 되어 있어서 프라이버시를 침해한다는 내용이다. 이에 독일지방재판소는 2012년 3월 6일 페이스북의 서비스규약 변경을 판결하기에 이른다.

한편, [그림 13-6]과 같이 미국 디자인마인드(Design mind)가 2011년 실시한 설문("특정 유형의 개인정보, 즉 개인 데이터를 보호하는 서비스에 대해 매년 몇 달러 정도 까지 지불해도 좋은가?") 조사에서 개인데이터를 보호해 주는 서비스에 대해 얼마 정도 지불의사가 있는지에 대한 질문에 대해, 허용 금액 범위는 3~240달러로 정보 성격에 따라 다양하다. 정부의 공식 ID처럼 범죄 악용 시 피해가 막대한 정보에 대해서는 가장 고액(240달러/년)의 지불의사가 있는 것으로 확인되었다. 그 다음으로 신용카드 정보(150달러/년), 커뮤니케이션 이력(채팅 로그, 문자 메시지, 이메일 등)(59달러/년), 웹 검색 이력(57달러/년), 위치정보 이력(55달러/년), 웹브라우징 이력(52달러/년), 건강 이력(38달러/년)순으로 나타났다. 미국 기업의 개인 데이터 유출 손해액이 1인당 연 194달러인 점을 고려하면 200~300달러가 미국 소비자와 기업이 함께 인식하는 개인 데이터의 가치이다.

그림 13-6 미국 이용자가 개인정보 보호를 위해 매년 지불의사가 있는 금액(개인정보 종류별, $/년, 평균값, N=180)

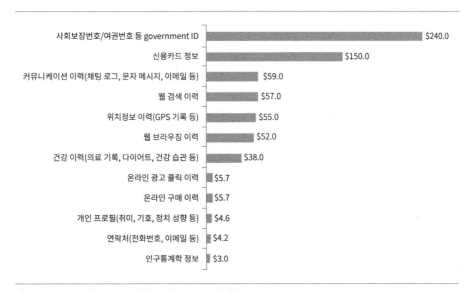

자료: Design mind(2011. 1. 18); 유지연(2012.7.16) 재인용

이러한 설문조사가 있다는 것은 비즈니스 모델 가능성을 시사한다. 정보보호 및 활용 관련 비즈니스는 개인데이터 보호를 대행해 주는 서비스와 개인데이터에 적당한 대가를 지불하고 이를 활용하는 서비스로 대별된다. 보호 대행 서비스로 개인데이터

도용 모니터링이 있다. ID 도용 등 제3자에 의한 개인데이터 무단 사용 방지를 위해 웹 상의 개인데이터 사용을 모니터링한다. 업체로 시에스아이덴터티(CSIdentity), 라이프락(LifeLock), 레퓨데이션닷컴(Reputation.com), 인텔리어스(Intelius) 등이 있다. 한편, 개인데이터 활용 및 중계로는 SNS, 콘텐츠 공유 사이트 등 공개된 개인 데이터를 수집하고 유료로 검색할 수 있게 하거나 광고주 등 제3자에게 판매하는 서비스가 있다. 업체로는 인텔리어스, 빈베리파이드(Been Verified), 스포키오(Spokeo), 애니후(Anywho), 스코피오(Scopeo), 화이트페이지즈(White Pages), 줌인포(ZoomInfo), 메디커넥트글로벌(MediConnect Global) 등이 있다.

개인데이터 활용 서비스는 분쟁의 여지를 준다. 2012년 6월 12일, 미국 FTC는 공정신용보고법(Fair Credit Reporting Act: 이하 FCRA)에 따른 소비자 보호 절차를 무시하고 고객의 신상명세서(Profile)를 일반 기업의 인사담당부서, 신원확인회사, 리크루터들에게 마케팅해 온 스포키오(Spokeo)에게 80만 달러의 벌금을 부과한다. 이 업체는 인력회사 등과 API(Application Program Interface) 사용 계약을 체결하여 고객들의 신상명세서에 접근하는 것을 허용하고 있다. 이 판결은 FCRA 위반으로 제기된 인터넷 및 소셜데이터 판매 행위에 대해 벌금이 부과된 첫 번째 사건이 되었다.

데이터 경제 시대에는 개인정보 보호를 위한 것과 관련 산업 활성화를 위한 것이 서로 배치되는 것이 아니라는 인식을 필요로 한다. 즉, 개인정보를 활용하되 안전 활용을 위한 원칙이 한국에서도 필요하다. 첫째는 개인정보 체계와 감독기구 일원화이다. 정보통신망법, 신용정보보호법, 위치정보법으로 쪼개진 개인정보 보호법을 '개인정보보호법'으로 통합하고 행정안전부, 방송통신위원회, 금융위원회 등으로 분산된 감독기능을 1개 위원회로 일원화해 독립성이 보장되도록 해야 한다. 독립적이고 효과적인 감독은 개인정보 보호의 핵심이다. 개인정보 보호 체계의 독립성이 보장되면 안전한 개인정보 활용이 가능할 것이다.

둘째는 개인정보 개념의 명확한 구분과 차별적 접근이다. 가명정보, 익명정보 개념에 맞는 적합한 보호와 활용방식이 적용되어야 한다. 가명정보는 일부 식별자가 제거되어 바로 직접적인 식별은 불가능하지만, 다른 정보와의 결합 유무에 따라 식별 가능해질 수 있어서 개인정보보호법하에서 안전 활용을 전제로 일정 활용 조건에서만 동의 없이 활용 가능할 수 있다. 문제는 가명정보의 활용 조건과 범위를 어디까지 할 것인가이다. 정보 주체의 동의 없는 가명정보 활용은 통계작성 및 학술연구 등 공익적 목적에 한정하는 것이 바람직하며, 안전조치가 전제되어야 한다는 주장이 지배적이다. 또 공익적 목적으로 가명처리를 하더라도 최소한의 정보만 제공되도록 하고, 익명처리를 통해 이러한 목적이 달성될 수 있다면 익명처리를 우선 고려하도록 해야 한다는 주장도 있다. 한편, 익명정보는 다른 정보와 결합하여도 개인을 식별할 수 없는 정보이므로 정보주체의 동의를 받거나 개인을 식별할 수 없도록 익명처리를 한다면 자유로운 활용이 가능할 수 있다. 개인정보를 적절하게 익명처리하지 않고 활용한 것에 대해서는 개인정보처리자가 법적 책임을 져야 한다.

개인정보보호법 개선 과정에서 준용하는 EU의 GDPR은 가명 및 익명처리된 개인정보의 일정한 활용을 허용하면서도 동시에 IoT, AI 등 신기술에 대응하기 위해 정보주체의 권리와 개인정보 처리자의 책임성을 강화하고 있다. AI 스피커 배포에서 보듯이, AI 시대에 정보주체는 자신도 모르게 프로파일링되거나 자동화된 결정에 따른 영향을 생활 곳곳에서 받을 위험성이 커질 수도 있다. 정보주체 입장에서 이러한 프로파일링을 거부하거나 설명을 요구할 권리가 중요하게 대두된다. 한국에도 이러한 프로파일링 및 자동화된 처리가 이미 광범위하게 도입되고 있다. GDPR의 경우 개인정보보호를 위해 개인정보보호 책임자에게 강한 책임성을 요구한다. 이에 따라 설계 단계에서부터 개인정보보호를 고려하도록 한 개인정보보호 중심 설계(Privacy by Design), 소셜미디어나 IoT 기기 등의 기본설정을 개인정보 친화적으로 하도록 요구하는 개인정보보호 기본설정(Privacy by Default) 등을 의무화하고 있다.

한편, 개인데이터의 보호와 함께 안전 활용이라는 다른 규제혁신을 통해 산업 활성화를 가져오기 위해 '본인정보 활용지원(MyData, 이후 마이데이터) 정책은 안전한 개인데이터 활용 시스템을 확립할 수 있도록 개인데이터 소유 기업 및 기관과 개인데이터 활용 기업 간 컨소시엄 형태를 지원한다. 마이데이터란 개인이 자신의 정보를 적극적으로 관리·통제하는 것은 물론, 이런 정보를 신용이나 자산관리 등에 능동적으로 활용하는 과정이며, 이를 통해 기관 및 기업 등에 분산된 자신의 정보를 한꺼번에 확인하며 업체에 자신의 정보를 제공해 맞춤 상품이나 서비스를 추천받을 수 있다. 마이데이터산업은 이런 과정을 지원하는 산업이다. 개인데이터를 많이 소유한 대표 업계는 금융 및 통신업계이며, 활용도가 높은 산업계는 금융, 리테일, 에너지산업 등이 있다.

미국에서는 이미 데이터브로커가 비즈니스 모델로 활성화된 상황이며, 마이데이터산업도 발전하고 있다. 대표적인 마이데이터산업 기업으로 요들리(Yodlee)는 상위

16개 은행 등 1,000여 개 기업과 제휴하고 1억 명 이상 사용자를 보유하여 고객의 금융데이터를 한 번에 모아 보여 주는 서비스를 제공하며, 이용자는 한 번에 자신의 모든 금융 거래를 모두 조회한다. 민트닷컴(Mint.com)은 개인자산 관리업체로 5,000만 명 이상 사용자를 보유하며, 은행 계좌의 입출금 관리와 신용카드 사용 내역, 대출 계좌, 증권 계좌 정보, 보험 등 개인의 모든 자산과 부동산 등 비금융 자산까지 통합 관리한다.

유럽의 경우 개인정보 보호와 활용이라는 두 마리 토끼를 모두 잡기 위해 GDPR이 데이터 사용 및 활용 권한이 개인에게 있다는 것을 명확화했다면, 지급 서비스 지침 II (Payment Services Directive II)는 고객동의 시 제3자에게 개방형(Open) API 형태로 정보 제공을 강제하는 지침이다. 지급 서비스 지침 II(PSD II)를 통해 계좌정보 서비스 (Account Information Services)가 신설된다. 계좌정보 서비스 기업이 금융기관으로부터 고객정보를 전송받도록 오픈 API 표준을 준비하는 유럽 PSD II의 내용은 카드 요금 지불의 과징금 개선, 제3자 제공자(Third Party Providers) 도입 및 규제, 온라인 결제 시의 강력한 고객 인증(Strong Customer Authentication) 등이다. 제3자 제공자에게 고객 동의 시 개방형 API로 금융정보를 제공하고, 고객이 이용하는 은행에서 타인 계좌로 직접 자금을 이체해 주는 서비스, 고객의 계좌정보에 대한 접근을 허용해 고객이 이용하는 은행별 계좌정보를 제공하는 서비스 등이 가능하다. 따라서, 사업자는 고객 계좌정보를 취합해 보여 주는 사업자(Account information Service Provider; AISP)와 고객 지급결제를 대리해주는 사업자(Payment Initiation Service Provider; PISP)로 구분된다. 유럽의 대표 사례로 2011년부터 마이데이터 프로그램이 발표된 영국의 오픈뱅킹포털을 들 수 있다. 영국 정부가 주도적으로 운영하는 오픈뱅킹포털은 계좌정보 서비스를 제공하기 위한 API 표준 및 가이드 등을 제공하고 있다.

한국 정부는 마이데이터 산업의 기반을 다지기 위해 정보주체가 기업 및 기관으로부터 자기 정보를 내려받거나, 타 기관 등으로 이동을 요청해 해당 정보를 활용할 수 있도록 데이터 이동권을 확립하는 시범 사업을 추진 중이며, 금융권 활용을 위해 '신용정보법' 개정을 추진 중이다. 정부는 개인데이터 보유기관 및 기업과 서비스기업 간 컨소시엄 구성 후 금융·통신·에너지·유통·의료 등 5개 분야를 대상 공모사업을 추진하며, 지속적으로 확대해 나갈 계획이다. 2018년 6월 마이데이터 시범사업자로 '뱅크샐러드'의 레이니스트와 통신요금 정보포털 스마트초이스가 선정되었다. 레이니스트는 은행·카드사가 보유한 고객 데이터를 고객 자신이 손쉽게 내려받거나 본인 동의하에 제3자에게 제공하는 정보주체 중심 데이터 활용을, 스마트초이스는 이동통신 요금제 추천 서비스를 제공한다. 레이니스트와 스마트초이스가 제공한 서비스를 통해 약 5,000명의 개인정보가 활용된 것으로 조사됐다.

데이터 경제는 세계적 트렌드로, 아직도 개인정보 보호만을 외치면서 데이터산업 발전을 저해한다면, 에너지데이터 기반의 산업 발전도 물 건너 간다. 반대로 데이터 산업 활성화만 위해 개인정보보호 문제를 등한시하면 인권적인 차원에서 문제가 발생한다. 합의점을 발견하기 위한 노력이 필요하다.

데이터 보호와 활용의 균형이 필요한 가운데, 에너지데이터의 개방과 함께 한전이 추진 중인 보호와 활용 현황을 소개한다. 먼저 비식별화로, 한전의 비식별화 시스템 구성도는 [그림 13-7]과 같다.

그림 13-7 KEPCO의 비식별화 시스템 구성도

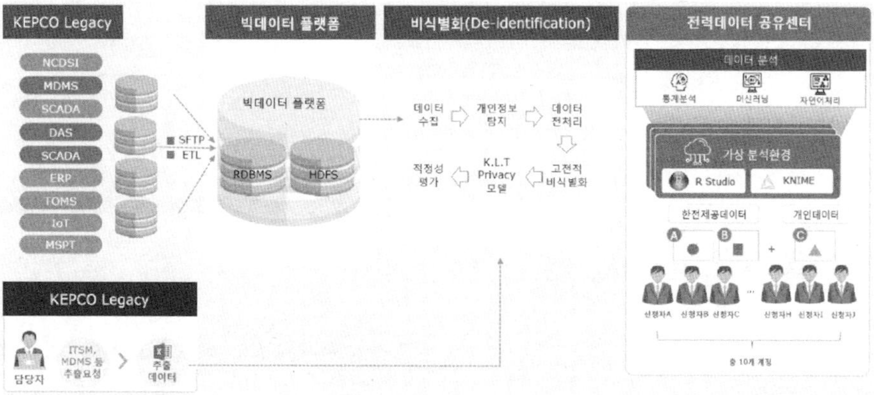

자료: 한국전력(2019.4.4).

비식별화의 목적은 정보집합에서 식별정보를 제거함으로써 개인정보를 특정 일들과 연계할 수 없도록 하는 것이다. 즉, 프라이버시를 보호하면서 동시에 개인정보를 이용하고 공유하게 한다는 상반된 목표 간 절충 방식이다. 단계별 기능은 [그림 13-8]과 같다.

┃ 에너지데이터 경영론

그림 13-8 비식별화의 단계적 기능

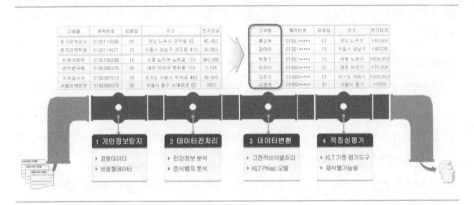

자료: 한국전력(2019.4.4).

　기존에도 '개인정보 비식별조치 가이드라인'에 따라 한전은 비식별조치를 진행중이었고, [그림 13-9]에서 보듯이, 이 가이드라인에 부합하는 다섯 가지 유형의 17개 비식별 기법을 제공하고 있다. 다섯 가지는 가명 처리 통계 처리, 데이터 삭제, 데이터 범주화, 데이터 마스킹이다.

그림 13-9 '개인정보 비식별조치 가이드라인'에 따른 기존 비식별 조치 기능

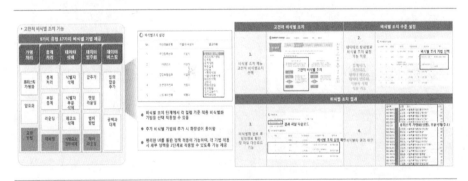

자료: 한국전력(2019.4.4).

　한전이 2019년 비식별화 모델을 개발해 [그림 13-10]같이 K-익명성, L-다양성, T-근접성 프라이버시 모델 기반에서 비식별 조치 기법을 적용하기 시작했다.

그림 13-10 한전(KEPCO)의 비식별화 조치 신모델: KLT Privacy model

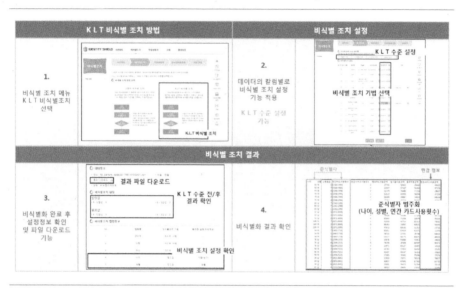

자료: 한국전력(2019.4.4).

또한, 다른 한 축인 데이터 활용을 위해 한전은 앞서 언급한 에너지마켓플레이스 'EN:TER'를 시작하였고, 이는 마이데이터 규제혁신에 따른 새로운 사업 모델이다. 그동안 AMI 데이터 유통 대상은 한정되어 새로운 비즈니스의 시작이나 확장이 어려운 상황이었다. 이에 [그림 13 – 11]에서 보듯이, 새로운 개념의 AMI 데이터 유통 플랫폼이 등장하게 된다. 전력 계량 데이터 공개 확대를 위함이 목적이며 미국의 그린버튼 제도가 벤치마킹 대상이다. AMI가 설치된 고객의 전력 사용량과 요금을 실시간 확인하고 민간 서비스를 활용하기 위한 개인정보 동의까지 연계된 플랫폼 구도이다. 마이데이터 및 전력 사용 데이터 개방 확대 요구에 따라 한전은 EDS – Market 플랫폼을 제공한다. 계량 데이터를 공개하고 관리하며, 고객은 정보 제공 동의와 함께 관련 제품 및 서비스를 이용하고, 제품 및 서비스 개발자는 개발과 등록만 하면 된다. 이를 통해 선순환 전력 계량 데이터 유통 생태계가 가능하게 된다.

그림 13-11 EDS(Electric Power Service)-Market 플랫폼

자료: 한국전력(2019.4.4).

참고문헌

관계부처 합동(2018.12). 클라우드 컴퓨팅 실행전략, 제2차 클라우드컴퓨팅 발전 기본계획
　　(2019~21년)
관계부처 합동(2019.1.16). 데이터·AI경제 활성화 계획('19~'23년)
메리츠종금증권(2019.5.9). 그것이 알고 싶다, 마이데이터.
박완규(2012.7). 인터넷 이용자의 프라이버시 보호 분쟁, 해외방송통신분쟁 Issue Report,
　　한국정보통신진흥협회, No.32, 17~30쪽
산업연구원(2014), 개인정보 보호와 빅데이터 기술의 산업화, 이-키에트(e-KIET) 산업경제
　　정보, 제 584호.
송민정(2012.8), 빅데이터 시대, '소비자 데이터 프라이버시' 이슈에 대한 연구: 미국을 중심
　　으로, Issue & Trend, KT경제경영연구소.
씨아이오(CIO)코리아(2018.2.22). 성큼 다가온 GDPR 시행, 어떻게 준비할까? 11가지 팁.
아이티월드(2018.2.28). 빅데이터를 제대로 활용할 수 있도록 돕는 "데이터 거버넌스".
오마이뉴스(2019.7.23). 빅데이터 시대 개인정보 보호에 필요한 것들.
유지연(2012. 7.16). 미국 개인정보보호 동향, 동향분석 제 24권 13호 통권 535호, 한국정보
　　통신정책연구원, 76~89쪽
이유택(2013.6.21), 빅데이터 시대의 개인 데이터 보호와 활용, IT & Future Strategy, 제8
　　호, 한국정보화진흥원.
이재식(2014.5.19), 빅데이터 환경에서 소셜 네트워크 서비스 중심의 개인정보 동향 분석,
　　Internet & Security Focus, 한국인터넷진흥원.
정보통신산업진흥원(2019.6.10).인공지능 확산의 핵심 인프라, 클라우드 산업 동향 분석과
　　시사점
컴퓨터월드(2019.1.30). [기획특집] 마이데이터 산업 활성화로 데이터의 새로운 가치 창출
프레시안(2018.8.11). 한국 파놉티콘 만들 '괴물 법안'이 다가온다
한겨레21(2017.7.12). 데이터 자본주의, 데이터 거버넌스
한국경제(2019.8.2). 공유경제·원격의료, 빅데이터 활용 모두 막혀…규제 샌드박스는 '헛
　　바퀴'

한국경제연구원(2019.7). 신산업 창출을 위한 규제개혁 방향-규제 샌드박스 중심으로

한국전력(2019.4.4). 전력 빅데이터 기반 신비즈니스 활성화 전략. 통신학회 주최 전력/IT 기
　　술 워크샵 발표문

한국정보화진흥원(2012. 7). 개인정보보호 해외법제 동향, 개인정보보호 기획부

한국정보화진흥원(2018). 데이터 경제 활성화 규제혁신 현장 보고서

OVUM(2014.2), Personal data and the big trust opportunity.

OVUM(2017.9.8). The Essential Role of Big Data Governance in Big Data Analytics for
　　CSPs.

White House(2012. 2), Consumer Data Privacy in a Networked World: A Framework for
　　Protecting Privacy and Promoting Innovation in the Global Digital Economy,
　　http://www.whitehouse.gov/sites/ default/files/privacy-final.pdf

저자 약력

송민정 교수

스위스 취리히대학교에서 커뮤니케이션학 박사학위를 취득하였고, 현재 한세대학교 미디어영상광고학과 교수로 재직 중이다.

1995~1996년에는 스위스 바젤에 있는 경영경제 컨설팅 기업 프로그노스(Prognos)의 '미디어와 통신' 부서에서 전문연구원으로 재직하고, 1996~2014년에는 KT경제경영연구소 경영전략 부서의 수석연구원으로 재직하고, 2014년에는 성균관대학교 휴먼ICT융합학과 대학원에서 산학협력 교수로 재직하였다.

주요 저서로는 『정보콘텐츠산업의 이해』, 『인터넷콘텐츠산업론』, 『디지털 미디어와 콘텐츠』, 『모바일 컨버전스는 세상을 어떻게 바꾸는가』, 『빅데이터가 만드는 비즈니스 미래지도』, 『디지털미디어경영론』, 『빅데이터경영론』 등이 있다.

감수자 약력

정일영 명예교수

개방형컴퓨터연구회 회장
코리아인터넷컨퍼런스 조직위원회 위원장
Springer 논문지 편집위원
한국외국어대학교 부총장
한국외국어대학교 공과대학 학장, 교수
매사추세츠 대학교(Univ. of Massachusetts) 공학박사

연구분야

컴퓨터네트워크, 트래픽 이론, IoT 플랫폼, 데이터 분석

김장겸

한국과학기술원 전기 및 전자공학부 박사과정 수료
중국 칭화대학교 방문연구원 (2019년)
서강대학교 전자공학과 석사 졸업 (2017년)
서강대학교 전자공학과 학사 졸업 (2015년)

대표 연구 성과

J.Kim, Choi, Y., Ryu, S., & Kim, H. (2017). Robust operation of energy storage system with uncertain load profiles. *Energies*, 10(4), 416.ISO 69 (Impact factor : 2.262)

J.Kim, J.Lee, S.Park and J.Choi, "Battery Wear Model based Energy Trading in Electric Vehicles A Naive Auction Model and a Market Analysis," *IEEE transactions on industrial informatics*, Jul. 2019 (Impact factor : 7.377)

에너지데이터 경영론

초판발행	2020년 2월 20일
중판발행	2020년 8월 10일
지은이	송민정
펴낸이	안종만 · 안상준
편 집	배규호
기획/마케팅	김한유
표지디자인	이미연
제 작	우인도 · 고철민
펴낸곳	(주) **박영사**
	서울특별시 종로구 새문안로3길 36, 1601
	등록 1959. 3. 11. 제300-1959-1호(倫)
전 화	02)733-6771
f a x	02)736-4818
e-mail	pys@pybook.co.kr
homepage	www.pybook.co.kr
ISBN	979-11-303-0881-4 93310

정 가   23,000원